Frank Norbert Nagel

Burgund

Kunst- und Reiseführer mit Landeskunde
mit 28 Fotos und 124 Karten, Plänen und Abbildungen

Verlag W. Kohlhammer
Stuttgart Berlin Köln Mainz

CIP-Kurztitelaufnahme der Deutschen Bibliothek

Nagel, Frank Norbert:
Burgund : Kunst- u. Reiseführer mit Landeskunde / Frank Norbert Nagel. –
Stuttgart ; Berlin ; Köln ; Mainz : Kohlhammer, 1988
    (Kohlhammer Kunst- und Reiseführer)
    ISBN 3-17-010044-0

Bildnachweis

S. 65, 66, 83, 101, 102, 119, 137, 155, 156, 191, 209,
210, 227, 228, 246, 264, 329, 330, 347: Werner Dieterich,
Stuttgart
S. 263: Thomas Kühne, Stuttgart
S. 84, 138, 174, 245: Werner Neumeister, München
S. 348: Peter Santor, Karlsruhe
S. 120 (J. J. Hegner), 192 (A. Wolf): Bildagentur Schuster/
Explorer, Oberursel
S. 173: Robert Strasser, Stuttgart

Die Abbildungen auf S. 224 und 225 (mit Ausnahme der
Abbildung rechts oben) sowie auf S. 296 und 297 wurden
entnommen aus Koch, W.: Kleine Stilkunde der Baukunst,
Gütersloh 1968; die Abbildungen auf S. 242, 243 und 244
stammen aus Hallinger, K.: Gorze-Kluny. Studien zu den
monastischen Lebensformen und Gegensätzen im Hoch-
mittelalter, Graz 1971.

Alle Rechte vorbehalten
© 1988 W. Kohlhammer GmbH
Stuttgart Berlin Köln Mainz
Verlagsort: Stuttgart
Umschlagmotiv: Vézelay, Sainte-Madeleine/Werner Neumeister, München
Umschlag: hace
Vorsatzkarten und Textpläne: Johanna Dittmar
Gesamtherstellung:
W. Kohlhammer Druckerei GmbH + Co. Stuttgart
Printed in Germany

Inhalt

LANDESKUNDE

KUNST UND KULTUR

Regionen und Städte
(soweit nicht einer Epoche der Baukunst zugeordnet)

Archäologie und Baukunst

LANDESKUNDE

Die historische Entwicklung Burgunds

Der Ursprung des Burgunder-Volkes liegt im Dunkel der Geschichte. Möglicherweise kam es, wie so viele andere Völkerscharen, aus Südosteuropa oder Vorderindien und gelangte im Verlauf einer jahrhundertelangen Wanderung nach Schweden. Die heute zu Dänemark gehörende Insel Bornholm soll noch im 14. Jh. den Namen Burgunderholm (altnordisch »Borgundarhólmr«) getragen haben. Die Burgunder hatten dieses Eiland allerdings schon im 2. Jh. v. Chr. verlassen, waren an der Ostseeküste zwischen Oder und Weichsel gelandet und wieder südwärts gezogen, bis sie auf die Donau stießen.

Von hier aus wanderten sie westwärts und erreichten um 350 n. Chr. den Rhein zwischen Main und Neckar. Nach Abzug der rheinischen Römertruppen überquerten die Burgunder den Fluß und gründeten wohl in Worms den Königshof ihres Reiches, von dem auch die Nibelungensage erzählt. Ihre zunehmende Machtposition am Rande des römischen Galliens muß die Römer schließlich so beunruhigt haben, daß sie um 435 n. Chr. mit Hilfe der Hunnen zum vernichtenden Schlag gegen die Burgunder ansetzten. Jedenfalls kann man vermuten, daß die Hunnen nicht aus heiterem Himmel zugeschlagen haben, um einen Rachefeldzug zu führen, sondern daß sie sich mehr von der Sache versprachen.

Einige Jahre später ließ der römische Feldherr Aetius die Reste des Burgundervolkes in die Gegend um Genf und Grenoble umsiedeln, wo sie sich bald von den Kriegsereignissen erholten und schnell Einfluß auf die neue Region gewannen.

Schon 457 n. Chr. erreichten die Burgunder Lyon, die alte römische Hauptstadt Galliens, die nun zum Mittelpunkt ihrer Einflußsphäre neben Genf, Valence und Vienne wurde. Germanisches Recht stand ein Jahrhundert lang neben römischem Recht, und die Eigenständigkeit der Burgunder ging erst verloren, als sie von den Franken durch Chlodwig und seine Söhne unterworfen wurden (534 n. Chr.).

In der Mitte des 9. Jh.s (843) wurde »La Burgondie« von den Söhnen Karls des Großen aufgeteilt. Die Gebiete östlich der Saône, die spätere »Franche-Comté« (was nichts weiter als »Freigrafschaft« bedeutet, daher im Deutschen meist mit dem erklärenden Zusatz »Freigrafschaft B u r g u n d« verbunden) fielen an Lothar. Die Gebiete westlich der Saône kamen an Karl den Kahlen (Charles le Chauve). Sie bildeten in den folgenden Jahrhunderten den Kern des Herzogtums Burgund (Duché de Bourgogne), dessen äußere Grenzen zwar Schwankungen unterworfen war, jedoch im wesentlichen durch die Eckpfeiler Sens, Troyes, Langres, Nevers und Mâcon bestimmt wurden. Allein diese Region hat den Namen Burgund (»Bourgogne«) bis heute bewahrt, obwohl das Herzogtum in seiner Hochblütezeit über Luxemburg, Flandern und Brabant bis nach Ostfriesland reichte und auch die Franche-Comté wieder umschloß.

In der deutschen Geschichte des Mittelalters spielen außerdem die Königreiche Hochburgund (Westschweiz) und Niederburgund (Savoyen, Provence), die gegen Ende des 9. Jh.s gegründet wurden, eine bedeutende Rolle. Im Jahre 933 n. Chr. wurden sie zum Königreich Burgund vereinigt, das später nach seiner Hauptstadt Arles auch Arelat genannt wurde. Dieses Königreich war jahrhundertelang Bestandteil des Hl. Römischen Reiches Deutscher Nation, zerfiel schließlich wieder in einzelne Herzogtümer und Grafschaften, und der Name Burgund wurde für diese Regionen nicht mehr verwendet.

Nach der Dreiteilung des Reichs Karls des Großen fiel also die heutige Bourgogne an Karl den Kahlen, zusammen mit dem nordwestlich gelegenen Franzien und dem südwestlich anschließenden Aquitanien sowie Gebieten in Südfrankreich und Nordspanien. Die als Verwalter des Westreichs regional eingesetzten Herzöge und Grafen waren früh auf sich gestellt und versuchten ihre Hausmacht auszubauen. In Burgund nimmt zum erstenmal Richard le Justicier den Titel eines Herzogs von Burgund an, nachdem er das Land erfolgreich gegen Normanneneinfälle verteidigt hat.

Als die Linie der Karolinger im 10. Jh. erlischt, kommt es zu neuen Auflösungstendenzen im Reich. Der zweite König aus dem Hause der auf die Karolinger folgenden Kapetinger, Robert II le Pieux (996–1031), läßt das ungetreue Herzogtum Burgund besetzen. Nach seinem Tode wird sein zweitältester Sohn Robert Herzog von Burgund, und von nun an beginnt der Herzogstitel erblich zu werden.

Etwa zur gleichen Zeit verstärken sich Einfluß und Machtposition der Kirche, die auch in der Reformation der Benediktinerregeln durch den Orden von Cluny zum Ausdruck gebracht wird. Eine schnell wachsende Anzahl neuer Klostergründungen führt nicht nur zu einer Fülle hochkünstlerischer, romanischer Sakralbauten, sondern gleichzeitig zu Neurodungen und Inkulturnahme bisher unbesiedelten Landes. Die im 12. Jh. gegen die schon wieder zu prunkvoll erscheinenden Cluniazenser opponierenden Zisterzienser – nach ihrem Stammkloster Cîteaux in der Saône-Ebene benannt – legen vor allem Wert auf die wirtschaftliche Erschließung ihrer Umgebung.

Im Jahre 1361 stirbt mit dem Tode Philippe de Rouvres die Linie der burgundischen Kapetinger-Herzöge aus. Drei Jahre später wird ein anderer Philippe, aus dem Hause Valois, zum neuen Herzog ernannt. Mit ihm und den nachfolgenden drei großen Herzögen, die als »Grands Ducs d'Occident« in die Geschichte eingingen, stieg das Herzogtum Burgund zur Großmacht auf und erreichte seine höchste Blüte. Die besten Künstler wurden aus allen Teilen des Landes, insbesondere aus Flandern, an den Hof nach Dijon gerufen, um Paläste, Grabmäler, Tapisserien und Gemälde zu gestalten, die noch heute den Ruhm der »burgundischen Schule« erklären. Auch das einzigartige Hôtel-Dieu in Beaune entstand in dieser Epoche, die genau 113 Jahre dauerte.

Philippe, der sich schon als Jüngling durch besonderen Mut in den Schlachten seines königlichen Vaters den Beinamen Le Hardi (der Kühne) erworben hatte, erhielt das Herzogtum Burgund im Jahre 1364 als Apanage im Hinblick auf die geplante Heirat mit Marguerite de Flandres.

Als vierter Sohn des Königs von Frankreich gründete Philippe damit eine Dynastie, die sich bald anschickte, die »Vettern« an Macht und Prunkentfaltung weit zu überflügeln. Der Kern des Herzogtums Burgund lag damals in der Osthälfte der heutigen Region Burgund, also etwa den Departements Côte-d'Or und Saône-et-Loire. Die Ostgrenze bildete die Saône, die Westgrenze wurde durch eine Verbindungslinie der Städte Auxerre–Vézelay–Charolles gebildet, im Süden begrenzten Macôn und im Norden Châtillon-sur-Seine und Langres das Herzogtum. Doch schon bald vergrößerte sich dieses Territorium durch geschickte Einheirat und Kriegszüge um ein Vielfaches. Der bedeutendste Schachzug war dabei ohne Frage die Heirat zwischen Philippe und Marguerite von Flandern im Jahre 1369. Marguerite war möglicherweise nicht die schönste Frau Europas, aber mit Sicherheit die reichste, und sie machte mit ihren ererbten Ländereien den burgundischen Staat zu einem mächtigen »Doppelreich« zwischen dem Königreich Frankreich und dem Hl. Römischen Reich Deutscher Nation. Dieses Burgund-Flandern blieb allerdings räumlich – bis auf zwei Jahre – stets voneinander getrennt.

Auf Philip den Kühnen folgte sein Sohn Johann ohne Furcht, Jean sans Peur (1404–1419). Unter Jean sans Peur bricht der Gegensatz zum Königreich Frankreich zum erstenmal offen aus, der Krieg zwischen »Armagnacs« und Burgund wird zum französischen Bürgerkrieg. Auf der Suche nach einem Friedensschluß trifft sich Johann mit dem designierten König, dem Dauphin Charles VII. und wird dabei hinterhältig am 11. September 1419 auf der Yonne-Brücke von Montereau ermordet.

Aus Rache verbündet sich sein Sohn Philip der Gute, Philippe le Bon (1419–1467), mit den Engländern, die ja bis zu Beginn des 16. Jahrhunderts noch Besitzungen auf dem Kontinent haben, und geht besonders deshalb in

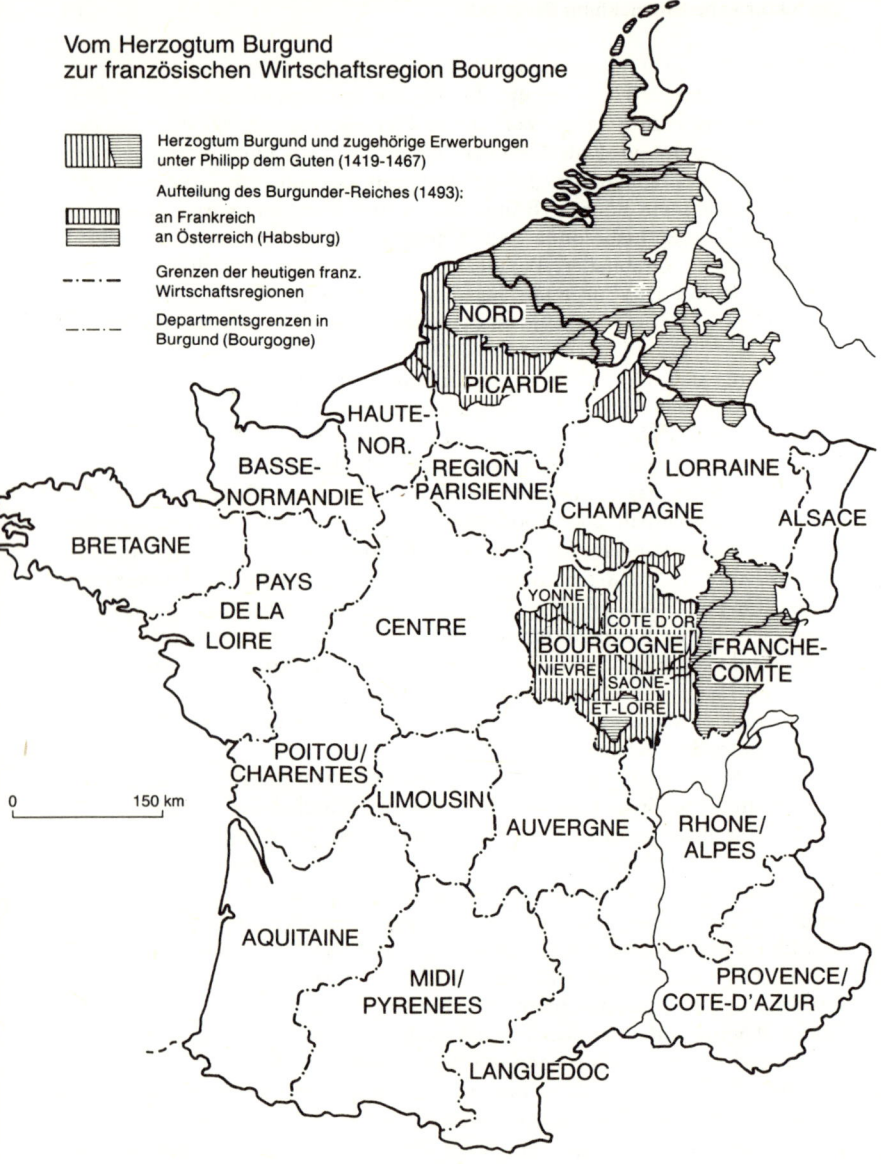

Vom Herzogtum Burgund
zur französischen Wirtschaftsregion Bourgogne

Herzogtum Burgund und zugehörige Erwerbungen unter Philipp dem Guten (1419-1467)

Aufteilung des Burgunder-Reiches (1493):

an Frankreich
an Österreich (Habsburg)

Grenzen der heutigen franz. Wirtschaftsregionen

Departmentsgrenzen in Burgund (Bourgogne)

NORD

PICARDIE

HAUTE-NOR.

BASSE-NORMANDIE

REGION PARISIENNE

LORRAINE

BRETAGNE

CHAMPAGNE

ALSACE

PAYS DE LA LOIRE

CENTRE

YONNE

COTE D'OR

BOURGOGNE

FRANCHE-COMTE

NIEVRE

SAONE-ET-LOIRE

0   150 km

POITOU/CHARENTES

LIMOUSIN

AUVERGNE

RHONE/ALPES

AQUITAINE

MIDI/PYRENEES

PROVENCE/COTE-D'AZUR

LANGUEDOC

Die Erwerbungen Karls des Kühnen sind nicht berücksichtigt, da sie von zu kurzer Dauer waren

die Geschichte ein, weil er Jeanne d'Arc, die ihm bei Compiègne in die Hände gefallen ist, den Engländern ausliefert. Ob er für diese »gute Tat«, die ihm außerdem 10 000 Golddukaten einbrachte, den Beinamen »der Gute« erhielt, bleibt zu bezweifeln, vielleicht eher, weil er zur Ehre Gottes am 14. Januar 1429, am Tag seiner Hochzeit mit Isabell von Portugal, den Orden zum Goldenen Vlies begründete. Dieser Orden »De la Toison d'Or« besteht noch heute.

Karl der Kühne, Charles le Téméraire (1467–1477), war der letzte der großen Burgunderherzöge. Von Ehrgeiz getrieben, versuchte er das Unmögliche, nämlich die noch fehlenden Territorien zwischen dem Nord- und Südteil seines Reiches unter seinen Einfluß zu bekommen. Für ganze zwei Jahre – von 1475 bis 1477 – gehörte das fehlende Verbindungsstück, nämlich das Herzogtum Lothringen, schließlich zu Burgund. Doch dann fiel Karl der Kühne im Jahre 1477 bei der Belagerung von Nancy, und das Ende des burgundischen Staates war damit gekommen. Zwar konnte die einzige Tochter Karls d. Kühnen, Maria von Burgund (Marie de Bourgogne) durch eine Heirat mit Maximilian von Habsburg noch einen großen Teil der Ländereien für sich bzw. das Haus Habsburg retten und somit dem verhaßten französischen Königshaus unter Louis XI. entziehen, der eigentliche Kern des Herzogtums mit dem Hauptsitz der Herzöge, Dijon, fiel jedoch an den französischen Königsthron zurück.

Burgund erhielt dennoch einige Sonderrechte, so z. B. einen eigenen Gerichtshof in Dijon. Ja, im 16. Jh. ging es Dijon so gut, daß eine Reihe prunkvoller Renaissancebauten errichtet wurden. Unter der so gut wie selbständigen Verwaltung der Prinzen von Condé war Burgund auch weiterhin noch eine Zeitlang im Blickpunkt des Interesses, da es eine Grenzposition einnahm, die zur Zeit der Expansionskriege eines Louis XIV. von strategischer Bedeutung war. Erst als im Frieden von Nimwegen (1678) die Franche-Comté an Frankreich fiel und die Saône-Ebene aufhörte, Reichsgrenze zu sein, endete die Sonderstellung Burgunds. Das ehemalige Herzogtum wurde eine französische Provinz, die in dem immer stärker auf Paris zentrierten Frankreich zur politischen Bedeutungslosigkeit herabsank.

Die Region und ihre Departements

Im Anschluß an die Revolution von 1789 wurde im Sinne einer administrativen Reform ganz Frankreich in kleine, regionale Einheiten unterteilt, die »Départements«. Sie haben ungefähr gleiche Größe; Grenzziehungen wur-

den weniger nach historischen als nach schematischen und geographischen
Gesichtspunkten vorgenommen. Die Benennung erfolgte – um jede mon-
archistische Tradition auszuschließen – überwiegend nach Flußnamen, Ge-
birgszügen oder sonstigen natürlichen Gegebenheiten. So wurde das Kern-
stück Burgunds aufgeteilt in das nordöstliche Departement »Côte-d'Or« (zu
übersetzen mit »Goldener Berghang«, was im Zusammenhang mit dem
Weinbau zu sehen ist) und das südöstliche Departement »Saône-et-Loire«
(dieses sind die beiden wichtigsten Flüsse des Departements). Nordwestliche
Teile Burgunds (u. a. des »Morvan« und des »Châtillonnais«) wurden mit
Anteilen aus der »Champagne« zum Departement »Yonne« zusammengefaßt, die südwestlichen Teile Burgunds (»Nivernais«, »Bazois«), die etwas
später zum Herzogtum gekommen waren, zum Departement »Nièvre« erklärt. Die Namen der ehemaligen Provinzen wurden von der Landkarte ge-
tilgt.

Die Departements wurden weiter unterteilt in »Arrondissements«, diese weiter in »Cantons« und letztere schließlich in die kleinste Einheit, die Gemeinde, die »Commune«.

An dieser Hierarchie hat sich seit der Revolution prinzipiell nicht viel geän-
dert. Aus den damals 83 Departements Frankreichs wurden inzwischen
durch Einbeziehung der Restkolonien und Neuaufteilung des Pariser Agglomerationsraumes (Gesetz von 1964) 94 Departements. Als »Gegenbewegung« gab es erfolgreiche Bemühungen in Gebieten mit zu kleinen Gemeinden, diese zu größeren Einheiten zusammenzufassen. Im Durchschnitt besteht ein Departement aus ca. vier Arrondissements, 40 Cantons und 500
Communes (Burgund).

Die Gefahr der Zersplitterung und der politisch-wirtschaftlichen Ohnmacht
der kleinen Gemeinden wurde bald evident; Stimmen, die eine größere Unabhängigkeit von Paris und eine Wiederherstellung größerer regionaler Einheiten forderten, wurden schon im 19. Jh. laut. Die »Regionalisierung«
wurde zu einem regelrechten Politikum, als im Jahre 1900 eine »Fédération
régionaliste française« gegründet wurde, der namhafte Politiker, Künstler
und Geographen (Vidal de la Blache) angehörten. Sie forderten regionale
Einheiten, die wirtschaftlich und nicht nur administrativ begründet sein sollten.

Es dauerte schließlich bis zum Jahre 1959, daß ein Gesetz zur Schaffung von
regionalen Einheiten, den sogenannten »circonscriptions d'action régionale«
erlassen wurde. Am 2. Juni 1960 wurden Anzahl und Grenzen dieser neuen
Wirtschaftsregionen präzisiert. Das bedeutete allerdings nicht, daß diese Regionen nach wirtschaftsgeographischen Gesichtspunkten neu ausgegliedert
worden wären, vielmehr wurde eine bestimmte Anzahl der schon vorhandenen Departements – durchschnittlich 4–5 – administrativ zusammengefaßt.

Keine der nach der Revolution gezogenen Departementsgrenzen wurde verändert, der Pariser Raum ausgenommen. Auf diese Weise entstanden 22 »Programm«-Regionen (»Régions de Programme«), in denen durchweg die von der Revolution aufgeteilten Provinzen nicht nur wieder zusammengefaßt wurden, sondern auch die historischen Namen eine Renaissance erlebten. »Bourgogne – Franche-Comté« und »Haute-Normandie« waren im übrigen die ersten Regionen, die man probeweise einrichtete. Nachdem sich ein Erfolg zeigte, wurde ab 1964 auch in den anderen Regionen mit dem Ausbau des nötigen Verwaltungsapparates begonnen. Die ursprünglich als eine Einheit vorgesehene Großregion »Bourgogne – Franche-Comté« mußte jedoch wegen innerer Spannungen, besonders zwischen Dijon und Besançon, 1970 wieder aufgeteilt werden. Die Tradition siegte: die Saône-Ebene ist und bleibt die entscheidende natürliche Grenze zwischen Bourgogne und Franche-Comté. Die Bourgogne umfaßt heute rd. 32 000 qkm.

Geologie und Oberflächenformen

Die geologische Entwicklung

Burgund bildet keine räumliche Einheit wie beispielsweise die Île-de-France oder die Bretagne. Die Geologie ist sehr vielgestaltig und teilweise kleingekammert. Das Relief läßt in Grundzügen eine Dreigliederung erkennen, nämlich eine zentrale Mittelgebirgsschwelle, die sich von SW nach NO zieht und zwei daran anschließende Beckenlagen, nämlich die bis zu 80 km breite Saône-Ebene im Osten und das innere Pariser Becken im NW. Die geologische Entstehungsgeschichte Burgunds läßt sich zurückverfolgen bis ins Paläozoikum vor etwa 600 Millionen Jahren und ist eng verbunden mit einer Abfolge von Gebirgsbildungen, Einebnungs- und Sedimentationsvorgängen, wie sie überall auf der Welt in bestimmten geologischen Zeitabschnitten eine wichtige Rolle spielen.

Im Paläozoikum entstehen während der variskischen Gebirgsbildungsphase zunächst einmal das Zentral-Massiv mit seinem nördlichen Ausläufer, dem Morvan, im übrigen Frankreich außerdem die Vogesen, das armorikanische Massiv in der Bretagne, sowie die Ardennen. Das Gesteinsmaterial des Morvan und der übrigen genannten Gebirgszüge besteht vorwiegend aus kristalli-

Die geologische Entwicklung

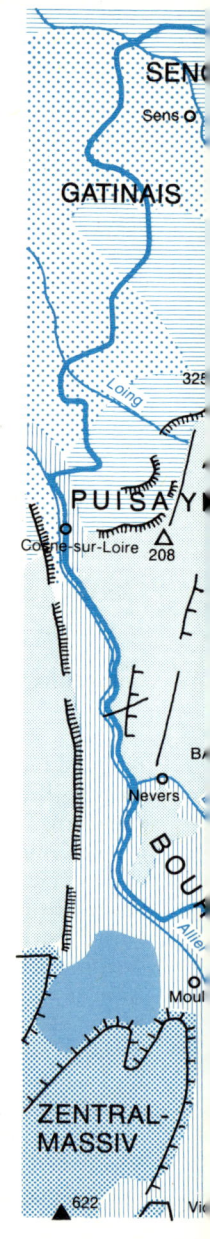

Alte herzynische Massive, kristallines Gestein, bes. Granit

Becken bzw. Graben mit Sedimenten des Perm-Karbons (Kohle, Erdölschiefervorkommen)

Burgundische Plateaus und Jura-Gebirge aus Kalksedimenten der Jura-Formation

Becken bzw. Ausräumungszonen in tonigen Sedimenten der Jura-Formation

Flach- und Hügelland der Kreide-Formation

Flach- und Hügelland aus tertiären Sanden und Kiesen

quartäre Ebenen, in die seit der Zeit der tertiären Gebirgsbildung (Oligozän) hineinsedimentiert wird

Schichtstufe

Verwerfung, _____ Bruchlinie

Bruchstufe

Geologisches Profil s. Abb. Schichtstufenlandschaft

▲ Gipfel

△ Höhenlage in der Ebene

•••• äußerster Vorstoß der alpinen quartären Vergletscherung

0   50 km

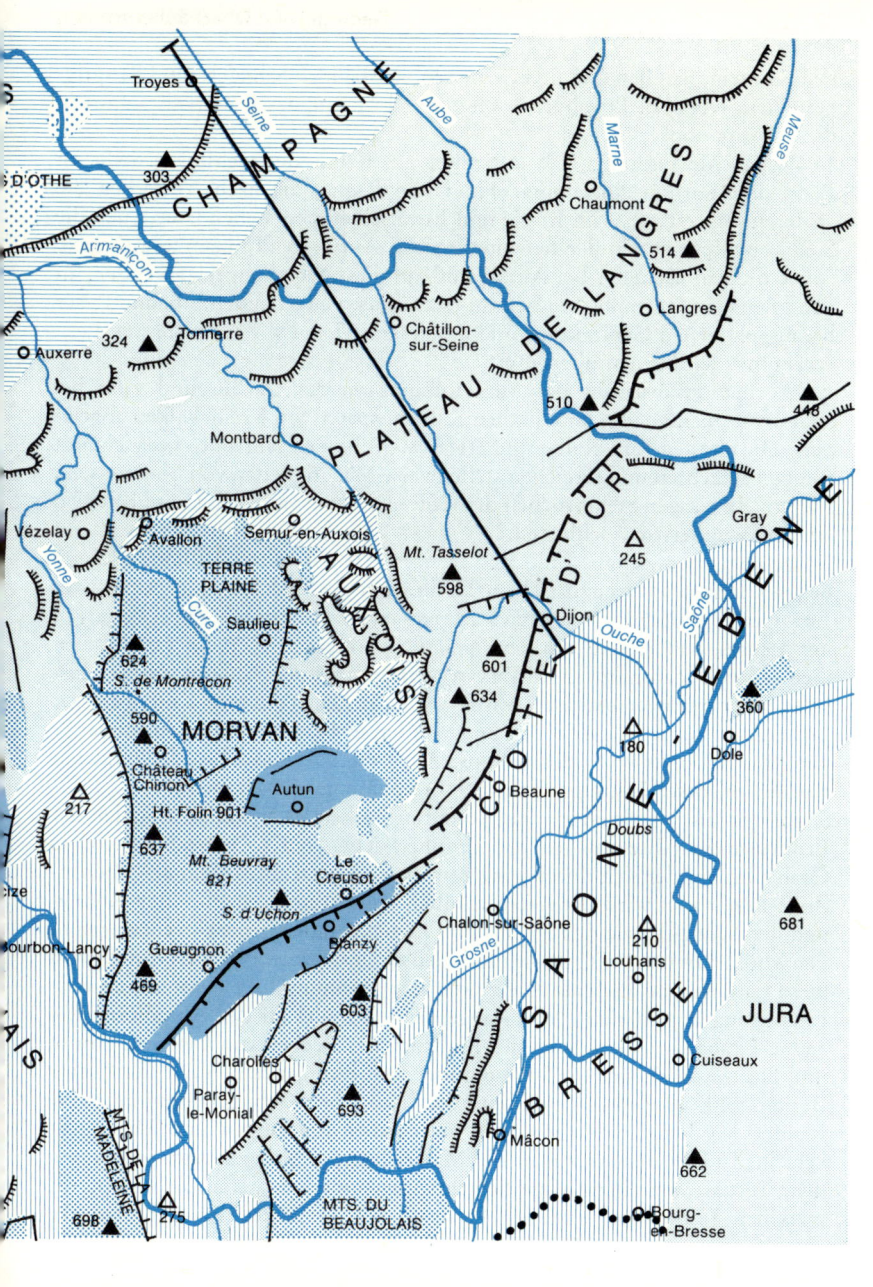

nem Gestein, nämlich Graniten, Gneisen, kristallinen Schiefern und Eruptiv-
gesteinen, wie z. B. Porphyr. Auch der Gebirgszug des Beaujolais gehört in
diese Formation.

In flachen Meereszonen und in Senken am Rande der Gebirge gedeiht im
Perm und Karbon eine üppige Flora und Fauna, die nach Absterben die
späteren Lagerstätten von Kohle und Erdölschiefer entstehen läßt. Auch die
Steinkohleflöze in den Becken von Creusot, Autun (bei Epinac) und Dezice,
sowie die Erdölschiefer bei Autun sind auf diese Weise angelegt worden. In
den folgenden Jahrmillionen kommt es zu einer weitgehenden Einebnung der
herausgehobenen Gebirgszüge und das gesamte Land wird in mehreren Phasen immer wieder neu überflutet.

Im Formationsabschnitt des Mesozoikums werden in Burgund zunächst
Sedimentschichten von jurassischen Kalken, später von Kreidekalken abgelagert. Die ältesten Jura-Kalke sind etwa 180 Millionen Jahre alt, wechseln mit
tonigen Schichten und erreichen stellenweise Mächtigkeiten von über tausend
Metern. In einigen Steinbrüchen der Côte-d'Or, besonders in Comblanchien
sind sie wunderbar erschlossen.

Im geologischen Zeitabschnitt des Tertiärs, das vor ca. 60 Millionen Jahren
begann, fanden auf französischem Territorium die Auffaltung der Alpen, des
Jura-Gebirges und der Pyrenäen statt, was einerseits mit dem Zurückdrängen
des Meeres, andererseits mit dem neuerlichen Herausheben der variskischen
Gebirgszüge (Zentralmassiv, Morvan) verbunden war. Da diese uralten Massive jedoch weniger plastisch waren als die neuentstandenen Faltengebirge,
zerbrachen sie an vielen Stellen und wurden insbesondere im Zentralmassiv
zum Ansatzpunkt von Vulkanismus. Auch die burgundischen Kalkplateaus
wurden in dieser Faltungs- und Hebungsphase herausgehoben.

Sozusagen als Ausgleich zu den Auffaltungen kam es an anderen Stellen der
Erdkruste zu Absenkungen der Erdoberfläche, und so entstand auch ein
Grabenbruch, der sich durch ganz Europa zieht und als Mittelmeer-Mjösen-
Zone bezeichnet wird. Er reicht nämlich vom Mittelmeer über den Rhône-
und den Saône- sowie den Rhein- und Leinetalgraben bis nach Norwegen in
den Mjösa-Graben bei Oslo. Im Rahmen der modernen Plattentektonik wird
diese Grabenzone auch als eine zukünftige Trennungslinie zwischen zwei in
Entstehung begriffenen Platten angesehen. Parallel zu der Absenkung des
Saône-Grabens erfolgte auch der Einbruch der Becken von Creusot, Autun
und Decize, doch war die Senkung hier weit weniger tief. Auch das Pariser
Becken sank im Zentrum während der alpidischen Gebirgsfaltung ab, seine
Ränder wurden dementsprechend nach außen hin aufgewölbt. Durch die
verschiedene Widerständigkeit der Materialien des Mesozoikums wurde seit
dem Tertiär eine einzigartige Schichtstufenlandschaft herauspräpariert, die
zwischen Lothringen und der Île-de-France in lückenloser Abfolge alle

Schichten von der Trias durch das Mesozoikum hindurch bis zu den jüngsten, aus dem Tertiär stammenden Ablagerungen im Zentrum des Beckens erschließt. Das Pariser Becken dehnt sich also im geologischen Sinn vom Zentrum in Richtung Osten bis an die Vogesen und den Saône-Graben aus. Das heißt, es umschließt alle sedimentären Schichten des Mesozoikums inklusive der bis in 600 m Höhe aufgewölbten Burgundischen Schwelle.

Schichtstufen und Verwerfungen

Je nachdem, in welcher Himmelsrichtung man das Pariser Becken durchquert, kann man gut bis zu einem Dutzend Schichtstufen mit den dazugehörigen Landterrassen passieren. Auf dem Weg von Troyes nach Dijon befinden sich zwischen Troyes und Châtillon-sur-Seine zum Beispiel auf einer Entfernung von ca. 50 km drei Schichtstufen. In Richtung Dijon folgen anschließend keine Schichtstufen mehr, weil sie auf der emporgewölbten Mittelgebirgsschwelle dem Zahn der Zeit besonders schnell zum Opfer fielen. Daß die Schichtstufen einmal bis zum Rand des Saône-Grabens reichten, bezeugt nämlich der »Zeugenberg« von Talant. Er ist aus zurückgebliebenen (an sich weniger widerständigen) Schichten des Argovien aufgebaut und war früher mit härteren Schichtstufen (Rauracien und Sequanien) bedeckt, wie sie den benachbarten Mont Afrique heute noch zieren (vgl. auch Abb. »Combes und Zeugenberg bei Chamboeuf«). Das Argovien findet man in dem dargestellten Profil erst wieder bei Châtillon-sur-Seine in einer Entfernung von rd. 75 km; um diese Distanz ist die äußerste Stufe also sozusagen zurückgewichen, wie überhaupt alle Stufen allmählich nach hinten wandern (hier nach NW). Eine Schichtstufenlandschaft wird demzufolge durch Verwitterungs- und Abtragungsvorgänge herauspräpariert. Eine solche, durch äußere Einflüsse modellierte Stufenkante darf (im geomorphologischen Sinne) nicht mit einer durch innere Kräfte hervorgerufenen, tektonischen Bruchlinie verwechselt werden. Kommt es an einer solchen geologischen Schwächezone zu Hebungs- und Senkungsvorgängen, können allerdings steile Wände oder Abhänge entstehen, die einer Schichtstufe äußerlich recht ähnlich sind.
Im Französischen wird für Verwerfung oder Bruchlinie der Ausdruck »Faille« verwendet, für Schichtstufe hingegen der Terminus »Cuesta« oder »Côte«. Paradoxerweise stellt nun nach allem Gesagten gerade der Höhenzug der Côte-d'Or (zusammengesetzt aus der Côte Dijonnaise, der Côte de Nuits, der Côte de Beaune und den Hautes-Côtes de Nuits und -de Beaune) keine Schichtstufe dar, von auflagernden Überresten in Form von Zeugen-

Schichtstufenlandschaft

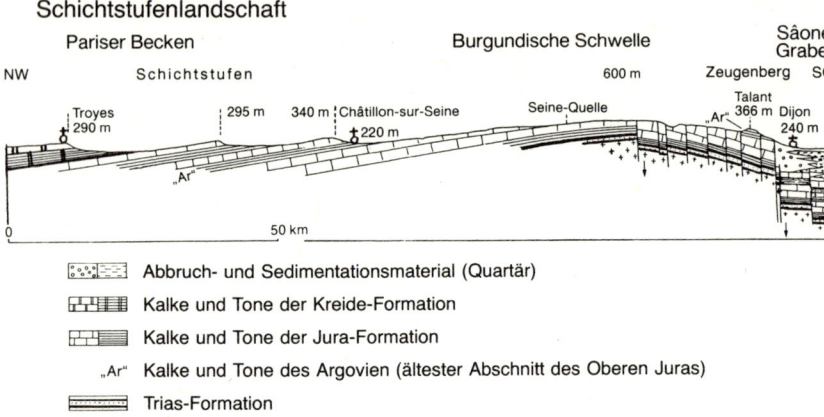

Pariser Becken   Burgundische Schwelle   Sâone-Graben

NW   Schichtstufen   600 m   Zeugenberg   SO

Troyes 290 m   295 m   340 m   Châtillon-sur-Seine 220 m   Seine-Quelle   Talant 366 m   Dijon 240 m   „Ar"

„Ar"   0   50 km

Abbruch- und Sedimentationsmaterial (Quartär)

Kalke und Tone der Kreide-Formation

Kalke und Tone der Jura-Formation

„Ar" Kalke und Tone des Argovien (ältester Abschnitt des Oberen Juras)

Trias-Formation

Kristalliner Sockel

bergen abgesehen. Da die Côte-d'Or ihre Entstehung in erster Linie dem
Absinken des Saône-Grabens, verbunden mit einer Vielzahl von Verwerfungen, zu verdanken hat, wird sie allgemein als »Bruchstufe« bezeichnet.
Auf dem Roche de Solutré kann man in hervorragender Weise eine Verwerfungslinie verfolgen, die parallel zum Saône-Graben in nord-südlicher Richtung verläuft und die zur Herauspräparierung dieses Felsens und seiner ähnlich aussehenden Nachbarn beigetragen hat. Diese Felsenkette ist Bestandteil
des Höhenzuges des »Mâconnais«, der wiederum im Zusammenhang mit den
Bergen des »Charollais« zu betrachten ist. Beide Höhenzüge sind aus Jurase-
dimenten aufgebaut, die im Mesozoikum auch das zwischen ihnen an die
Erdoberfläche tretende Kristallin bedeckten. Sie bildeten nämlich ganz offensichtlich einen zusammenhängenden Höhenzug, eine Antiklinale, am Ende
der tertiären Auffaltungsphase. Seitdem wurden die am höchsten und in der
Mitte gelegenen Deckschichten vollkommen abgetragen, so daß zwei voneinander getrennte Gebirgszüge entstanden. Auch in ihnen lassen sich Bruchstu-
fen finden, die nun wiederum in einzelnen Verlaufsabschnitten auf kleinem
Raum Ansätze der Schichtstufenbildung zeigen. Der Roche de Solutré ist
hierfür ein hervorragendes Studienobjekt. An seiner steil aufragenden, nach
Westen gerichteten Felswand kann man sowohl die Widerständigkeit und das
unterschiedliche Zurückweichen der Jurasedimente studieren als auch – sofern man den richtigen Zeitpunkt erwischt – die Mitglieder des französischen
»Club Alpin«, die dort ihrem schwindelerregenden Klettersport nachgehen.
Auf die Bedeutung des Felsens für die Vor- und Frühgeschichte wird an
anderer Stelle eingegangen (Kap. Das Solutréen).

Der Roche de Solutré

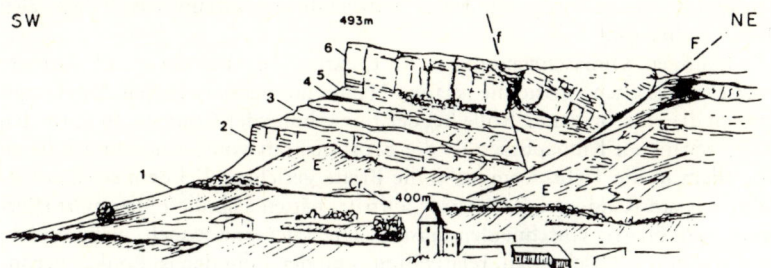

1 Tonschichten des Oberen Lias, leicht ausräumbar, teilweise mit Hangschutt bedeckt
2 Gelber Kalk aus dem Oberen Lias (Aalénien) mit Kammuscheln (Pecten Pumilus), widerständig
3 Unterer Trochitenkalk (Aalénien), bankig, mit unterschiedlicher Widerständigkeit
4 Heterogene Kalkschichten unterschiedlicher Widerständigkeit, überwiegend tonig
5 Oberer Trochitenkalk (Trochiten = Stielglieder der Seelilien und Haarsterne)
6 Weißer Kalk aus dem Unteren Dogger (Bajocien), massiv und widerständig

Die mit 2 und 6 bezeichneten Kalkschichten sind also die Stufenbildner, die hier zur Ausprägung der senkrecht abfallenden Stufenstirnen beitragen, die dazwischen liegenden Bereiche (3–5) würden sich in der echten, großräumigeren Schichtstufenlandschaft zu einer mehr oder minder verebneten Stufenfläche entwickeln.

Combes (Trockentäler)

Der jüngste geologische Zeitabschnitt schließlich, das Quartär, das vor ca. 2 Mio. Jahren begann, vollendete die Abtragungs- und Sedimentationsvorgänge, die im Tertiär schon begonnen hatten. Die Sedimentschichten, die im Mesozoikum den Morvan bedeckt hatten, wurden wieder restlos abgetragen und in den Ebenen der Saône und des Pariser Beckens abgelagert. Die Eiszeiten haben Burgund nicht direkt berührt, die Alpengletscher stießen während der letzten Eiszeit in Richtung Westen hin gerade eben bis etwa zum Rande des Dep. Saône-et-Loire bei La Chapelle-de-Guinchay vor. Die feuchtkalten Klimate im Periglazialbereich der Alpenvergletscherung haben jedoch viel zur Herausbildung des typischen Formenschatzes im Kalkstein Burgunds beigetragen. Ein gutes Beispiel dafür sind die Combes der Côte-d'Or. Es handelt sich hier um ziemlich steil eingeschnittene, einige Kilometer lange

Täler, die von den Hochflächen der Côte-d'Or in die Saône-Ebene hinabführen und die heute so gut wie keine Wasserführung aufzuweisen haben, also Trockentäler sind.

Die häufigen Klimaschwankungen im Quartär (vier Eiszeiten und wärmere Zwischeneiszeiten) sowie die relative Nähe zum vergletscherten Alpenraum spielen die entscheidende Rolle bei der Entstehung der Combes. In normalen bzw. wärmeren Klimaphasen ist die Erosionskraft von Bächen und Flüssen vor allem in die Tiefe, weniger in die Breite gerichtet. Bei dem starken Gefälle, das am Rande der Bruchstufe auftritt, hätten sich die Flüsse normalerweise canyonartig einschneiden müssen. Die Täler sind jedoch, insbesondere in den unteren Abschnitten, relativ breit, und der Talboden ist konkav gerundet oder verebnet. Die Ursache ist darin zu sehen, daß diese Region mehrfach im Periglazialbereich, also in der Randzone der Alpenvergletscherung lag. Das bedeutet, daß Côte-d'Or und Saône-Ebene zwar nicht mit Eis bedeckt, aber doch so gut wie vegetationslos waren und daß der Bodenuntergrund über lange Phasen hinweg gefroren war, selbst wenn die Oberfläche tages- oder jahreszeitlich erwärmt wurde.

Auf dem gefrorenen Untergrund konnten die Niederschläge, die durchaus reichlich und meist in der Form von Regen und nicht als Schnee fielen, nur oberflächlich abfließen. Die Gewässer konnten also weder im porösen Kalk versickern, noch an großer linearer Kraft gewinnen, um in die Tiefe zu erodieren, sondern mäandrierten bzw. flossen mehr in die Breite, versteilten und unterschnitten dabei die Talwände, die sich schon früher gebildet hatten, legten sie zurück und erweiterten die Talungen auf diese Weise.

In wärmeren Klimaphasen war die Erosionstätigkeit an der Oberfläche dann wiederum geringer, denn es stand hier weniger Wasser zur Verfügung, weil das Kalkgestein ohne den gefrorenen Untergrund nun wieder wasserdurchlässig war und ein großer Teil der Niederschlagsmengen schon versickerte oder verdunstete, bevor er überhaupt einen Flußlauf erreichte. Dies gilt auch für den gegenwärtigen Zeitabschnitt (Ende der letzten Eiszeit vor rd. 10 000 Jahren), womit erklärt wäre, warum in den meisten Combes heute so gut wie kein Wasser mehr vorhanden ist und die Täler dabei doch für ganz andere Abflußmengen geschaffen zu sein scheinen.

Das Blockbild macht deutlich, daß die Combe Lavaux in ihrem Verlauf den Kluftsystemen des Kalkgesteins folgt, während das Nebental (Combe Martin, II) von einer Verwerfungslinie durchzogen wird. Tektonik und Gesteinsuntergrund spielen also eine große Rolle in der räumlichen Situation und Verteilung der Combes, das wechselnde Klima trägt die Verantwortung für ihre Ausformung. Die größeren, ost-west-gerichteten Combes sind fast alle von Straßen durchzogen (D 31 von Chambœuf nach Gevrey-Chambertin zum Beispiel in der Combe Lavaux).

Combes und Zeugenberg bei Chambœf (Côte-d'Or)

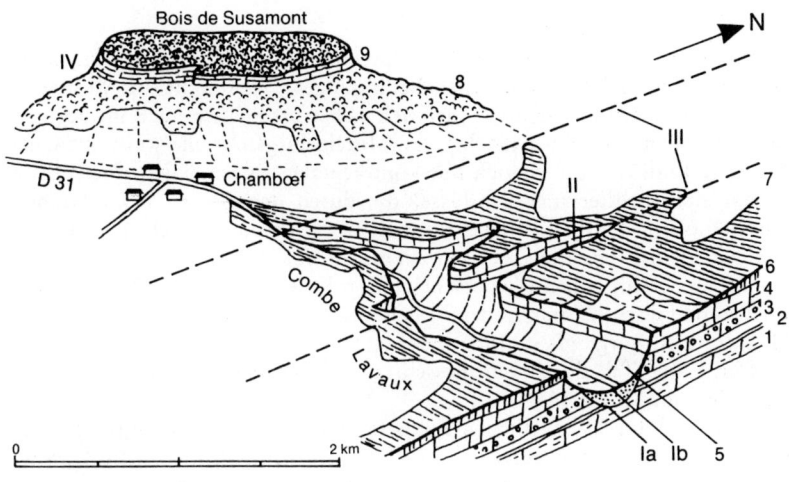

I   Talboden der Combe Lavaux (a früher, b heute)
II Combe Martin
III Verwerfungen
IV Zeugenberg

Geologische Schichten:
1 Bajocien-Kalk
2 wasserstauende Tonschicht (Ostrea acuminata)
3 Oolithen-Kalk
4 Comblanchien-Kalk, sehr klüftig, neigt zur Verkarstung
5 Hangschutt, Gerölle und Sedimente
6 Callovien-Kalk
7 Argovien-Kalk und -Ton
8 Hangschutt
9 Rauracien-Kalk

Der mit Wald (Bois de Susamont) bedeckte Zeugenberg von Chambœuf ist, ebenso wie die entlang der Verwerfungslinien aufgereihten (oben genannten) Zeugenberge Mont Afrique und Talant, Relikt einer nach Westen zurückgewichenen Schichtstufe. An seinen Hängen findet man ein Nebeneinander von Kulturland und »friches« (Sozialbrache).

Klima

Die klimatischen Zonen Burgunds entsprechen in ihrer Dreiteilung ungefähr den vorhandenen topographischen Bedingungen. So kommt der Westen in den Einfluß maritimen Klimas (der sich selbstverständlich auch im übrigen Burgund noch bemerkbar macht); die Mittelgebirgsschwelle weist ebenfalls maritime Einflüsse auf, jedoch mit kontinentalen Zügen. Die Saône-Ebene erfreut sich mediterraner Einflüsse, die durch den Rhône-Saône-Graben nördlich bis nach Dijon gelenkt werden; sie ist ansonsten mehr dem kontinentalen als dem maritimen Klima zuzurechnen.

Die Höhe der jährlichen Niederschläge liegt bei 600–700 mm jährlich in den Ebenen und über 900 mm in den Höhenlagen. Regenmaxima liegen bei allen Meßstationen Burgunds im Juni und August (häufige Gewitterregen, besonders im Saône-Tal, durch Luftmassenstau am Juramassiv). Das Regenminimum liegt im Monat März.

Die höchsten durchschnittlichen Temperaturen sind allgemein im Juli festzustellen und liegen dann durchschnittlich bei 20° (Dijon). Durch die Einwirkung verschiedener Klimafaktoren ist der Witterungsablauf relativ unbeständig; starke Temperaturschwankungen, sowohl im Monats- als auch im Jahresvergleich, kommen vor. So liegt z. B. für den Juli der höchste gemessene Monatsmittelwert in Dijon bei 25 °C, der niedrigste Juli-Mittelwert bei nur 13 °C. Die von Gemüse-, Obst- und Weinbauern gefürchteten Spätfröste treten besonders in den Ebenen und den unteren Hanglagen der Mittelgebirge relativ selten auf. Die letzten ein bis zwei Frosttage des Winterhalbjahres fallen normalerweise in den April, die ersten in den Monat Oktober. Der kälteste Monat des Jahres ist der Januar, er hat 24 Frosttage zu verzeichnen.

Die Zahl der Schneetage ist von Jahr zu Jahr sehr unterschiedlich, so daß geregelte Wintersportmöglichkeiten im Mittelgebirge nicht auf lange Sicht zu planen sind. Dennoch erfreut sich der Wintersport zunehmender Beliebtheit, und es gibt am höchsten Berg des Morvan, dem Haut-Folin (901 m), einen Skilift sowie acht Loipen für den Ski-Langlauf in der weiteren Umgebung. Im langjährigen Jahresmittel ist der zentrale Morvan an 42 Tagen mit Schnee in Höhe von 50 cm bedeckt.

Bevölkerung

Burgund hatte die größte Bevölkerungszahl im Jahre 1881 mit 1 713 000 Einwohnern erreicht. Von da an ging es bis 1946 kontinuierlich bergab, und erst nach Ende des Zweiten Weltkriegs stiegen die Einwohnerzahlen wieder an. Heute zählt Burgund etwa 1 605 000 Einwohner und hat damit den Höchststand aus dem 19. Jh. noch nicht wieder erreicht.

Die Einwohnerdichte innerhalb der Gesamtregion ist jedoch sehr unterschiedlich; die geringste Dichte hat das Châtillonais (10 E/km^2), die größte haben die Stadtregionen der Côte-d'Or (473 E/km^2). Einige Wachstumspole, vor allem Dijon und die übrigen Städte der Saône-Ebene, verfälschen den Gesamteindruck, als durch ihr positives Wachstum, das großenteils auf Zuzügen beruht, die immer noch starke Abwanderung aus ländlichen, peripheren Gebieten zunächst verdeckt wird. Zu den hauptsächlichen Problemgebieten gehören vor allem das gebirgige Zentrum Burgunds, der Morvan, das Krisengebiet der Montanindustrie im Becken von Creusot und das abseits der Hauptverkehrsachsen gelegene Departement Nièvre.

Die großen Bevölkerungsverluste im 19. Jh. wurden zunächst durch Cholera-Epidemien (1854) ausgelöst, die die Departements Côte-d'Or und Yonne (Bevölkerungsmaximum im Jahre 1851) besonders hart trafen. Anschließend kam es zur Bevölkerungsabwanderung, da die Phylloxera die bur-

Bevölkerungsentwicklung in Burgund und Frankreich

	Côte-d'Or	Nièvre	Saône-et-Loire	Yonne	Burgund	Frankreich
1851	400 297	327 161	574 720	381 133**	1 683 311	35 783 170
1881	382 819	347 576**	625 589**	357 029	1 713 013**	37 405 290
1901	361 626	323 783	620 360	321 062	1 626 831	38 450 788
1946	335 602	248 559	506 749	266 014	1 356 924	39 848 182
1954	356 839	240 078	511 182	266 410	1 374 509	42 781 370
1962	387 869	245 921	535 772	269 826	1 439 388	46 458 956
1968	421 192	247 702	550 362	283 376	1 502 632	49 654 556
1975	456 070	245 212	569 810	299 851	1 570 943	52 599 430
1982	473 548	239 635	571 852	311 019	1 596 054	54 295 612
1983*	476 000	239 100	572 300	312 800	1 600 200	54 625 700
1984*	477 900	238 000	571 700	313 800	1 601 400	54 832 000
1985*	480 800**	237 300	571 400	315 400	1 604 900	55 061 000

* geschätzt am 1. Januar
** Bevölkerungsmaximum erreicht

gundischen Weinbaugebiete verwüstet hatte und die Weinbauern zu Hunderten bankrott gegangen waren. Die beginnende Industrialisierung und der Bau
der Eisenbahnen, der Paris und die größeren Städte in greifbare Nähe rücken
ließ, taten ein weiteres, um die Abwanderung aus dem ländlichen Bereich zu
fördern.

In den Departements Nièvre und Saône-et-Loire trat diese Entwicklung etwas später ein, dort wurde das Bevölkerungsmaximum um 1880 erreicht.
Nur Côte-d'Or kann heute soviel Einwohner wie nie zuvor verbuchen, doch
liegt das an der Metropolfunktion der Landeshauptstadt Dijon, die gegenwärtig zusätzliche Förderung als Standort technischer Entwicklungsvorha-
ben erhält. Die Agglomeration Dijon beherbergt schon jetzt rund 50% der
gesamten Bevölkerung aus Côte-d'Or, und die Tendenz ist steigend.

Zwar gibt es seit Einführung des Hochgeschwindigkeitszuges auf der Strecke
Paris–Dijon–Besançon (hier allerdings durchweg ohne eigene Trasse und daher selten Höchstgeschwindigkeit erreichend) für Dijon eine hervorragende
Anbindung an Paris. Dennoch hat Dijon ein weites, eigenes Einzugsgebiet
aufgebaut, das im Einzelhandel etwa 80–100 km im Radius beträgt und auf
dem Verwaltungssektor alle vier Departements umfaßt. Die Bevölkerung, die
nach Dijon zieht, pendelt deshalb nur im Ausnahmefall nach Paris oder in
andere Städte aus.

Im Gegensatz dazu stehen die Mittelstädte des Departements Yonne, Auxerre und Sens, ganz im Einfluß des Pariser Agglomerationsraumes. Die
Zuwachsraten von Yonne sind also als eine Ausweitung des stetig wachsenden Großraumes von Paris zu verstehen, in dem nun schon etwa ein Fünftel
der gesamten französischen Bevölkerung lebt.

Das bevölkerungsreichste Departement Burgunds ist noch immer Saône-et-
Loire. Es beherbergt über ein Drittel der Gesamtbevölkerung der Bour-
gogne, nämlich rd. 571 000. Doch stagnieren hier die Zahlen seit einigen
Jahren.

Kontinuierliche Bevölkerungsverluste hat Nièvre zu verzeichnen, das nicht
nur die geringste Bevölkerungsdichte (35 E/km^2), sondern aufgrund von Ge-
burtenrückgang und Abwanderung auch den höchsten Überalterungsgrad
aufzuweisen hat. Mehr als 25% der Bevölkerung ist hier über 60 Jahre alt; in
der Côte-d'Or beträgt dagegen der Anteil dieser Altersstufe nur 17,7%
(Frankreich 18,5). Die für die Zukunfts-Entwicklung entscheidende Alters-
gruppe bis 29 Jahre umfaßt in Côte-d'Or 46%, in Nièvre nur rd. 39% (in
Frankreich 44,2%) der Gesamtbevölkerung. Die größten Ballungsräume
(Unités Urbaines) Burgunds findet man um Dijon (216 000 E), Chalon-
sur-Saône (78 000), Nevers (59 000), Montceau-les-Mines (51 000), Mâcon
(47 000), Le Creusot (44 000), Auxerre (42 000) und Sens (35 000).

Landwirtschaft und Forstwirtschaft

Die Landwirtschaft ist nicht nur für das Erscheinungsbild, sondern auch für die Wirtschaft Burgunds von großer Bedeutung. Noch immer beschäftigt dieser Wirtschaftszweig 11% der Burgunder (gegenüber 8% im französischen Landesdurchschnitt, 1984); im Jahre 1968 waren es allerdings noch 20% der berufstätigen Burgunder.

Wirtschaftssektor	Burgund	Frankreich
Landwirtschaft (incl. Forstwirtschaft)	11 %	8 %
Industrie	34,6%	33,9%
Handel und Verwaltung	54,4%	58,1%
	100,0%	100,0%

Während die Anzahl der Beschäftigten in der Landwirtschaft aus Gründen der Rationalisierung stetig zurückgeht, steigt die mittlere bäuerliche Betriebsgröße parallel dazu an. Die Statistik, die sechs Betriebsgrößenklassen unterscheidet (unter 1 ha, 1–5 ha, 5–20 ha, 20–50 ha, 50–100 ha, darüber), vermerkt für Saône-et-Loire die meisten bäuerlichen Betriebe in der Größenklasse 20–50 ha (Agrarzählung von 1983). In den übrigen drei Departements ist die stärkste der sechs Gruppen sogar die Betriebsgrößenklasse zwischen 50 und 100 ha.

Natürlich sind das nicht die Mittelwerte, sie liegen wesentlich niedriger, und die Angaben sind auch nach Betriebszweigen wieder zu unterscheiden. Je extensiver die Kultur (Weidewirtschaft), desto größer der Betrieb, je intensiver (Weinbau), desto geringer ist im Normalfall die Betriebsgröße.

Ganz allgemein ist festzustellen, daß die früher weitverbreitete Polykultur, die überwiegend der Selbstversorgung diente, zugunsten nationaler und internationaler Marktorientierung aufgegeben wurde. So gehört das kleingekammerte Landschaftsbild mit unterschiedlichsten Nutzungen, wie es beispielsweise noch in den Hautes-Côtes der Côte-d'Or und mitunter noch in der Bresse angetroffen werden kann, schon zu den landschaftlichen Besonderheiten.

Es läßt sich in Burgund eine zunehmende Polarisierung auf die folgenden drei Betriebszweige feststellen: Getreidebau, Weinbau und Rinderzucht (unter Aufgabe des Milchviehs). Diese drei Hauptzweige erbringen in der genannten Reihenfolge 55%, 16% und 15% am Gesamteinkommen Burgunds durch die Landwirtschaft.

Das Getreide wird vor allem in den Offenlandschaften des Senonais und Gâtinais (Yonne), aber auch auf den Plateaus der Côte-d'Or eingebracht. Wein wird in allen vier Departements angebaut, den höchsten Gewinn bringen jedoch die Weine der Côte de Nuits (vgl. Kap. Wein). Als Viehproduzent wiederum nimmt Saône-et-Loire die herausragende Stellung ein: Aus der Heckenlandschaft des Charolais stammt die berühmte weiße Rinderrasse, die inzwischen zu weltweiter Beliebtheit gelangt ist. Das Herdbuch dieser Rasse wird allerdings in Nevers geführt.

Um die landwirtschaftliche Struktur zu verbessern und vor allem der Überalterung der Hofinhaber entgegenzusteuern, hat Frankreich einen ganzen Maßnahmenkatalog ersonnen, der auch in Burgund zur Anwendung gelangt. Dazu gehört die Einrichtung einer staatlichen Gesellschaft (S. A. F. E. R.), die freiwerdendes Land erwirbt, um es später an Betriebe, die gerne nahegelegenes Ackerland hinzukaufen möchten, abzugeben. Wenn es nötig ist, werden in der Zwischenzeit auch Meliorationen, wie etwa Drainagearbeiten, vorgenommen.

Weitere, auch für andere Länder richtungweisende Einrichtungen sind: 1. Die Zahlung einer Entschädigung an den Hofbesitzer, wenn er vor Erreichen der Altersgrenze seinen Besitz in jüngere Hände gibt (Indemnité Viagère de Départ, IVD), 2. eine finanzielle Unterstützung für junge, sich neu etablierende Landwirte. Damit ist eine gewisse Lenkung des zukünftigen Betriebszweiges, dessen Produktionsaufnahme im »öffentlichen Interesse« liegen muß, verbunden (Dotation d'Installation des Jeunes Agriculteurs, DJA).

Die Forstwirtschaft spielt in Burgund eine untergeordnete Rolle, obwohl fast ein Drittel der Fläche mit Wald bedeckt ist (Côte-d'Or sogar 35,5%, Saône-et-Loire nur 21,4%). Geregelte Forstbestände, die aus Ansamung entstanden sind und dementsprechend gleiches Alter aufweisen (»Futaies«) machen nur 22% des Waldes aus. Größere zusammenhängende Aufforstungen mit Nadelwald sind vor allem im Morvan zu finden, ansonsten dominiert der Laubwald, das Verhältnis zwischen den beiden Waldarten ist etwa 1:6.

Ein besonderes Problem bildet auch die Besitzverteilung des Waldes. 68% der Waldfläche Burgunds ist in privaten Händen, nur 10% ist Staatsbesitz. Ein großer Teil des Privatwaldes ist durch Samenflug auf ehemals genutzten Ackerbau- und Weinbauflächen entstanden. Diese »Friches« stammen teilweise schon aus dem ausgehenden 19. Jh. und sind im Zusammenhang mit Reblauskrise und Abwanderung entstanden. Ihr Holz taugt im allgemeinen nur zu privater und nicht zu kommerzieller Nutzung. Dennoch existieren in Burgund einige Sägewerke und weiterverarbeitende Betriebe, die insbesondere Holzkohle, aber auch Möbel (Autun) herstellen.

Die ländliche Kulturlandschaft

Die Grundrisse der Weiler und Haufendörfer Burgunds sind überwiegend
unregelmäßig; nur in den Ebenen, dort, wo die Topographie es anbietet,
kommen auch langgestreckte, zeilenförmige Siedlungen vor, denen jedoch
die strenge Regelmäßigkeit von Straßendörfern fehlt. Neben den Gemein-
schaftssiedlungen kommen Einzelhöfe sowohl in der Ebene als auch ver-
mehrt im Hügel- und Gebirgsland vor.
Als Flurform tritt am häufigsten die Blockflur auf, deren Parzellengröße sehr
unterschiedlich sein kann. Auch Langstreifen sind vereinzelt anzutreffen,
zum Beispiel in einigen Gemeinden der Hautes-Côtes, wo Realteilung
herrschte. Es ist schwer zu sagen, welche Flurform die ältere ist und ob sich
die eine aus der anderen entwickelt hat. In der Côte-d'Or lassen alte Flurkar-
ten erkennen, daß viele Blöcke durch die Zusammenlegung von Langstreifen
entstanden sind, weil kirchliche und andere Großgrundbesitzer die entsprechenden Parzellen im Laufe der Zeit zusammenkauften.
Im Flurteil »Champs-Potots« der Gemeinde Thomirey (Canton Bligny-sur-
Ouche) hat sich auf diese Weise im Zeitraum von 1652–1754 der Fluranteil
der Domäne der »Chanoines de Notre Dame d'Autun« verdreifacht. U. a.
entstand ein Großblock, der sich aus 9–10 Langstreifen zusammensetzt (Nagel 1976).
Französische Geographen haben versucht, die Flurformen mit der Art der
Dorfform in Verbindung zu bringen. So hätte eine – anhand von Grabfunden
als älter ausgewiesene – Kulturstufe generell kleinere Gruppensiedlungen und
Einzelhöfe im Südwesten Burgunds mit Bocage-Flur (Heckenlandschaft) angelegt, eine jüngere Kultur im Nordosten Burgunds hingegen größere Gruppensiedlungen mit dazugehöriger Streifenflur und offener Landschaft
(»Openfield«) bevorzugt.
Doch gibt es hier natürlich Abweichungen, und insbesondere Ostburgund ist
ein Durchdringungsgebiet von offener und eingehegter Landschaft. Das »Bocage« ist im allgemeinen mit der Viehzucht vergesellschaftet, es fehlt hingegen in den Regionen des Getreide-, Gemüse- und Weinbaus.
Einhegungen hat es in Frankreich, wie Fundstücke aus dem Inneren von
Wällen beweisen, schon in der Jungsteinzeit, dann besonders wieder im Mittelalter, aber auch in der Neuzeit, also praktisch in allen Siedlungsphasen,
gegeben. Vor allem war wohl die Siedlungsweise und die damit verbundene
Rechtsform für eine Einhegung entscheidend. Auch im Südwesten Burgunds
mag die Form der Heckeneinhegung vereinzelt schon auf die Jungsteinzeit
zurückgehen, obwohl datierbare Funde hier fehlen. Eindeutige schriftliche
Quellen liegen für das 18. Jh. vor. In Frankreich wurde damals eine Auftei-

lung der Allmendflächen eingeleitet, die in Burgund von 1769–1782 zur Ausführung kam. Daraus geht hervor, warum Heckenlandschaften nun teilweise überhaupt erst möglich wurden.

Da nämlich in den Regionen mit Ackerbau und Viehzucht und gemeinschaftlicher Siedlung das System der »Vaine Pâturage« geherrscht hatte, in dem die Äcker nach der Ernte als öffentliche Viehweide dienten, war eine Einhegung der Felder verboten gewesen. Mit der Aufteilung der Allmende änderte sich nun dieses System, und in einer Anzahl neuer Gesetze (1767–77) wurde den Bauern auch das Recht zugesprochen, ihren Besitz einzuhegen. In den folgenden Jahrzehnten verwandelten sich daher große Teile ehemaliger Openfield-Landschaften in Bocage-Landschaften, und auch dort, wo die Betriebsform es nicht unbedingt verlangte, wurde die Errichtung von Hecken (gelegentlich Wällen) zum Ausdruck des neu verbrieften sozialen Status. Man darf dabei nicht übersehen, daß das Vermessungswesen seinerzeit wenig entwickelt war und eine Abgrenzung, die lediglich auf dem Papier stand, dem Bauern wenig bedeutete.

Die Bocage-Hecken Burgunds fallen durch ihre Höhe (2–3 m) und ihren Artenreichtum an Büschen und Bäumen auf. Die bedeutendsten Heckenbildner sind Eiche, Esche, Ahorn, Weißbuche, Haselnuß, Ginster, Stechpalme und Farn. Die unteren Äste und Zweige der Heckenpflanzen sind manchmal zopfartig miteinander verflochten, wenn die Hecke noch nach alter Tradition gepflegt wird.

Der Wein

Weinbau in Burgund ist ein oft besungenes, beschriebenes und fotografiertes »Sujet« und dennoch – oder gerade deshalb – kein ganz leichthin abzuhandelndes Kapitel. Zum einen ist der Burgunder-Wein so gar nicht mit den säuberlich vermessenen Grenzen unserer vier Departements zu fassen, zum anderen ist nicht einmal sein Ursprung ganz geklärt. Haben ihn wirklich die Römer mitgebracht, oder vielleicht doch schon die Griechen oder gar die Kelten? Welche verschiedenen Rebsorten gibt es eigentlich?

Um uns in Ruhe und mit Stil diesen und anderen Fragen widmen zu können, sollten wir uns vielleicht einen burgundischen Apéritiv in Form eines »Kir« gönnen, von dem wir immerhin wissen, daß er sich aus Johannisbeerlikör (Crème de Cassis) und trockenem weißen Burgunder, vorzugsweise Aligoté-Weißwein zusammensetzt und auf den Domherrn Kir, Nachkriegsbürgermeister von Dijon bis 1968, zurückzuführen ist. Zwar gab es diesen Apéritiv

، – und nicht nur in Burgund – auch schon vorher unter der Bezeichnung »Blanc-cassis«, aber erst als »Kir« trat er in der typisch burgundischen Mischung (⅙ zu ⅚) seinen internationalen Siegeszug an.

Allerdings sind Original und »Fälschung« häufig kaum noch miteinander zu vergleichen, denn die meisten außerburgundischen Kir-Mischungen zeichnen sich durch falsche Zutaten und falsche Mischungsverhältnisse aus und sind dementsprechend schlichtweg fade im Geschmack. Das süße Modegetränk »Kir Royal« als Mischung zwischen Johannisbeerlikör und Champagner ist eine »posthume« Erfindung und hat mit dem Apéritiv fast nichts mehr gemein.

Die Rebsorten

Mit dem Aligoté lernen wir die erste typische weiße Burgunder-Traube kennen, die weite Verbreitung sowohl in den einfacheren Lagen der Anbaugebiete mit »Appellation« findet, als auch in Lagen, die nur Tafelwein produzieren. Die Aligoté-Rebe gehört mit ihren großen Beeren und dichtbesetzten Trauben (im Vergleich zur Chardonnay-Rebe) nicht zu den ganz großen Gewächsen Burgunds, die sich im übrigen auch zu schade wären, um sich mit einem Likör einzulassen. Es gibt in Burgund eine Weingüte-Klassifikation, die im Prinzip fünf Stufen aufweist (vgl. Kap. Weingesetzgebung und Herkunftsbezeichnungen). Als relativ leichter und sehr trockener Güte-Wein der unteren Stufe ist der Aligoté-Wein jedenfalls zum Apéritiv unschlagbar.

Als weitere burgundische Delikatesse kann ein seit wenigen Jahren unter der Bezeichnung »Crémant de Bourgogne« produzierter, spritziger Sekt empfohlen werden, der dem Champagner ähnlich ist. Das »Comité Interprofessional de Saône-et-Loire pour les Vins d'Appellation Contrôlée de Bourgogne et de Mâcon« charakterisiert den »Crémant de Bourgogne« in einem Fremdenverkehrsprospekt wie folgt: »Crémant de Bourgogne: Die Spitzenqualität eines schäumenden Weins, wie der Champagner die Frucht der traditionsreichen Flaschengärung, stammt von den edlen Reben Chardonnay und Pinot Noir, die sich manchmal mit dem schelmischen Aligoté verbinden. Zarte Perlen kitzeln sanft auf der Zunge. Brillant, leicht, angenehm, der Crémant de Bourgogne ist ein Wein der Freude und der Feste«. In der Tat eine nette und schelmische Beschreibung, der Ernst des Lebens folgt ein paar Zeilen später . . .

Da die Grundweine und Anbaugebiete Burgunds sehr unterschiedliche Charaktere haben, wird ein Crémant aus dem Chablis anders schmecken als aus dem Mercurey. Eine besonders auf dem deutschen Markt schon bekannte Sektmarke aus Beaune ist der »Kriter«, der jedoch als ein »Blanc de Blanc«

und nicht als ein Schaumwein bestimmter Anbaugebiete amtlich registriert ist.

Als Schaumwein bestimmter Anbaugebiete sind im französischen Wein-Katasterregister neben dem Crémant de Bourgogne noch die »Crémants« d'Alsace, de Loire, de Saumur, de Vouvray, de Touraine und de Montlouis eingetragen. Eine der Hauptvoraussetzungen für die Vergabe der Appellation ist neben allen Vorschriften, die auch für den normalen Spitzenwein gelten, beim Crémant die Einhaltung des klassischen Flaschengärverfahrens (Méthode Champenoise).

Beim »Crémant de Bourgogne« ist die Aligoté-Traube mehr als »manchmal« (s. o.) die Basis der Produktion. Ihr Anteil darf jedoch 70% nicht überschreiten, der Rest muß von edleren Rebsorten stammen, insbesondere vom »Chardonnay«.

Die Chardonnay-Rebe kommt ebenfalls in der Champagne, z. T. auch im übrigen Europa und in Kalifornien vor. Ihr Wein ist von kräftigem gehaltvollem Wesen mit guter Lagerfähigkeit, wie z. B. der »Grand Cru Corton-Charlemagne« oder »Premiers Crus« aus der Côte de Beaune es bezeugen. Die Chardonnay-Rebe ist außerdem die Grundlage der Weißweine aus der Gegend um Mercurey und Mâcon (z. B. Pouilly-Fuissé) und vor allem der Chablis-Weine aus dem Dep. Yonne.

Weitere ehemals weitverbreitete Rebsorten wie die weiße »Melon de Bourgogne«, die in der Region um Nantes als »Muscadet« weiterlebt und dort eine bessere Qualität erlangt hat, sowie die tanninhaltige rote Rebsorte »César«, die besonders im Chablis heimisch war, sind heute praktisch verschwunden. Gelegentlich ist im Chablis noch die Rebsorte »Sacy« anzutreffen.

Überwiegen im Dep. Yonne (Chablis) die weißen Rebsorten, die auch im Dep. Saône-et-Loire einen hohen Anteil haben, so bilden sie im Dep. Côte-d'Or eine Minderheit. Hier ist das Hauptverbreitungsgebiet der Rotweinrebe »Pinot Noir«, die viele absolute Spitzenweine hervorbringt und auch als die beste rote Traube der Welt bezeichnet wird.

Demgegenüber liefert die rote Gamay-Rebe nirgends einen Grand Cru. Obwohl sie aus der Côte-d'Or stammt, ist sie dort kaum noch verbreitet, weil sie auf dem kalkig-mergeligen Boden der Pinot-Noir-Rebe weit unterlegen ist. Im Dep. Saône-et-Loire vergrößert sich ihr Anteil entsprechend der veränderten geologischen Ausgangssituation (Übergang von Kalken zu Graniten). Doch erst auf den Granithügeln des Beaujolais wird die Gamay-Rebe zur Alleinherrscherin und läuft zur vollen Form auf. Das weltweit bekannte, unvergleichlich süffige Resultat bedarf keiner weiteren Beschreibung.

Die Weinbaugebiete

Aber gehört denn das Beaujolais überhaupt zu Burgund? Im Prinzip nein, denn die Weinberge des Beaujolais liegen überwiegend in Dep. Rhône, und das gehört zu der Wirtschaftsregion »Rhône-Alpes«. Doch im Weinbau gelten andere Grenzen als in der Landespolitik, und da die Beaujolais-Weine einerseits aus der Gamay-Traube gewonnen werden, die ihren Ursprung einem Dörfchen aus der Côte de Beaune verdankt, andererseits der größte Teil der Weine auch seit alters her in Mâcon und Beaune vermarktet wird, gilt das Beaujolais nach einem Rechtsspruch aus dem Jahre 1930 als südlichstes Burgunder-Weinbaugebiet. Es geht nördlich in das Mâconnais über.

Von Nord nach Süd gliedert sich die amtliche »Bourgogne Viticole« in die Gebiete Chablis (isoliert im Dep. Yonne), ca. 100 km weiter dann in die ineinander übergehenden Weinbaugebiete der Côte de Nuits, Côte de Beaune und der dazugehörigen Höhenlagen, die jedoch andere Weine produzieren und daher auch eigene Namen führen, nämlich Hautes-Côtes de Nuits und Hautes-Côtes de Beaune (alle Dep. Côte-d'Or). Das Weinbaugebiet der Côte de Beaune ragt, dem Verlauf des gleichnamigen Höhenzuges entsprechend, noch ins Departement Saône-et-Loire hinein. Erst das Tal der Dheune setzt diesem Verlauf ein Ende. Es folgen die Région de Mercurey (auch Chalonnais genannt) und das Mâconnais (beide Dep. Saône-et-Loire), an das sich lückenlos das Beaujolais anschließt (überwiegend Dep. Rhône).

Die gestrenge Aufsicht über die »Bourgogne Viticole«, ihre Reben und ihren Wein führt das I. N. A. O. (Institut National de l'Appellation d'Origine) mit Sitz in Dijon. Diese Behörde überwacht das Anpflanzen jedes einzelnen Weinstocks – ja sogar das Ausreißen ist genehmigungspflichtig – und bestimmt die Grenzen des AC-Weines (eigentlich AOC-Wein = Appellation d'Origine Contrôlée).

Es gibt in Burgund eine weitere bekannte Weinbauregion, in der Qualitätswein produziert wird, der paradoxerweise dennoch kein »Burgunder« ist. Es handelt sich um die im Nordwesten des Dep. Nièvre gelegene Anbaufläche des AC-Weines Pouilly-sur-Loire (Nièvre) und die etwas darunter einzustufenden VDQS-Weine (Vin Délimité de Qualité Supérieure) des Giennois. Letztere Weine von überwiegend lokaler Bedeutung sind auf sechs Hügellagen verteilt, die überwiegend im Dep. Loiret (Région Centre) liegen. Ein größeres Anbaugebiet befindet sich jedoch auch in Cosne-sur-Loire (Nièvre).

Alle diese Weinbaugebiete, die sich von der Stadt Nevers an der Loire entlang bis zur Mündung hinziehen und die räumlich von den Burgunder-Weinbaugebieten getrennt sind, wurden gesetzlich den Loire-Weinen zugeordnet. Nicht sämtliche Weine in dieser fast ununterbrochenen Kette sind Qualitäts-

Weinbaugebiete, in denen Burgunder-Qualitätsweine (A. O. C.) produziert werden, »La Bourgogne Viticole«

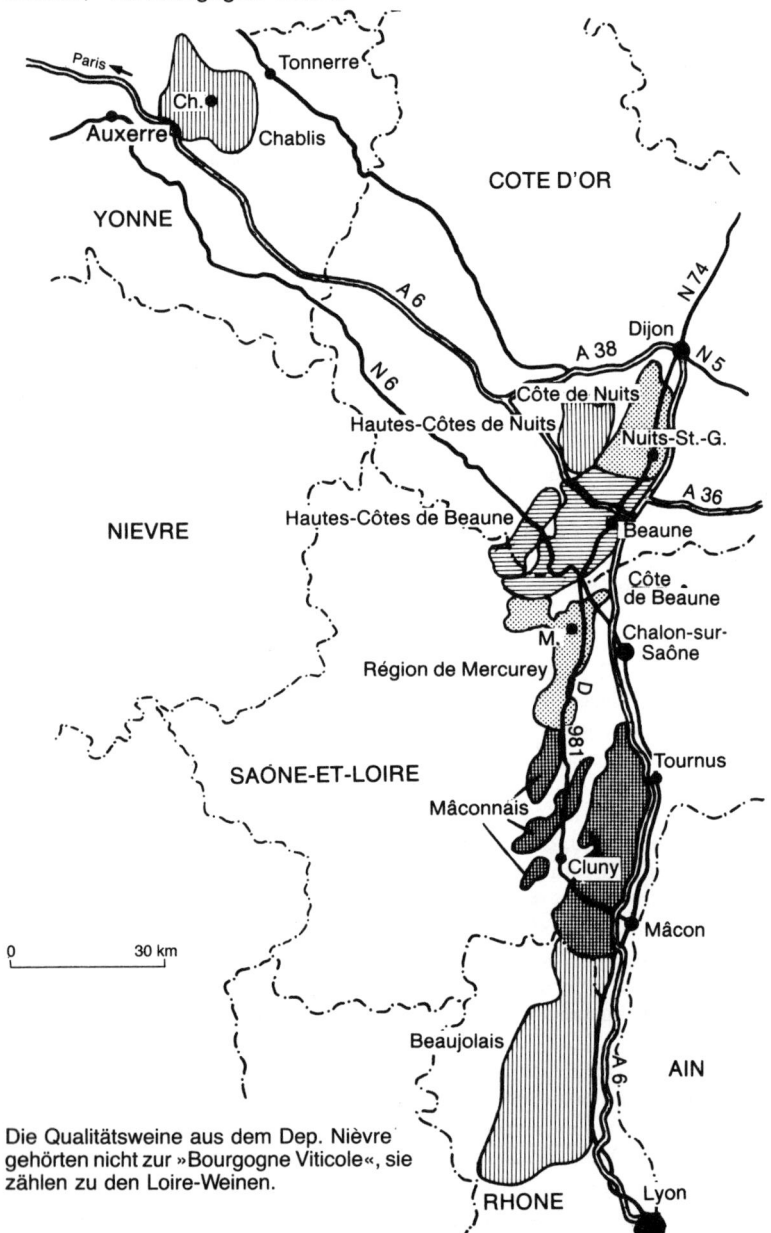

Paris

Tonnerre

Ch.

Auxerre

Chablis

COTE D'OR

YONNE

A 6

N 6

Dijon

A 38

N 74

N 5

Côte de Nuits

Hautes-Côtes de Nuits

Nuits-St.-G.

A 36

Hautes-Côtes de Beaune

Beaune

NIEVRE

Côte de Beaune

Chalon-sur-Saône

M.

Région de Mercurey

D 981

SAÔNE-ET-LOIRE

Tournus

Mâconnais

Cluny

Mâcon

0   30 km

AIN

A 6

Beaujolais

Die Qualitätsweine aus dem Dep. Nièvre gehörten nicht zur »Bourgogne Viticole«, sie zählen zu den Loire-Weinen.

RHONE

Lyon

weine, doch auch die eingeflochtenen Anbaugebiete für Land- oder Tafel-weine vermögen es im allgemeinen, nicht nur das Auge, sondern auch Herz und Gaumen des Betrachters zu erfreuen.

Physisch-geographische Grundlagen des Weinbaus

Die Burgunderweine haben in Hinsicht auf die physisch-geographischen Ge-gebenheiten Gemeinsamkeiten und Verschiedenheiten aufzuweisen. Gemein-samkeiten bestehen vor allem in Hinblick auf Klima und Exposition. Die Weinberge Burgunds befinden sich in einer Zone überwiegend kontinentalen Klimas mit mediterranen Einflüssen, das heißt, daß die Winter meist kalt und frostreich, die Sommer warm und manchmal extrem heiß sind. Sehr warme und trockene September sind keine Seltenheit, und sie sind oft das i-Tüpfel-chen auf einem guten Weinjahr.

Die Weinberge liegen durchweg auf einer Höhenstufe zwischen 200 und 500 m über NN, dabei werden die Plateaus (wegen kalter Winde, Frost) ebenso gemieden wie die Talniederungen (Kälteseen, Nebel). Die Exposition der Weinberge ist vorwiegend Osten (besonders in der Côte-d'Or), z. T. Süden, gelegentlich Südwesten (besonders in der Chablis-Region). Damit sind die Weinkulturen dem direkten Einfluß der westlichen Winde und Re-genböen entzogen.

Verschiedenheiten hinsichtlich der physisch-geographischen Ausstattung sind vor allem bei den Böden zu notieren. Zwar kann man generell sagen, daß der Weinbau steinige Böden bevorzugt, die sich schnell erhitzen und auf denen das Wasser schnell abläuft; die mineralische Zusammensetzung dieser Böden wechselt hingegen sehr stark und oft auf kleinstem Raum. Während im Dep. Yonne, Côte d'Or und im nörlichen Saône-et-Loire die kalkhaltige-ren Böden vor allem der Jura-Formation vorherrschen, gehen vom Mâcon-nais zum Beaujolais hin die Böden entsprechend der hier anstehenden paläo-zoischen Formation zu einer granitig-schieferigen Ausprägung mit hohem Eisenoxydgehalt über. Es lassen sich folgende Relationen zwischen den Hauptkomponenten der burgundischen Weinböden und dem Charakter der Weine aufstellen:

Kieselerde: leichte Weine
Ton: stark gefärbte, alkoholhaltige, kräftige Weine
Kalk: stark alkoholhaltige und wohlriechende Weine
Eisenoxyd: stark gefärbte und wohlriechende Weine.

Dementsprechend ist ein Spitzenwein aus dem Clos de Vougeot wesentlich kräftiger in Geschmack und Wirkungsgrad als der bekanntermaßen leichte Beaujolais, der auf Böden mit ausgesprochen hohem Anteil von Kieselerde gedeiht.

Auswahl einiger Bodenzusammensetzungen

Gewächse und Region	Bodenanteile in Prozenten:			
	Kieselerde	Ton	Kalk	Eisenoxyd
Clos de Vougeot/ Côte de Nuits	47,1	36,7	12,0	3,2
Montrachet/ Côte de Beaune	33,7	28,1	31,6	–
Moulin-à-Vent/ Beaujolais	81,6	3,03	0,9	11,3

Die historische Entwicklung des Weinbaus

Die Züchtung der ersten Kulturrebe aus wildwachsenden Formen der Weinrebe hat schon vor vielen tausend Jahren stattgefunden. Unsere Kulturpflanzen entstammen der Pflanzenfamilie der Rebengewächse (»Vitaceae«), die etwa 700 Arten in 12 Gattungen umfaßt. Die wildwachsende Weinrebe der Gattung »Vitis« war in Osteuropa, Kleinasien und Amerika mindestens seit dem Spättertiär beheimatet, einzelne Waldrebenarten (»Vitis sylvestris«) seit dem Quartär auch in West- und Mitteleuropa, Frankreich und Deutschland inbegriffen. Man nimmt an, daß geregelter Weinbau sich vor ca. 8000 Jahren in Kaukasien oder Mesopotamien entwickelt hat. Aus wilden Weinstöcken der sogenannten Echten Weinrebe (»Vitis vinifera«) wurden hier die ersten Kulturreben (»Vitis vinifera vinifera« oder »Vitis vinifera sativa«) gezüchtet. Spätestens mit der Gründung des ägyptischen Königreiches um 3 000 v. Chr. wird die Edelrebe dann im Nildelta und im benachbarten Phönizien heimisch. Von hier wandert sie nach Griechenland, wo sie etwa ab 2 000 v. Chr. nachzuweisen ist und von dort weiter nach Italien und Nordafrika (ab 1 000 v. Chr.). Auch Spanien und Südfrankreich zählen bald darauf zu ihrem Verbreitungsgebiet; so dürfte sie in der griechischen Kolonie Massilia (Marseille) ab etwa 600 v. Chr. anzutreffen gewesen sein.

Es wird im allgemeinen den Römern zugeschrieben, den Weinbau in die eroberte Provinz Gallien getragen zu haben. Das »Innovationszentrum« dieser neuen Kultur – wenn sie hier zu dem Zeitpunkt wirklich noch neu war – lag im Raum Vienne-Lyon (ca. 50 n. Chr.). Von dort erfolgte dann die (erneute) Ausbreitung. Im heutigen Burgund wird der Beginn des Weinbaus im 2. Jh. n. Chr. vermutet, in der Loire-Region im 3. Jh., in der Champagne erst im 4. Jh. n. Chr.

Man mag es allerdings kaum glauben, daß die Kelten, die schon um das 6. Jh. v. Chr. eine hohe Kulturstufe erreicht hatten und ganz offensichtlich mit den südlichen Kulturen in Verbindung standen, keine eigenen Weinbauversuche unternommen haben sollen. Die »Vase de Vix« in Châtillon-sur-Seine, Côte-d'Or (vgl. dort) – von griechischen Künstlern hergestellt und im Grab einer keltischen Fürstin gefunden – diente jedenfalls, laut einer Hypothese, dem Mischen von Wein. Auch im »Musée du Vin« von Beaune werden Hinweise gegeben, daß Weinbau vielleicht schon im 6. Jh. v. Chr. in Gallien stattgefunden hat.

Die Weinbauversuche der Römer kamen in Gallien erst mit einer gewissen Verzögerung zur vollen Entfaltung, denn es gab seit alters her Konkurrenzkampf im Weinhandel und Sorge vor Überangebot und Qualitätsmangel bei der Weinproduktion. Erstes Zeugnis hiervor geben schon römische Gesetzestafeln aus dem Jahre 450 v. Chr., die Bestimmungen über die Veredelung des Weins enthalten. Was Gallien betrifft, so erließ Kaiser Domitian im Jahre 92 n. Chr. ein Gesetz, das ein Verbot des dort langsam aufblühenden Weinbaus zum Inhalt hatte, um die Winzer des Mutterlandes vor Importen zu schützen. Zwar wurde dies Verbot ganz offensichtlich nicht überall befolgt, aber es verzögerte die Entwicklung wohl zunächst; offiziell aufgehoben wurde es jedenfalls erst von Kaiser Probus rd. zwei Jahrhunderte später.

Ein frühes historisches Zeugnis vom Weinbau in Burgund gibt die Lex Gundobada (Loi Gombette), eine Gesetzessammlung aus dem Jahre 501, die auf den Burgunderkönig Gundobad (Gondebaud) zurückzuführen ist. In ihr sind Verordnungen enthalten, die die Qualität des Weinbaus schützen und verbessern sollten; die französische Weinbautradition beruft sich noch heute auf »La fameuse loi Gombette«.

Die Franken, die das Burgunderreich nach einer Entscheidungsschlacht bei Autun erobern (534), errichten nach einer Zeit innerer Wirren ein fränkisches Gesamtreich, in dem die königlichen Beamten (Grafen) aus dem Grundbesitzeradel gewählt werden (614 Edikt des Clothar II.). Wirtschafts- und Sozialstrukturen werden neu geordnet, und es entsteht ein günstiges Klima für den langfristig zu planenden Weinbau (erste Weinernte fünf Jahre nach Pflanzen des Rebstocks möglich!). Außerdem werden nun regelmäßige Aufzeichnungen angelegt, die natürlich im Hinblick auf Erträge und Besteuerung (Abgabepflicht) von Bedeutung waren. Das erklärt, warum die ersten genaueren Ortsangaben über den Weinbau in Burgund durchweg aus dem 7. Jh. stammen (Couchey 600, Marsannay-la-Côte 658 usw.).

Unter Karl dem Großen hatten die Weinberge Burgunds schon ein solches Renommée, daß er aus seinen dortigen Besitzungen Weinstöcke an den Rhein holte, um sie zum Beispiel bei Rüdesheim anpflanzen zu lassen. In den »Kapitularien«, einer Sammlung von Anordnungen Karls des Großen sowie von Reichstagsbeschlüssen, wird der Weinbau ausdrücklich erwähnt, wenngleich auch Rückschlüsse auf die Qualität daraus nicht zu ziehen sind. Immerhin werden feste Anweisungen gegeben, wie »unsere Amtmänner ... haben den Wein in feste Behälter zu füllen und darauf zu achten, daß er auf

keine Weise verdirbt (oder: vergeudet wird)«. Die in den »Kapitularien über
die Krongüter und Reichshöfe« (Capitulare de villis) um 795 aufgezeichneten
Anordnungen sollten Mustergüter schaffen, die Produktion steigern, die
Qualität und Hygiene verbessern und nicht zuletzt Versorgung und Zinsein-
nahmen sicherstellen.

Eine weitere wichtige Etappe in der Ausbreitung des Weinbaus und der
Verbesserung seiner Qualität bricht in Burgund mit den Ordensgründungen
von Cluny (910) und Cîteaux (1098) an. Noch heute berühmte Weinberge
und Weingüter wie das »Clos Vougeot« entstehen (12. Jh.). Nach einiger Zeit
hat der Weinbau offensichtlich solche Verbreitung gefunden, daß auch unge-
eignete Lagen gerodet werden und die Qualität darunter zu leiden beginnt.
Nur so ist es zu verstehen, daß der Burgunderherzog Philippe le Hardi in
einer Verordnung von 1395 die Ausdehnung des Gamay begrenzt.

Seit gallo-romanischen Tagen war der Burgunderwein stets ein »primeur«
gewesen, also ein jung getrunkener Wein, der niemals bis zum folgenden Jahr
gelagert wurde. Vom typischen Exportwein der Gegenwart war er daher auch
weit entfernt. Das änderte sich, nachdem gegen Ende des 17. Jahrhunderts
der Korken in Mode kam und die Winzer und Kaufleute begannen, Wein
nicht mehr nur in Fässern aufzubewahren, sondern ihn nun auch auf Flaschen zu ziehen.

Auf dem Weg über den französischen Königshof gelangte der Burgunderwein
bald zu Weltberühmtheit. Die verbesserte Lagerfähigkeit brachte nicht nur
einen Wandel zum Exportwein mit sich, sondern außerdem eine Hinwendung vom ursprünglich dominierenden weißen und roséfarbigen zum roten
Burgunder. Besonders die Côte de Nuits, die diese dunkelroten, kräftigen
und lagerfähigen Weine produziert, stieg damit zum absoluten Mittelpunkt
der burgundischen Weinbaugebiete auf und hat diese Stellung noch heute
inne.

Die im 18. und 19. Jh. so hoch eingeschätzten Merkmale des gereiften und
kräftigen Weins (»vin de garde«) führten jedoch rückwirkend gesehen zu
einem »excès de lourdeur« mit einem sehr hohen Alkoholvolumen. So hatten
im Jahre 1858 beispielsweise der Corton 15,6 %, der Montrachet und der
Clos de Bèze 14,3 % Alkoholgehalt (Jullien nach Johnson 1980). Inzwischen
sind die früheren, sehr langen Lagerzeiten auch beim »vin de garde« meistens
auf ein paar, höchstens fünf (bis sieben) Jahre reduziert worden, und der
höchste Alkoholgehalt liegt bei einem Spitzengewächs der »Grand Cru«-
Klassifizierung bei 12 %.

Um die neuen Spielarten des Weinbaus und der Weinbereitung in den Griff
zu bekommen, wurden unter Napoléon III. im Jahre 1861 erste Versuche
einer Weinklassifikation unternommen. Bevor diese jedoch ausgefeilt und
angewendet werden konnten, kam es nicht nur zum politischen Umbruch,

sondern vor allem zur weinwirtschaftlichen Katastrophe. Die Reblaus über-
fiel Europa zu einem Zeitpunkt, als sich viele Agrarregionen, durch das
Aufblühen des internationalen Weinhandels begünstigt, von früher noch
praktizierten Formen der Mischkultur gerade abgewendet und hundertpro-
zentig auf den Weinbau eingestellt hatten.
In Frankreich tauchte die Reblaus (Phylloxera vastarix), die aus Amerika
eingeschleppt wurde, zuerst im Departement Gard auf (1863). Das ungeliebte
Insekt, das fliegen kann, aber vor allem unterirdisch lebt und die Weinstockwurzeln aussaugt, bis der ganze Weinstock erkrankt ist und schließlich ein-
geht, war durch keinerlei Mittel zu vertreiben. Es »kam, sah und siegte«, um
einen berühmten Ausspruch Cäsars zu benutzen. Und auch diese Invasion
wanderte, wie schon so viele vorher, zunächst das Rhônetal hinauf. 1874
machte sich die Phylloxera über das Beaujolais her, 1875 war sie schon in
Tournus (Nordgrenze des Mâconnais) und 1878 eroberte sie schließlich
Meursault, die Hauptstadt der großen Weißweine in der Côte-d'Or.
Erst nachdem ganze Landstriche verwüstet und verlassen waren, nachdem
auch die Weinhändler in den Städten zu Hunderten bankrott angemeldet
hatten, wurde endlich eine Gegenwaffe gefunden: das Pfropfen französischer
Rebsprosse auf amerikanische, reblausresistente Weinstockwurzeln. Diese
Pfropfmethode wird übrigens bis heute mit Erfolg angewendet.
Letzten Endes hat die Reblauskrise der Weltgeltung des Burgunderweines
Auftrieb verschafft. Wurde vorher nämlich auf vielen Arealen Weinbau be-
trieben, die in bezug auf Bodengüte, Exposition und Klima (Höhenlagen!)
nicht sonderlich dazu geeignet waren, so wurden die Anforderungen an einen
Qualitätswein nach der Krise höhergeschraubt. Das Weinbauareal wurde insgesamt eingeschränkt, und es trat eine deutliche Verschiebung im Anbau vom
»Vin ordinaire« zum »Vin de qualité« ein.
In der Landschaft (z. B. in den Hautes-Côtes) sind die Folgen der Reblauskrise zum Teil noch heute sichtbar, weil einige der ehemaligen Weinbauflächen nie wieder unter Kultur genommen, aber auch nicht geregelt aufgefor-
stet wurden. Je nach physisch-geographischer Ausgangssituation und Zeitpunkt der endgültigen Flächenstillegung sind diese Flächen heute versteppt,
verbuscht oder verwaldet.

Weingesetzgebung und Herkunftsbezeichnungen

Frankreich gilt heute als Musterbeispiel für strenge und wirkungsvolle Weingesetzgebung. Die Auswirkungen der Reblauskrise sind bei der Entwicklung
dieses Maßnahmenkatalogs nicht ganz unschuldig.
Gegen Ende des 19. Jahrhunderts wurde ganz offensichtlich, daß in der
Weinwirtschaft kräftig geschummelt wurde. Es kamen Weine mit Qualitäts-

und Herkunftsbezeichnungen auf den Markt, die es eigentlich gar nicht mehr geben konnte, weil die Phylloxera sie ausgerottet hatte. Um Licht in das Chaos zu bringen, das durch Neuanpflanzungen gepfropfter Weinstöcke noch vergrößert wurde, kam es 1905 zu einer ersten gesetzlichen Regelung, die jedoch noch keine befriedigenden Resultate brachte.

Mit erneut steigender Nachfrage im Anschluß an den Ersten Weltkrieg wurde daher 1919 der Grundstock der noch heute gültigen Gesetzgebung gelegt, und u. a. die »Appellation d'Origine« eingeführt. Der Herkunftsnachweis allein stellte sich aber immer noch als unzureichend heraus, da nun zwar weniger bei den Händlern, dafür aber schon beim Erzeuger selbst die Möglichkeit zum Panschen bestand. Erst nach einer weiteren Verschärfung des Gesetzes, das nun auch die Produktionsmenge pro Hektar festlegte, entstand 1935 das inzwischen weltweit gerühmte, aber kaum in andere Länder übertragene französische Weinbaugesetz.

Kontrolliert wird die Einhaltung der Gesetze einerseits direkt vom staatlich gelenkten I.N.A.O., andererseits auf indirektem Wege vom Finanzamt. Das doppelte Risiko erhöht die Hemmschwelle... In den Weinbaugebieten wurden außerdem sogenannte »Commissions de Dégustation«, staatlich anerkannte Probierausschüsse, eingesetzt, deren Mitglieder den Wein verkosten sollen, um eine verlangte Benennung zu bestätigen oder abzulehnen. Die vom I.N.A.O. aufgestellte Forderung, daß grundsätzlich von allen AC-Weinen eine Weinprobe einzuschicken wäre, ist vorerst technisch nicht machbar. Die französischen Weine werden zunächst in vier große Kategorien unterteilt:

1. Die Qualitätsweine mit der »Appellation (d'Origine) Contrôlée«, anschließend mehr darüber.
2. V.D.Q.S.-Weine (»Vin Délimité de Qualité Supérieure«), Weine bestimmter Anbaugebiete (z. B. Rhône-Tal) mit vorgeschriebener Rebsorte und Höchstertrag/ha.
3. Vin de Pays, Landwein, der aus einer bestimmten Produktionszone oder einem einzigen Departement kommt.
4. Vin de Table, Tafelwein, der aus verschiedenen Anbaugebieten verschnitten sein darf und einen Marken- oder Firmennamen trägt.

Die Spitzenweine der ersten Kategorie unterliegen folgenden Bedingungen:
- Herkunft aus fest umgrenzten Anbaugebieten
- vorgeschriebene Rebsorte(n)
- ha-Begrenzungen für die Anzahl der gepflanzten Weinstöcke und für den Ertrag in Hektolitern
- vorgeschriebener Mindestalkoholgehalt.

Die Ertragsmenge kann bei besonderen Jahrgängen mit amtlicher Genehmigung ausnahmsweise vergrößert oder verringert werden. Normalerweise müssen Überschüsse jedoch deklassiert werden und können nur in einer tieferliegenden Wein-Kategorie angeboten werden. Bei den übrigen Bedingungen gibt es keinerlei Ausnahmeregelungen.

Wenn wir uns nun, mit diesem Grundwissen ausgestattet, wieder den Burgunderweinen im Speziellen zuwenden, so stellen wir fest, daß es auch innerhalb der Qualitätsweine mit Appellation Contrôlée große Güte- und dementsprechende Preisunterschiede gibt. Die Flaschenetiketten sprechen von »Grand Cru«, »Premier Cru«, jeweils mit entsprechenden Lagebezeichnungen, oder von einer Gemeinde, z. B. »Beaune«, dem gesamten Weinbaubereich »Bourgogne« oder noch mit einem Hinweis auf die Rebsorte o. ä. versehen von »Bourgogne-Aligoté«. Und so haben wir mit diesen fünf Beispielen tatsächlich die grundlegenden Gütestufen erfaßt, die wir noch etwas genauer unter die Lupe nehmen wollen.

Grand Cru

Die ganz großen Spitzenweine Burgunds kommen aus der Côte-d'Or. Es sind überwiegend Rotweine mit einem festgelegten Mindestalkoholgehalt von 11,5 % und einige Weißweine mit einem Mindestalkoholgehalt von 12 %. Der ha-Ertrag darf 30 Hektoliter nicht übersteigen.

Ein Grand Cru aus der Côte-d'Or ist eine solche Besonderheit, daß er im normalen Handel kaum zu finden ist. Nur elf Gemeinden, deren Namen selbst zum Inbegriff eines Spitzenweines geworden sind, produzieren den Grand Cru. Dazu gehören die südlich von Dijon gelegene Gemeinde Gevrey-Chambertin, dann von N nach S Morey-St.-Denis, Chambolle-Musigny, Vougeot, Flagey-Echézeaux, Vosne-Romanée – alle in der Côte de Nuits – sowie Ladoix-Serrigny, Aloxe-Corton, Pernand-Vergelesses, Puligny-Montrachet, Chassagne-Montrachet in der Côte de Beaune.

Auffällig ist die Vielzahl der Gemeinden mit einem Doppelnamen. Dieser rührt nicht aus einem Zusammenschluß zweier Gemeinden her, wie man vermuten könnte. Vielmehr ist jede Gemeinde in eine Vielzahl von Weinbauarealen, den sogenannten »Climats« oder »Lieux dits« (Lagen) und diese wiederum in viele einzelne Besitzparzellen unterteilt. In einigen dieser Lagen, die alle einen Namen haben, werden die großen Spitzenweine angebaut. Und diese Namen wurden zum Teil weit bekannter als die ihrer Gemeinden. Z. B. wurde der »Chambertin« als Lage und als »Napoleonwein« der Gemeinde Gevrey zum Begriff. Ein großes Schild macht im Süden von Gevrey-Chambertin jeden, der sich auf der »Route des Grand Crus« (D 122) in Richtung Nuits begibt, kurz und bündig darauf aufmerksam »Ici commence Le Chambertin«. Das muß genügen, man hat die erste und eine der bekanntesten und größten Grand Cru-Lagen vor sich!

Um dieses Renommée auch für die anderen Lagen der Gemeinde nützen zu können, wurde der Gemeinde erlaubt, den Namen ihres Spitzenweines im Titel zu führen, und so wurde aus Gevrey »Gevrey-Chambertin«. Ebenso ist es bei den meisten anderen Gemeinden, wo der zweite Name gleichzeitig der des Grand Cru ist, z . B. »Musigny« in Chambolle-Musigny, »Romanée« in Vosne-Romanée etc. Einen guten Eindruck von typisch-burgundischen Lagebezeichnungen und den Variationsmöglichkeiten von Grand Cru-, Premier Cru- und Communal-Benennungen in den einzelnen Gemeinden der Côte de Nuits vermittelt als Beispiel die Tabelle im Anschluß an dieses Kapitel.

Ein Grand Cru trägt auf dem Etikett seiner Flasche lediglich den Namen seines »Climat«, nicht aber den Namen seiner Gemeinde. Insgesamt erzeugen in den obengenanten 11 Gemeinden 38 Lagen einen Grand Cru. Das größte zusammenhängende Areal dieser Spitzenlagen ist das »Clos de Vougeot« (über 50 ha) in der Gemeinde Vougeot. In den übrigen Gemeinden sind die Grand Cru-Areale kleiner und auf mehrere Lagen verteilt. So umfaßt beispielsweise das Climat »Mazoyères-Chambertin« gut 31 ha, während »Ruchottes-Chambertin« (beide in der Gemeinde Gevrey-Chambertin, die insgesamt 9 Grand Cru-Lagen besitzt) nur ca. 3 ha groß ist. Die Grand Cru-Lage »Bonnes Mares« (Gemeinde Chambolle-Musigny) umfaßt sogar nur 1 ha 84 a, und es existieren noch weniger ausgedehnte Flächen.

Im Dep. Saône-et-Loire und im Beaujolais kommen keine weiteren Grand Cru-Lagen vor, im Dep. Yonne hat die Chablis-Region jedoch einige Spitzen-Lagen aufzuweisen, die sich »Chablis-Grand Cru« nennen und wahlweise von der Lagebezeichnung »Vaudésir«, »Preuses«, »Les Clos«, »Grenouilles«, »Bougros«, »Valmur« oder »Blanchots« begleitet sein können.

Chablis

Die Chablis-Grand Cru-Lage ist mit ca. 50 ha etwa gleich groß wie das Clos Vougeot. Die Ertragsbegrenzung auf 35 hl/ha sorgt jedoch im Zusammenhang mit der Flächenbegrenzung und dem Prädikat Grand Cru für hervorragenden Absatz. Die Preise liegen in Deutschland (1987) zwischen 40 und 50 DM pro Flasche. Dabei muß in aller Deutlichkeit gesagt werden, daß die Bedingungen im Chablis andere sind als in der Côte-d'Or, dort wäre ein Grand Cru für diesen Preis noch längst nicht zu haben.

Im Jura- und Kreide-Hügelland des Chablis (Schichtstufen) wird praktisch nur die weiße Rebsorte Chardonnay angebaut, die auch die großen Weißweine der Côte d'Or hervorbringt. Bei gleicher Rebsorte wird aufgrund der anderen physisch-geographischen Bedingungen im Chablis (weniger Reliefenergie, geringere Bodendurchmischung mangels Verwerfungen) für einen Grand Cru aber im Gegensatz zur Côte nur ein Mindestalkoholgehalt von 11 % verlangt. Die Vergleichswerte für einen Grand Cru aus der Côte de

Beaune, z. B. den weißen »Charlemagne« aus Corton, liegen bei 12 % und 30 hl/ha Ertragsbegrenzung. Insofern entspricht der Chablis-Grand Cru in seinem Mindestalkoholgehalt und seinem ha/Höchstertrag – Hauptindikatoren für die Klassifikation der AC-Weine in fünf Stufen – »nur« der dritten Stufe, nämlich einem »Communal« (Gemeindewein) aus der Côte-d'Or.

Da an die wenigen weißen Super-Weine der Côte-d'Or aber kaum heranzukommen ist, bietet der insbesondere zu Meeresfrüchten unschlagbare Chablis einen willkommenen Ausgleich. Trotz aller restriktiven Maßnahmen und der insgesamt in Frankreich zurückgehenden Weinbaufläche ist wegen der großen Nachfrage denn auch die Chablis-Weinbauregion in munterem Ausbau begriffen.

Insgesamt ist die AOC-Fläche in der Weinbauregion Chablis (ca. 20 Gemeinden) zwischen 1969 und 1982 von 789 ha auf 1 700 ha angestiegen. Am stärksten sind die »normalen« »Chablis-«Lagen angewachsen (190 %), die »Chablis Premier«- und »Grand Cru«-Lagen sind demgegenüber nur um 75 % erweitert worden. Die weniger gut klassifizierten »Petit Chablis«-Lagen sind sogar um 9 % zurückgegangen.

Premier Cru

Auch Premier Cru-Lagen kommen nur in der Côte-d'Or und im Chablis vor. Wiederum hat die Côte den höheren Marktwert (Mindestalkoholgehalt 11,5 %, ha/Höchstertrag 35 hl) gegenüber dem Chablis (10,5 %, 40 hl). Der Chablis-Premier Cru wäre nach seinen »Eckdaten« zwischen der dritten und vierten Stufe der Côte-d'Or einzuordnen (zwischen »Communal« und »Bourgogne«). Aber der direkte Vergleich fällt hier schwer und sollte vielleicht auch gar nicht vorgenommen werden. Der Marktwert des Spitzen-Chablis Premier Cru (wie überhaupt des Chablis) steigt jedenfalls beständig an.

Ein Premier Cru wird auf dem Etikett normalerweise von dem Lage-Namen gefolgt, z. B. »Volnay Clos des Ducs«. Ist eine Lage nicht in der etablierten Premier Cru-Liste enthalten, weil ihre Qualität nur in manchen Jahren den Ansprüchen genügt, so wird zur Unterscheidung von der »echten« Premier Cru-Lage anstelle des Schriftzuges »Appellation Controlée« noch der Name der Gemeinde hinzugefügt, in diesem Fall also z. B. »Appellation Volnay Controlée«.

Communal

Der Communal-Wein, der lediglich den Namen seiner Herkunftsgemeinde oder seiner »Côte« trägt (z. B. Pommard oder Côte de Nuits-Villages), ist die

Übersicht der Lagebezeichnungen aller Qualitätsweine mit »Appellation Communale« (Grand Cru, Premier Cru, Communal) in der Côte de Nuits

Gemeinde:	Grands Crus:	Premiers Crus:		Gemeindebenennung/ Communal:
COTE DE NUITS Fixin		Les Meix Bas Les Clos du Chapitre Clos Napoléon	La Perrière Les Arvelets Les Hervelets	Fixin Côte de Nuits-Villages
Brochon				Gevrey-Chambertin Côte de Nuits-Villages
Gevrey-Chambertin	Chambertin Chambertin Clos de Bèze Chapelle-Chambertin Mazoyères-Chambertin Latricières-Chambertin Griottes-Chambertin Ruchotes-Chambertin Charmes-Chambertin Mazis-Chambertin	Les Varoilles Bel Air Combe aux moines Lavaut Plantigone oder Issart Cherbaude Champonnet Champitenois oder Petite Chapelle Clos du Chapitre Aux Combottes Cazetiers	Estournelles Poissenot La Perrière Au Closeau Le Clos St-Jacques Les Petits Cazetiers Champeaux Les Goulots Les Corbeaux Le Fonteny Chraipillot En Ergot	Gevrey-Chambertin
Morey-Saint-Denis	Clos de Tart Clos Saint-Denis Bonnes Mares Clos de la Roche	Les Genevrières Le Clos Baulet La Riotte Les Charrières Aux Cheseaux Clos Sorbé Côte Rotie Les Larrets	Les Chenevery La Bussière Le Village Les Bouchots Les Chaffots Les Gruenchers Les Faconnières Aux Charmes	Morey-Saint-Denis

Gemeinde:	Grands Crus:	Premiers Crus:	Gemeindebenennung/ Communal:
		Monts Luisants Les Blanchards Clos des Ormes	Les Sorbès Les Ruchots Les Meix Rentiers
Chambolle-Musigny	Musigny Bonnes Mares	Les Sentiers Les Lavrottes Aux Echanges Aux Combottes Les Groseilles Les Feusselottes Les Carrières Les Borniques Les Baudes Les Fuées Les Charmes Derrière la Grange	Les Combottes Les Chateleots Les Chabiots Les Hauts Diox Les Noirots Aux Beaux Bruns Les Plantes Les Gruenchers Les Grands Murs Les Cras Les Amoureuses La Combe d'Orveaux — Chambolle-Musigny
Vougeot	Clos de Vougeot	Les Cras Clos de la Perrière	Clos blanc de Vougeot Les Petits Vougeots — Vougeot
Flagey-Echézeaux	Grands Echézeaux Echézeaux	Les Beaux Monts Bas	Vosne-Romanée
Vosne-Romanée	Romanée Saint-Vivant Richebourg La Romanée La Tâche La Romanée Conti	Les Suchots Les Hauts Beaux Monts Le Clos des Réas Les Charmes Les Petits Monts Les Beaux Monts	La Grande Rue Aux Malconsorts Aux Brûlées La Combe Brûlée Les Gaudichots Aux Raignots — Vosne-Romanée
Nuits-St.-Georges		Aux Champs Perdrix Aux Boudots Aux Murgers Aux Torey	Aux Crots Les Procès Les St.-Georges Les Vallerots — Nuits-Saint-Georges

Gemeinde:	Grands Crus:	Premiers Crus:	Gemeindebenennung/Communal:
		Les Perrières Rue de Chaux Roncière Les Porrets Les Chaboeufs Aux Damodes Aux Cras Aux Vignerondes Aux Argilats	Les Vaucrains En la Perrière-Noblet Aux Chaignots Aux Bousselots Les Hauts Pruliers Les Cailles Les Poulettes Chaines Carteaux
Premeaux		Clos de la Maréchale Les Argillères Clos des Forêts Clos des Corvées	Les Didiers Clos Arlot Aux Perdrix Clos des Grandes Vignes
			Nuits-Saint-Georges
Prissey			Côte de Nuits-Villages
Comblanchien			Côte de Nuits-Villages
Corgoloin			Côte de Nuits-Villages

eigentliche Basis der Burgunderweine. Als renommierter Wein der oberen Mittelklasse ist er weit verbreitet und hat den Weltruf des »Burgunders« begründet.

Einige unbekanntere Gemeinden haben das Recht, ihren Wein – sofern er den gesetzlichen Anforderungen an einen Communal entspricht – unter dem Namen des bekannteren Weinbaugebietes, dem sie angehören, zu verkaufen. So können Fixin, Brochon, Prissey, Comblanchien und Corgoloin ihre Erzeugnisse auch als »Côte de Nuits-Villages« auf den Markt bringen. In der Côte de Beaune sind es sogar 16 Gemeinden, die ihre Rotweine als »Côte de Beaune-Villages« bezeichnen dürfen, wenn sie es vorziehen, auf einen eigenen Gemeindenamen zu verzichten. Darunter sind sowohl große Namen wie Meursault (bekannt allerdings für seine Weißweine und die sind ausgenommen!) als auch unbekanntere Namen wie Blagny, Sampigny-les-Maranges etc.

In der Côte-d'Or sind der Communal und die höheren Gütestufen vor allem im unteren und mittleren Hangbereich der Côte anzutreffen. Die vom Areal her nicht unbedeutenden Weinbaugebiete der Hochflächen Hautes-Côtes de Nuits und Hautes-Côtes de Beaune haben keine der drei Spitzenweine zu verzeichnen. Sie dürften ihre Erzeugnisse eigentlich nur unter der Regionalbezeichnung Bourgogne oder in der noch darunterliegenden Stufe anbieten. Dabei geht jedoch die regionale Herkunft völlig verloren, und es kann keinerlei Nutzen aus der namentlichen Verwandtschaft zu Nuits und Beaune gezogen werden.

Aufgrund ihrer Beschwerden haben schließlich einige Gemeinden der Hautes-Côtes die Genehmigung erhalten, nach jeweiliger Weinprüfung durch eine »Commission de Dégustation«, der Benennung »Bourgogne« noch ein publikumswirksames »Hautes-Côtes de Nuits« oder »Hautes-Côtes de Beaune« hinzuzufügen. Sie bleiben dennoch Kinder der Großfamilie »Bourgogne« und dürfen mit den »Côte de Nuits-« oder »Côte de Beaune-Villages«-Bezeichnungen nicht verwechselt werden.

Der Mindestalkoholgehalt des Communal muß in der Côte-d'Or für Weißwein bei 11 % und bei Rotwein bei 10,5 % liegen. Der Höchstertrag ist, wie beim Premier Cru, auf 35 hl festgesetzt. Im Chablis (ausschließlich Weißwein) liegen die Werte bei 10 % und 40 hl.

In den übrigen Weinbauregionen Burgunds gibt es ebenfalls eine Anzahl von Gemeinden, die den Wein bestimmter Lagen mit dem Namen ihres Dorfes versehen darf. Dazu gehören Rully (Weiß- und Rotweine), Mercurey und Givry (Rotweine) sowie Montagny (Weißweine) in der Région de Mercurey. Der Givry-Wein wird von dem früher schon erwähnten »Comité Interprofessionnel« folgendermaßen »royalisiert«: »Einst trank mich König Heinrich IV., um sein erlöschendes Feuer wieder zu entfachen und seiner Gelieb-

ten, der schönen Gabrielle, zu gefallen.« Der »freimütige, feurige, lebhafte
Givry« war der Lieblingswein von Henri IV. Der Montagny wiederum soll
der »Lieblingswein der Mönche von Cluny« gewesen sein.
Im Mâconnais haben die Gemeinden Pouilly-Fuissé, Pouilly-Vinzelles,
Pouilly-Loché und St.-Véran (Weißweine) ein Anrecht auf eine »Appellation
communale«. Ihr »unwiderstehlicher Charme« erobert »jede Schöne« (Zita-
ten-Schatzkästlein des »Comités«). Und weiter zum St.-Véran: »Mein feines
Bukett verdanke ich der Verwandtschaft mit dem Pouilly-Fuissé, dessen Ge-
biet ich wie ein goldener Gürtel umschließe.«
Die Weine aus Pouilly haben es in der Tat in sich. Sie haben als »Communal«
einen Mindestalkoholgehalt von 11%, und wenn sie mit einer zusätzlichen
Lagebezeichnung versehen sind, sogar 12%. Sie sind damit eigentlich die
Premier oder Grand Crus des Mâconnais. Nur heißen sie dort nicht so, ihr
Höchstertrag ist in beiden Fällen auf 45 hl/ha festgelegt. Den nahegelegenen
Roche de Solutré sollte man *vor* der Kostprobe bestiegen haben!
Im Beaujolais schließlich haben 9 Gemeinden Anrecht auf eine Gemeindebe-
zeichnung, Teillagen wiederum sind noch höher zu bewerten (10% bzw.
11% Mindestalkoholgehalt). Der Höchstertrag der durchweg roten Weine
liegt bei 40 hl/ha. Die bekannten Namen dieser Winzerdörfer lesen sich von
N nach S wie eine Weinkarte: St. Vérand, Saint-Amour, Juliénas, Chenas,
Moulin-à-Vent, Chiroubles, Morgon, Brouilly. Hinzu kommt als neunte
»Appellation communale« die Côte de Brouilly (10,5%).
Und sollten Sie das Erfolgsgeheimnis des Beaujolais noch nicht gekannt haben, »hier das Rezept: Man lasse in einem großen Bottich Gamay-Trauben
aus dem Beaujolais gären, füge das Lächeln eines jungen Mädchens, die Düfte
eines Gartens im Frühling und einen guten Schuß von Montmartre-Esprit
dazu...« (Comité).
Alle bisher genannten Weine der drei Güteklassen Grand Cru, Premier Cru
und Communal werden offiziell auch als »Gemeindeweine« unter »Appellation Communale« zusammengefaßt. Der Name der Gemeinde oder sogar
einzelne Lagen sind auf dem Etikett ablesbar. Das wird anders bei den »Ap-
pellations Régionales«, Weinen, die aus einem Bezirksbereich stammen, wie
z. B. dem »Beaujolais Supérieur« oder aus der gesamten »Bourgogne Viticole«.

Bourgogne

Der »Bourgogne« hat einen Mindestalkoholgehalt von 10% (rot und roséfarben, weiß 10,5%) und einen maximalen ha-Ertrag von 50 hl. Er kann aus
sämtlichen Burgunder-Anbaugebieten stammen. Es gibt zwar von vornherein festgelegte »Bourgogne«-Lagen, aber durch Wein-Deklassierung (Herab-

setzung), die bei Überproduktion notwendig wird, kann ein Bourgogne auch höhere Anteile von Communal-Weinen oder noch feinerer Crus enthalten. Wird z. B. ein Gevrey-Chambertin mit einem Pommard gemischt, so darf der Wein höchstens als »Bourgogne« verkauft werden.

In dieser Güteklasse sind außerdem folgende Spielarten möglich, wenngleich geringe Differenzen in den »Eckdaten« vorhanden sind:

- Bourgogne Hautes-Côtes de Beaune (s. o.)
- Bourgogne Hautes-Côtes de Nuits (s. o.)
- Bourgogne Rosé Marsannay oder Marsannay-la-Côte (s. o.; gilt nur für die Gemeinden Marsannay-la-Côte und Couchey)
- Petit Chablis (9,5 %, 40 hl)
- Mâcon Supérieur blanc (11 %, 50 hl)
- Mâcon Supérieur rouge, rosé, gris (9 %, 50 hl)
- Beaujolais Villages blanc (10,5 %, 45 hl)
- Beaujolais Villages rouge (10 %, 50 hl)
- Beaujolais Villages rosé (10 %, 45 hl)
- Beaujolais Supérieur blanc (10,5 %, 50 hl)
- Beaujolais Supérieur rouge, rosé (10 %, 50 hl)

Auch diese Weine der Stufe »Bourgogne« können bei Überproduktion oder Mischung deklassiert werden zu einem »Bourgogne Grand Ordinaire«. Bei den »Burgundern«, die von vornherein dieser untersten Stufe zugeordnet sind, ist dann natürlich keine weitere Deklassierung möglich. Sie werden zum Tafelwein ohne Appellation oder gehen in die Essigproduktion.

Bourgogne Grand Ordinaire

Wenn dieser Bezeichnung in Frankreich etwas Ordinäres anhaften würde, hätte man sie wohl kaum auf offizieller Ebene übernommen. Dennoch dürfte sie sich im Export nicht sonderlich gut machen, und man findet daher solche Flaschen auch kaum auf dem Markt. Weit verbreitet sind demgegenüber die durch den Alkoholgehalt noch etwas höherstehenden Bourgogne-Aligoté-Weine, die der Rebsorte entsprechend stets weiß sind, und die roten oder roséfarbenen Bourgogne-Passetoutgrains. Diese trockenen und besonders als Rosé zu fast allen Gelegenheiten sehr wohlschmeckenden Burgunder, die voll edler Bescheidenheit von sich behaupten, daß sie »alle Körnchen« in sich vereinigen, sind in Wirklichkeit »nur« aus zwei Rebsorten zusammengesetzt, nämlich dem Gamay (zu zwei Dritteln) und dem Pinot (zu einem Drittel). Der Mindestalkoholgehalt beträgt bei den Weinen dieser Gütestufe 9,5 %, mit Ausnahme des Bourgogne Grand Ordinaire, wenn er rot, roséfarben oder »gris« (dann 9 %) ist; die Erträge sind generell auf 50 hl begrenzt. Ein gewisser Unterschied besteht darin, daß Bourgogne-Aligoté und Bourgogne-

Passetoutgrains bei Überproduktion noch zu Bourgogne Grand Ordinaire deklassiert werden können. Bei letzteren ist dann keine Deklassierung mehr möglich.

Die einfachen Weine aus dem Mâconnais und Beaujolais, die als Mâcon blanc (10 %/50 hl), Beaujolais blanc (selten; 9,5 %/50 hl) Mâcon und Beaujolais rouge, rosé und gris (9 %/50 hl) bekannt sind, gehören ebenfalls zur Unterabteilung des Bourgogne Grand Ordinaire: eine Deklassierung ist nicht mehr möglich. Werden mehr als 50 hl produziert oder Beaujolais und Mâconnais-Weine vermischt, so können sie nur noch als Tafelwein angeboten werden.

Verkauf und wirtschaftliche Bedeutung des Weins

Für die Kommerzialisierung der Burgunderweine kommen drei Möglichkeiten in Betracht:
1. Der Winzer ist nur für die Ernte und die Mostbereitung verantwortlich und übergibt den jungen, noch nicht ausgereiften Wein nach einigen Wochen dem Händler. Dieser Händler nimmt die eigentliche Weinbereitung vor, die ein bis zwei Jahre dauert, und er sorgt auch anschließend für den Absatz. Die Doppelfunktion des Händlers wird in dem Begriff »négociant-éleveur« ausgedrückt.
2. Der Winzer übernimmt auch die Weinbereitung, überläßt aber den Absatz seines ausgereiften Weines einem Händler. Ein solcher Winzer wäre ein »propriétaire-éleveur«, der Händler lediglich »négociant«.
3. Der Winzer führt alles in eigener Regie durch, bzw. der Händler ist gleichzeitig Weinbergbesitzer. Liegen Besitz, Weinbereitung und Absatz in einer Hand, spricht man von einem »propriétaire-négociant-éleveur«.
Traditionsgemäß und aus der kleinen Größe der zersplitterten Besitztümer – ca. 5 ha im Durchschnitt – resultierend, war die erste Art der Kommerzialisierung in Burgund immer vorherrschend. Während im Weinbaugebiet von Bordeaux z. B. viele Winzer eine »Domaine«, d. h. einen größeren, nicht immer zusammenhängenden Weinberg besitzen und alles in eigener Regie durchführen, war die Zahl der großen Güter, die Weinbau und Handel zusammen betrieben (Möglichkeit 3), in Burgund stets gering. Die Möglichkeit 2, daß ein Winzer die Weinbereitung übernimmt, aber dann den Absatz allein dem Händler übergibt, ist selten geworden. Die Tendenz geht – besonders in der Côte-d'Or – vielmehr dahin, daß auch der kleine Winzer alles allein in die Hand nimmt. Viele Weinliebhaber gehen stärker dazu über, direkt beim Winzer zu kaufen, und der anschwellende Touristenstrom tut das seinige, auch die »caves de dégustation« (Probierkeller) der kleinen Winzer zu füllen. Der bedeutendste Umschlagplatz im burgundischen Weinexport ist Beaune.

Hier sind über 150 Weinhändler ansässig, gefolgt von Nuit-St.-Georges mit etwa halb so starker Handels-Mannschaft.

Im Weinexport Frankreichs stehen Burgunderweine wertmäßig an erster Stelle; denn obwohl sie nur ca. 15 % des gesamten Ertrages liefern, übersteigt der Wertanteil des Burgunders am gesamtfranzösischen Weinexport in guten Jahren 40 %. Diese große Exportorientierung bringt mitunter Absatzschwankungen mit sich, die weniger durch gute oder schlechte Jahrgänge als durch das Weltwirtschaftsgeschehen bestimmt werden.

Im Hinblick auf die Exportländer hat sich jedoch trotz einiger Einbrüche besonders auf dem US-Markt, weniger verändert. Alte und konstante Burgunder-Liebhaber sind die Schweiz (volumenmäßig seit Jahrzehnten an erster Stelle!), die USA, Benelux, Großbritannien und die Bundesrepublik Deutschland. Auch die Niederlande, Dänemark und Kanada gehören zu den traditionellen Exportländern, ein neuer Markt entwickelt sich allmählich in Japan.

Während beispielsweise die Exporterlöse im Jahre 1980 mit 877 Millionen Francs rückläufige Tendenz zeigten, schlugen die Weinexporte aus Burgund im Jahre 1985 mit fast drei Milliarden Francs wieder einmal alle Rekorde. Trotz der flächenmäßig begrenzten Ausdehnung des Weinbaus bedeutet dieses Ergebnis, daß der Wein (Tafelwein inbegriffen) damit 60 % aller Agrarexporte Burgunds erbracht hat.

Der Agrarsektor Burgunds bringt insgesamt 23 % aller Exporterlöse ein (1985), nimmt man die Nahrungsmittelindustrie hinzu, so steigt der Wert auf 32 %. Die übrigen Industriezweige Burgunds haben zusammen einen Anteil von 49 % am Exporterlös.

Industrie und Energie

Burgund ist mit Bodenschätzen nicht sehr reich gesegnet. Dennoch führten lokale Erzfunde vielerorts schon früh zum Ausbau von Hütten und Schmieden. Die große Schmiede der Zisterziensermönche in der Abtei von Fontenay aus dem 12. Jh. ist ein gutes Beispiel dafür. Neuere Ausgrabungen in Fontenay, bei denen Erzschächte zutage kamen, sollen auch die genauere Herkunft der Erze klären.

Die musterhaft angelegten Schmieden bei Montbard, die nach ihrem Begründer, dem Naturwissenschaftler Buffon »Les Forges de Buffon« genannt werden, stammen aus dem 18. Jh. und rücken immer mehr in den Blickpunkt des Industrie-Tourismus. Hier gab es einen holzkohlebefeuerten Hochofen und verschiedene Ateliers, in denen geschmiedet und das flüssige Eisen in Barren gegossen wurde. Auf einem Teil der Anlage stehen heute Wohngebäude, doch der größte Teil ist zur Besichtigung freigegeben. (Association pour la Sauvegarde et l'Animation des Forges de Buffon. Tel.: 80 89 40 30).

Das größte Zentrum der Schwerindustrie, das auch heute noch Bestand hat, entwickelte sich jedoch im Becken von Creusot-Montceau-les-Mines, wo Erze und Steinkohle vergesellschaftet waren. Der Erzabbau ist längst aufgegeben worden, doch der Steinkohleabbau existiert noch. Weitere Zechen im Departement Nièvre, um La Machine, die zwar räumlich von Montceau getrennt sind, aber geologisch die gleiche Struktur aufweisen, wurden 1974 stillgelegt. (heute »Musée de la Mine«, 1 Av. de la Republique, La Machine).

Die Anthrazitkohle von Creusot wurde früher in mehreren Zechen zwischen Montceau-les-Mines, Sanvignes-les-Mines und Perrecy-les-Forges abgebaut. Sie ist an eine Verwerfungslinie gebunden, an der die Steinkohle in Schichten des Karbon-Perm relativ günstig gefördert werden kann. Heute ist die Produktion starken, weltmarktabhängigen Schwankungen unterworfen, und es sind nicht alle Zechen aktiv. Blanzy, der nordöstlichste Standort an der Verwerfungslinie, der dem ganzen Kohledistrikt auch den Namen »Houillères de Blanzy« gab, fördert seit 1970 nicht mehr. Ein Schacht und Teile des Zechengeländes wurden ebenfalls als Bergbaumuseum hergerichtet (»Musée de la Mine«, Rue du Bois Clair, Blanzy, Tel.: 85 58 40 02).

Die Kohleförderung stagniert in den letzten Jahren (um 12 Mio. t/Jahr), ist insgesamt jedoch sehr viel effektiver geworden. Das bedeutet allerdings auch, daß die Zahl der Beschäftigten ständig abnimmt. Sie sank von 9 333 im Jahre 1958 auf 1 945 im Jahre 1984. Gegenwärtig wird in Darcy Kohle aus etwa 400 m Tiefe gefördert und in Montceau sogar im günstigen Tagebaubetrieb! Doch die Zukunft bleibt ungewiß.

In der Energie-Versorgung basiert vor allem das Departement Saône-et-Loire auf der Kohle, die in den Kohlekraftwerken von Chalon-sur-Saône und Lucy III (Blanzy) Verwendung findet. Insgesamt kann Burgund, das auch über sechs kleine Wasserkraftwerke verfügt (im Morvan und am Rande), seinen eigenen Energiebedarf nur zu 31 % decken. Der Rest kommt aus den Wasserkraftwerken der Nachbarregion Rhône-Alpes. Im Morvan wird seit einigen Jahren Uran abgebaut, das für die Nutzung in Atomkraftwerken außerhalb Burgunds aufbereitet werden kann.

Infolge der Kohlevorkommen im Becken von Creusot ließ Louis XVI. nach dem Bekanntwerden neuer englischer Verhüttungsmethoden bei Crozot, dem heutigen Le Creusot, im Jahre 1782 den ersten Hochofen Frankreichs errichten, der mit Koks befeuert wurde. Doch erst mit der Neugründung einer Hüttenindustrie in Le Creusot durch die Familiendynastie Schneider ab 1836 begannen Industriealisierung und Verstädterung des Dheune-Tales, die bis in die Gegenwart wirkenden Formen anzunehmen. Das Firmen-Imperium war allerdings inzwischen vielen Umstrukturierungen unterworfen, deren vorläufig letzte 1984 stattgefunden hat (Neuordnung des Stahl-Konzerns Creusot-Loire).

Trotz aller wirtschaftlichen Schwierigkeiten gehört die Eisen- und Stahlindustrie von Saône-et-Loire (Le Creusot, Gueugnon und Chalon-sur-Saône) immer noch zu den größten Unternehmen Burgunds. Im Nivernais konnte sich Imphy als bedeutender Standort behaupten.

Bei einem weiteren traditionell überlieferten Industriezweig Burgunds, der Lebensmittelindustrie, überwiegen die kleinen und mittleren Betriebe. Sie produzieren beispielsweise Senf, Likör und Süßwaren; viele wurden von internationalen Firmen aufgekauft. Ein besonders großer Betrieb, mit über 1 000 Beschäftigten, besteht wiederum in Saône-et-Loire (Fleischverarbeitung in Cuiseaux, Bresse). In Saône-et-Loire ließen sich insgesamt 26 von den 45 Großbetrieben Burgunds (mit über 500 Beschäftigten) nieder.

Die Dezentralisierungspolitik Frankreichs, die den Pariser Raum entlasten sollte und mit dem Ausbau von Industriezonen in allen größeren Provinzstädten und einem ganzen Katalog von Förderungsmaßnahmen verbunden war, hat in Burgund viele Früchte getragen. Vor allem Betriebe der Chemie, Parachemie, Elektronik und der Haushalts- und Bürogeräte haben sich hier neu angesiedelt. Besondere Standortvorteile innerhalb Burgunds genossen Dijon und Chalon aufgrund von Metropolfunktionen und guten Verkehrsanbindungen, aber auch die alten monostrukturellen Industrieregionen in Saône-et-Loire, die wegen permanenter Krisengefahr vom Staat in die höchste Prioritätsstufe eingeordnet wurden und infolgedessen mit hohen Steuervergünstigungen locken konnten, gewannen neue Betriebe (Michelin-Reifen in Blanzy).

Burgund hat zwar durch diese Maßnahme viele Arbeitsplätze in der Industrie gewonnen, der Preis dafür ist jedoch eine relativ hohe Abhängigkeit von nationalen und internationalen Schaltzentren der Macht, die sich in Paris, London oder New York befinden können. Nur 14 von 46 der in der nachfolgenden Liste aufgeführten Großunternehmen haben außer einer Produktionseinheit (Etablissement) auch ihren offiziellen Firmensitz in Burgund.

Die größten Industrie-Unternehmen Burgunds *(mit mehr als 500 Beschäftigten)*

Firmenname	Departement	Gemeinde	Industriezweig
Etablissement mit 2 000–4 999 Beschäftigten			
Forges de Gueugnon*	71	Gueugnon	Eisen u. Stahl
Kodak Pathé	71	Chalon-sur-Saône	Parachemie
Creusot Loire Industrie (anc. C. L. Métallurgie)	71	Le Creusot	Eisen u. Stahl
Framatome (anc. Creusot Loire Énergie)	71	Le Creusot	Industrie-Ausrüstung
Houillères Bassin Centre-Midi	71	Montceau-les-Mines	Kohle
Etablissement mit 1 000–1 999 Beschäftigten			
Imphy S.A.	58	Imphy	Eisen u. Stahl
Michelin et Cie.	71	Blanzy	Gummi
Caoutchouc Manuf. Plastiques	58	Decize	Gummi
Commissariat à l'Énergie Atomique	21	Salives	Chemie
IVECO Unic S.A.	71	Bourbon-Lancy	Auto
Framatome et Cie.	71	Saint-Marcel	Industrie-Ausrüstung
Morey et Fils*	71	Cuiseaux	Fleischprodukte
Vallourec	21	Montbard	Eisen- u. Stahlverarbeitung
SELNI* (anc. Pont-à-Mousson)	58	Nevers	Haushaltsgeräte
Soc. Automobiles Peugeot	21	Dijon	Auto

Firmenname	Departement	Gemeinde	Industriezweig
Etablissement mit **500–999** Beschäftigten			
LCC-CICE	21	Saint-Apollinaire	Elektronische Bauteile
S. A. SEB*	21	Selongey	Metallverarbeitung
Alsthom	71	Mâcon	Elektrische Bauteile
Hoover*	21	Longvic	Haushaltsgeräte
Oréga	21	Auxonne	Elektronische Bauteile
Framatome »Chalon Est« (anc. Creusot Loire)	71	Chalon-sur-Saône	Industrie-Ausrüstung
Signal Vision (anc. SEIMA)	89	Saint-Clément	Auto
Pneu Laurent*	89	Avallon	Gummi
Saint-Gobain Emballage	71	Chalon-sur-Saône	Glas
Fruehauf France	89	Auxerre	Auto
SBAP*	21	Chevigny-Saint-Sauveur	Plastik
Vidéocolor	21	Genlis	Elektronische Bauteile
Bergeaud*	71	Mâcon	Kräne
Alsthom	71	Châtenoy-le-Royal	Elektrische Bauteile
Gerbé Soc.*	71	Saint-Vallier	Textilien
E.T.A. Soc.	58	Nevers	Elektrische Bauteile

Firmenname	Departement	Gemeinde	Industriezweig
Dim S.A.* (1)	71	Autun	Textilien
Cycles Peugeot	58	Cercy-la-Tour	Auto
Soc. Ton. Electro. Ind. (STELI)	89	Tonnerre	Elektronische Bauteile
S.A. Potain Poclain*	71	Montceau-les-Mines	Kräne
Clayeux S.A.*	71	Montceau-les-Mines	Kinderkleidung
Sté Lebal	71	Chalon-sur-Saône	Metallverarbeitung
Schneider-Jeumont Rail (anc. Creusot Loire Traction)	71	Le Creusot	Auto
Caoutchouc Manuf. et Plastiques	58	Nevers	Gummi
S.A. Éternit Industries	71	Vitry-en-Charollais	Baumaterial
Philips Éclairage (anc. FRLE)	71	Chalon-sur-Saône	Elektrische Bauteile
Fogautolube S.A.*	58	Myennes	Auto
Cie Générale de Fabrication	89	Paron	Elektrische Bauteile
Dim S.A.* (1)	71	Autun	Textilien
Framatome et Cie	71	Le Creusot	Industrie-Ausrüstung
SEVA	71	Chalon-sur-Saône	Metallverarbeitung

* Der Verwaltungssitz befindet sich in Burgund   (1) DIM besitzt zwei Produktionseinheiten in Autun
Quelle: Tableaux, éd. 1986, I.N.S.E.E.

Märkte, Messen und Festveranstaltungen

In Burgund wird eine Vielzahl von Märkten, Messen und Festen abgehalten, von denen einige überregionale bis internationale Bedeutung haben. Die Mehrzahl der Veranstaltungen ist jedoch von Lokalbedeutung und hat agrarischen Charakter.

Märkte

Die lokalen Wochenmärkte bringen großenteils Gemüse und Lebensmittel aus der regionalen Produktion ohne Zwischenhandel zum Käufer, sie bieten jedoch auch Haushaltswaren, Kleidung etc. an. Sie finden durchweg unter freiem Himmel statt und dienen in Landstrichen, die keine größeren zentralen Orte aufzuweisen haben, sowohl der Versorgung als auch der Kommunikation und Belustigung. Besonders häufig und weit verbreitet sind die Wochenmärkte im Dep. Saône-et-Loire.

Städte oder Dörfer, in denen Wochenmärkte mehr als einmal wöchentlich stattfinden, sind (alphabetisch): Chalon, Charolles, Cuiseaux, Digoin, Gueugnon, Marcigny, Mervans, Pierre-de-Bresse, St.-Germain-du-Bois, St.-Germain-du-Plain, Simard, Tramayes, Varennes-St.-Sauveur, Verdun-sur-le-Doubs. Insgesamt finden Märkte in rd. 90 Gemeinden von Saône-et-Loire statt.

Demgegenüber ist die Côte-d'Or weit weniger gut mit Wochenmärkten versehen. Nur in drei Städten findet ein Wochenmarkt mehr als einmal wöchentlich statt, nämlich in Semur-en-Auxois, Seurre, Pontailler-sur-Saône.

Messen

Messen (»Foires«) und Ausstellungsmessen (»Foires-Exposition«) finden nur in den größeren Städten statt, meist im jährlichen Turnus. Die bedeutendste unter ihnen ist zweifellos die »Foire Gastronomique«, die Lebensmittel- und Feinschmeckermesse von Dijon, von der anschließend ausführlicher die Rede sein soll. Außerdem werden noch zwei weitere Fachmessen in Dijon abgehalten, nämlich die S.I.V.A. (Salon International du Vin et de l'Alimentation), die weniger der Öffentlichkeit als dem Einzel- und Großhandel vorbehalten ist und deswegen seit 1969 als Parallelveranstaltung zu der Gastronomiemesse abgehalten wird, sowie die »Foire de Printemps«, eine Camping- und Freizeitmesse, die seit 1961 in Dijon etabliert ist.

Von beinahe ebenso großer Bedeutung und zumindest, was den volksfesthaften Charakter anbelangt, die Foire Gastronomique noch übertreffend, ist die »Vente aux Enchères des Vins des Hospices de Beaune«. Im Mittelpunkt dieser Veranstaltung steht die Versteigerung der Weine der Hospices de Beaune. Der Erlös dieser Versteigerung, die in Beaune alljährlich am dritten Novembersonntag stattfindet, kommt der Unterhaltung von Hospiz, Altenheim usw. zugute. Mit der Versteigerung geht eine Probierausstellung im Rathaus von Beaune einher, auf der – alten Traditionen folgend – alle Burgunderweine kostenlos in kleine Weinprobierer (»Tastevins«) gefüllt werden, die am Eingang erworben bzw. mitgebracht werden. Der Ausstellung im Rathaus geht eine Öffnung der Weinkeller in Beaune parallel, wo ebenfalls aus Flaschen, überwiegend aber aus Fässern, mittels »Pipette« in die kleinen Weinprobierer umgefüllt wird.

Die Weinversteigerung und die über die ganze Innenstadt von Beaune ausgedehnte Probierausstellung stehen im Rahmen einer größeren Veranstaltungskette, die insgesamt drei Tage dauert, nämlich der »Trois Glorieuses«. Diese drei glorreichen Tage sind auf drei dem Weinbau eng verbundene Städtchen verteilt. Am Samstag vor der Versteigerung in Beaune wird der Weinbau der Côte de Nuits gefeiert, mit Festveranstaltungen in Nuits-St.-Georges und im Weingut Clos de Vougeot. Am Sonntag geht es in Beaune hoch her. Am Montag schließlich wird in Meursault die »Paulée« veranstaltet, ein Festbankett, zu dem die geladenen Gäste ihre eigenen Weine mitbringen und dichterische Leistungen vortragen müssen. Der preisgekrönte Vortragende erhält 100 Flaschen guten Meursault-Wein. Eine ähnliche Veranstaltung stellt das jährliche »Kapitel« der »Confrérie des Baillis« von Pouilly-sur-Loire (Nièvre) dar. Sein Zeremoniell steht stellvertretend für viele weitere dieser »Weinbruderschaften«. Es soll in einem gesonderten Kapitel ausführlicher gewürdigt werden.

Alle diese Veranstaltungen, die natürlich auch eine große Anziehungskraft auf Touristen haben, sind in ihrer Reklamewirkung für den Absatz von Burgunderweinen nicht zu unterschätzen.

Weitere Weinmessen finden statt in Mâcon, Nuits und Chagny. Während man der »Foire Nationale des Vins de France«, die in Mâcon jährlich in der zweiten Maihälfte abgehalten wird, ein nationales kommerzielles Interesse beimessen kann, sind die übrigen beiden mehr von regionaler Bedeutung. Die »Expositions-Dégustation des Vins« findet jährlich im Frühjahr in Nuits-St.-Georges statt und stellt die jungen Weine der Côte de Nuits, Côte de Beaune und der Hautes-Côtes de Nuits et de Beaune vor. Während es sich hierbei ausschließlich um Güteweine handelt, werden in der Ausstellung von Chagny, der »Foire aux Vins de Table« (im August) die Konsumweine vorgeführt.

Es ist typisch für diese kleineren Messen, daß der Hauptanteil von Ausstellern und Besuchern aus dem eigenen Departement bzw. der näheren Umgebung stammt und daß auch andere Produkte, wie Landmaschinen und Haushaltsgeräte, z. T. Möbel, mit angeboten werden.

Völlig unabhängig vom Weinbau ist die charakteristisch-kleinstädtische »Gemischtmesse« von Beaune, die alle zwei Jahre im Sommer (Juni) abgehalten wird und die sich schlicht »Foire de Beaune« nennt. Diese Messe entspricht in ihrem Angebot mehr einem Wochenmarkt, auf dem so gut wie alles, über Lebensmittel bis zu »Juwelen«, angeboten wird.

Die Pelzmesse von Chalon-sur-Saône findet zweimal jährlich statt, einmal im Februar als »Foire froide de Sauvagines« und einmal im Juni als »Foire chaude des Sauvagines«. Die bedeutendere von beiden ist die sogenannte, »Kalte Messe« im Februar, zu der die Pelzverkäufer aus allen Regionen Frankreichs zusammenkommen (Bretagne, Savoie, Centre, Sud-Est, Jura etc.). Die Verkäufer rekrutieren sich aus Händlern, Fallenstellern, Sammlern, Jagdaufsehern und anderen Personen. Die Pelze, Felle und Häute stammen von Fuchs, Moschusratte, Fischotter, Hausmarder, Dachs, Marder, Iltis, Eichhörnchen, Zuchtnerz und Ziege.

Bei den Käufern überwiegen französische Großhändler, wenngleich auch Belgier, Holländer, Deutsche, Schweizer und Engländer sich unter ihnen befinden. Neben der direkt angebotenen Pelzware, die auf dem Rathausplatz zum Teil von Ständen, größtenteils aber vom Kopfsteinpflaster aus verkauft wird, gibt es auch einen indirekten Markt für Kaninchenfelle. Da es sich hierbei um große Mengen handelt, werden die Felle nicht mitgebracht, Preise und Lieferverträge aber auf der Messe ausgehandelt.

Die Messe, die nur einen halben Tag dauert (von morgens 5.30 bis gegen Mittag), findet ihren Abschluß am Nachmittag in der Pelzhändlerversammlung im Rathaus, wo die Jahres-Qualität und das im Mittel erreichte Preisniveau zu Protokoll gegeben werden. Diese Aussagen werden später in Presse und Fachzeitschriften veröffentlicht und dienen somit als Maßstab für den nationalen Pelz- und Fellmarkt.

Chalon hat (ebenso wie Dijon) noch eine dritte Messe zu verzeichnen, die gegen Ende Juni stattfindet und ähnliche Merkmale wie die Gemischtmesse von Beaune aufzuweisen hat, die »Foire-Exposition«. Sie ist eine Ausstellungs- und Verkaufsmesse mit Jahrmarktcharakter und dauert mehrere Tage. Von der Messe in Beaune unterscheidet sie sich durch eine wesentlich größere Anzahl von Aus- und Schaustellern (ca. 500) und damit einhergehend einer nicht unbedeutenden Besucherzahl (ca. 100 000).

Als unregelmäßige Veranstaltungen sind noch zu nennen: die Industrie- und Handelsmesse von Montceau-les-Mines (»Foire Industrielle et Commerciale de Saône-et-Loire«); sie findet im fünfjährigen Turnus statt, 1986, 1991 usw.

Die bedeutendste aller Messen und Ausstellungen ist die noch recht junge »Foire Gastronomique«, die alljährlich im November in den Messehallen von Dijon abgehalten wird. Die erste Veranstaltung dieser Art, die die Spezialitäten Burgunds bekanntmachen sollte, fand im Jahre 1921 statt, doch internationalen Charakter bekam sie erst in den 60er Jahren. Lief die erste Dijonnaiser Nachkriegs-Messe (im Jahre 1959) noch unter dem Titel »Französische Lebensmittelmesse«, so wurde der Spezialitätenmesse seit 1967 von Finanz-, Wirtschafts- und Agrarministerium der Titel »Internationale Lebensmittelmesse« zugesprochen. Seitdem lautet der offizielle Titel »Exposition Internationale de l'Alimentation, des Vins et de la Gastronomie«, abgekürzt zu »Foire Gastronomique«.

Weinbruderschaften und gastronomische Gelage

La Confrérie des Baillis

La Confrérie des Baillis wurde im Jahre 1949 gegründet. Bei dieser Weinbruderschaft dreht sich natürlich alles um den Wein. Eine eindeutige Übersetzung schon ihres Namens ist so gut wie unmöglich, da Wortspiele gewollt sind und Mehrdeutigkeiten zum guten Ton gehören. »Bailli« könnte man wörtlich mit Amtmann oder Hauptmann, hier jedoch in der Bedeutung »Hüter der Tradition« übersetzen, aber das alles macht noch nicht den Charme der Sache. Vielmehr klingen unterschwellig Sprüche mit wie »un bon bâilleur en fait bâiller deux« (ein Narr macht viele), andererseits heißt bâiller auch »gähnen«. Ohne Akzent hingegen heißt bâiller schlicht »geben« oder auch »Große Versprechungen machen = bâiller le lièvre par l'oreille«. Die Liste ließe sich beliebig verlängern ...

Die Ziele der Bruderschaft liegen darin, mit Schalk und Brimborium, aber auch mit Ehrenhaftigkeit, den Ruhm des Weines zu preisen und damit für seinen Absatz zu sorgen, nämlich:

1. Die Qualität der Weine von Pouilly-sur-Loire ins rechte Licht zu rücken.
2. Den Bekanntheitsgrad zu steigern mit Veranstaltungen aller Art, ohne sich dabei von persönlichen Interessen leiten zu lassen.
3. Die lokalen folkloristischen Traditionen wiederzubeleben und aufrechtzuerhalten.
4. Unter den Mitgliedern der Confrérie eine Atmosphäre der Freundschaft, Hilfe, Ehrenhaftigkeit, Großzügigkeit und Uneigennützigkeit zu schaffen und zu bewahren.

Weinbaulandschaft in den Hautes-Côtes de Beaune bei Saint-Romain ▷

Die »Très vineusement« ergebene Bruderschaft zählt heute an die 2000 Mitglieder. Ihre Devise lautet »Eau nous divise, Vin nous unit« (Wasser trennt uns, Wein vereinigt uns).

Der große Rat der Baillis setzt sich aus 11 würdigen Vorsitzenden zusammen, die jeweils bestimmte Funktionen erfüllen:

Maître des rites	(Riten-Meister)
Maître des grimoires	(Zauberbücher-Meister)
Maître des chaix	(Keller-Meister)
Maître dégustateur	(Weinverkost-Meister)
Maître ordonnateur	(Zahlmeister)
Maître du tresor	(Schatzmeister)
Maître des presses	(Meister der Presse)
Maître des sagesses opportunes	(Meister der zweckmäßigen Weisheit)
Maître des céremonies	(Zeremonienmeister)
Maître du palais	(Meister des Palastes/des Gaumens)
Maître des agapes	(Meister des Liebesmahls, Freundschaftsmahls)

Die Bruderschaft organisiert jährlich eine oder mehrere Festveranstaltungen, die als Kapitel (Chapitres) bezeichnet werden. Das wichtigste ist das Chapitre Nivernais, das im Château du Nozet abgehalten wird. Außerdem versammelt sich der Grand Conseil mit den Winzern der Gegend alljährlich an einem anderen Ort aus dem Pouilly, um den hl. Vinzenz (Saint Vincent), ihren Schutzpatron, zu ehren. Diese Versammlung findet jeweils am Sonntag, der dem 22. Januar am nächsten liegt, statt. Bei guten Weinjahrgängen wird außerdem im Winter ein weiteres Kapitel in Paris abgehalten.

Im Verlauf der feierlichen Festveranstaltungen in Pouilly, dem jährlichen Chapitre Nivernais, wird auch eine Dichterlesung veranstaltet. Dem Verfasser des jeweils preisgekrönten Vierzeilers wird der »Prix de la Pipette« verliehen, eine Porzellanpipette aus Nevers, wie sie – normalerweise aus Glas – zur Entnahme von Weinproben aus Fässern benutzt wird.

Der Inhalt des Vierzeilers muß den Wein von Pouilly in angemessener Form verherrlichen, wie es etwa der nachfolgende preisgekrönte »Quatrain« zeigt:

»Adorable joyau de notre Val-de-Loire
Suave Blanc Fumé nectar chéri des Dieux
Avec le Chasselas ton compagnon de gloire
Tu mets la joie au coeur et l'amour dans les yeux.«

Wird der Große Vorsitzende der Confrérie, Le Grand Bailli, neu gewählt, so schwört er auf die »heilige Pipette«, daß er sich ganz in den Dienst der

◁ *Das »Chaos« vom Signal d'Uchon*

französischen Weine im allgemeinen und der des Pouilly im besonderen stellen wird. Et voilà!

Auf nationaler und internationaler Ebene gibt es über 60 »Confréries Vineuses et Gastronomiques«, von denen nachfolgend noch vier vorgestellt werden. Mit Ausnahme der Confrérie des Chevaliers du Tastevin sind sie erst vor ein paar Jahren entstanden und verhehlen nicht ihren vorwiegend kommerziellen Charakter.

Confrérie des Chevaliers du Tastevin
Ort der Kapitelversammlungen: Château du Clos de Vougeot

Das schloßähnliche Gut wurde im 12. Jh. von den Zisterziensern angelegt. Die Weinkeller, Schauplatz vieler Kapitelversammlungen der »Ritter vom Weinprobierorden«, stammen noch aus jener Zeit. Der während der Revolution säkularisierte und anschließend zersplitterte Grundbesitz des »Clos« befindet sich auch heute in den Händen vieler unterschiedlicher Besitzer. Die Lagebezeichnung »Clos Vougeot« umfaßt ca. 50 ha. Das Gutsgebäude, »Château du Clos de Vougeot« wurde im Jahr 1944 von der »Confrérie des Chevaliers du Tastevin« aufgekauft. (Besichtigungen vormittags und nachmittags ganzjährig, außer um Weihnachten/Neujahr, Tel.: 80 62 86 09.)

Die 1934 gegründete »Confrérie des Chevaliers du Tastevin« (mit dem Ziel, für die großen Burgunderweine zu werben) organisiert alljährlich 17 im Schloß des Clos de Vougeot zelebrierte Kapitelversammlungen oder »Chapitres«, bei denen man in fröhlicher Stimmung Bekanntschaft mit Burgund und dem Burgunderwein macht.

Unterhaltung und Trinklieder mit den »Cadets de Bourgogne«, Teilnahme an Kapitelversammlungen, Inthronisierung, nähere Auskünfte:
Confrérie des Chevaliers du Tastevin
2, rue de Chaux (BP N° 12)
21700 Nuits-Saint-Georges
Tel.: 80 61 07 12

Cousinerie de Bourgogne

Ort der »Cousinages«: Savigny-lès-Beaune.

Die 1960 begründeten, »Cousinages« genannten Festlichkeiten unter dem Motto »Toujours Gentilshommes sont cousins« finden an vier Samstagabenden pro Jahr statt: im Januar (Sankt-Vinzenz-Winzerfest), im März, im Juni und im November (Weinversteigerung der Hospices de Beaune).

Während der »Goutaillons« genannten Festessen (200 Personen) treten die »Joyeux Bourguignons«, eine Folkloregruppe aus Beaune, auf.

Inthronisierung neuer Mitglieder oder »Cousins«.

Nähere Auskünfte:
Cousinerie de Bourgogne
21420 Savigny-lès-Beaune
Tel.: 80 21 54 72

Confrérie du Souverain Bailliage de Pommard

Ort des »Disnée«: Pommard
Diese 1983 gegründete Weinbruderschaft organisiert zwei »Disnées«, im
Frühjahr und am Vorabend der Weinversteigerung der Hospices de Beaune,
während derer Inthronisierungen stattfinden und musikalische Unterhaltung
und Folklore von den »Enfants de la Côte« dargeboten werden.
Für geschlossene Gruppen können weitere »Disnées« organisiert werden.
Nähere Auskünfte:
Confrérie du Souverain Bailliage de Pommard
Madame Aleth Girardin
21630 Pommard
Tel.: 80 22 59 69

Ordre Ducal de la Croix Bourgogne

Ort der »Audienceries«: Hôtel du Tir à l'Arc – Dijon.
Der Große Rat des 1982 gegründeten Ordens bietet an, bei einer Ritter-
schlagszeremonie nach mittelalterlichem von den Traditionen des höfischen
Lebens und der Ritterehre ererbtem Ritual die Insignien des Ordens zu emp-
fangen und an einer »Disnée« des Goldenen Vlieses, einer raffinierten Veran-
staltung hoher Gastronomie und Probe berühmter Burgunderweine, teilzu-
nehmen. Vier satzungsgemäße »Audienceries« pro Jahr: Vor der Fastenzeit
(Mitte Februar); Osterzeit (Mitte April); Johannisfest (Mitte Juni); Saint
André (Ende November). (Ritterschlag: 500 FF pro Person; Disnée: 450 FF
pro Person; Preise von 1987.)
Drei Wein-»Audienceries«: »La Paulée de Dijon« (März);
»Audienceries« mit Weinproben (Mai und Oktober), (Essen: FF 200,– pro
Person, 1987).
Außerhalb dieser Daten außerordentliche »Audienceries« auf Anfrage.
Nähere Auskünfte:
Ordre ducal de la Croix de Bourgogne
Hôtel du Tir à l'Arc
7, rue Sainte-Anne
21000 Dijon
Tel.: 80 30 10 01

70   **Veranstaltungskalender**

Veranstaltungskalender

Datum	*Ort*	*Art*
Januar		
Sa. vor dem 22. Jan.	Côte bourguignonne (jährl. wechselnder Ort)	Fest des hl. Vincent mit Prozession
Februar		
10. Februar	Fours	Viehmarkt
27. Februar (5.30–12.00)	Chalon-sur-Saône	Pelzmesse (»Foire froide des Sauvagines«)
Februar–März	Chalon-sur-Saône	Karneval
März		
Mitte März	Dijon	Frühjahrsmesse
April		
Sonntag vor Palmsonntag	Nuits-Saint-Georges	Versteigerung der Hospizweine
Ostersamstag	Châtenoy-en-Bresse	»Einsingen« der Ostereier
Mai		
1. So. im Mai	Saulieu	Festumzug mit Pferd und Wagen
2. Maihälfte	Mâcon	Nationale französische Weinmesse
So. vor dem 31. Mai	Semur-en-Auxois	»Courses des Chausses et des Damoiselles«
31. Mai	Semur-en-Auxois	»Fête de la Bague«: ältestes Pferderennen Frankreichs (seit 1639)/ Ringstechen
Mai	Magny-Cours	Internationales Autorennen
Mai	Dijon-Prenois	Autorennen (Grand Prix Formel I)
Mai	Dijon	Antiquitäten- und Trödelmesse
Mai/Juni	Tournus	Antiquitätenmesse
Juni		
2.–10. Juni	Lac de Baye	Nationale Regatten
2.–10. Juni	Beaune	Ausstellungsmesse
3. Juni	Semur-en-Auxois	»Course à la timbale d'argent«
1. Sa.–2. So. im Juni	Beaune	Ausstellungsmesse und Volksfest
Pfingstmontag	Pontigny	Fest des hl. Edmund mit Prozession
Do. nach Fronleichnam	Beaune	Prozession
2. Fr. nach Fronleichnam	Paray-le-Monial	Pilgerfahrt zum hl. Herzen Jesu
17. Juni	Saint-Jean-de-Losne	Schifferfest
Samstag, dem 24. Juni am nächsten liegend	Mont-St.-Vincent und Brancion	Keltische Johannesfeuer
25. Juni (5.30–12.00)	Chalon-sur-Saône	Pelz- und Trödelmesse (»Foire chaude de Sauvagines«)
Juni	Chalon-sur-Saône	Ausstellungsmesse mit Volksfest
Juli		
14. Juli	Clamecy	Lanzenstechen auf der Yonne

Datum	*Ort*	*Art*
22. Juli	Vézelay	Fest der hl. Magdalena mit Prozession
2. Julihälfte	Semur-en-Auxois	Orgel- und Cembalokonzerte (Alte Musik)
Juli	Autun	Musik im Morvan (Europäische Chöre)
Juli/August	Dijon	Sommerfeste
Juli/August	Charolles (Les Clarisses)	»Folklo Cabaret« (Ländliche Festessen mit Tanz)
Juli/August	Paray-le-Monial	Tagungen des »Renouveau« (zwei- bis dreitausend Pilger)
Juli/August/September	Flagy	Theater- und Musikfestival
August		
1. Mo. im August	Château-Chinon	Radrennen
1. Augustwochenende in ungeraden Jahren	Charolles	Internationales Folklorefest
15. August	Coulanges-sur-Yonne	Lanzenstechen auf der Yonne
Sa. und So. nach dem 15. August	Saulieu	Charolais-Ausstellungsmesse und Fest
letzter Sa. und So. im August	Louhans	Balme-Viehmarkt (seit 1645)
letzter Sonntag im August	Vitteaux	Pferdewettrennen
letzter Sonntag im August	St.-Honoré-les-Bains	Blumenkorso
Augustwochenenden	Cluny	»Les Grandes Heures de Cluny« (5 Konzerte)
August	Cormatin	»Les Rendez-Vous«: Theater-, Musik-, Poesieveranstaltungen
August	Tournus	»Eté en Bourgogne«: Theateraufführungen in der Abtei/Kreuzgang
August	Pouilly-sur-Loire	Weinmesse
September		
Anfang September	Montbard	Regionalmesse
1. bis 2. Sa. im September	Dijon	Internationales Folklore- und Rebenfest
1. Sa. im September	Beaune	Folkloreumzug im Rahmen des Internationalen Folklorefestivals in Dijon
1. Sa. und So. im September	Dijon	Internationales Folklorefestival
1. So. im September	Mâcon	Winzerfest
2. So. im September	Urcy	Autorennen
Sonntag, dem 7. Sept. am nächsten liegend	Alise-Ste.-Reine	Fest der hl. Reine mit Prozession in gallischen und galloromanischen Kostümen, Mysterienspiel
September/Oktober	Nevers	Musik im Nivernais
Oktober		
1. oder 2. Sa. im Oktober	Auxerre	Fest des hl. Germain mit Prozession
So., dem 16. Oktober am nächsten liegend	Paray-le-Monial	Fest der hl. Marguerite-Marie mit Prozession

Datum	*Ort*	*Art*
Ende Oktober	Saint-Léger-sous-Beuvray	Maronenmarkt
Ende Oktober/Anfang November	Dijon	Internationale Gastronomiemesse, Folklorefestival
November		
So., dem 11. November am nächsten liegend	Saint-Bris-le-Vineux	Sauvignon-Weinfest
3. Sa. im November	Clos de Vougeot	Tag der Weine von Nuits
3. So. im November	Beaune	Versteigerung von Hospizweinen
3. Mo. im November	Meursault	»La Paulée« (Weinfest mit Bankett und Preisverleihung)
4. So. im November	Chablis	Weinfest
Ende November	Mâcon	1. Weinfest der »Vins Nouveaux«
Dezember		
24. Dezember	Brancion	Mitternachtsmette der Winzer
24. Dezember	Eglise de Châteauneuf-en-Auxois	Mitternachtsmette mit »lebender Krippe«
jeden Mo.	Louhans	Bresse-Geflügelmarkt
jeden 2. Di. im Monat	Corbigny	Viehmarkt
jeden Do.	Saint-Cristophe-en-Brionnais	Viehmarkt
jeden Sa. (Vormittag)	Mâcon	Wochenmarkt am Saône-Ufer und auf der Lamartine-Promenade
jeden 2. So. im Monat (7.00–14.00)	Auxerre	Flohmarkt (Place Saint-Nicolas)
an religiösen Festtagen	Taizé	Internationale Jugendtreffen u. Verkauf von Kunsthandwerk

Wegenetz

Straßen

Paris, das zu Römerzeiten noch Lutetia hieß, lag schon damals an der Handelshauptstraße zwischen der Rhône- und der Seine-Mündung. Drehscheibe des Verkehrs aber war zu jener Zeit nicht die Île-de-France, sondern die Saône-Ebene bei Chalon. Hier kreuzten sich die beiden wichtigsten Nord-Süd- und Ost-West-Verbindungen Galliens. Der Westweg, der sowohl militärische als auch kommerzielle Bedeutung hatte, verlief in erster Linie von Chalon über Autun und Sens, nach Paris und an den Ärmelkanal, in zweiter Linie von Autun nach Nevers, von wo loireabwärts Nantes erreicht wurde

(Portus Namnetum). Wein, Salz und Tuche wurden von hier aus nach Britannien verschifft, Erze, wie Zinn und Kupfer, dafür nach Gallien und ins Römische Reich importiert.

Nach Osten verlief der Hauptweg des Handels und des Militärs von Chalon nach Vesontio (Besançon) und durch die burgundische Pforte an den Oberrhein. Im Norden führte ein weiterer in Richtung Langres, wo er sich in einen linken Zweig Richtung Belgien, Flandern und einen rechten Zweig Richtung Trier und Niederrhein teilte. Im Mittelalter verlagerte sich der Kreuzungspunkt von Chalon nach Dijon.

Die Verbindung zwischen Paris und Marseille entwickelte sich zur Hauptverkehrsachse Frankreichs, wobei der zunehmende Zentralismus seit dem 16. Jh. und der Massentourismus des 20. Jh.s eine entscheidende Rolle gespielt haben.

So wurde als erste große Autobahn Frankreichs im Jahre 1970 die »Autoroute du Soleil« (A 6/A 7) eröffnet, die von Paris über Auxerre durch das Auxois nach Beaune führt und von dort in Richtung Mittelmeer nach Süden schwenkt. Sie verläuft auf einem Parcours von 300 km durch Burgund.

Rund zehn Jahre später wurde mit der A 36 von Beaune nach Besançon und Mühlhausen der Anschluß nach Deutschland hergestellt, so daß vorerst dem Weinstädtchen Beaune die Rolle des Verkehrskreuzes zugefallen ist. Dijon wurde allerdings durch einen Süd- und einen Westzweig an die Autoroute du Soleil angeschlossen und wird weitere Autobahnanbindungen nach Nordfrankreich und an die A 36 erhalten.

Von den 60 Millionen Tonnen registrierter Waren, die jährlich in und durch Burgund transportiert werden, rollen 85% über das Straßennetz. Die Eisenbahn verfrachtet etwa 11%, und für die Fluß- und Kanalschiffe bleiben nur 4% übrig. Die Straße bietet eben den bequemsten Haus-zu-Haus-Verkehr, obwohl sie, insbesondere bei Massengütern, der teuerste Verkehrsweg ist. Erze, Kohle und Baumaterial sind deswegen auch die Hauptfracht der Binnenschiffe, sie kosten pro Streckenkilometer nur ein Drittel oder die Hälfte eines Straßenkilometers. Die Frachttarife der Eisenbahn liegen in der Mitte.

Wasserwege

Flüsse und Landstraßen ergänzen sich seit altersher. Bedeutende Städte entstanden häufig dort, wo sich beide Verkehrswege kreuzten oder von einem Transportweg auf den anderen umgeladen werden mußte. Die bedeutendsten schiffbaren Flüsse Burgunds waren Saône, Loire, Yonne und Cure. Mit Aus-

74

Wegenetz

nahme der Loire wurden sie vor allem für den Warentransport benutzt, Saône und Loire für den Fernhandel, Yonne und Cure vor allem für die Holzflößerei aus dem Morvan in Richtung Paris.

Die Flußschiffahrt auf der Saône war relativ angenehm wegen ihres geringen Gefälles und der nur schwachen Strömung, sowie ganzjährig ausreichender Wassertiefe. Sie stellt noch immer ein bedeutendes Bindeglied der europäischen Binnenschiffahrt dar und soll auf die Bedürfnisse des Europaschiffes von 1350 t ausgebaut werden. Das Endziel ist eine durchgehende Schiffahrt vom Mittelmeer zur Nordsee, sowohl über die Mosel als auch den Oberrhein. Die dazu notwendige Erneuerung des Canal de l'Est und des Rhein-Rhône-Kanals ist aber noch nicht abgeschlossen. Die bisherigen Kanäle sind nur für Binnenschiffe bis 280 t passierbar, durch Böschungsrutschungen liegt ihre effektive Tragfähigkeit abschnittsweise noch darunter.

Die Loire-Schiffahrt war stets gefahrvoll wegen wechselnder Strömungen, jahreszeitlich sich ändernder Wasserstände und wandernden Sandbänke. Dennoch gab es geregelte Schiffer-Organisationen, die bis ins 4. Jh. zurückzuverfolgen sind. Bis zum Aufkommen der Eisenbahn wurden Agrarprodukte, Charollais-Vieh, Holz und Kohle sowie die Fayencen aus Nevers loireabwärts verschifft. Es muß sich allerdings um kleine, flache Kähne gehandelt haben, die die Schiffer am Bestimmungsort mitunter zum Holzwert verkauften, um sich das mühsame loireaufwärts-Navigieren zu ersparen.

Im Jahre 1789 wurde sogar ein Passagier-Dienst auf der Loire eingerichtet, der die Abschnitte Roanne-Nevers, Nevers-Orléans, Orléans-Nantes bediente. Zwischen Nevers und Orléans waren zeitweilig gleich mehrere Schiffahrtsgesellschaften tätig. Nach Eröffnung der Eisenbahnlinie zwischen Paris und Nevers (1861) wurde jedoch der letzte Passagierverkehr auf der Loire eingestellt (1862).

Einige Kapellen, die dem hl. Nicolas, dem Schutzherrn der Seefahrer, geweiht waren, erinnern noch an die Zeiten der Loire-Schiffahrt (Nevers, Charité-sur-Loire).

Bevor aber das Zeitalter der Eisenbahn anbrach, wurden Burgund und Nordostfrankreich mit einem Netz von Kanälen durchzogen, die alle den Zweck hatten, den direkten Wassertransport nach Paris zu erleichtern oder Bodenschätze und Eisenerzeugnisse zu transportieren (Canal du Centre). Das burgundische Kanalnetz verbindet direkt oder über kanalisierte Nebenflüsse Saône, Loire und Seine miteinander.

Die älteste Kanalverbindung zwischen Loire und Seine wurde durch den Bau des 57 km langen Canal de Briare geschaffen. Er geht auf die Initiative von Henri IV. und seinem Wirtschaftsminister Sully zurück, die Pläne wurden 1597 entworfen. Nach vielen Schwierigkeiten, die den zeitweiligen Einsatz von 12 000 Arbeitern notwendig machten, dazu 6000 Soldaten, die die Arbeiter gegen die wütenden Handgreiflichkeiten der enteigneten Grundbesitzer schützen mußten, konnte 1642 der Kanal schließlich eröffnet werden. Die imposante Schleusentreppe von Rogny-les-Sept-Ecluses (Dep. Yonne), die etwa die Hälfte der 70 m hohen Wasserscheide zwischen Loire und Seine überwand, gehört heute zu den interessantesten technischen Denkmälern Burgunds (vgl. Kap. Industriearchäologie). Der Kanal wurde später im Norden durch den Canal du Loing und im Süden durch den Loire-Seitenkanal ergänzt.

Erst 150 Jahre später wurde mit dem Canal du Centre der nächste Kanalbau in Burgund gewagt und relativ schnell vollendet. Die 112 km lange Strecke zwischen Digoin und Chalon-sur-Saône wurde von 1783–1793 erbaut. Nach einer Mündungsverlegung bei Chalon um 1950 (vgl. Kap. Chalon) wurden auch einige Schleusen modernisiert, von denen es im gesamten Verlauf 61 gibt.

Als nächster wurde der Canal de Bourgogne im Jahre 1832 eröffnet. Er verbindet die Yonne bei Laroche-Migennes mit der Saône, in die er bei St.-Jean-de-Losne einmündet. Der Kanal macht seinem Namen alle Ehre, denn er ist mit seinen 242 km der längste Burgunds. Er besitzt 189 Schleusen, und es wären noch viel mehr geworden, wenn man sich nicht zur Unterquerung der Hauptwasserscheide in Form eines Tunnels von 3300 m Länge bei Pouilly-en-Auxois entschlossen hätte.

Der jüngste ist der Canal du Nivernais, der 1842 eröffnet wurde. Auch hier gab es viele Bauverzögerungen, die sich sogar über 59 Jahre erstreckten, denn Baubeginn war schon 1783. Damit kam dieser Kanal der Eröffnung der ersten Eisenbahnstrecke in Burgund (1849) schon bedrohlich nahe und erreichte tatsächlich auch nie eine besondere Bedeutung. Als es zwischen Cercy-la-Tour und Sardy auch noch zu einer Kanalbettverengung kam, sollte der Canal du Nivernais aufgelassen werden. Er konnte aber durch die Privatinitiative eines Monsieur Zivy, der auch einen Yachthafen baute, um den Flußtourismus zu beleben, vor diesem Schicksal bewahrt werden. Die 174 km Kanaltrasse zwischen Auxerre (Yonne) und Decize (Loire) gehören wohl zu den beschaulichsten Burgunds. Über 110 Schleusen, eine Schleusentreppe bei Sardy und drei Tunnel bei La Collancelle bewegt man sich lange Zeit am Rande des Morvan durch Naturschutzgebiete.

Insgesamt beträgt das schiffbare Fluß- und Kanalnetz in Burgund etwa 1100 km. Die kommerzielle Nutzung durch Gütertransporte geht kontinuierlich zurück (am intensivsten befahren werden noch die Saône und der Canal du Centre), 1985 waren insgesamt 90 Lastkähne in Burgund registriert. Das verlorene Terrain wird durch das beständige Anwachsen der Motorboot-Kreuzfahrt-Flotte wiedergewonnen. An etwa 30 Liegeplätzen können Hunderte von Booten gechartert werden, wofür man nicht einmal einen Führerschein braucht. Der Kanaltourismus entwickelt sich sprunghaft in den letzten Jahren, nicht zuletzt auch durch einen hohen Anteil englischer Gäste, die dieses Vergnügen schon aus dem eigenen Land gewohnt sind. Der staatlich geförderte Ausbau des Fluß- und Kanaltourismus sieht in den nächsten Jahren Investitionen von zunächst 12,5 Mio. Francs vor, mit denen u. a. einige Schleusen vom Handbetrieb auf Automatik umgestellt werden sollen (s. a. ausführliche Liste der Liegeplätze und Bootsvermietungen im Adressenanhang).

Eisenbahn

Die Entwicklung des Eisenbahnnetzes folgte im Prinzip dem durch das Straßen- und Wasserwegenetz vorgezeichneten Grundmuster. So wurde als erste Eisenbahnstecke in Burgund die Verbindung zwischen Paris und Dijon im Jahre 1851 eröffnet. Östliche Teilabschnitte vor der burgundischen Schwelle, die kostenaufwendig untertunnelt werden mußte (Blaisy, Signal de Mâlain), wurden schon 1849 eröffnet, ebenso der südliche Abschnitt zwischen Dijon und Chalon. Die Fortsetzung in Richtung Lyon-Marseille erfolgte 1854.
Die zweite Hauptstrecke, die Burgund durchquerte, wurde nicht von Paris aus in die Provinz hinein entwickelt, sondern umgekehrt. Zunächst war Lyon schon früh mit dem Industriegebiet von Saint-Etienne durch eine Eisenbahn verbunden worden (1833, Eröffnung der ersten französischen Eisenbahn Saint-Etienne–Andrézieux 1826). Diese Strecke wurde 1834 nach Roanne an der Loire und ab 1854 nach Nevers verlängert. Das restliche Stück, das über Gien (Loire) nach Norden auf die Strecke Paris–Dijon zuführte und dort bei Moret einmündete, wurde 1860/61 eröffnet.
Mit weiteren Verbindungen von Dijon und Mâcon aus in Richtung Osten, die in den fünfziger und sechziger Jahren des 19. Jh.s entstanden, war das Hauptstreckennetz fixiert. Viele weitere Nebenlinien entstanden bis zur Jahrhundertwende, von denen ein großer Teil heute mangels Rentabilität wieder stillgelegt ist. Sie hatten die Funktion, den ländlichen Raum zu erschließen, solange es noch kein gut ausgebautes Straßennetz gab. In der Côte-d'Or verkehren auf drei Teilabschnitten stillgelegter Strecken saisonal Touristenbahnen (s. Adressenanhang, Museumsbahnen).
Der große, weltweit beachtete Wurf gelang mit der Erprobung und Indienststellung des Hochgeschwindigkeitszuges T. G. V. (Train à Grande Vitesse), der Burgund seit 1981 auf einer völlig neuen, fast geradlinig verlaufenden Strecke durchquert. Die Spitzengeschwindigkeit des Zuges liegt bei 300 km/h,

er hält dementsprechend auf der neuen Strecke Paris–Lyon auch kaum an. Le Creusot oder Mâcon werden wechselweise bedient.

Auch Dijon, Besançon, Beaune und Chalon wurden später von T. G. V.-Zügen, die im voraus gebucht werden müssen und häufig ausverkauft sind, angelaufen. Sie erreichen jedoch auf diesen traditionellen Strecken nicht die hohe Reisegeschwindigkeit, wie auf der burgundischen T. G. V.-Spezial-Trasse. Zwischen Paris und Dijon kann der Hochgeschwindigkeitszug auf dem ersten Abschnitt die T. G. V.-Trasse nach Lyon mitbenutzen und zweigt dann vor Montbard auf die alte Strecke nach Dijon ab. Bei der schnellsten durchgehenden Verbindung Dijon – Paris-Gare-de-Lyon beträgt die Fahrzeit nur noch 1 Std. 40 Min.

Der Bahnhof von Dijon, der mit dem dazugehörigen Güter-Verschiebebahnhof Dijon-Perrigny zum Hauptknotenpunkt des französischen Eisenbahnnetzes gehört, wurde von Grund auf modernisiert und mit einem zentralen Busbahnhof verbunden.

Flugverkehr

Der regelmäßige Flugverkehr hat es schwer, sich gegenüber dem Auto und besonders auch der Eisenbahn durchzusetzen, seitdem es den schnellen T.G.V. gibt. Linienflüge von Dijon nach Paris und zeitweilig auch nach Bordeaux wurden seit den sechziger Jahren d. Jh.s mehrfach lanciert und mußten nach einiger Zeit mangels Rentabilität wieder eingestellt werden.

Um die Attraktivität des Standortes Dijon insbesondere für Geschäftsreisende nicht zu gefährden, und um das Umsteigen von einem Verkehrsmittel auf das andere, gerade auch im internationalen Verkehr überflüssig zu machen, wurde 1988 ein neuer Versuch gestartet und der Zivilflughafen Dijon-Longvic (in Nachbarschaft des bedeutenden Militärflughafens Longvic) als »Aéroport International Dijon-Bourgogne« neueröffnet. Es werden nun täglich zwei Linienflüge nach Paris-Orly (und zurück) und einer nach Paris-Roissy angeboten. Die Flugzeit nach Orly beträgt 1½ Stunden, die nach Roissy eine Stunde. (Preis für den einfachen Flug: 700 Francs).

KUNST UND KULTUR

Regionen und Städte
(soweit nicht einer Epoche der Baukunst zugeordnet)

Die Städte der Saône-Ebene

Dijon

Die Entwicklung der Stadt

Dijon liegt am Rande der Saône-Ebene und zu Füßen des Burgundischen Plateaus in einer Meereshöhe von ca. 250 m. Erste Spuren der Besiedlung sind am Zusammenfluß von Suzon und Ouche zu finden, sie weisen in die gallo-romanische Epoche. Als wichtiger römischer Stützpunkt an der Via Agrippina von Lyon nach Mainz spielte das befestigte Castrum Divio eine nicht unbedeutende Rolle, bis es wohl um 273 durch eine Barbaren-Invasion zerstört worden ist. Im Stadtbild gibt es keine Zeugnisse aus dieser frühen Siedlungsphase, die jedoch durch reichhaltige gallo-romanische Funde im Musée Archéologique gut dokumentiert wird.

Divio bedeutet nach französischer Interpretation soviel wie »göttliche, herrliche Quelle« (aus Fons Divinus), Schweizer Siedlungsforscher führen den Namen Dijon demgegenüber auf die Bedeutung »Stadt der Lingonen« zurück. Die Stadt scheint in jedem Fall an ihrer herrlichen Quelle mehrfach zerstört und wiederaufgebaut worden zu sein. Erst im Jahre 1015 tritt Dijon wieder voll ins Licht der Geschichte, als der Bischof von Langres die Stadt an Robert I., Le Pieux (den Frommen), Herzog von Burgund, übergibt. Von diesem Zeitpunkt an wird Dijon der bevorzugte Aufenthaltsort der Burgunderherzöge.

Erneut wird Dijon durch einen Großbrand im Jahre 1137 fast vollständig vernichtet. Beim anschließenden Wiederaufbau werden die bis dahin unorganisch gewachsenen einzelnen Siedlungszellen erstmalig mit einer Stadtmauer umgeben:

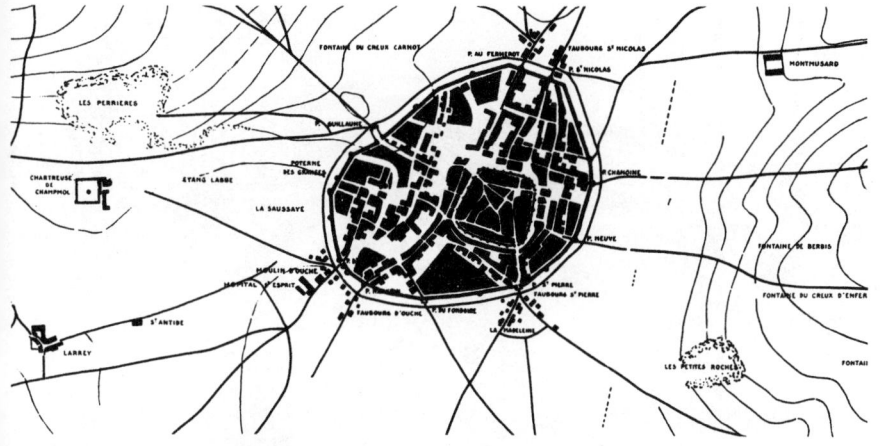

Dijon im 14. Jahrhundert

Im Südosten der Stadt zeichnet sich der viereckige Bezirk des römischen Castrum ab, der nun zur Herzogsresidenz geworden ist, nördlich schließen sich die Wohn- und Gewerbeviertel der Handwerker und Händler an. Im Zentrum, direkt an der nord-südlich verlaufenden Hauptverkehrsachse, ist der Markt als große Freifläche erkennbar, und im Südosten sind die Gebäude und ein Teil des Landbesitzes der Benediktiner-Abtei Saint-Bénigne in die Stadt einbezogen worden.

Dieses typische Zusammenwachsen europäischer Städte aus adligen, geistlichen und bürgerlichen Zentren tritt in Dijon relativ spät ein. In der ebenfalls römisch angelegten Stadt Regensburg z. B. fand ein Zusammenschluß schon im Jahre 917 statt, in Hildesheim wurden Domburg und Kaufmannssiedlung um das Jahr 1000 durch eine Stadtmauer vereint.

Die große mittelalterliche Blütezeit erlebte Dijon zwischen 1364 und 1477 unter den Burgunderherzögen Philippe le Hardi (Philipp der Kühne), Jean sans Peur (Johann ohne Furcht), Philippe le Bon (Philipp der Gute) und Charles le Téméraire (Karl der Kühne). Das Herzogtum Burgund war in dieser Periode zeitweise wesentlich mächtiger als das Königreich Frankreich. Da es sich von dem heutigen Burgund über Luxemburg und die Picardie nach Flandern und Holland erstreckte, hielten sich die Herzöge später zunehmend im Norden ihres Reiches auf. Von dort holten sie hochbegabte Künstler nach Dijon, wie den flämischen Bildhauer Claus Sluter (Chartreuse de Champmol, Mosesbrunnen; Herzogsgräber im Musée des Beaux Arts; Herzogspalast). Als Karl der Kühne 1477 vor Nancy fällt, wird das Herzogtum zwar der

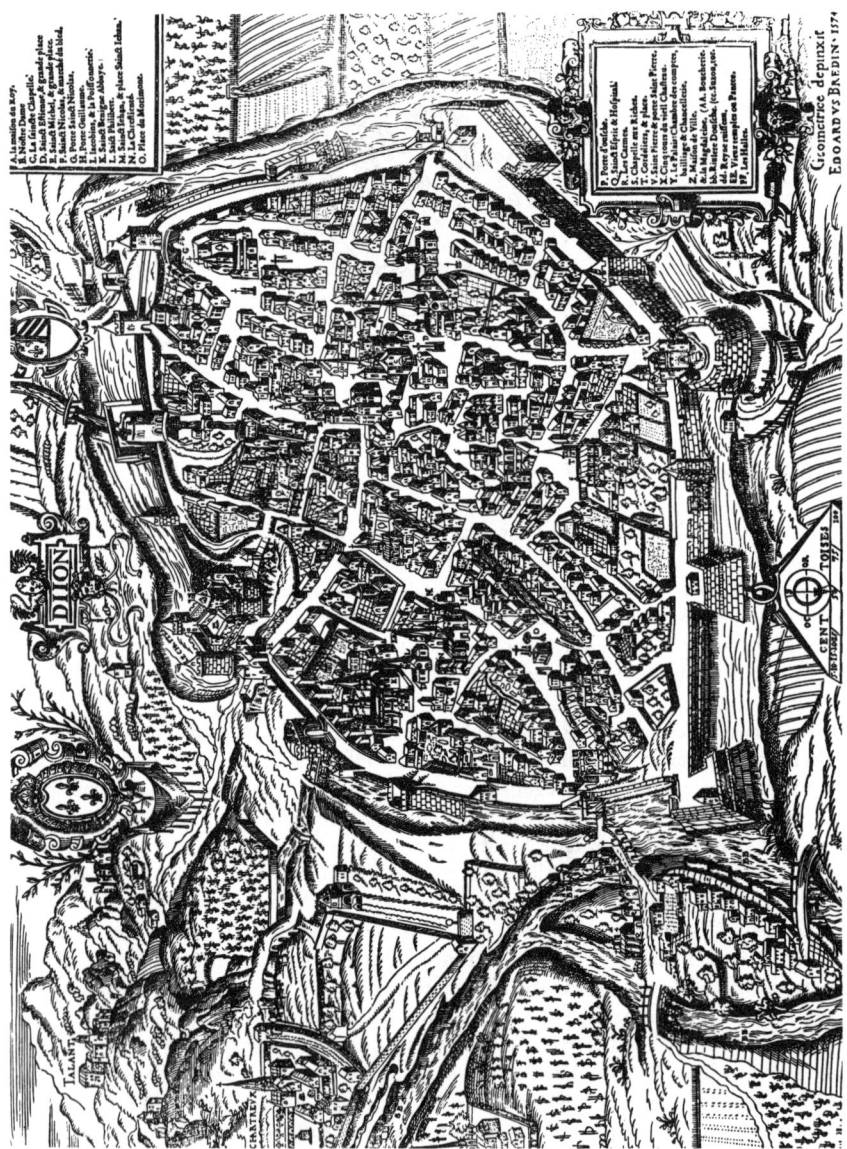

Dijon – Stadtplan von 1574

französischen Krone unterstellt, jedoch aus politischen Gründen (Reichs-
grenzlage) mit gewissen Privilegien ausgestattet (eigene Gerichtsbarkeit,
Dreiständeparlament). Schon im Jahre 1513 bewährt sich diese Großzügigkeit, als die burgundisch-österreichischen Erben der Herzöge im Verbund
mit den Schweizern (les »Impériaux«) die Stadt belagern und Vororte verwü-
sten. Die Stadt wird – der Legende nach durch eine List der Stadtväter, die
Weinfässer durch eine Mauerbresche rollen und Wein an die feindlichen Soldaten ausschenken ließen – nicht erobert.

Der älteste Plan der Stadt, von 1574 und aus der damals üblichen Vogelperspektive gezeichnet, zeigt, daß Agrarlandschaft und Weinbau zu der Zeit bis
vor die Tore Dijons reichten. Stadtmauern, Tore und die wichtigsten Gebäude sind wohl einigermaßen zuverlässig an ihrem Standort eingetragen, der
Aufriß und die Aufreihung der Wohnhäuser dürfte indessen eher der Phantasie des Zeichners überlassen worden sein.

Die französischen Religionskriege des 16. Jh.s führten zu allgemeiner wirt-
schaftlicher und städtebaulicher Rezession. So kam es auch in Dijon erst in
der Folgezeit wieder zu einer Aufbauphase. Aus ihr stammen einige heute
noch erhaltene Teile des Justizpalastes und einige reiche Bürgerhäuser der
Spätrenaissance (Hôtel de Vogüé, Maison des Cariatides).

Ab 1631 verwalten die Prinzen von Condé das Herzogtum Burgund als
Statthalter. Kurz danach wird ihnen im Südosten Dijons ein Wohnsitz außerhalb der Stadtmauern errichtet. Schloß und Parkanlage (Parc de la Colombière) werden durch eine schöne, 1600 m lange Allee (Cours du Parc) mit der
Stadt verbunden. Das Schloß, ursprünglich solitär an der Ouche gelegen,
wurde nach dem Bau des Kanals von Burgund und der damit verbundenen
älteren Industrieansiedlung ziemlich verbaut. Der Park ist jedoch durch seine

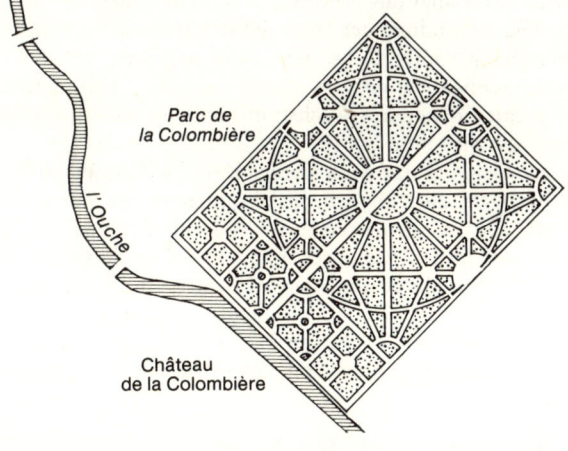

Parc de
la Colombière

l'Ouche

Château
de la Colombière

strenge geometrische Form in der Anlage der Wege ein bemerkenswertes Zeugnis der barocken Gartenbaukunst.

Durch den Frieden von Nimwegen fällt die habsburgische Franche-Comté (Freigrafschaft Burgund) im Jahre 1678 an die Krone von Frankreich. Damit ist die Saône-Ebene nicht mehr Reichsgrenze, und Dijon wird von der Ungewißheit einer mit Invasionen verbundenen Grenzlage befreit, was bald zu neuem wirtschaftlichen und kulturellen Aufschwung führt. Akademie, Universität (1722), Schule der Schönen Künste und das Kunst-Museum werden gegründet, neue prunkvolle Parlamentarier-Villen entstehen.

1784 wird mit dem Bau des Canal de Bourgogne begonnen, der das Pariser Becken über Seine, Yonne und Ouche mit der Saône-Ebene verbinden soll. 1832 wird der Kanal mit einer Tragfähigkeit für Schiffe bis zu 250 t vollendet. Dijon erhält ein großes Hafenbecken im Süden der Stadt außerhalb der Befestigungsanlagen. Dieses Hafenbecken bleibt, insbesondere für den Transport von Massengütern (Baumaterial u. a.), in Betrieb bis zum Jahre 1974. Anschließend wird näher zur Saône-Einmündung des Kanals auf der Industriezone von Dijon-Longvic ein neues Hafenbecken eröffnet.

Das alte Hafenbecken, zunächst jahrelang ungenutzt, wurde nunmehr zum Freizeit-Hafen umgestaltet und damit ein hervorragender Liegeplatz für die immer beliebter werdenden Kanalfahrten. Aus dem umgebenden Hafengelände wurde ein gepflegter Park, in dem ein am ursprünglichen Aufstellungsort belassener Obelisk auf die hohe Wasserbaukunst vergangener Zeiten hinweist.

Der große wirtschaftliche Aufschwung kommt schließlich mit dem Eisenbahnanschluß im Jahre 1851. Nach vielem Hin und Her hatte man sich doch entschlossen, den schwierigen Weg von Paris nach Marseille über Dijon zu wählen, zumal der Kanal (als erhoffter Warenzubringer) bereits schon vorhanden war. Die Anbindung der Stadt selbst war zunächst von der Bevölkerungszahl her weniger interessant, denn diese stagnierte um 1850 bei 22 000. Nachdem aber schließlich im Jahre 1870 auch die Stadtmauern geschleift wurden und somit ein weiteres Wachstumshemmnis entfiel, verdoppelte sich die Bevölkerungszahl schon bis 1876.

Von der Stadtmauer sind nur noch wenige Reste, in Häuserwände und -Fundamente einbezogen, zu erkennen, insbesondere in der Rue Berlier.

Im Jahre 1946 wird die Schwelle zur Großstadt mit 100 700 Einwohnern überschritten, und in den folgenden Jahrzehnten verdoppelte sich die Einwohnerzahl nochmals durch das Hereinströmen ländlicher und städtischer Bevölkerung insbesondere aus dem eigenen Departement Côte-d'Or. Betrug der Anteil Dijons 1851 erst 8% an der Departementsbevölkerung, so liegt er heute bei 50%. Die Agglomeration Dijon beherbergt gegenwärtig über 200 000 Menschen.

Dijon, Rue des Forges, Hôtel Aubriot: 13. Jh., mit Portal der Klassik ▷

Dijon, Alabaster-Pleurants am Grabmal von Jean sans Peur, Musée des Beaux Arts

Sie arbeiten überwiegend in Verwaltung und Handel sowie im Verkehrswesen (Tertiärsektor über 60%), aber durch großangelegte nationale Industrialisierungsprogramme zunehmend auch in der Industrie. Waren die klassischen Industriezweige Dijons seit herzöglichen Zeiten den Gaumenfreuden gewidmet (Senf, Lebkuchen und Cassis-Likör), so erfolgte seit den sechziger Jahren eine Ausweitung vor allem auf Großbetriebe der Elektro- und Elektronikindustrie und der Chemie (Plastikerzeugnisse). Dennoch spielt der Senf nach wie vor eine herausragende Rolle in Dijon. In der Haupteinkaufsstraße, der Rue de la Liberté, hervorragend plaziert, gibt es sogar ein Delikatessengeschäft, das nur Senf und ähnliche Gewürze verkauft. Flauberts (wenn auch leicht ironischer) Ausspruch »Il n'y a de la bonne moutarde que de Dijon« (nur aus Dijon kommt guter Senf!) hat sicher nichts von seiner Gültigkeit verloren!

Die Kathedrale Saint-Bénigne

Obwohl die gotische Kathedrale St.-Bénigne jüngeren Datums ist als die benachbarte romanische Kirche St.-Philibert, gebührt St.-Bénigne doch der erste Platz in der historischen Reihenfolge, denn ihre Kellergewölbe haben es in sich.

In der stimmungsvoll ausgeleuchteten Krypta befindet sich das Grabmal des hl. Benignus, der in Burgund im 3. Jh. als Märtyrer starb. Sein Grab ist jedes Jahr zum 20. November und in der darauffolgenden Woche das Ziel vieler Pilger.

Die Krypta selbst stammt erst aus dem 10. Jh. Sie eröffnet im Osten jedoch den Zugang zu dem ältesten Teil des Kirchenbauensembles, einer Kapelle aus dem 6. Jh., die ursprünglich »Cella« (Grabkammer) eines separaten Marienheiligtums war. Krypta und Kapelle erinnern in ihrer Verborgenheit und Stille nicht nur an jene fernen Zeiten der Christenverfolgung, die den Bau geheimer Versammlungsorte notwendig machten, sie geben auch ein exemplarisches Zeugnis vom häufigen, durch politische und geistige Strömungen beeinflußten Aufbau, Umbau, Abriß und Neubau eines Gotteshauses an ein und demselben Ort.

Der erste Steinbau einer Kirche namens St.-Bénigne unter Einbeziehung des Märtyrergrabes wurde im Jahre 535 durch den Bischof von Langres, zu dessen Bistum Dijon gehörte, in Auftrag gegeben. Eine Marienkapelle wurde ein wenig weiter östlich und separat von St.-Bénigne errichtet.

Gegen Ende des 9. Jh.s hatte dann ein anderer Bischof, Isaac, im Einklang mit Karl dem Kahlen eine gründliche Restaurierung vorgenommen und bei dieser Gelegenheit St.-Bénigne und die Marienkapelle durch ein kreisrundes Oratorium miteinander verbunden.

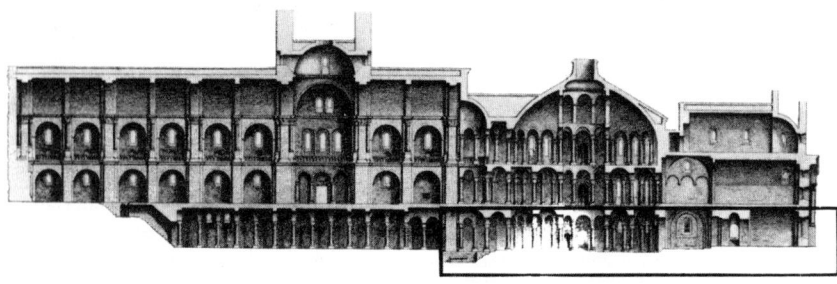

Saint-Bénigne um 1018 – Rekonstruktion

Längsschnitt. Der seit dem 19. Jh. frei-
gelegte und heute zu besichtigende Teil der
Krypta ist umrahmt

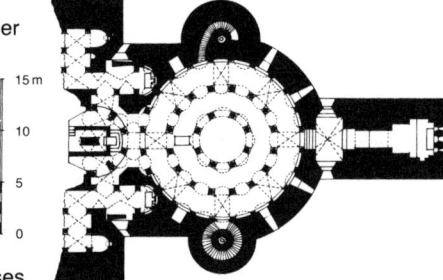

15 m

10

5

0

Rotunde. Grundriß des unteren Geschosses

Ausgehend von diesem Ensemble schuf Wilhelm von Volpiano (Guillaume de Volpiano) nach den strengen Regeln der Cluniazenser, die ihn als Baumeister aus Italien beriefen und um 1000 zum Abt von St.-Bénigne einsetzten, ein gewaltiges Bauwerk im romanischen Baustil. Rekonstruktionen zufolge bestand die frühromanische Abteikirche im Jahre ihrer Fertigstellung (1018) aus einer fünfschiffigen Basilika mit anschließender Rotunde, auf die wiederum nach Osten eine rechteckige Kapelle folgte. Die Basilika wurde durch einen mächtigen Vierungsturm überragt. Ansonsten hatte sich die Dachfirsthöhe aller drei Gebäudeteile auf zweigeschossiger, gleicher Höhe einnivelliert. Der Ostteil der Basilika, Rotunde und Kapelle waren zusätzlich unterkellert.

Die unterirdischen, dritten Geschosse von Rotunde und Kapelle sind in den später folgenden Abriß-, Neubau- und Umbauphasen verschüttet worden und dann in Vergessenheit geraten. Mitte des 19. Jh. wurden sie restauriert. In der Ursprungsform karolingisch, in der endgültigen Ausführung frühromanisch, ist die Krypta mit ihrem doppelten Säulenkranz von besonderem Interesse, zumal einige Säulen verzierte Kapitele besitzen. Die Darstellungen von Pflanzen, Tieren, Dämonen, bärtigen Männern und andere Ornamente sind noch relativ einfach in Form und Technik (Kerbschnitt), sie sind jedoch als Vorläufer der bald zur Hochblüte gelangenden romanischen Kapitellform (Autun) anzusehen.

Im 13. Jh. wurde die inzwischen baufällige und wohl auch nicht mehr dem Zeitgefühl entsprechende Kirche St.-Bénigne abgerissen und nach 1280 im gotischen Stil völlig neu erbaut. Nur das westliche Portal war aus der Romanik übernommen worden und bis zur Revolution Bestandteil des Kirchenbaues. Auch die Rotunde blieb bis zur Revolution erhalten, dann wurde beides zerschlagen. Wieder zusammengefügte Reste des Portals und das sehr schöne Nebentympanon (Abendmahlsszene) fanden im benachbarten Musée Archéologique Platz. Dieses Museum ist im ehemaligen Dormitorium des Klosters St.-Bénigne untergebracht (5, rue Docteur-Maret, Tel.: 80 30 88 54, Öffnungszeiten: 9–12 und 14–18, Juni–August 9.30–18). Im Anschluß daran, um den ehemaligen Klosterinnenhof gruppiert, befinden sich Studentenwohnheime und die alte Mensa der Universität.

Besonders bemerkenswert ist die periodisch abends erleuchtete Säulengalerie über dem Hauptportal von St.-Bénigne und die ornamentale Dacheindeckung aus bunten, glasierten Schindeln. Der 93 m hohe Dachreiter wurde 1896 im gotischen Flamboyant-Stil erneuert. Die ehemalige Abteikirche St.-Bénigne wurde im 19. Jh. in den Rang einer Kathedrale erhoben (vgl. Abschn. Musée Rude/ehemalige Kirche St.-Étienne).

In Richtung Osten, nur ein paar Schritte von St.-Bénigne entfernt, befinden sich zwei weitere Kirchen, St.-Philibert und St.-Jean, in denen allerdings keine Gottesdienste mehr abgehalten werden.

Saint-Philibert

St.-Philibert wurde im 12. Jh. im Zuge des Wiederaufbaus der Stadt (Brand von 1137) im romanischen Stil erbaut. Die schlichte, unverzierte Westfassade wird im unteren Stockwerk durch einen nach drei Seiten geöffneten Hallenvorbau (Narthex) ergänzt, an dem Rundbögen und massive Stützpfeiler das Bild bestimmen. Im 15. Jh. wurde die Kirche umgebaut und dabei der Helm des Glockenturmes mit reich dekorierten Dachgauben, Krabben und Kreuzblume geschmückt und der Turmschaft mit einer Balustrade aus Ornamenten der flammenden Gotik bekrönt. Der Innenraum verbindet geschickt die verschiedenen Stilelemente (Rundwölbungssysteme und Spitzbögen).
Die Kirche St.-Philibert wurde wahrscheinlich von den Novizen des Klosters St.-Bénigne benutzt, und lange Zeit fand hier die Wahl der Bürgermeister von Dijon statt. Nach gründlicher Restaurierung dient sie heute periodisch als Ausstellungsraum und Konzertsaal.

Saint-Jean

Während dem Westportal von St.-Bénigne und St.-Philibert Kirchvorplätze vorgelagert sind, die ineinander übergehen, erreicht man das Westportal von St.-Jean über die schmale Gasse der Rue Danton. Ein größerer Vorplatz fehlt hier, ein kleineres Freigeländе ist nur im Süden vorhanden. Als Ersatz ist die östlich vorbeiführende Straße vorplatzartig verbreitert. Dieser breitere Straßenabschnitt, im Stadtplan von 1696 Rue St.-Jean benannt, wurde später zu Ehren des Dijonnaiser Bossuet, der 1627 in der Kirche St.-Jean getauft wurde, in Place Bossuet umbenannt. Der Prediger, dessen Statue sich zu Füßen der Ostfassade befindet, wurde vor allem durch seine feierlichen Grabreden berühmt, die er für Mitglieder der Königsfamilie zur Zeit Ludwig XIV. verfaßte und mit donnernder Stimme selbst vortrug.
St.-Jean ist ein Bauwerk der flammenden Gotik mit einem schlichten, dreischiffigen Grundriß und einem nach Osten gelegten Querschiff. Über den beiden Querhäusern erheben sich wuchtige, stumpfe Türme, die das Kirchenschiff überragen und im oberen Bereich verziert sind. Die flach gedeckten, stumpfen Türme haben ihren architektonischen Ursprung wohl nicht in Beispielen des französischen Nordens, sondern des Midi. In Burgund ist dieser Baustil sonst nirgends wieder anzutreffen.
Im Inneren von St.-Jean ist trotz der Umgestaltung des Kirchenschiffes zum Theatersaal ein schönes Tonnengewölbe mit Holzdecke erhalten geblieben. Die Kirche ist heute Sitz des »Centre dramatique national de Bourgogne«.
Außer diesen drei Kirchen sind zwei weitere sehenswert, die vielleicht als noch raffinierter und eindrucksvoller in der Ausführung wie auch in der

städtebaulichen Ensemblewirkung gelten dürfen: Notre-Dame und St.-Michel, beide in der Nähe des Herzogspalastes gelegen. Während Notre-Dame als wunderbares Beispiel mittelalterlichen Bürgerstolzes im frühgotischen Baustil errichtet wurde und sich als ruhender Anziehungspunkt am Ende der geschäftigen Rue Musette erhebt, hat die im Flamboyantstil begonnene und in höchster Renaissance zwei Jahrhunderte später vollende Kirche St.-Michel eine noch größere Fernwirkung. Sie beschließt im Osten die vom westlichen Stadttor Porte Guillaume ausgehende spätere Hauptachse der Stadt, die auf dem Plan von 1574 noch nicht angelegt ist. Diese Achse, die heutige Rue de la Liberté, führt zunächst vom Tor zum Herzogspalast mit seinem halbkreisförmigen Vorplatz, dann jedoch vorbei am klassizistischen Theater zu St.-Michel, wo die Stadt zu enden scheint (und tatsächlich bildet St.-Michel den Ostrand der Geschäftsstadt).

Den besten Überblick über Dijon, die Altstadt und Notre-Dame bekommt man vom Turm des Palastes, der jedoch leider nur im Sommer durchgehend geöffnet ist.

Notre-Dame

Vom Turm des Palastes aus hat man zunächst keinen Blick auf die später beschriebene Westfassade von Notre-Dame. Vielmehr beeindrucken das gotische Strebewerk an Langschiff und Chor sowie der hohe Vierungsturm, der an allen vier Ecken von schlanken, runden Treppentürmchen eingefaßt wird. Besonders gut kann man von oben das Familienensemble des Glockenschlägers Jaquemart betrachten, das sich auf dem Flachdach der Westfassade befindet und eine lange, amüsante Entstehungsgeschichte hat.

Im Jahre 1382 brachte Philipp der Kühne Uhr und Glocke, die von einer mit Hammer ausgerüsteten Figur geschlagen wurde, aus dem flandrischen Kortryk (Courtrai) als Zeichen des Sieges über einen niedergeschlagenen Volksaufstand der Flamen mit. Bewußt weithin sichtbar wurden diese Insignien der burgundischen Macht auf der Kirche installiert, und sie entwickelten sich bald zu einer Art Wahrzeichen des herzöglichen Dijon. Der Name Jaquemart wurde von den Dijonnaisern gegen 1500 erfunden. Er enthält das Wort »marteau«, Hammer.

Mitfühlende und in ihren Jaquemart vernarrte Bürger gaben dem armen, einsamen Junggesellen im Jahre 1610 eine Frau, und rund hundert Jahre später bekamen die beiden unter Geburtshilfe des Dichters Piron endlich einen Sohn, Jaquelinet. Er durfte von nun an die kleine Glocke schlagen und wurde schließlich durch eine Schwester namens Jaquelinette unterstützt, die die Familie ab 1881 vervollständigte und seitdem die Viertelstunden verkündet.

Steht man vor, oder besser noch halbwegs unter der Westfassade von Notre-
Dame, so wird man von den bizarren, teils furchterregenden, teils erheitern-
den falschen Wasserspeiern beeindruckt, die sich als Schmuckbänder in drei
Etagen über die gesamte Fassadenbreite ziehen. Diese Bänder der im 19. Jh.
restaurierten »gargouilles« unterteilen und umrahmen die beiden oberen Geschosse, die durch filigranartige, sehr zierliche Säulen verblendet werden. Die
Wasserspeier bilden dabei eine vertikale Linie mit den Säulen. Die eigentliche
Fassade tritt hinter dieser Verzierung zurück, und damit wurde das Ziel
erreicht, die massive Form der fensterlosen Fassade, die sonst vielleicht an ein
karolingisches Westwerk erinnern würde, optisch aufzulösen. Die Westfassade wird nach oben durch zwei niedrige, stumpfe Türme und das später
hinzugefügte Jaquemart-Ensemble abgeschlossen. Unten öffnet sich die Fassade in drei hohen, gotischen Bögen, die Zutritt zu der typisch burgundischen offenen Vorhalle geben.
Über der Vorhalle befindet sich im Inneren der Kirche eine zum Schiff hin
geöffnete Kapelle. Hinter dem Triforium ist ein Laufgang angelegt, der in der
Chorapsis von der Innen- auf die Außenseite wechselt. In diesem architektonischen Merkmal lassen sich Verwandtschaften mit den gotischen Kathedralen des Nordens wie Laon, Soissons und besonders Braine feststellen. In
Anlehnung an jene Bauten wurde bei Restaurierungsarbeiten im 19. Jh. bei
Notre-Dame der Vierungsturm nach oben hin zu einer sogenannten Laterne
geöffnet. Bis dahin wurde die Decke durch ein Kreuzrippengewölbe gebildet;
der ursprüngliche Zustand ist nicht überliefert. Die Fassade von Notre-Dame
und andere Merkmale, die Statik und Konstruktion (Zweischaligkeit des
Wandaufbaus) betreffend, weisen in jedem Fall ein hohes Maß burgundischer
Originalität und Eigenständigkeit auf.
Die Fenster des Nordchores stammen noch aus der Zeit der Erbauung der
Kirche (1230–1251). Zwei Kapellen sind in die Winkel zwischen Querschiff
und Apsis gelegt. In der südlichen Kapelle steht die schwarze Holzstatue
»Notre-Dame de Bon Espoir«, die ins 11. Jh. datiert wird und damit eine der
ältesten Holzstatuen Frankreichs ist. Sie wird seit der bedrohlichen Belagerung Dijons im Jahre 1513 besonders verehrt. Ein zugehöriger ex-voto Gobelin befindet sich heute im Musée des Beaux-Arts. Ein zweiter Gobelin wurde
nach der Beendigung des Zweiten Weltkrieges angefertigt. Er stellt die zwei-
malige Befreiung der Stadt von Belagerungen dar (1513 und 1944) und ist
hinter dem Altar aufgehängt.
Ein Glücksbringer besonderer Art ist die kleine Eule (chouette), die man mit
einigem Geschick außen an der Nordostfassade von Notre-Dame (Rue de la
Chouette) finden kann. Wer seine Hand auf die blankgeriebene kleine Figur
legt und sich gleichzeitig etwas wünscht, der soll gute Chancen auf Erfüllung
seines Wunsches haben!

Saint-Michel

Die Kirche St.-Michel gilt als
beispielhafter Sakralbau der
französischen Renaissance, ist
jedoch in mehreren Etappen
entstanden. Der Baubeginn fällt
noch in die Zeit der späten Gotik (Ende des 15. Jh.s.), während die oktagonalen Kuppel-
türme erst im 17. Jh. vollendet
wurden.

Die attraktive Fassade erscheint
wie aus einem Guß, da sie der gotischen Kirche sozusagen vorge-
baut ist, die gotischen Stilelemente werden erst im Kircheninneren sichtbar.

Die Zweiturmfassade wird
durch drei Portalbögen geöffnet,
deren Archivolten rings herum
mit Kassettenbändern ge-
schmückt sind. Oberhalb der
Bögen, an der Außenfassade,

St.-Michel

sieht man sechs in Medaillons gefaßte Büsten, nämlich der Propheten Daniel, Baruch, Isaac und Ezechiel, sowie David mit der Harfe und Moses
mit den Zehn Geboten.

Das Tympanon des Hauptportals verkörpert das Jüngste Gericht und ist das
Werk eines Flamen, Nicolas de la Cour. Unterhalb des Tympanons auf einer
Konsole des Trumeaus steht eine Replik der während der Revolution zerstörten Statue des heiligen Michael. Bemerkenswert ist insbesondere die Konsole,
da ihre Skulpturen in beispielhafter Weise den in der Renaissance wiederer-
stehenden und hochstilisierten antiken Mythos aufnehmen und mit christlichen Traditionen verknüpfen. Folgende Figuren kommen zur Darstellung:
David, Lukrezia, Leda und der Schwan, Herkules, Apoll, Venus, Judith, das
Urteil des Salomon, Johannes der Täufer, die Christus-Erscheinung der Maria-Magdalena.

Über dem zentralen Portal ließ der Architekt einen kleinen Rundtempel
errichten, der wie ein Miniaturmodell eines anderen Tempels wirkt. Seine
runde Kuppel soll vielleicht die Form der zwei Fassaden-Kuppeltürme wie-
deraufnehmen, so daß der Eindruck einer perfekten Dreigliederung der Fas-

sade entsteht: drei Portalbögen, drei Kuppeln, schließlich Bekrönung des
zentralen Fassadenteils durch drei Obelisken.

Das Innere der Kirche zeigt harmonische gotische Proportionen und einige
Kunstwerke aus dem 18. Jh. Dazu gehören insbesondere Gemälde, die von
dem deutschen Maler Franz Kraus stammen. Die vier Darstellungen verkörpern die Geburt Jesu Christi, die Anbetung der Hirten, die Flucht aus Ägypten und die Anbetung der Heiligen Drei Könige. Der bemerkenswert hohe
Chor ist mit sehenswerten Holzplastiken geschmückt, die ebenfalls aus dem
18. Jh. stammen.

Der Herzogspalast und das Musée des Beaux-Arts

Vom ehemaligen Palast der Burgunderherzöge kann man sich zunächst an der
Nordseite den besten Eindruck verschaffen. Ein kleiner Garten auf der Place
de Ducs lädt hier zum Verweilen ein. Er wird eingerahmt vom historischen
Handwerkerviertel (Rue des Forges, Rue Verrerie) und der schönen gotischen Fassade des Palastes, hinter der sich heute der Gardensaal (Salle des
Gardes) des Musée des Beaux-Arts befindet. Über der Fassade erhebt sich der
46 m hohe Turm Philipps des Guten (Tour Philippe le Bon), der im 15. Jh.
errichtet wurde. Der Turm ist über 316 Stufen zu erklimmen und bietet von
seiner Aussichtsplattform weite Aussicht bis zu den Hängen der Côte-d'Or
im Westen und zu dem Hügelgelände des modernen Universitätscampus im
Osten. Der Zugang zum Turm befindet sich in der Passage von der Place des
Ducs zum großen Vorplatz an der Place de la Libération. (Öffnungszeiten:
von Ostern bis Ende Oktober von 9.30–11.30 und 14.30–17.30, außer Dienstag. Übrige Zeiten des Jahres nur Mittwoch und Sonntag nachmittags geöffnet.)

Der Palast wurde im 17. und 18. Jh. im klassizistischen Stil als königlicher
»Zweitwohnsitz« erweitert, so daß sich durch den Anbau eines westlichen,
zweiten Flügels eine Verdoppelung der Gebäudegröße ergab. Im westlichen
Flügel befindet sich seit 1831 das Rathaus der Stadt. Der halbrunde Vorplatz,
ehemals »Place d'Armes«, heute Place de la Libération, wurde von Jules
Hardouin-Mansart, dem Architekten von Versailles, entworfen und in den
Jahren 1686 bis 1701 erbaut.

Der älteste erhaltene Bauteil des Herzogspalastes befindet sich im Innenhof
des östlichen, ursprünglichen Flügels, dem »Cour de Bar«. Hier ließ Philippe
le Hardi im 14. Jh. einen Wehrturm erbauen, der auch hochadligen aber
unerwünschten Zeitgenossen als Gefängnis diente. Zur Erinnerung an den
hier gefangengehaltenen René d'Anjou, Herzog von Bar und Lothringen,

sowie Graf der Provence, erhielt der Innenhof später die Bezeichnung Cour de Bar. Die an den Turm angelehnte Renaissancetreppe aus dem 17. Jh. hat keine Funktion für den Turm, sondern erschloß die obere Galerie des Nordflügels.

Im Westflügel gibt es einen großen Saal (Salle des Etats), der als Festsaal, häufig aber auch für Ausstellungen, insbesondere zur urbanen Entwicklung der Agglomeration Dijon, genutzt wird. Weitere Säle und Salons, die wegen ihrer reichen Dekoration und des Meublements aus dem 17./18. Jh. sehenswert wären, sind nur nach besonderer Rücksprache zu besichtigen.

Der Ostflügel hat neben den älteren Bauelementen in den Kellergewölben auch noch die kolossalen herzöglichen Küchen aufzuweisen, in denen sechs Kamine der Zubereitung üppiger Festmähler dienten. Der Zutritt erfolgt über das Musée des Beaux-Arts (Place de la Ste.-Chapelle, Tel.: 80 30 31 11, Öffnungszeiten: täglich 9–12.00 und 14–18.00, außer Dienstag. Sonntag und Feiertag nachmittags freier Eintritt).

Die übrigen Räume sind der Ausstellung von Kunstgegenständen, insbesondere aus dem Bereich der Malerei und Bildhauerei, vorbehalten. Die Gemäldegalerie ist nach den Werken einzelner Meister und ihrer Schüler gegliedert. Zu den bedeutendsten zählen die flämischen (Broederlam), deutschen und Schweizer Schulen (Conrad Witz), aber auch den Malern Italiens und Frankreichs ist der gebührende Raum gewidmet.

Es sind jedoch die Werke der Bildhauerkunst, die das Musée des Beaux Arts in Dijon zu einem der meistbesuchten Regionalmuseen Frankreichs machen. Die Palette der ausgestellten Kunstwerke reicht mit den Bildhauern Sluter, Sambin, Rude und Pompon vom Mittelalter bis zur Gegenwart. Von kunstgeschichtlich allergrößter Bedeutung sind vor allem die Sarkophage der Burgunderherzöge, die im Gardensaal des ehemaligen Palastes ausgestellt sind. In diesem unter Philippe le Bon erbauten Festsaal rollte unter anderem eine triumphale Empfangszeremonie für Charles le Téméraire im Jahre 1474 ab.

Heute befinden sich hier die Grabmäler der Herzöge Philippe le Hardi und Jean sans Peur sowie seiner Gemahlin, der Herzogin Margarete von Bayern (Marguerite de Bavière), die bis zur Revolution in der außerhalb der Altstadt gelegenen Chartreuse de Champmol ruhten.

Die Herzöge hatten ihre Grabmäler noch zu Lebzeiten bei bedeutenden Bildhauern in Auftrag gegeben, die sie aber gleichzeitig auch mit anderen Werken beschäftigten, so daß häufig mehrere Bildhauergenerationen an einem einzigen Auftrag arbeiten mußten. So gab Philippe le Hardi seinen Sarkophag im Jahre 1381 bei dem Bildhauer Jean de Marville in Auftrag, der jedoch 1389 verstarb. Sein Mitarbeiter und Nachfolger Claus Sluter übernahm die Arbeit, die wohl überwiegend auch seine eigene Konzeption war und mit der er unter anderem zu einem der bedeutendsten Bildhauer Europas aufstieg.

Der Sarkophag Philipps des Kühnen ist mit einer lebensgroßen liegenden Skulptur des Toten bedeckt, die am Kopfende von zwei Engeln bewacht wird. Die Außenwände sind mit einem Fries von vierzig Trauerfiguren (Pleurants) und über fünfzig Engelsfiguren geschmückt. Die Figuren, deren Gesichter und Faltengewänder einen bisher völlig unbekannten, individuellen und realistischen Ausdruck erhielten, sind kunstvoll von Säulen und Dekorationsformen der flammenden Gotik umgeben, ja teilweise wie hinter Schnitzwerk, halb verborgen. Der um den Sarg herumziehende Trauerzug stellt Gefolgsleute, Priester und vor allem Kartäusermönche dar (Kartause von Champmol).

Pleurants aus Alabaster am Grabmal von Jean sans Peur – Musée des Beaux-Arts

Die Ausführung dieses Entwurfs mußte Jahrzehnte in Anspruch nehmen! So waren bei dem unerwarteten Tod Philipps des Kühnen im Jahre 1404 erst wenige Figuren fertig. Als auch Sluter im Jahre 1406 über der Arbeit verstarb, übernahm sein Neffe Claus de Werve die weitere Durchführung und führte die Arbeit schließlich ohne künstlerischen Bruch im Jahre 1410 zu Ende. Die sensible Art der Darstellung des Trauerzuges in Verbindung mit dem prunkvollen Material, des Sarkophagdeckels in Form von schwarzem Marmor und weißem Alabaster, Gold und prächtigen Farben, haben dieses Kunstwerk zu einem der eindrucksvollsten Relikte aus jener großartigen Zeit der Burgunderherzöge werden lassen.

Das Grabmal von Jean sans Peur und Marguerite de Bavière hat das künstlerische Konzept des ersten Sarkophages übernommen. Es wurde in den Jahren 1443 bis 1470 ausgeführt. Ebenfalls für die Kartause von Champmol bestimmt waren zwei im Gardensaal befindliche Schnitzaltäre, die Philippe de Hardi bei Jacques de Baerze (Skulptur) und Melchior Broederlam (Malerei) in Auftrag gegeben hatte. Sie wurden in den Jahren 1390 bis 1399 angefertigt und stellten damals in Burgund einen bislang unbekannten Kunsttyp dar, der

in seiner Entstehung auf deutschen Traditionen beruht, die nach Flandern
gelangt waren. Auch in den Altartafeln Broederlams finden sich, wie in der Skulptur, neue
Elemente des Realismus, wie etwa im Bemühen um perspektivische Darstellung räumlicher Tiefe. Die Tafeln des Kreuzigungsaltars – links die Verkündigung und die Heimsuchung, rechts die Darbringung im Tempel und die
Flucht nach Ägypten – sind Beispiele hierfür und gelten als Ausgangspunkt
einer niederländisch-burgundischen Tafelmalerei-Tradition, die durch Werke
des Meisters von Flémalle (Dijon) und Roger van der Weyden (Hôtel-Dieu,
(Beaune) fortgesetzt wird.

Die Bürgerbauten und Stadtpalais

Dem Waldreichtum der Umgebung entsprechend, herrschte ursprünglich die
Holzbauweise in Dijon vor; nur so konnte es zu verheerenden Bränden wie
dem von 1137 kommen. Aber auch beim Wiederaufbau wurden Holzbauten
errichtet. Obwohl sie im Stadtbild nicht vorherrschen, haben sich auf diese
Weise z. T. gerade in den Haupteinkaufsstraßen der Altstadt schöne Fachwerkhäuser erhalten, die zu den ältesten Bauten der Stadt zählen. Die zur
Füllung zwischen den Holzständern nötigen Lehme und Tone kamen aus der
Saône-Ebene, wo sich im Osten der Stadt (bei Longchamp) noch heute eine
bedeutende Steingut- und Tonwarenmanufaktur auf Grund der natürlichen
Vorkommen befindet.
Mit der Errichtung von Monumentalbauten, wie der Kirchen und später des
Herzogspalastes, wurde die Steinbauweise eingeführt. Bei den quadratisch
bis rechteckigen Quadern handelt es sich um sehr harte, weißgraue bis gelbe
Kalksteine, die in den Steinbrüchen des nahen Stufenrandes gebrochen wurden. Noch innerhalb der Stadtgrenzen, südlich des Sees, befindet sich z. B.
ein solcher, noch heute aktiver Steinbruch; drei weitere Großbetriebe liegen
ca. 40 km südlich der Stadt um den Ort Comblanchien. Hier wird eine 80 m
mächtige weiß-gelbe Schicht des mittleren Jura, das »Bathonien«, abgebaut.
Der marmorartige Kalkstein von Comblanchien wird an Ort und Stelle in
dünne, regelmäßige Platten zersägt und geschliffen. Die ca. 40 × 80 cm großen Platten sind in Dijon außerhalb der Altstadt eine beliebte Verkleidung
der öffentlichen Gebäude.
Die Dächer der Altstadt sind teilweise mit grau-schwarz glänzenden Schieferplatten versehen, die aus dem Morvan kommen, andere Dächer sind mit
rotbraunen Tonschindeln gedeckt. Einige Häuser der reichen Parlamentarier
und andere Prunkbauten wiederum haben buntglasierte Ziegeldächer von

großer Leuchtkraft mit kunstvoll verschlungener, aber geradliniger Ornamentik. Man sieht sie beispielsweise in der Rue de la Chouette (»Hôtel de Vogüé«), in der Rue des Forges (ehemals Folkloremuseum »Perrin de Puycousin«) oder am Place François Rude (Bankgebäude).
Die Fachwerkhäuser wenden ihre Giebel in Eck-Positionen (so am Place F. Rude und am Place des Ducs) der wichtigeren Seite, also dem Platz zu.
Zwei Typen von Fachwerkhäusern lassen sich unterscheiden:

- Das einfach vorkragende Fachwerkhaus
  Beide Stockwerke sowie das 2stöckige Dachgeschoß kragen in einer Front über das Parterre hinaus. Die Stützbalken betonen die Senkrechte. Diagonale, sich nicht kreuzende Balken laufen in den Wohngeschossen parallel zum Dachfirst (z. B. am Place F. Rude).
- Das zweifach vorkragende Fachwerkhaus
  Das erste Stockwerk kragt über das Parterre hinaus. Das zweite Stockwerk sowie das einstöckige Dachgeschoß kragen in einer Front erneut vor. Die Balken bilden im 1. Stock Diagonalkreuze im Gefache und heben so das Hauptwohngeschoß hervor. Im Dachgeschoß wird nur die Senkrechte betont. Bei dem Beispiel am Place de Ducs beginnt der eigentliche Fachwerkbau erst über den Steinarkaden des Parterre.

Bei beiden Haustypen sind die Kopfbänder bzw. Knaggen nicht oder nur wenig verziert. Die Holzbalken gehen in der Fassade nicht bis ins Parterre durch, das durchweg als Laden genutzt wird. Viele sehr schöne Fachwerkbauten, die später verputzt wurden, sind in jüngster Zeit wieder freigelegt worden, z. B. in der Rue de la Verrerie!
Aus der gotischen Bauepoche sind außer den Fachwerkhäusern auch viele reichverzierte Steinbauten erhalten, die z. T. nur über Passagen mit der Straße verbunden sind, so z. B. das »Hôtel Chambellan« an der Rue des Forges (Nr. 34), das heute den Fremdenverkehrsverein beherbergt. Steinerne Treppenbrüstungen, reich dekorierte Tür- und Fensterrahmen geben hier Zeugnis von der Spätgotik und dem Ideenreichtum einer wohlhabenden Tuchhändlerfamilie, die Ende des 15. Jh.s auch den Bürgermeister von Dijon stellte. Eine Wendeltreppe endet oben mit der Statue eines Winzers, aus dessen Kiepe die Gewölberippen entsteigen.
Aus der frühen Renaissancezeit stammen die vielen Eckhäuser mit Runderkern (»échauguettes«), welche im 1. Stock den Blick in mehrerere Straßenzüge vermitteln, z. B. am »Hôtel de Berbis« (Ecke Place des Ducs/Rue de la Verrerie) und am Justizpalast, der einen ganzen Häuserblock einnimmt und entsprechend viele Erker besitzt. Die Ornamentik hält sich noch in Grenzen und ist nicht sehr stark reliefiert.

In der Hoch- und Spätrenaissance werden die Verzierungen wesentlich reicher und plastisch hervortretender. Gemeißelte Ornamente, Vasen, Girlanden, Frauen- und Löwenköpfe schmücken Fensterrahmen, Simse und Toreingänge.

Ein Beispiel dieser besonders üppigen Hochrenaissance-Ornamentik bietet das Haus Nr. 38 in der Rue des Forges (»Hôtel Maillard«, Bürgermeister um 1560).

Viele großzügige Parlamentarier- und Kaufmannsvillen entstammen der späten Renaissancezeit. Sie sind meist in einer zur Straße hin offenen U-Form angelegt, so daß zwei gleiche Flügel durch eine hohe Mauer mit eisenbeschlagenem Holzportal miteinander verbunden sind. Aufgänge befinden sich oft im Innenhof und sind als Freitreppe oder loggienartig überdacht gestaltet.

Im Baustil des »Hôtel Vogüé« (Rue de la Chouette 8, Parlamentarier-Villa, erbaut 1614, das linke Portal 1717) finden sich barocke Elemente. Der in der Renaissancezeit aufwendige, auf Komfort und Repräsentation ausgerichtete Baustil bleibt auch in der Barockepoche (im Französischen als »période classique« bezeichnet) erhalten, nur daß sich die Ornamentik entsprechend dem Zeitgeschmack verändert. Die Dreiecksgiebel über den Fenstern werden vielfach durch gerundete Segmentgiebel abgelöst, oder man verwendet, wie hier, beide Formen nebeneinander. Die Treppen werden breiter und vorzugsweise mit quadratischem bzw. rechteckigem Grundriß angelegt. Das »Hôtel Lantin« (Rue des Bons Enfants 4, erbaut 1650–60 für einen Rat am Rechnungshof, heute Sitz des Musée Magnin) bietet ein schönes Beispiel der Barockepoche, die in Dijon jedoch, wie auch die folgenden Bauepochen, weniger vollendet ist als Gotik und Renaissance. Jedoch sind 20% aller Altstadtbauten zur Zeit des Barock errichtet, aus der Zeit vor 1540 stammen nur 4%.

Die Rokoko-Epoche ist ausgeprägt im »Hôtel Bouhier de Lantenay« (Rue de la Préfecture 47, erbaut 1758, für einen Brigadier der Königlichen Armee, nach der Revolution Präfektur) vertreten.

Für den Klassizismus steht das »Hôtel Dampierre« (auch »Hôtel Antoine Esmorsin«, Marquis de Dampierre und Parlamentarier, erbaut um 1780, Rue de la Préfecture 40). In der durch aktive Bautätigkeit ausgezeichneten klassizistischen Epoche sind es mehr die Staatsbauten, die diesen Baustil repräsentieren, als die unauffälligeren, relativ schmucklosen Wohnbauten. Mit 40% aller Altstadtbauten stellt die klassizistische Epoche den stärksten Anteil an allen Bauperioden.

Museen in der Altstadt

Neben den schon genannten bedeutenden beiden Museen für Kunst und
Archäologie gibt es noch eine Reihe weiterer spezialisierter kleinerer Museen,
die größtenteils auch in historisch interessanten Gebäuden untergebracht
sind. Man kann eine Sammelkarte für den Eintritt aller Museen Dijons erwerben, die sich bei dem Besuch von mehr als einem Museum schon rentiert.
Dienstags sind alle Museen geschlossen.

– Musée Magnin (Barock-»Hôtel Lantin«): 4, rue des Bons-Enfants, bester
  Zugang von der Place de la Libération, Tel.: 80 67 11 10
  Öffnungszeiten: 9.00–12.00 und 14.00–18.00.
  Original-Meublement und Gemäldesammlung in 25 Ausstellungsräumen.
– Musée d'Art Sacré (Kapelle Ste.-Anne, barocker Rundbau, 1699–1708,
  ehemals zum Nonnenkloster des Zisterzienserordens »Bernardines« gehö-
  rig): 15, rue Sainte-Anne, Tel.: 80 30 06 44
  Öffnungszeiten: 9.00–12.00 und 14.00–18.00 (außer an Feiertagen). Neu-
  eröffnetes Museum für die sakrale Kunst, insbesondere aus Kirchen der
  Côte-d'Or, und überregionale Stücke (Monstranzen, Reliquien, Tuche)
  aus dem 12.–19. Jh.
– Musée de la Vie Bourguignonne (vormals Musée Perrin de Puycousin, im
  ehemaligen Kloster der Bernardines, s. o.): 17, rue Sainte-Anne, Tel.:
  80 30 65 91
  Öffnungszeiten: wie die übrigen Museen, zunächst jedoch wechselnde
  Ausstellungen, d. h. zeitweise geschlossen. Ein noch im Aufbau bzw. Ausbau befindliches Museum der Handwerkskunst, des burgundischen Intér-
  ieurs und der Mode.
– Musée Rude (im Querschiff der ehemaligen Kirche Saint-Etienne, heute
  Handelskammer. Die Kirche wurde im 11. Jh. erbaut, im 15. Jh. unter
  Umbaumaßnahmen zum Augustinerkloster, im Jahre 1731 mit der Schaf-
  fung des Bistums Dijon zur Kathedrale ernannt. Fassade aus den Jahren
  1718 bis 1720 von Martin de Noinville. Mit der Revolution 1794 wurde
  St.-Bénigne zur Kathedrale erhoben, St.-Etienne zur Getreidescheune de-
  gradiert. Schließlich Chambre de Commerce et d'Industrie in restauriertem
  und verändertem Kirchenschiff seit 1896): Place du Théâtre, Eingang Rue
  Vaillant.
  Öffnungszeiten: werktags wie Chambre de Commerce.
  Das Museum beherbergt die Abgüsse aller Werke (moulages) des 1784 in
  Dijon geborenen Bildhauers François Rude, die sich nicht in der Stadt
  selbst befinden (z. B. die »Marseillaise« vom Pariser Triumphbogen).

Sehenswürdigkeiten außerhalb der Altstadt

Puits de Moïse (Mosesbrunnen) in der ehemaligen Chartreuse de Champmol

Der Mosesbrunnen mit den berühmten Propheten-Statuen des Bildhauers Claus Sluter (vgl. Abschn. Herzogspalast) befindet sich auf dem Gelände der heutigen psychiatrischen Anstalt »Centre psychothérapique de la Chartreuse«, Boulevard Chanoine Kir. Es gibt keine Führungen, der Eintritt wird jedoch von der Conciergerie auf Anfrage in der Zeit von 8.00–18.00 gestattet. Sehenswerte Überreste der herzoglichen Kapelle und der überdachte Mosesbrunnen befinden sich in Eingangsnähe des Anstaltsgeländes.

Die Kartause von Champmol wurde im Jahre 1383 von Philippe le Hardi (1364–1404) als prunkvolle Grabstätte der herzoglichen Familie nicht weit von der Stadt entfernt angelegt. Bis dahin fanden die Herzöge in dem ca. 25 km entfernten Cîteaux ihre letzte Ruhestätte.

Von einem ausgedehnten Ensemble von Klosterbauten und herzoglicher Begräbniskapelle verblieben nach der Zerstörung der Anlage im Jahre 1793 nur wenige Reste an Ort und Stelle, während die kunsthistorisch wertvollen Gräber zweier Herzöge sowie zwei Altäre aus der Kapelle nach Restaurierung im Musée des Beaux-Arts (s. dort) aufgestellt werden konnten.

Das Kirchenportal zeigt 5 Statuen, die von Sluter in den Jahren 1389 bis 1394 ausgeführt wurden. In der Mitte am Trumeau-Pfeiler Maria mit dem Kinde, links und rechts die kniend dargestellten Ehepartner Herzog Philippe und Herzogin Marguerite von Flandern mit ihren jeweiligen Schutzpatronen Johannes dem Täufer und der heiligen Katharina. Auch bei den beiden Schutzheiligen ist die Andeutung einer Verbeugung vor der Mutter Gottes zu erkennen. Diese Art der Darstellung in Verbindung mit realistischen Gesichtszügen, plastisch gedrehten Faltenwürfen und seitlicher Profil-Plazierung der Figuren stellt eine meisterliche Neuerung in der Bildhauerkunst dar. Bis dahin pflegte man die Figuren in eine Ebene frontal vor das Eingangsportal zu stellen.

Wohl noch eindrucksvoller und realistischer ist Sluter die figürliche Darstellung der Propheten am Mosesbrunnen gelungen. Dieses Ensemble war ursprünglich überhaupt nicht als »Brunnen« entworfen worden. Vielmehr war es als Bestandteil eines großen Kalvarienberges für den Kreuzgang der Kartause bestimmt, der gleichzeitig Begräbnisstätte der Mönche war. Ein hohes Kreuz von ca. 4 Metern erhob sich über dem erhaltenen Sockel, der später in den Brunnen des Klosters eingelassen wurde. Der Kalvarienberg mit Figuren von Maria, Johannes und Maria Magdalena, sowie das Kreuz selbst sollen schon im 16. Jh. zusammengebrochen sein. Der Sockel wurde erst anschließend mit dem erhaltenen Pavillon überdacht, um ihn den Witterungseinflüssen zu entziehen.

Der Sockel stellt die sechs Propheten David, Jeremias, Moses, Daniel, Jesaia und Zacharias dar. Über ihren Häuptern schweben sechs Engel mit ausgebreiteten Flügeln, die den sich nach oben verbreiternden Sockelabschluß bilden. Sie stammen wohl von Claus de Werve, dem Neffen Sluters.

Neben dem vollendet realistischen Ausdruck der trauernden Propheten und Engel in Haltung und Mimik ist der Mosesbrunnen vor allem durch seine damals völlig ungewöhnliche Farbgebung ein innovatives Meisterwerk geworden. Die Polychromierung wurde vermutlich im Jahre 1405 nach Vollendung der bildhauerischen Leistung durch den Hofmaler des Herzogs, Jean Malouel, vorgenommen und inzwischen restauriert.

Parks und Naherholungsgebiete

– Jardin Botanique: 1, Av. Albert-Premier
  Tel.: 80 43 46 39
  Öffnungszeiten: März bis September 6.45–19.00, Oktober bis Februar 7.45–17.15
  Der 18 000 qm große Botanische Garten, wegen seiner ursprünglichen Funktion als Schießübungsgelände (zunächst mit Pfeil und Bogen) auch Jardin de l'Arquebuse genannt (Compagnie de l'Arquebuse, gegr. 1522), beherbergt 3500 regionale und überregionale Pflanzenarten (z. B. den roten Fingerhut des Morvan, »La Digitale Purpre du Morvan«). Besondere wissenschaftliche Forschungen auf dem Gebiet der Gräser und Getreide.

  Der Botanische Garten ist verbunden mit dem

– Musée d'Histoire Naturelle: Adresse s. o.
  Tel.: 80 41 61 08
  Öffnungszeiten: 14.00–17.00 (außer Dienstag)
  Naturkundemuseum mit wechselnden Ausstellungen, Schwerpunkt Vor- und Frühgeschichte der Tierwelt (Glyptodon, Ichthyosaurus), regionale Geologie und Mineralogie, Insektensammlung, Vivarium. Öffnungszeiten des Vivariums wie Museum, jedoch nur vom 15. März bis zum 15. November.

– Parc de la Colombière: Cours du Parc.
  Barockanlage aus der Zeit um 1630–1650 (vgl. Abschn. Die Entwicklung der Stadt) nach den Plänen de Maerles. Sportstadien und öffentliches Schwimmbad in der Nachbarschaft.

Dijon, Mosesbrunnen, Chartreuse de Champmol ▷

– Parc Naturel des Carrières Bacquin: Rue des Marmuzots (in Bahnhofs-
nähe). Eine unkonventionelle, hübsche Parkanlage in einem ehemaligen
Steinbruch.

– Parc de la Fontaine aux Fées: Ortsteil Talant, Neuanlage unterhalb der
Kirche. In der Nähe der Kirche Orientierungstafel und hervorragender
Blick über Dijon, den Stausee Lac Kir und den modernen Stadtteil Fon-
taine d'Ouche (Z. U. P. du Lac).

– Lac Kir: N 5, Richtung Plombières und Paris.
Der künstliche See entstand in den sechziger Jahren dieses Jh.s durch den
Stau der Ouche, die auch den parallel zum See verlaufenden Canal de
Bourgogne speist. Der See hat eine Fläche von ca. 40 ha und besitzt aus-
schließlich Erholungsfunktion (Wassersport, Tennisplätze, Minigolf, Re-
staurant am Westufer). Benannt wurde er nach dem Chanoine (Kanonikus)
Kir, der bis zum Jahre 1968 Bürgermeister von Dijon war. Unterhalb des
Stausees (östlich) befindet sich am Ufer der Ouche der Campingplatz der
Stadt Dijon.

Durch diese genannten und weitere Parkanlagen innerhalb der Stadtgrenzen
hat Dijon innerhalb Frankreichs den Ruf einer »Ville Verte« erhalten und
schon mehrere städtebauliche Wettbewerbe gewonnen.

In diesem Zusammenhang ist auch das architektonisch interessante kleine
Neubauviertel »Le Petit Cîteaux« erwähnenswert (Rue du Petit Cîteaux,
Ecke Rue du Transvaal, relativ schwierig zu finden, Innenhofbebauung). Es
zeichnet sich gegenüber dem Neubauviertel am Stausee (25 000 Ew) durch
Intimität und Originalität in der Fassaden- und Platzgestaltung aus (gemisch-
ter Anteil von Wohnungen des Privatsektors und der öffentlichen Hand,
insges. ca. 250 Wohnungen).

◁ *Schloß La Rochepot, im Süden der Côte de Beaune*

Umgebung von Dijon

Côte de Dijon mit Combe und Zeugenberg

Parc de la Combe à la Serpent

Dieser mehr oder weniger naturbelassene Park mit einer Fläche von rd.
100 ha und ca. 5 km Wanderwegen beginnt am Westrand des Stadtteils Fontaine d'Ouche südlich des Stausees (Rue de la Combe Serpent). Er ist insofern
bemerkenswert, als die »Combes« einen besonderen Landschaftstyp der
Côte-d'Or darstellen. Es handelt sich um relativ steilwandige Täler mit flachen, trockenen Talböden, in denen während der niederschlagsreicheren vergangenen Kaltzeiten (Eiszeiten) einmal größere Wassermassen geflossen sind.
Diese auch in der Geologie (s. dort) als »Combes« bezeichneten Trockentäler
im Kalkgestein führen ziemlich steil und sich verengend aus der Saône-Ebene
auf die Höhenzüge der Côte-d'Or hinauf.

Mont Afrique

Ca. 12 km in Richtung Corcelles-les-Monts über die D 108. Ein Rundweg
auf dem bewaldeten Mont Afrique (ca. 1 Std.) gibt einige schöne Blicke über
Dijon, die Saône-Ebene und später das westliche Hügelland frei. Die 600 m
hohe kreisförmige Erhebung stellt einen sogenannten Zeugenberg dar, also
einen ehemaligen Vorsprung der Côte-d'Or (Schichtstufe des Pariser Bekkens), der sich durch Erosion von der nach Westen »zurückweichenden«
Kalkstufe losgelöst hat.
In einigen Mulden zu Füßen des Mont Afriques kann man die für die Hügel-
und Gebirgsregionen Burgunds typische Sozialbrache, »Les Friches« studieren. Je nach Höhe und Dichte der Gras-, Busch- und Waldvegetation lassen
sich Aussagen zum Zeitpunkt der Aufgabe des ehemals gepflügten Ackerlandes machen. Auch gegenwärtig entstehen noch neue Friches durch die Aufgabe gepflügten oder mit Sonderkulturen bepflanzten Landes.

Côte de Nuits – Hautes-Côte de Nuits

Eine Kombination der genannten Landschaftstypen ergibt sich aus der Route
Dijon – Marsannay-la-Côte (Route des Grands Crus) – Fixin – Gevrey-
Chambertin – Vougeot (Clos de Vougeot) (vgl. dazu Kap. Wein), dann:
Combe Ambin (D 122 H. Richtung Curley) – L'Etang-Vergy – Meuilly –
Arcenant und zurück in die Ebene (ca. 35 km).

Vom ersten Teil der Fahrtstrecke durch die blühende und gepflegte Weinbaulandschaft der Côte geht es ab Vougeot über die Combe Ambin auf die
Hochflächen der Hautes-Côtes de Nuits, die sich durch Polykulturen und
häufigen Wechsel in der Auswahl von Sonderkulturen (über Wein zur Johan-
nisbeer-, später Himbeerkultur) den Marktverhältnissen anzupassen suchten.
Aber seit der Reblauskrise und der fortschreitenden wirtschaftlichen Anziehungskraft Dijons sowie dem dadurch bedingten Arbeitskräftemangel haben
sie es nie mehr so recht geschafft. Die Hänge der Gemeinde Arcenant geben
in ihrem wechselnden Muster von Sozialbrache aller Altersstufen und neuen
Rodungsinseln ein beredtes Zeugnis dieser Pendelbewegung zwischen Resi-
gnation und Neubeginn.

Beaune

Beaune, Verwaltungssitz des gleichnamigen Arrondissements im Dep. Côte-
d'Or liegt ca. 35 km südwestlich von Dijon und ca. 17 km nördlich von
Chalon-sur-Saône entfernt. Die rd. 20 000 Einwohner zählende Stadt befindet sich am Fuß der Côte-d'Or in einer Meereshöhe von ca. 218 m. Im Osten
von Beaune erstreckt sich die weite Ebene des Saônebeckens.

Die Entwicklung der Stadt

Gegründet wurde die Siedlung als gallisches Heiligtum im 1. Jh. v. Chr. in
der Nähe der Quellen der Aigue und der Bouzaise.
Der Name der heutigen Winzerstadt geht auf den keltischen Lichtgott »Bele-
nes« zurück. Während der römischen Besatzungszeit wurde dieser zu »Bele-
nus« latinisiert. Die Siedlung nannte sich fortan Belena oder Belno-Castrum,
woraus dann im Mittelalter die Grafschaft Beaunois wurde.
Beaune, nach dem Untergang des Römischen Reiches zunächst eine Zeitlang
von Mâcon abhängig, gelangte mit Beginn des 10. Jh.s in den Besitz der
burgundischen Herzöge. Diese wählten bis ins 14. Jh., dem Zeitpunkt ihrer
Übersiedlung nach Dijon, Beaune zu ihrer Residenzstadt. Unter den Burgunderherzögen erlebte Beaune eine bedeutende Blüte. Der Ort wurde zum
Zentrum der Land-, das heißt vor allem der Weinwirtschaft. Die zahlreichen
Klöster und die im Stil von Cluny erbaute Kollegiatskirche Notre-Dame
zeugten vom Reichtum der Stadt.
1203 wurde der Residenz von Herzog Eudes III. in einer Charta die Garantie
auf Freiheit und Recht zugesprochen. Die Originalurkunde befindet sich

heute im Stadtarchiv von Beaune. Nach dem Tode von Charles le Téméraire, dem letzten burgundischen Herzog, im Jahre 1477, verteidigte Beaune hartnäckig seine Unabhängigkeit gegen den Expansionswillen des französischen Königs. Nach fünfwöchiger Belagerung durch die Truppen von Louis XI. fiel die Stadt dennoch an die französische Krone.

Während der Religionskriege war Beaune eine bedeutende Festung der katholischen Liga. Nachdem der Gouverneur der Stadt, Herzog von Biron, als Widersacher dem König endgültig unterlegen war, schloß sich Beaune dem toleranten König Henri IV. an. Die Stadtmauern wurden geschleift und die verbleibenden Gewölbe zu Weinkellern umfunktioniert. Aber erst Mitte des 20. Jh.s wurde Beaune zum internationalen Zentrum des Weinhandels.

Zum Lokalkolorit – Alexis Piron und seine »Voyage à Beaune«

Zwischen Beaune und Dijon gibt es noch heute Rivalitäten, die bis ins 14. Jh., das heißt zu dem Zeitpunkt der Verlegung der herzöglichen Residenz nach Dijon zurückreichen. Aus dem 18. Jh. läßt sich eine nette Anekdote bezüglich dieser schon an Animosität grenzenden Rivalität zwischen den Bewohnern Dijons und den Beaunois, wie man die Einwohner des Winzerstädtchens nennt, erzählen.

Alexis Piron (1689–1773), Dichter aus Dijon, der zeitweise sogar mit seinem berühmten Zeitgenossen Voltaire auf eine Stufe gestellt wurde, heute jedoch im Gegensatz zu letzterem seine Berühmtheit fast vollständig eingebüßt hat, fühlte sich aufgrund eines verlorenen Wettkampfes zwischen Hakenschützen aus Dijon und Beaune dazu veranlaßt, eine Racheode gegen die Beaunois zu verfassen.

In seiner Ode »Voyage à Beaune«, zu deutsch »Reise nach Beaune« verglich er die Beaunois mit Eseln. Anlaß zu diesem kompromittierenden Vergleich war unter anderem die Ungeschicklichkeit der Gebrüder Lasnes (ein Name, der sich auf das französische Wort »l'âne« = Esel reimt), zweier Kaufleute aus Beaune, die eben jenes Grautier in ihr Firmenschild aufgenommen hatten. Piron ging nun in seiner Ode soweit, zu behaupten, daß man die Beaunois (sprich Esel) allein dadurch aushungern könnte, daß man die Disteln an allen Wegrändern der Umgebung ausrottete.

Dieses Spottgedicht brachte Piron ein Aufenthaltsverbot für Beaune ein, das er jedoch nicht beachtete und sich kühnerweise eines Sonntags zur Messe in Beaune einfand. Nicht pure Gläubigkeit, weit gefehlt, sondern erneute Spottlust führten ihn hierher.

Er erdreistete sich, zu behaupten, daß sich für jene, die den Gottesdienst nur besuchten, um schöne Frauen zu beäugen, der Kirchgang nicht lohne, da es hier nur Weiber gäbe, die selbst den wenig schönen Jean sans Peur erschreckt hätten. Die Beaunois erkannten Piron in dem Lästerer, der sein weiteres Leben wahrscheinlich nur dem Umstand verdankte, daß ein Mitleidiger Erbarmen zeigte und ihn vor der erbosten Menge versteckte. Ein Wohngebäude für Studenten (Pavillon Piron) auf dem Universitätscampus von Dijon ist nach dem scharfzüngigen Dichter benannt.

So ungeschickt und dumm wie Piron die Beaunois auch immer dargestellt haben mag, so schlimm kann es nicht gewesen sein, denn wie hätte sich sonst gerade Beaune zum bedeutendsten Weinhandelszentrum Burgunds entwickelt? Nun, die Weinversteigerungen der »Hospices de Beaune« haben natürlich das ihre dazu beigetragen. Die »Hospices« besitzen über 50 ha der besten Weinlagen Burgunds zwischen Meursault und Aloxe-Corton. Die Erträge fließen schon seit Jahrhunderten in Unterhalt und Modernisierung von »Hôtel-Dieu« und »Hospice de la Charité«. Der Rebflächenbesitz wächst durch Schenkungen auch heute noch weiter, und Beaunes Ruhm als Mekka der Weinliebhaber wächst mit.

Hôtel-Dieu

Das Hôtel-Dieu befindet sich, wie auch die übrigen Sehenswürdigkeiten von Beaune, innerhalb des Befestigungsringes aus dem 14. Jh. Das weltberühmte Hospiz ist am besten zu Fuß zu erreichen, indem man das Auto am Ringboulevard (Nähe Bd. St.-Jacques) parkt; nur in der Nebensaison kann man versuchen, bis zum Parkplatz am Place Carnot vorzudringen.

Das Hospiz und Armenstift wurde im Jahre 1443 von Nicolas Rolin und seiner Gattin Guigone de Salins gegründet. Die christliche Stiftung, die zum Vorbild für eine Reihe weiterer Hospize wurde, verkörpert wie kaum ein anderer erhaltener Bau aus der Epoche der großen Burgunderherzöge die Prunkentfaltung des Hofes. Rolin war einflußreicher und geschickter Kanzler unter Jean sans Peur und Philippe le Bon, ein Umstand der entscheidend zu seinem persönlichen Reichtum beigetragen haben dürfte.

Am 1. Januar 1452 nahm das Hôtel-Dieu seinen ersten »Armen und Siechen« auf und begann seine Aufgabe, die es fortan über fünfhundert Jahre fast ohne Unterbrechung erfüllen sollte. An Ordensschwestern übertragen, diente es bis 1948 der Krankenpflege. Heute ist das Hauptgebäude den Touristen vorbehalten. In Nebengebäuden befinden sich noch ein Altersheim und der berühmte Weinkeller. Die Krankenhausfunktion hat ein an anderer Stelle errichteter, moderner Neubau übernommen.

Das Hospiz konnte seinen ursprünglichen Charakter so vollständig bewah-

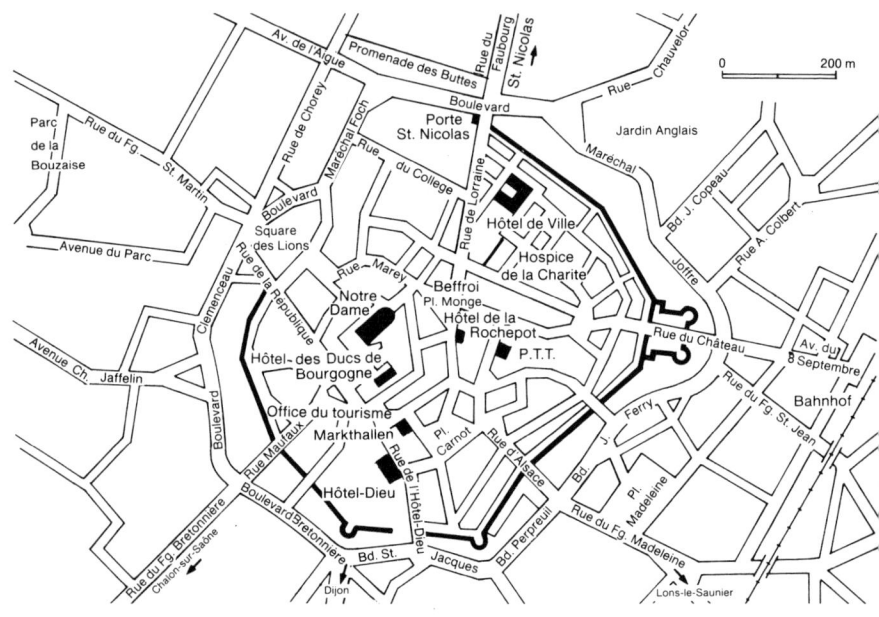

Beaune

ren, daß man sich bei seinem Anblick fast ins ausgehende Mittelalter zurück-
versetzt glauben könnte. Der ausgedehnte Bau ist bewundernswert intakt
und gepflegt, ein Zustand, den zu erhalten man intensiv bemüht ist. Ohne
Führung ist der Zutritt in das Hôtel-Dieu nicht gestattet.
Von der Straße aus betrachtet, präsentiert sich das Hôtel-Dieu als gewaltiger,
strenger Bau: ein mit Schiefer gedecktes Dach, auf das ein spitzer, ca. 30 m
hoher Turm (flèche) aufgesetzt ist. Fialenbekrönte Lukarnen, Zinnen und
zierliches Spitzwerk lassen den typisch burgundisch-flämischen Luxus dieses
Gebäudes ahnen.

Cour d'honneur

Betritt man das Innere des Hospizes, so erblickt man einen malerischen Innenhof. Die umlaufende, von schlanken Säulen getragene Galerie ist in Fachwerk errichtet, zum Teil durch mansardenartige Spitzdächer mit zierlichen Bleiaufsätzen überhöht. Doch beherrscht wird die Anlage von dem herrlichen Dach mit seinen Lukarnen und Gauben, das mit seiner ornamentalen Eindeckung aus glasierten roten, schwarzen und grünen Ziegeln auf gelbem Grund zu einem Symbol für ganz Burgund geworden ist. Diese Art der Dachverzierung genoß im 15. Jh. große Beliebtheit im gesamten Herzogtum, das sich damals bis nach Flandern und Holland erstreckte. Insgesamt gesehen erscheint dieser Innenhof eher einem Schloß als einem Armenhaus zugehörig. Ein Eindruck, der bereits im 15. Jh. nicht anders empfunden wude: »Plutost logis de prince qu'hospital de pauvres« (eher fürstliche Residenz als Krankenhaus der Armen).

Bemerkenswert ist auch der alte Ziehbrunnen mit seinem zierlichen Schmiedeeisenwerk inmitten des Hofes. Die Pforten in der Hauswand weisen, typisch für die burgundische Gotik, einen schwach geschweiften Spitzbogen, den sogenannten »arc en arcolade« auf.

Grande Salle oder Chambre des pauvres

Dieser enorme Saal von insgesamt 52 m Länge beherbergte ehemals vermutlich 56 Patienten in 28 Betten, also je zwei in einem Bett. Die gotisch geschnitzten Himmelbetten stehen in zwei Reihen an den Wänden der weiten Halle, jedes in einem mit rotem Vorhang verschließbaren Alkoven. Die Betten waren so ausgerichtet, daß die Blicke der Armen und Kranken unweigerlich nach vorn auf ein mehrteiliges Altargemälde in der angrenzenden Kapelle fallen mußten. Dieses nach einigem Gelehrtenstreit Rogier van der Weyden zugeschriebene Werk ist heute im Museum des Hôtel-Dieu zu bewundern. Neben medizinischer Fürsorge wurde großer Wert auf Seelsorge, Einkehr und Erbauung der Kranken im Hôtel-Dieu gelegt.

Alles in diesem Saal, mit Ausnahme der kostbaren Wandbehänge, die einst den Krankenlagern als Vorhang dienten und heute ebenfalls im Museum aufbewahrt werden, ist genauso erhalten oder restauriert, wie es sich den Patienten vor rund fünfhundert Jahren präsentierte.

Hebt man den Blick, so bietet sich einem eine gewölbte Kastanienholzdecke, zu der bunt bemalte und in Drachenmäulern endende Balken quer über den Saal verlaufen. Die prachtvolle Wölbung des Gebälks, die in kräftigem Rot, Blau, Grün und Weiß ausgemalt ist, trägt neben zahlreichen Wappen Burgunds auch jene der Stifter und der Isabella von Portugal.

In der Kapelle, die durch ein Gitter vom Krankensaal abgetrennt ist, findet sich, wie auch an zahlreichen anderen Stellen des Hospizes, das Wort »Seulle« in goldenen Buchstaben auf rotem Grund, meist mit einem daneben gemalten goldenen Stern oder einer Turteltaube, als Symbol der Liebe. Gewidmet ist dieses Motiv Guigone, der über alles verehrten Gemahlin des Nicolas Rolin, welcher mit diesem Motto aller Welt zeigen wollte, daß sie allein, »Seulle«, in seinem Herzen wohne. In allen Sälen des Hôtel-Dieu, an den Decken und Wänden, am Boden und über den Fenstern findet man das Motiv wieder.

Noch zwei weitere Insignien sollen die innige Verbundenheit der Eheleute Rolin-de Salins bekunden. Zum einen erblickt der Besucher überall die Wappen der beiden Familien, den Schlüssel der Rolin und den Turm der de Salins, zum anderen begegnet man in allen Räumen verschlungenen »N«s und »G«s als Zeichen der Liebe zwischen Nicolaus und Guigone.

Waren all diese Formeln das Symbol unerfüllter Träume, nur Wahrung des Scheins, Zeichen der Sühne oder der echten, ewigen Liebe? Wir wissen es nicht. Ganz jung war Nicolas Rolin bei Errichtung des Stiftes jedenfalls nicht mehr, er zählte 67 Lenze und starb im Jahre 1461 im hohen Alter von 85 Jahren.

Salle St.-François

In diesem Saal, in den man lediglich einen Blick durchs Fenster werfen kann, findet sich eine sehenswerte Sammlung der Trachten, wie sie von den Schwestern des Hospizes bis 1961 getragen wurden.

Küche

Bemerkenswert ist auch die Küche des Hôtel-Dieu mit einem immensen Kamin, wuchtigem Bratspieß und zahlreichen kupfernen Pfannen und Geräten. Im 17. Jh. schenkte ein großzügiger Stifter dem Hospiz einen Mechanismus, der den Spieß automatisch dreht. Dieser wird kurioserweise »Messire Bertrand« genannt und trägt das Monogramm Christi.

Apotheke

Die im 17. und 18. Jh. »modernisierte« Apotheke zählt zu den hübschesten Räumen des Hôtel-Dieu. Töpfe aus Steingut und Zinn, bronzene Mörser, altertümliche Flaschen und Krüge sind in formschönen Regalen aufgereiht.

Museum

Im rechten Seitenflügel betritt der Besucher über den Saal des hl. Ludwig
(Salle St.-Louis), der mit schönen Tapisserien aus dem 16. und 17. Jh. dekoriert ist, das sogenannte Museum. In einem Nebenraum, der zur besseren
Erhaltung des Kunstwerkes nur schwaches Kunstlicht aufweist, ist das berühmte Triptychon von Roger van der Weyden ausgestellt.
Das von Rolin 1443 in Auftrag gegebene Altarbild befand sich ursprünglich
in der Kapelle des Krankensaales und stellt das »Jüngste Gericht« dar. Die
Anzahl der Unwürdigen, die rechts im Bild in der Hölle schmoren müssen,
ist deutlich größer als die der Auserwählten links im Bild. Eine ferngesteu-
erte, große Lupe, die vor dem Gemälde installiert ist, läßt auch feinste Details
des Kunstwerkes gut zur Geltung kommen.
In dem figurenreichen Triptychon dominieren zwar der Erzengel Michael, in
der Hand die Waage der Gerechtigkeit, und die Mutter Maria. Insgesamt
wimmelt es jedoch von vielen verschiedenen Gestalten, die alle ihre eigene
Geschichte haben. Das Bild sollte unterhalten und erbauen, gleichzeitig jedoch auch die Kranken zur Einkehr und zur Buße mahnen.
Allzu prüde Geister hatten zu Beginn des 19. Jh.s die zahlreichen Nackten
des Bildes von dem Maler Bertrand Chivaux bekleiden lassen. Eine in den
Jahren 1877/78 sehr sorgfältig ausgeführte Restauration hat indessen den
ursprünglichen Zustand wiederherstellen können.
Das »Polyptyque du Jugement dernier« des Rogier van der Weyden gehört
zu den meistgedeuteten und -diskutierten Gemälden seiner Epoche. Sucht
man in ihm nach Bezügen und Vorbildern aus seiner Entstehungszeit, so
findet man vermutlich in der Gestalt des Königs den Herzog von Burgund,
Philippe le Bon. Rolin ist als kahlköpfiger Greis abgebildet, und Guigone mit
ihrer Tochter Philipote ist hinter einer Gruppe von betenden Aposteln plaziert.
Noch einen weiteren Schatz birgt das Hospiz: seine großen Bildteppiche aus
Flandern, die in Truhen aus dem 15. Jh. lagern und nur am Donnerstag nach
Fronleichnam im Innenhof des Hôtel-Dieu zu Ehren einer großen Prozession ausgehängt werden. Ein besonderes Schauspiel, dem beizuwohnen überaus empfehlenswert ist.
Berühmter noch ist die Versteigerung der Spitzenweine aus den eigenen Lagen der »Hospices de Beaune«. Sie findet alljährlich am dritten Sonntag im
November im Rahmmen des dreitägigen Winzerfestes »Les Trois Glorieuses«
statt (vgl. Veranstaltungskalender). Die auf dem Marktplatz vor dem Hôtel-
Dieu von internationalen Weinhändlern abgegebenen Gebote sind ein weltweit publizierter Indikator für die Preisentwicklung der Burgunderweine im
kommenden Jahr. Die Weinkeller der Stadt und auch des Hôtel-Dieu sind an

diesem Tag nicht nur den Weinhändlern, sondern auch den Normalsterblichen geöffnet.

Die französische Spezialität »Son et Lumière« hat ebenfalls in Beaune Einzug gehalten. In der Sommersaison wird allabendlich im Hôtel-Dieu nacheinander eine französische, deutsche und englische Version des Schauspiels gegeben, in dem Nicolas Rolin seiner Gattin und dem Herzog von Burgund im Jahre 1443 erläutert, warum er das Hospiz stiften will. Handwerker und Winzer in zeitgemäßen Kostümen beleben die Szene.

Führungen finden im Hôtel-Dieu während des ganzen Jahres statt: 1. April–30. November 9.00–11.30 und 14.00–18.00. 1. Dezember–31. März 9.00–11.00 und 14.00–17.00 (an Sonn- und Feiertagen – 18.00). Die Führung dauert 45 Minuten (Tel.: 80 22 14 14).

Verläßt der Besucher das Hôtel-Dieu, dessen Schätze (zum Beispiel die Weinkeller) ihm teilweise oder ganz verborgen geblieben sind, so entdeckt er auf der einen Straßenseite die Reste eines alten Dominikanerklosters, auf der anderen eine ehemalige Klosterkirche. Beide Institutionen sind heute mehr den weltlichen Genüssen zugewandt und laden, wie zahlreiche Kellereien in Beaune, zur Weinprobe und zum Weinkauf ein. Genauere Auskünfte über die Kellereien, die für den Publikumsverkehr geöffnet sind, erhält man auch im Office du Tourisme, das dem Hôtel-Dieu genau gegenüber liegt (Gebäude der Markthallen).

Notre-Dame

Von der Rue de l'Hôtel-Dieu gelangt man linkerhand über Place Fleury und Rue de la République zur Kollegiatskirche Notre-Dame. Der Bau der Kirche ist eindeutig von Cluny beeinflußt. Notre-Dame wurde 1120 gegründet und

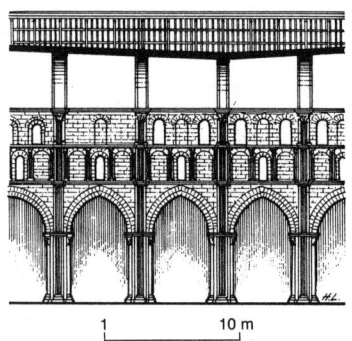

1   10 m

Kollegiatskirche Notre-Dame,
Wandaufriß im Kirchenschiff

erfuhr im Laufe der Jahrhunderte zahlreiche Veränderungen, so daß man heute gelegentlich von einem gotisch-romanischen Zwitterbau spricht. Aus der Gründungszeit stammt der romanische Chor mit Apsiden. Dem nach cluniazensischen Regeln erbauten Chor wurde im 14. Jh. ein hochgotisches Chevet aufgesetzt. Der Umgangschor besitzt drei Radialkapellen. Der Wandaufbau des Kirchenschiffes ist ebenfalls typisch cluniazensisch. Der Unterbau wird durch spitze Arkaden bestimmt, die von Pfeilern mit kreuzförmigem Grundriß und aufliegenden kannelierten

Pilastern eingefaßt werden. Es folgen darüber Triforiums- und Obergadenzone, in denen jeweils Blendnischen und Fensteröffnungen abwechseln, in
der Triforiumszone im Verhältnis 2 : 1, im Obergaden 1 : 2. Das Deckenge-
wölbe ist in Form einer gebrochenen Tonne konstruiert.
Doch die heute in den Rang einer Basilika erhobene Kirche weist nicht nur
Stilelemente der Romanik und Gotik (Querhaus mit Fenstern im Flamboyant-Stil) auf, sondern besitzt auch mit der Chapelle Bouton (rechtes Seitenschiff) einen bemerkenswerten Renaissance-Anbau. Das laternenbekrönte
Dach des romanischen Vierungsturmes wiederum trägt barocke Züge.
Im Chor hinter dem Hauptaltar hängt ein sehr schönes Ensemble von Tapisserien zum Leben der Jungfrau Maria (»Vie de la Vierge«). Sie wurden nach
Vorlagen von Pierre Spicre hergestellt, der im Auftrag von Rolin gearbeitet
hatte, jedoch erst im 16. Jh. vollendet.
Eine romanische Tür im rechten Seitenschiff führt zum Ostflügel des ehemaligen Klosters, einem Kreuzgang aus dem 13. Jh. An ihn schließt sich der
restaurierte Kapitelsaal an.
Die Kirche ist täglich 9.00–12.00 (außer zur Zeit der Gottesdienste) und
14.00–18.00 zu besichtigen.

Musée du Vin de Bourgogne

Nicht weit von der Kollegiatskirche entfernt, in der Rue d'Enfer, befindet
sich das »Hôtel des Ducs«, das nach dem Anschluß Burgunds an Frankreich zum »Logis du Roi« erklärt wurde. Das Stadtpalais stammt aus dem
14., 15. und 16. Jh. und umschließt einen Innenhof, dessen Fassaden sehenswertes Fachwerk aufweisen, welches in gewisser Weise an das Hôtel-
Dieu erinnert.
Heute befinden sich in den Räumen des Hôtel des Ducs die Sammlungen des
burgundischen Weinmuseums, in dem es vielerlei Winzergerät, Tapisserien
und Gemälde zu bestaunen gibt. Die Geschichte des burgundischen Weinbaus vom Altertum bis in die Anfänge des 20. Jh.s wird im Erdgeschoß
anschaulich geschildert. Der Besucher kann sich hier frei bewegen und die
instruktiven Übersichten studieren. Der Rundgang sollte im Gärkeller des
14. Jh.s beginnen, wo es unter anderem eindrucksvolle Weinpressen anzusehen gibt, und im Saal des französischen Weines vor den Wandteppichen von
Jean Lurçat und Michel Tourlière im 1. Stockwerk enden.
Der Weinbau wird hier als eine sehr alte Kunst vorgestellt, die in Burgund
möglicherweise seit dem 6. Jh. vor Christi betrieben wird. Das Museum gibt
sich jedoch nicht mit Indizien zufrieden, sondern stützt sich auch auf Dokumente aus verschiedenen Gemeinden Burgunds. Daß diese Quellen den
Weinbau nicht vor dem 6 Jh. nach Christi beurkunden, sagt aber eigentlich

nur, daß seit jener Zeit eine genauere Buchhaltung erfolgt ist (vgl. Kap. Wein).
Öffnungszeiten: Das Weinmuseum ist mit Ausnahme des 25. Dezember und des 1. Januar ganzjährig geöffnet. Mai–September 10.00–12.30 und 14.00–18.15, Oktober–April 9.00–12.00 und 14.00–17.45. Führungen finden zu jeder vollen Stunde statt und dauern ca. 40 Min. Tel.: 80 22 08 19.

Weitere Sehenswürdigkeiten

Nach dem Hôtel-Dieu, der Collégiale Notre-Dame und dem Herzogspalast kann noch ein allgemeiner Rundgang durch die pittoreske Altstadt von Beaune empfohlen werden. Überaus sehenswert sind die malerisch bewachsenen, teilweise geschleiften und überbauten, teilweise auch für Reklame genutzten alten Stadtmauern. Nach Absprache mit dem Office du Tourisme (21200 Beaune, Tel.: 80 22 24 51) ist es möglich, die Befestigungsanlagen und den Beffroi aus dem 13. Jh. mit Führung zu besichtigen.
Beaune besitzt zahlreiche hübsche Stadthäuser aus dem 16. und 17. Jh., die vor allem um den Place Monge und in der Rue de Lorraine, der elegantesten Straße der Stadt liegen (hier besonders Nr. 42, 45, 50, 51).

Hôtel de la Rochepot

Das Hôtel de la Rochepot (Place Monge) besitzt, obwohl erst im 16. Jh. errichtet, eine schöne gotische Fassade. Die Gestaltung der Innenhöfe hingegen wird dem Stil ihrer Entstehungszeit gerecht. Sie weisen den Einfluß italienischer Renaissance auf. Der Name stammt erst aus dem 18. Jh. als die Hausbesitzer auch gleichzeitig Herren von Rochepot waren.

Hospice de la Charité

Auch dieses Hospiz wurde von Nicolas Rolin gegründet. In der Kirche sind besonders die schmiedeeisernen Gitter des Chors zu beachten, ferner ein kupfernes Grabmal, das unter anderem das Bildnis des Gründers trägt.
Das Empfangszimmer enthält wunderschöne Wandteppiche und das Refektorium Gemälde, Statuen und sehenswerte Täfelungen. In einem kleinen Museum ist darüber hinaus eine Sammlung von Zinngegenständen ausgestellt. Ein prächtiges Meßgewand aus dem Jahre 1742 findet sich in der Sakristei. Das Hospice de la Charité ist täglich 15.00–17.00 zu besichtigen.

Hôtel de Ville – Musée des Beaux-Arts und Musée Marey

Das Hôtel de Ville befindet sich in den ehemaligen Gebäuden eines Ursulinenklosters aus dem 17. Jh. Ein Teil des Gebäudes wird auch heute noch als Rathaus genutzt. Den größten Part teilen sich jedoch die beiden Museen: Musée des Beaux-Arts und Musée Marey.

Ersteres stellt neben gallo-romanischen Funden aus der Umgebung und interessanten Malereien und Dokumenten der Stadt vor allem Bilder des Beauner Impressionisten Ziem (1821–1911) aus.

Das Musée Marey ist dem ebenfalls aus Beaune stammenden Arzt Dr. Etienne-Jules Marey (1830–1904) gewidmet.

Marey erfand die Chronophotographie und gilt als bedeutender Pionier des Lichtspieltheaters (Kinos).

Beide Museen sind täglich, außer Dienstag, geöffnet. Mai–September 10.00–12.15 und 14.15–18.30. April, Oktober und November 9.00–12.00 und 14.00–17.30. Tel.: Auskunft über die Mairie 80 22 20 80.

Porte Saint-Nicolas

Die sogenannte Porte Saint-Nicolas wurde in Form eines Triumphbogens an der Stelle eines alten Stadttores (Porte du Bourg-Neuf) errichtet. Sie geht auf das Jahr 1762 und die Initiative des Bürgermeisters Maufoux zurück.

Kirche Saint-Nicolas

Auch die Kirche St.-Nicolas an der Rue du Faubourg verdient es, besichtigt zu werden. Gegründet wurde diese Kirche des »Quartiers des Vignerons« im 13. Jh. Sie besitzt einen romanischen Turm, der von einem schönen steinernen »flèche« erhöht wird. Die aus dem 15. Jh. stammende, mit Steinmetzarbeiten verzierte, Vorhalle birgt ein aus dem 12. Jh. stammendes romanisches Portal. Das Tympanon zeigt den Namensgeber der Kirche, den heiligen Nicolaus, wie er drei Mädchen rettet, die vom Vater als Dirnen verkauft werden sollten.

Umgebung von Beaune

Vorgeschlagen wird folgender Rund-Parcours:
Hautes-Côtes de Beaune und Schloß La Rochepot – Nolay – Santenay – Côte de Beaune.
Zur Fahrt nach La Rochepot verläßt man Beaune am besten über die N 74 und zweigt dann bei Pommard auf die D 973 ab, um auf dem Rückweg über die »Grand Cru«-Lagen von Montrachet zu fahren. Falls man nicht zurückkehrt, wäre der Kurs über Pommard, Monthelie, Meursault, Puligny-Montrachet nach La Rochepot empfehlenswert.

Hautes-Côtes de Beaune – Wüstung Dracy

Wer auf dem Hin- und Rückweg nicht zweimal durch die Côte de Beaune fahren möchte, kann auf dem Hinweg nach La Rochepot auch den lohnenswerten Umweg über die Hautes-Côte de Beaune wählen. Man verläßt Beaune dann auf der D 970, bis man nach ca. 4 km das Monument »De la Libération« erreicht (Orientierungstafel). Der Blick über Beaune und die Ebene lohnt sich!
Man biegt dann in Bouze-lès-Beaune über sehr kleine Départementsstraßen (D 23) zunächst nach Mandelot mit seinem hübschen Schloß aus dem 17. Jh. ab, erreicht Meloisey mit seiner Kirche aus dem 15. Jh. und erreicht über GR 7 und D 17I (auf das I mit Punkt achten) die Ortschaften Orches und Evelles. Bei Evelles kann man bei Interesse noch einen Abstecher zur Wüstung Dracy machen, einer Ortschaft, die im 15. Jh. verlassen wurde und vor ein paar Jahren von einem französisch-polnischen Archäologenteam gründlich untersucht wurde. Die Überreste liegen sehr einsam über einen rechterhand ansteigenden Feldweg nach ca. 10 Min. unterhalb einer Felskante. Über Baubigny erreicht man dann La Rochepot.

La Rochepot

Das idyllische Dorf liegt in die Weinberge der Côte eingebettet und wird von einem vieltürmigen Schloß überragt, welches auf einem hohen Hügel steht und weithin sichtbar ist. Seine buntglasierten, ornamentalen Ziegeldächer (»Toiture à Tuiles vernissées«) erinnern an das Hôtel-Dieu in Beaune.
Schloß Rochepot erhebt sich an der Stelle einer Burg aus dem 12. Jh. Sein Name ist zurückzuführen auf die Herren von Pot, die auf dem Felsvorsprung unter Régnier de Pot (Kämmerer von Philippe le Hardi) im 15. Jh. einen Neubau anlegten. Der berühmteste Sproß der Familie ist Philippe Pot, der hier geboren wurde (1428–1494) und als Seneschall von Burgund, Botschafter

in England und Ratgeber von Charles le Téméraire in die Geschichte einging. Im 17. Jh. wurde das Schloß auf Befehl Richelieus entfestigt, die Wehranlagen jedoch später restauriert und das ganze Schloß unter den Händen der neuen Besitzer de la Berchère umgebaut. Während der Revolution wurde die Anlage gebrandschatzt, als Steinbruch verkauft und teilweise abgerissen. Der Bau, der sich heute dem Besucher präsentiert, enthält wie man sich denken kann, wenig historische Relikte. Er geht vielmehr auf einen gelungenen Rekonstruktionsversuch aus dem 19. Jh. zurück, den Sadi Carnot, der Sohn des französischen Präsidenten, zusammen mit einem Schweizer Architekten unternommen hat.

Über eine Zugbrücke, die den tiefen Schloßgraben überspannt, und durch einen Wehrturm gelangt man in den Innenhof, der der Gesamtanlage des Schlosses entsprechend einen unregelmäßig-polygonalen Zuschnitt hat. Besonders bemerkenswert ist der schöne Brunnen mit seiner reichverzierten schmiedeeisernen Zugkonstruktion. Der mittelalterliche Bohrschacht mußte wegen der ungünstigen Wasserverhältnisse auf der Kalkklippe sehr tief getrieben werden und soll ein Vermögen gekostet haben.

Die Schloßbesichtigung bietet ferner den Gardesaal mit eindrucksvollem Kamin und verzierten Balkendecken, das Zimmer des Schloßhauptmanns, Küche und Speisesaal mit schönem Mobiliar, Kapelle, Turmbesteigung und Wehrrundgang.

Öffnungszeiten: März–31. Mai 10.00–11.30 (jeweils letzte Führung) und 14.00–17.30, 1. Juni–15. September 9.00–11.30 und 14.30–18.30, 15. September–1. November 10.00–11.30 und 14.00–16.30, Di. geschlossen (Tel.: 80 21 71 37).

Im Dorf La Rochepot (ca. 270 Einwohner) ist die romanische Prioratskirche aus dem 12. Jh. erwähnenswert. Sie wurde von Benediktinern aus Flavigny erbaut, besitzt schöne Kapitelle und ein Tryptichon des Dijonnaiser Malers Quentin aus dem 16. Jh.

Nolay – Bout du Monde

Der nahegelegene Marktort Nolay (ca. 1600 Einwohner) besitzt eine sehr schöne offene Markthalle aus dem 14. Jh. sowie eine Kirche aus dem 15./ 17. Jh. Von Nolay aus könnte man wiederum noch einen Abstecher zu dem ca. 5 km entfernten Naturwunder »Bout du Monde« machen, einem Talkessel (Vallon de la Tournée), der abrupt an einer U-förmigen Felswand endet. Linkerhand entspringt kurz vor Talende eine Karstquelle, und über die Steilwand im Talschluß stürzt ein kleiner Wasserfall (Cascade de Vauchignon).

Santenay

Südlich von Nolay befindet sich Santenay (ca. 1000 Einwohner), Winzerort und Thermalbad zugleich. Santenay hat »Premier Cru«-Lagen, ein Casino, ein Schloß und in der Kirche St.-Jean das Relief »Vierge ferassant le Dragon« aufzuweisen, ein Meisterwerk burgundischer Barockskulptur.

Côte de Beaune: St.-Aubin – Montrachet – Pommard

Auf dem Rückweg nach Beaune ist die Route durch die fünf »Grand Cru«-Lagen von Chassagne-Montrachet und Puligny-Montrachet zu empfehlen. Man benutzt zunächst die N 6 in Richtung Süden und kann hinter St.-Aubin noch einen Blick auf Gamay werfen, den Winzerort, der einer der bekanntesten Rebsorten Burgunds seinen Namen gab. Hinter Gamay biegt man dann von der N 6 über die D 113 A. nach Puligny-Montrachet ab. Gleich hinter der Abzweigung durchquert man dann die einzigen Grand Cru-Lagen in der südlichen Côte de Beaune.

Im Grenzbereich der beiden Gemeinden Chassagne-Montrachet und Puligny-Montrachet (jeweils im Namenszug geschmückt mit ihrer berühmtesten großen Weinlage) ziehen sich nun linkerhand die Parzellen »Les Montrachet« und »Chevalier-Montrachet« den Hang hinauf, rechterhand liegen »Les Criots«, »Batard-Montrachet« und »Les Biens-Venues«.

Der Ort Meursault bietet neben den immensen Kellereien des Château de Meursault ein Rathaus und eine Kirche, sehenswerte Gebäude, die allesamt zu besichtigen sind.

Weiter geht es durch eine ununterbrochene ca. 6 km lange Kette von Weinbergen mit Premier Cru-Lagen von Meursault über Volnay und Pommard, dessen Roter für Eingeweihte als Synonym für »Burgunder« schlechthin steht, zurück nach Beaune. »Et puis on va prendre un petit Pommard« (. . . und dann werden wir einen kleinen Roten trinken)!

Archéodrome

Der historisch Interessierte sollte auf keinen Fall versäumen, das 1978 eröffnete Archéodrome ca. 6 km südlich von Beaune aufzusuchen. Zu erreichen ist das Freilicht-Museum von Beaune aus am besten über die D 18, direction Chalon-s.-Saône, dann weiter über die D 23 in Richtung Merceuil oder über die Autobahn A 6 Richtung Lyon, kurz hinter der Auffahrt befindet sich der Rastplatz »Aire de Beaune-Tailly-Merceuil« mit Zugang zum Archéodrome. Das Archéodrome bietet einen ausgezeichneten Überblick über die burgundische Vor- und Frühgeschichte. Der große Ausstellungssaal präsentiert Gipsfiguren verschiedener Objekte, ferner Modelle und Photographien, die

Beaune, Hôtel-Dieu, 15. Jh., Cour d'honneur ▷

das Leben in prähistorischer Zeit veranschaulichen sollen. Im Patio ist eine gallische Tracht zu bewundern. Dem Besucher werden unter anderem steinzeitliche Hütten, ein antikes Hügelgrab und eine fast hundert Meter lange Rekonstruktion einer Befestigungsmauer, wie sie von Julius Cäsar vor Alésia errichtet worden war, dargeboten. Die gallo-romanische Epoche ist durch ein kleines Sanktuarium, eine Nekropole, eine Töpferwerkstatt, dem Modell einer römischen Villa sowie einer verkleinerten Anlage eines »Epéron Barré« (Abriegelung einer natürlichen Spornlage) – möglicherweise schon keltischen Ursprungs – hervorragend illustriert.

Das Archéodrome versteht sich nicht nur als Museum, sondern auch als Forschungsstätte der experimentellen Archäologie. Die Ergebnisse werden seit 1985 auch publiziert (Association pour la Promotion de l'Archéologie de Bourgogne). Im Sommer werden verschiedene Kurse mit überwiegend praktischer Ausrichtung für jedermann angeboten.

Öffnungszeiten: 1. Mai–30. September 10.00–20.00, 1. Oktober–30. April 10.00–18.00, Aire Tailly-Mercueil Autoroute du Sud, 21190 Meursault, Tel.: 80 21 48 25.

Chalon-sur-Saône

Die Entwicklung der Stadt

Die Saône-Ebene war schon immer beliebter Durchgangs-, aber auch Siedlungsraum. Funde aus der älteren, insbesondere aber aus der jüngeren Steinzeit belegen dies auch für die Gegend um Chalon-sur-Saône (Fundstätten in Chalon »Quartier des Aubépins« und »St.-Cosme«, in der nahen Umgebung besonders in Ouroux-sur-Saône, vgl. Kap. Archäologie). Die Ursprünge einer kleinen Hafenanlage gehen möglicherweise schon auf diese Zeit zurück. In der frühen Eisenzeit verlor die Siedlung wegen Klimaschwankungen, die häufig zu Überschwemmungen führten, an Bedeutung. In der La-Tène-Zeit hingegen war das keltische »Cabilonnum« schon Handelshafen der Häduer, deren Hauptstadt Bibracte sich ca. 40 km weiter westlich befand. Zur Bedeutung des Namens, den später die Römer übernahmen, gibt es viele Interpretationen. Eine besonders erstaunliche scheint mir die Herleitung vom hebräischen »Shalom« zu sein. Auch an Versuchen, das lateinische »caballus« (Pferd) ins Spiel zu bringen, fehlt es nicht. Aber die Herkunft wird wohl ein Rätsel bleiben, möglicherweise ist sie sogar schon vorkeltisch. Eine hundertprozentige Grundrißkontinuität der Siedlungen besteht nicht.

◁ *Beaune, Altarbild »Das Jüngste Gericht«, Ausschnitt; Museum im Hôtel-Dieu*

Während sich die keltische Siedlung etwas flußabwärts auf der Höhe von St.-Cosme befand, verlegten die Römer ihr Castrum Cabilonnum ein paar hundert Meter flußaufwärts, beließen jedoch den Hafen am alten Siedlungsplatz. Dort wurden im Fluß viele Merkurfiguren (Gott des Handels und der Reisenden, auch wohl mitunter der Diebe) und Abbilder der Souconna, Göttin der Saône, gefunden.

Das römische Cabilonnum wurde auf einer Flußterrasse angelegt, die die überschwemmungsgefährdete Talaue um 3–6 m überragte (was nicht verhinderte, daß die Keller Chalons noch in jüngster Vergangenheit im Frühjahr und bei sonstigem Hochwasser häufiger unter Wasser standen). Der Flußquerschnitt war hier verengt, ein Umstand, der den Übergang über die Saône bei normalen Wasserständen erleichterte, aber die periodische Hochwassergefahr eher vergrößerte. Um die Fluten besser zu verteilen und vom Stadtzentrum und der später ebenfalls besiedelten Insel St.-Laurent sowie der Ostufersiedlung Echevannes abzulenken, wurde im 19. Jh. bei Echevannes ein Landdurchstich vorgenommen, der eine zweite Insel und einen weiteren Saône-Nebenarm schuf.

Die römische Etappenstation an der Via Agrippina beherbergte in der Blütezeit etwa 4000 Einwohner und bildete den Kreuzungspunkt von Ost-West- und Nord-Süd-Verbindungen erster Ordnung. Der Grundriß Cabilonnums hatte die Form eines gerundeten Kegels, dessen geradlinige Basis parallel zum Saône-Ufer lag. Das innen rechtwinklig, außen gerundet angelegte Straßennetz ist noch gut zu erkennen. Die Längsachse der Stadtanlage wurde durch die Fernverbindung und den Flußübergang bestimmt. So durchquerte man auf der Reise von Autun nach Besançon die Stadt auf der Längsachse, der heutigen Grande Rue/Rue du Pont (Fußgängerzone). (Zu dieser römischen Längsachse, dem »Cardo«, gehörte die darauf senkrecht stehende Hauptquerachse, der »Decumanus«, im Verlauf der Rue du Chatelet/Rue St.-Vincent.)

Nachdem Chalon in der Zeit von 255 bis 276 mehrfach von »Barbaren-Invasionen« überrannt wurde, verschanzte sich die gallo-romanische Bevölkerung hinter einer hohen Schutzmauer, die bis zum 15. Jh. wohl erneuert, aber räumlich nicht verändert wurde. Von dieser »Haute Enceinte« sind einige Mauerreste (Rue Edgar Quinet) und drei Fragmente von ehemals 15 Befestigungstürmen erhalten geblieben, nämlich der Tour de l'Evêché (ebenfalls Rue Edgar Quinet/Rue de la Motte), Tour de Marcilly (Rue de la Tremouille/Rue du Collège) und Tour de Saudon (Innenhof an der Rue de l'Oratoire Nr. 15; In diesem Haus wurde 1765 der Erfinder der Fotografie, Nicéphore Niepce, geboren).

Nach dem Zusammenbruch des römischen Reiches entwickelte sich Chalon zum Hauptsitz der Merowinger. Die Burgunderkönige Gontran (561–593) und Thierry II. (595–613) errichteten ihren Herrschersitz auf der Anhöhe des heutigen Place du Châtelet. Ihr von hier aus verwaltetes Reich umfaßte 63 Diözesen, das entsprach etwa zwei Dritteln Galliens.

Trotz der Befestigung wurde Chalon auch im Mittelalter mehrfach zerstört: im 8. Jh. von den Sarazenen, 834 von Lothar, um 888 von den Normannen, 937 von den Hunnen. Dadurch verlor das entkräftete Chalon erheblich an Bedeutung.

Nach dem Erlöschen der Merowinger-Linie wurde Chalon von den Karolingern und den Capetingern verwaltet, die das Land in viele Grafschaften aufgeteilt hatten. Schon zu Zeiten der Karolinger wurden die Grafentitel erblich (ab etwa 880), so daß sie ihr Land eigenmächtig abtreten konnten, und zu gleicher Zeit übte die Kirche einen zunehmenden Einfluß aus, der durch Landschenkungen und -übertragungen noch beständig weiterwuchs.

In Chalon, wie auch in anderen Städten, kam es soweit, daß die Grafen einen Teil der Stadt vollkommen an die Bischöfe abtraten und die Stadt zweigeteilt war (Auswirkungen auf Abgaben, Rechtsprechung etc.). Der Ostteil, in dem sich noch heute Reste des einstigen Bischofssitzes befinden, war bischöflich, der Westteil der Stadt gräflich, später herzöglich; denn die Rechte der Grafen von Chalon fielen durch ein Tauschgeschäft im Jahre 1237 an die Burgunderherzöge.

Herzog Hugues IV. verlieh Chalon die Rechte einer eigenständigen Stadt (Charte de franchises Communales) im Jahre 1256. Chalon war wieder ein bedeutender Marktort, seine Handelsmesse (Pelze, Tuche) erreichten im 13. und 14 Jh. internationale Bedeutung.

Ab Mitte des 14. Jh.s wurden die Vororte in die Befestigung einbezogen, die ursprünglich grabenlosen Anlagen durch Palisaden und Gräben vestärkt. Nach 1447 kam es zur Erweiterung der Stadtmauer, die nach den Erfordernissen neuer Kriegstechnik verändert, aus regelmäßigen Steinquadern und niedriger als die alte, errichtet wurde (Basse Enceinte). Auch diese Basse Enceinte wurde noch mehrfach verändert.

Die Ansicht des Graveurs Rancurellus zeigt Chalon im Jahre 1573 aus der Vogelperspektive, sie erschien erstmalig bei Belleforest in seiner »Cosmographie Universelle« in Paris 1575. Die Befestigungsanlage stammt aus den Renaissance-Jahren 1545–1555. Sie wurde unter Henri II. in Auftrag gegeben und in italienischer Manier von Girolamo Bellarmato ausgeführt.

Die mit künstlichen und natürlichen Wasserläufen, mit Mauer und Bastionen bewehrte neue Anlage umfaßte das gallo-romanische Cabilonnum, dessen Grundriß und ehemalige Umwallung noch gut erkennbar sind, sowie die »echte« Saône-Insel Saint-Laurent und eine »unechte« Insel (17) mit dem Faubourg Sainte-Marie.

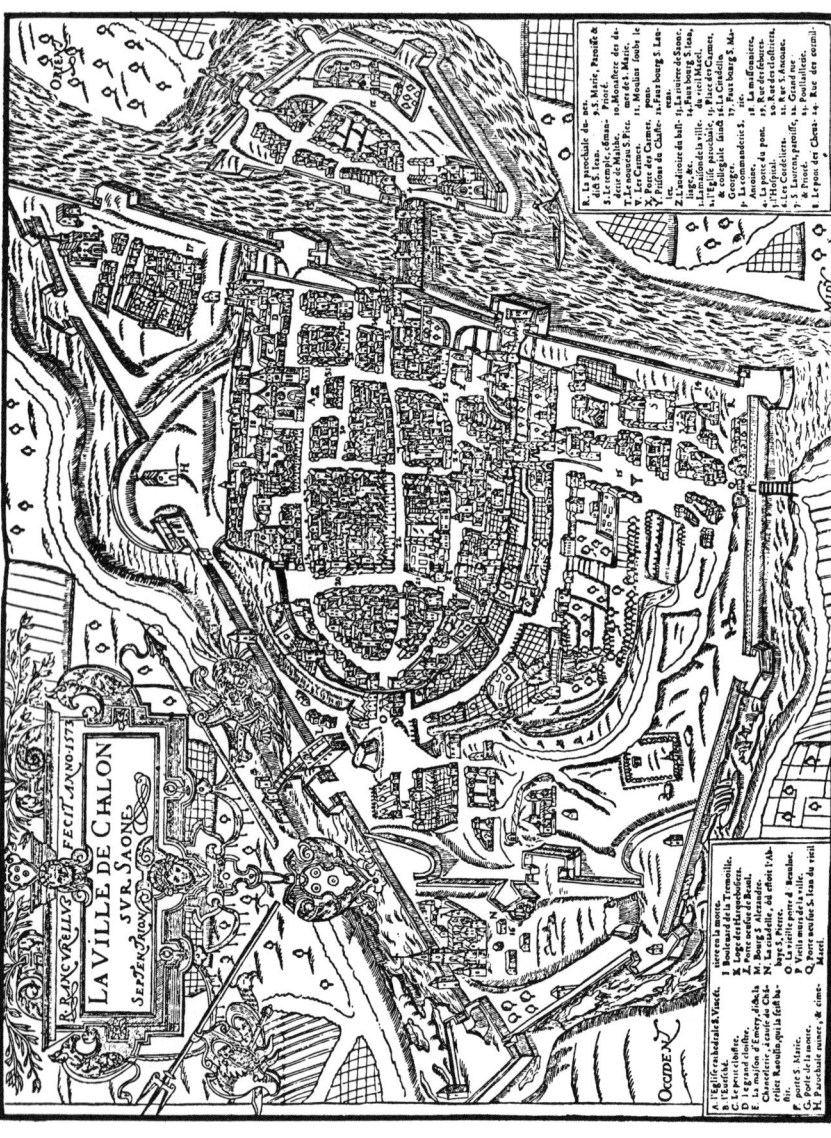

Historischer Stadtplan von Chalon-sur-Saône (1573)

Die Himmelsausrichtung dieser Karte ist übrigens recht unkonventionell. Sie ist, wie viele alte Darstellungen, nicht nach Norden orientiert. Diese weist nach Nordosten. Der Dreizack links oben unter der Kartusche ersetzt den Nordpfeil.

Auch die dargestellte Befestigung wurde noch mehrfach erweitert und verbessert, da Chalon sich noch über ein Jahrhundert in naher französisch-deutscher Grenzlage befand. (Die Franche-Comté gehörte bis 1678 zum Hl. Römischen Reich Deutscher Nation.) Erst danach beginnen die Stadtmauern zu verfallen und werden im Laufe des 18. und 19. Jh.s abgerissen, die Wassergräben zugeschüttet. Von der oben abgebildeten Befestigung sind noch schöne Reste der Bastion Sainte-Marie am Saône-Ufer erhalten sowie der Mauerverlauf der »Bastion de la Motte« (H) in der Rue de la Motte. Von hier aus läßt sich der Mauerverlauf auch weiterhin im Grundriß verfolgen (gegen den Uhrzeigersinn): Rempart St.-Vincent, Rempart St.-Pierre, Rue Gloriette, Place St.-Jean-de-Maizel.

Die Zitadelle (N) wurde im 17. Jh. noch stärker von außen befestigt, indem in den erweiterten Wallgraben noch drei waffenstarrende Inseln (Ravelins) eingebaut wuden. Der äußere Verlauf dieses Befestigungssystems läßt sich ebenfalls im Zickzackverlauf des Straßengrundrisses im Norden der Stadt gut ablesen (Rue de Dijon, Rue Professeur Lariche, Rue E. Roux, Rue Philibert Guide).

Die gegenüberliegende Abbildung versetzt uns zurück in die Zeit der Renaissance, in der sich in Chalon auch ein reges literarisches Leben entwickelt hatte. Pontus de Thiard (1521–1605), in Bissy-sur-Fley, 25 km südwestlich von Chalon geboren, verbrachte eine Zeit seines Lebens als Bischof in Chalon. Er war gleichzeitig auch ein Mann der Musen und der Politik, der zum Dichterkreis um Ronsard gehörte. Dieser Kreis aus vornehmlich sieben besonders aktiven Schriftstellern ist als »La Pléiade« (das Siebengestirn) in die Literaturgeschichte eingegangen (nach den sieben Töchtern des Atlas, die zu Sternen verwandelt wurden).

Verkehr und Wirtschaft seit dem 18. Jh.

Den Sprung zum neuzeitlichen Verkehrsknotenpunkt machte Chalon im 18. Jh. durch den Bau des Canal du Centre, der unter Leitung des Chalonaisers E. Gauthey ausgeführt und im Jahre 1793 eröffnet wurde. Er verbindet das Kohle-Becken von Creusot über 116 km mit der Loire (Digoin) und der Saône.

Der Kanal folgte bei Chalon dem Verlauf des ehemaligen Stadtgrabens im Südwesten der Stadt. 200 m vor Einmündung in die Saône wurde ein großes

Hafenbecken (Grand Bassin) und ein nach NO senkrecht davon abzweigendes kleineres (Bassin Gloriette) angelegt, auf dem sich heute die Parkanlage Square Chabas mit dem Bureau de Tourisme befindet. An das Bassin Gloriette schloß noch ein weiteres schmales Becken an, das im Straßenverlauf des heutigen »Boulevard de la République« liegt. Diese beiden Becken wurden schon im Zuge des Eisenbahnbaus im 19. Jh. zugeschüttet. Das Grand Bassin wurde hingegen erst in den fünfziger Jahren des 20. Jh.s aufgegeben, als die gesamte Kanaleinmündung in die Saône auf einer Länge von ca. 5 km auf die Nordostseite der Stadt verlegt wurde. Dabei wurde auch gleich eine große Industriezone (Z. I. Nord) geschaffen, deren größter Betrieb heute KODAK ist (230 ha, ca. 9000 Beschäftigte, Besichtigungsmöglichkeiten s. Kap. Industrietourismus).,

Ein kleiner Teil des alten Kanals blieb als »toter Ast« erhalten, weil die Glasindustrie von St.-Gobain, deren Anlagen weithin sichtbar sind, wenn man sich der Stadt von Norden oder Westen nähert, ihn vor allem wegen hohen Brauchwasserbedarfs noch benötigt. Auf dem ehemaligen Mündungsverlauf und dem Grand Bassin wurden breite Avenuen mit einer Hochstraße angelegt (Av. du 8 Mai 1945, Av. Nicéphore Niepce).

Die Eisenbahn erreichte Chalon im Jahre 1849 (Dijon–Chalon) und hatte ihren Endpunkt nahe der Altstadt mit einem Gütergleis am Kanal, wo die meisten Waren in Richtung Süden auf Schiffe umgeladen wurden, bevor die Strecke später verlängert wurde. Die Gleise wurden von Südwesten in die Stadt eingeführt und endeten in einem Kopfbahnhof ungefähr dort, wo heute der Obelisk steht (Place de l'Obélisque). Er erinnert an den Kanalbau, der wiederum die Trassenführung der Eisenbahn beeinflußte und markiert das Ende der ehemaligen Hafenanlage.

Der Bahnhof hingegen wurde schon im Jahre 1894 ca. 1 km weiter westlich an den Rand der Stadt verlegt, weil die niveaugleiche Trassenführung im Stadtbereich zu Unfällen geführt hatte und sich außerdem die Sackanlage nach Verlängerung der Strecke in Richtung Lyon als unpraktisch erwies. Chalon erhielt auf diese Weise einen zentralen, großzügigen Straßenzug, nämlich den »Boulevard de la République«, der zum Ansatzpunkt von Kaufhäusern, Banken und Dienstleistungsbetrieben wurde.

Der Aufschwung, den man sich von den neuen Verkehrswegen erhofft hatte, ließ nicht lange auf sich warten. Zählte Chalon im Jahre 1800 rund 10 000 Einwohner, so verdreifachte sich die Zahl bis 1900. Heute hat Chalon rund 58 00 Einwohner.

Die Verkehrswege zogen Industrie an, die Chalons Wirtschaft in steigendem Maße prägte und heute rd. 17 000 Personen beschäftigt. Sichtbar wird sie jedoch nur in den Randbezirken, das schöne alte Stadtbild blieb davon unberührt.

Chalons Wirtschaftsgeschichte ist eng verbunden mit dem Creusot-Becken, wo schon früh Kohle abgebaut, Glas- und Eisenindustrie ansässig wurde (vgl. Kap. Le Creusot). Mit dem Canal du Centre konnte die Kohle nun bequem nach Chalon und weiter über Saône und Rhône verschifft werden. Die im Jahre 1836 in Creusot von der Familie Schneider neu gegründete Eisenhütte errichtete schon im Jahre 1839 eine Zweigniederlassung in Chalon. Hier sollten in Creusot gefertigte Schiffsteile, deren Straßentranport wegen Übergröße unmöglich war, zusammengefügt werden. Doch die Produktionspalette erweiterte sich bald; der Volksmund gab dem Standort am linken Saône-Ufer den noch heute bekannten Namen »Le Petit Creusot«. Nach mehreren Umstrukturierungen des Stahlkonzerns nimmt heute die von »Creusot-Loire« ausgegliederte »Framatome« (Atomtechnologie) den traditionsreichen Standort ein.

Unweit davon wurde bei St.-Marcel vor wenigen Jahren ein großes neues Hafenbecken (90 ha) angelegt, vor allem in Hinblick auf den erwarteten Endausbau des Rhein-Rhône-Kanals auf das europäische Standardmaß von 1350 t. Bisher liegt seine Tragfähigkeit wie die der burgundischen Kanäle bei 280 t.

Da die Industriestädte Le Creusot und Montceau-les-Mines, ebenso wie ein großes agrarisches Umland, gern auf die Dienstleistungen, die Einkaufsmöglichkeiten und das Kulturangebot Chalons zurückgreifen, beschäftigt Chalon auch auf diesem Sektor rd. 20 000 Menschen und hat ein großes Einzugsgebiet. Vor allem ist Chalon eine »fröhliche Stadt«, die gerne feiert und auch ein eigenes Theater sowie eine »Maison de la Culture« besitzt. Das Theater spielt vor allem Komödien, denn bei zuviel klassischen Dramen und Tragödien sinkt sofort die Besucher- und Abonnentenzahl!

Der Carneval von Chalon ist landesweit bekannt und dauert mehrere Tage. Er ist der zweitgrößte Frankreichs nach dem berühmten Karneval von Nizza. Zu den Lustbarkeiten gehören jährlich wechselnde Gags, z. B. war es Mode, sich mit überdimensionalen Schaumgummihämmern (am Pappstiel) nach Herzenslust gegenseitig auf den Kopf zu schlagen.

Auch die Messen des mittelalterlichen Chalon hat die aktive Handelskammer der Stadt in den fünfziger Jahren des 20. Jahrhunderts wiederbelebt und das mit vollem Erfolg. Die »Foire froide des Sauvagines« (Pelzmesse im Winter) wird von Pelzhändlern aus dem gesamten Inland und auch dem Ausland besucht.

Weinhandel und Weintradition spielen natürlich in Chalon auch eine wichtige Rolle, wird doch das ganze Hinterland von Rully über Mercurey bis hinter Montagny auch »Côte Chalonnaise« genannt. Die Erzeugnisse dieser Weinbauregion lassen sich in Chalon besonders »tiefschlürfend« in der »Maison des Vins de la Côte Chalonnaise« begutachten. Hier werden die besten Weine der

31 Winzerdörfer der Côte angeboten und auch ihre »Crémants« (vgl. Kap. Wein).
Die Weine werden »blind« ausgewählt, nach dem Urteil eines »Comité professionel de Dégustation«, (die Preise sind die gleichen wie beim Erzeuger.) Die »Maison des Vins« veranstaltet zeitweise auch Einführungen für den Weinliebhaber mit besonderen Abenden, an denen auch die Produzenten anwesend sind.
Die Probier- und Verkaufsstube befindet sich im Parterre. Ein Restaurant, in dem viele Weine zu Probierzwecken auch im Glas ausgeschenkt werden, belebt den zweiten Stock. Adresse: Promenade Sainte-Marie (Parc G. Nouelle) Tel.: für Wein und Veranstaltungen: 85 41 64 00, Tel.: Restaurant: 85 41 66 66; So. und Mo. geschlossen.

Die Kathedrale Saint-Vincent

Die Kathedrale ist ein romanisch-gotisch-neogotisches Bauwerk, das im 11. Jh. begonnen, jedoch erst um 1400 geweiht wurde. Die Fassade stammt sogar erst aus dem 19. Jh. Sie gibt jedoch, besonders von den Saône-Brücken gesehen, einen guten Eindruck von einer (schließlich doch vollendeten) gotischen Zweiturmfassade (im Gegensatz zu vielen anderen Kathedralen) und prägt Chalons Altstadtbild.
Kirchenschiff und Chor zeigen einen dreigeschossigen Aufbau. Die untere Arkadenzone ist romanisch und wurde im Cluniazenser-Stil errichtet. Triforium, Obergaden und Gewölbe sind gotisch, Die Seitenkapellen teils im Flamboyant-Stil. Die Kirche ist mit einigen schönen Tapisserien und Steinmetzwerken ausgestattet (Taufstein 15. Jh., Baldachin im Chor ebenfalls).
Im Süden schließt ein Kreuzgang aus dem 14. Jh. an die ehemalige Kathedrale an. Als der Bischofssitz im Jahre 1790 aufgehoben wurde, stufte man die Kathedrale zur Gemeindekirche herab. Nebengebäude und Kreuzgang dienen gegenwärtig temporären Ausstellungszwecken.

Die Altstadt

Auf dem Kirchplatz »Place Saint-Vincent« findet zweimal wöchentlich ein Viktualienmarkt statt, der sich auch in die angrenzende Rue aux Fèvres hineinzieht. In der ebenfalls vom Platz abzweigenden »Rue du Blé« fand früher ebenfalls Markt statt, nämlich der Getreidemarkt.
Obwohl der Marktplatz schon seit dem Mittelalter benutzt wurde, benötigte man doch die angrenzenden Straßen, denn die Fläche des Platzes war zu klein. Sie ist erst zur gegenwärtigen Größe herangewachsen durch den Abriß von acht Häusern im Jahre 1679. (Die Häusergruppe ist auf dem Plan von 1573 noch gut zu erkennen.)

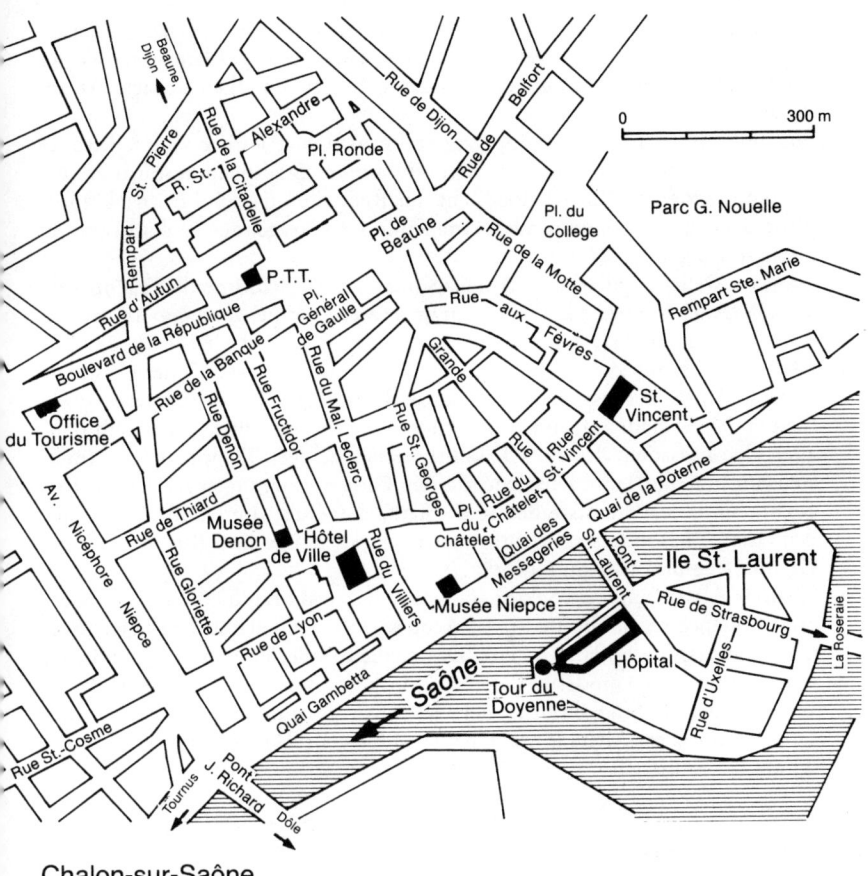

Chalon-sur-Saône

Der Kirche gegenüber, an der Hausecke Rue du Blé/Rue St.-Vincent, ist in einer Nische die Holzstatue des hl. Vincent eingelassen. Sie stammt aus dem 15. Jh. und soll die Marktleute schützen. St.-Vincent ist ja insbesondere auch der Schutzpatron der Weinbauern.

Im übrigen ist rund um den Platz das Bemühen zur Restaurierung der teilweise gotischen Fachwerkbausubstanz bemerkbar. Viele dieser Bauten waren lange Zeit von Putz überdeckt. Das schöne, vorkragende Eckhaus zur Rue

aux Fèvres wurde als eines der ersten Ende der sechziger Jahre wiederherge-
stellt. Ein weiteres sehenswertes Ensemble, lange Zeit als Elendsquartier der
Stadt sehr heruntergekommen, befindet sich gleich südlich benachbart am
Place A. Calliat.

Für einen intensiven Stadtrundgang sollte man sich vorher zum Office de
Tourisme begeben oder sich mit dem sehr aktiven Stadtplanungsbüro in Verbindung setzen, das für Chalon nicht nur Renovierungs- und Entwicklungs-
pläne konzipiert, sondern auch eine Fülle hervorragender Dokumentation
publiziert hat.

Dieses »Atelier Permanent d'Aménagement et d'Urbanisme de Chalon-sur-
Saône« (A. P. A. U. C.) befindet sich im Hôtel de Ville, Eingang: 15, rue du
Port Villiers. (71321, Chalon-sur-Saône CEDEX, Tel.: 85 48 01 70). Das
Atelier hat beispielsweise eine 16seitige Broschüre unter dem Titel »Visite de
la vieille Ville« herausgegeben. In ihr sind alle architektonisch interessanten
Bauten der Altstadt aufgeführt. Besondere Beachtung wurde dabei dem Bau-
alter, den Fassaden, den für Chalon typischen eckigen Treppentürmen (meistens im Innenhof) und schmiedeeisernen Gitterverzierungen geschenkt. Insgesamt sind 25 Altstadtstraßen und -plätze aufgeführt mit rund 200 Gebäuden. Einige besonders reich ausgestattete Straßenzüge sind Rue aux Fèvres,
Grande Rue und Rue du Châtelet.

Chalons Altstadt und ein Sektor südwestlich davon bis hin zur Avenue Nicéphore Niepce sowie die Île St.-Laurent wurden zum schutzwürdigen »Sec-
teur Sauvegardé« erklärt (57 ha). Das schließt, allerdings nach gründlicher
Überprüfung, eine moderne Bebauung, insbesondere in der Randzone (z. B.
am Ufer der Île St.-Laurent), nicht aus. Der gesamte zentrale Bereich der
galloromanischen Altstadt steht heute jedoch als Ganzes unter Denkmalschutz (»Site inscrit«).

Tour du Doyenné

Ebenfalls unter Denkmal(gebäude)schutz steht der Turm am Südende der Île
St.-Laurent, der zu einer Art Wahrzeichen wurde und eine merkwürdige
Geschichte hat. Er gehörte, wie der Name verrät, ursprünglich zum Deka-
nat, also zur Verwaltung des Bischofssitzes. Der gotische Turm wurde im
15. Jh. als Treppenaufgang direkt neben der Kathedrale erbaut. Weil er sich
immer mehr zur Seite neigte, wurde der Treppenturm im Jahre 1907 abgerissen. Doch ein Amerikaner namens Gould, dem dieser Turm ans Herz ge-
wachsen war, verfolgte die Spur des Abbruchunternehmens, konnte die
Steine in Paris erwerben und ließ den Turm an seiner heutigen, weithin
sichtbaren Stelle wieder errichten. Seit 1928 dient der Tour du Doyenné nun

als Aussichtsturm. Die Öffnungszeiten sind: 1. April–30. September, mittwochs und sonnabends 14.00–18.00 und sonn- und feiertags 9.00–12.00 und 14.00–18.00

Hôpital Île St.-Laurent

In unmittelbarer Nachbarschaft zum Turm befindet sich das im 16. Jh. gegründete Hospital. Es besitzt schöne Glasfenster, Holzschnitzereien und eine Pietà (Darstellung Marias mit dem Leichnam Jesu auf dem Schoß) aus Stein (15. Jh.), die sich ehemals in der Kapelle auf der Brücke befand. Die Pont St.-Laurent war nämlich zeitweilig mit Gebäuden überbaut (s. Plan von 1573).
Besonders bemerkenswert ist im Hospital auch das Refektorium der Nonnen mit seinen schönen Fayencen, dem Kupfer- und Zinngeschirr. Besichtigung unter Führung auf Anfrage täglich von 14.00–17.00 außer Samstag, Sonntag und an Feiertagen.

Musée Nicéphore Niepce

Das nach dem berühmtesten Sohn der Stadt benannte Museum befindet sich an den Saône-Quais im ehemaligen »Hôtel des Messageries Royales« (Ende 18. Jh.). Niepce wurde in Chalon im Jahre 1765 geboren und entwickelte neben anderen Erfindungen im benachbarten St.-Loup-de-Varennes in den Jahren 1816–1822 einen Fotoapparat, der eigentlich nur ein großer Holzkasten mit einem Loch war. Aber er funktionierte. Zusammen mit Jacques Daguerre arbeitete er dann an der Verbesserung der »Heliographie« und der dauerhaften Fixierung der Bilder (Daguerreotypie).
Das im Jahre 1972 eröffnete Museum ist im Besitz alter, von Niepce benutzter Fotoapparate, seiner ersten Fotos (Heliographien), sowie von Daguerreotypien und zeigt generell die Entwicklung der Fotografie auf. Ausstellungen widmen sich aber auch der modernen Fotokunst. Chalon errichtete Niepce ein Denkmal an der Saône (Quai Gambetta), ganz in der Nähe des Museums. Öffnungszeiten: Täglich 9.30–11.30 und 14.30–17.30. Dienstags und an besonderen Feiertagen geschlossen. 28, Quai des Messageries, Tel.: 85 48 41 98.

Musée Denon

Das Denon-Museum wurde schon im Jahre 1820 gegründet. Es befindet sich in einem ehemaligen Ursulinenkloster, dem Hôtel de Ville gegenüber. Dominique-Vivant Denon war Baron und Generaldirektor der französischen Museen unter Napoleon. Er wurde 1747 in Givry, dem bekannten Winzerort in der Côte Chalonnaise geboren (1747–1825) und besaß auch eigene künstlerische Talente (Gravuren).

Das Museum vermag in etwa zwanzig Sälen ein eindrucksvolles Bild der Entwicklung der Region und der Stadt von der Steinzeit (Fund von Volgu in der Region Digoin-Gueugnon) bis zum 19. Jh. zu vermitteln. Schwerpunkte liegen auf Funden aus der Steinzeit und Bronzezeit (vgl. Kap. Archäologie) sowie auf Steinmetzarbeiten von der Galloromanik bis zum Klassizismus. Ein Saal ist aber beispielsweise auch den vergangenen Tagen der Saône-Schifffahrt gewidmet (»Salle de la Saône et de la Batellerie«). Des weiteren spannt sich der Bogen schließlich bis zu griechischen und ägyptischen Altertümern. Ein großer Gemäldesaal und der »Salle Denon« sind Gemälden des 17. und 18. Jh.s gewidmet.

Öffnungszeiten: Täglich 9.30–11.30 und 14.00–17.30. Dienstags und an besonderen Feiertagen geschlossen. Place de L'Hôtel de Ville, Tel.: 85 48 01 70.

La Roseraie

Beachtung verdient der Rosenpark auf der anderen Seite der Saône (Richtung Saint-Marcel), der mit einer ausgedehnten Freizeit- und Erholungszone verbunden ist (Aire de Loisirs Saint-Nicolas, Tennis, 18-Löcher-Golf).

Die »Roseraie« zeigt 25 000 Rosen von verschiedenster Züchtung und Herkunft, darunter Amerika, Japan, Himalaya und Sibirien auf einem Rundgang von 2 km Länge.

Mâcon

Mâcon ist die südlichste Stadt Burgunds, zählt ca. 39 000 Einwohner und ist Hauptstadt des Departements Saône-et-Loire. Das Mâconnais weist bereits vielfältige mediterrane Einflüsse auf. Das Klima ist wärmer und milder als im übrigen Burgund, die Dächer der älteren Häuser sind flacher, meist mit helleren Hohlziegeln versehen und stehen deutlich im Gegensatz zu den spitzen, von dunklen Ziegeln und Schiefern bedeckten Dächern Mittel- und Nordfrankreichs. Die geschäftige Verwaltungs-, Handels- und Industriestadt Mâcon liegt am westlichen Ufer der hier annähernd 300 m breiten Saône, die rd. 60 km weiter südlich in Lyon mit der Rhône zusammenfließt.

Die Entwicklung der Stadt

Es ist seit langem erwiesen, daß in frühgeschichtlichen Zeiten Wasserstraßen von hervorragender Bedeutung für Siedlungsgründungen waren. Gleiches gilt auch für Mâcon, das auf eine keltische Siedlung zurückgeht. Prähistorische Funde beim Roche de Solutré deuten auf eine Besiedlung dieses Raumes schon in der frühen Altsteinzeit (15 000–12 000 v. Chr.) hin.

Mâcon bildete einen wichtigen Handelsplatz der Häduer, schon bevor Cäsar den Ort befestigte und ihm den Namen Castrum Maticonense gab. Mâcon wurde christianisiert, erhielt 531/532 n. Chr. die Reliquien des heiligen Vincent und bekam im Jahre 536 ein Episkopat, das es bis 1790 behalten sollte. Im feudalen Mittelalter wurde die Stadt Hauptort des Pagus Maticonensis. Seit dem 9. Jh. war Mâcon Grafschaft, die sich das fruchtbare Land der Umgebung mit der Abtei von Cluny teilte. 1239 wurde sie unter Louis IX. an die französische Krone verkauft, kam jedoch 1435 in burgundischen Besitz als Charles VII. das Mâconnais Philippe le Bon im Frieden von Arras überließ. Mit dem Niedergang der »Großen Herzöge« von Burgund fiel das Mâconnais 1477, wie auch das gesamte übrige Burgund, an das französische Königreich. Louis XI. löste Mâcon rechtlich wieder aus dem burgundischen Verband, indem er die Stadt der Pariser und nicht der Dijonnaiser Gerichtsbarkeit unterstellte. Während der Religionskriege stand Mâcon auf seiten des strengen Calvinismus und wurde mehrfach verwüstet. Im Zuge der napoleonischen Verwaltungsreform zu Beginn des 19. Jh. wurde Mâcon gegen die Proteste von Chalon-sur-Saône, das schon damals eine größere wirtschaftliche Bedeutung besaß, zur Präfektur des Departements bestimmt.

Vielen Besuchern Burgunds wird der Name Mâcon sicherlich zunächst den hervorragenden Wein des Mâconnais ins Gedächtnis rufen, der hier im Gegensatz zum übrigen Burgund auch durch eine Anzahl von Winzergenossenschaften bereitet und kommerzialisiert wird. Zur Weinprobe, die einen guten regionalen Querschnitt bringt, geht der Ortsfremde am besten zur »Maison Mâconnaise des Vins«, direkt an der N 6 am nördlichen Stadteingang gelegen, oder auch zu einer der Coopérativen.

Die Stadt besitzt nur wenige bekannte Sehenswürdigkeiten. Die meisten von ihnen fielen der Revolution zum Opfer. Diejenigen, die die Kämpfe überdauert haben, finden sich allesamt in der Nähe des Saône-Ufers und sind gut zu Fuß zu erreichen.

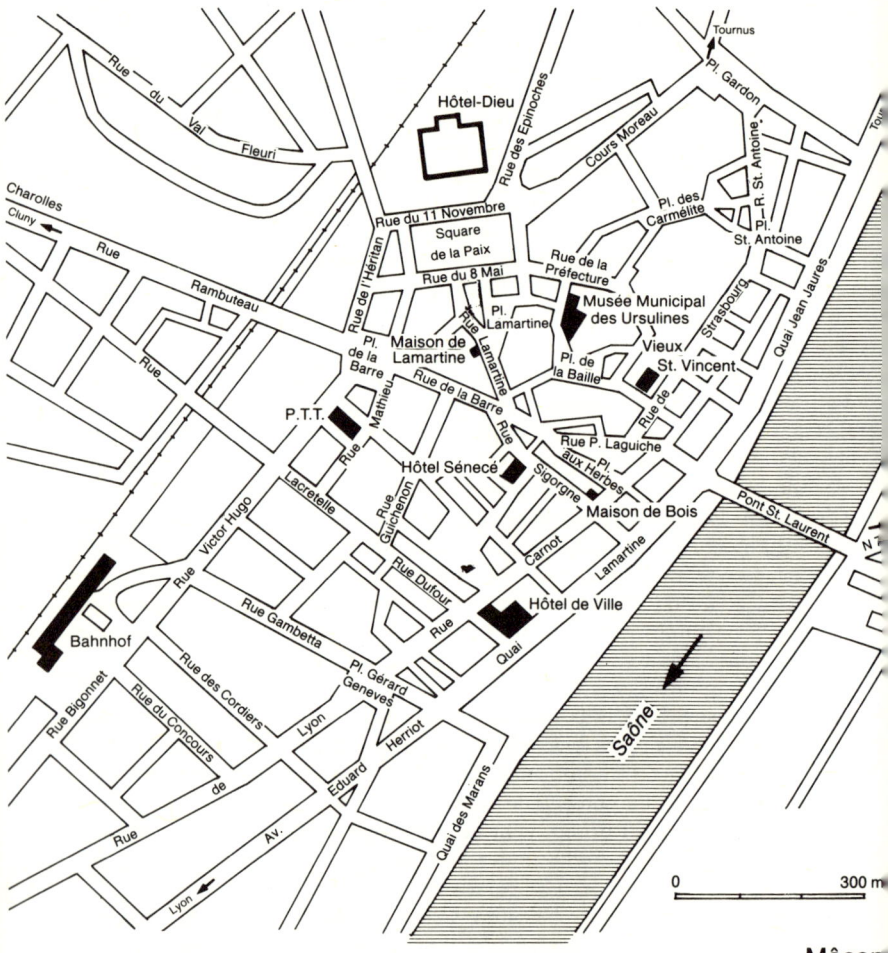

Mâcon

Pont Saint-Laurent

Diese sehenswerte Brücke aus dem 14. Jh., die trotz grundlegender Neuerungen im 19. Jh. noch einen gotischen Pfeiler besitzt, verbindet Mâcon mit der Vorstadt St.-Laurent. Von der Saône-Brücke aus hat man einen guten Blick auf die Quais von Mâcon, die in erster Linie mit großbürgerlichen Häusern aus dem 18. und 19. Jh. bebaut sind.

Vieux Saint-Vincent

Zwei alte, ungleiche Glockentürme, jene der ehemaligen Kathedrale St.-Vincent, überragen das Häusermeer von Mâcon und lassen die einstige Größe der Kathedrale ahnen, deren Baubeginn ins 12. Jh. fällt. St.-Vincent wurde 1799 im Zuge der Revolution nahezu vollständig zerstört. Nurmehr ein Joch des Hauptschiffes, die Fassade aus gemischt gotisch-romanischem Stil und die beiden Türme sind übriggeblieben. Der Narthex aus dem 12. Jh. ist mit einem Tympanon versehen, auf dem das jüngste Gericht dargestellt ist. Man erkennt hierauf Paradies, Hölle und Auferstehung der Toten (Rue de Strasbourg).

Musée Municipal des Ursulines

Nahe der Kathedrale stößt der Besucher auf das Musée Municipal des Ursulines. Das städtische Museum ist in einem ehemaligen Ursulinen-Kloster untergebracht, das im 17. Jh. erbaut wurde.

Im Erdgeschoß werden zahlreiche Funde aus der Vor- und Frühgeschichte der Umgebung, unter anderem aus der Gegend um den Roche de Solutré, sodann Gegenstände der keltischen, gallo-romanischen, merowingischen, karolingischen, hochmittelalterlichen und frühneuzeitlichen Periode ausgestellt. Im 1. und 2. Obergeschoß befinden sich eine große Anzahl wertvoller Gemälde und Skizzen sowohl vergangener Epochen als auch von zeitgenössischen Künstlern: Le Brun, Greuze, Courbet, Monet, Maillol, Pissaro, Rodin, Ziem und vielen anderen mehr, dazu Fayencen aus Nevers und vielen anderen Manufakturen.

Öffnungszeiten: Wochentags 10.00–12.00 und 14.00–18.00, sonn- und feiertags nur nachmittags, Di. geschlossen, sowie am 1. Januar, 1. Mai, 14. Juli, 1. November, 25. Dezember.
5, Rue des Ursulines, Tel.: 85 38 18 84.

Hôtel de Senécé / Musée Lamartine

Das prunkvolle Hôtel de Senécé wurde im 18. Jh. von dem königlichen Sekretär Jean de Laporte de Marnay erbaut. Es ist nach einem kurzen Spaziergang durch lebhafte Geschäftsstraßen der älteren Stadtviertel zu erreichen. Das Palais besitzt einen prächtigen Innenhof und ist seit 1805 Sitz der Académie de Mâcon, welcher jahrelang der berühmte Romantikdichter und gebürtige Mâconnais Alphonse de Lamartine vorstand. Darum ist hier auch das Musée Lamartine untergebracht. Zahlreiche Dokumente sowie literarische und politische Werke Lamartines gewähren einen kleinen Einblick in das

Leben dieses großen Mannes. Möbel, Gemälde und Kunstgegenstände seiner
Epoche vervollständigen das Bild.
Öffnungszeiten: Anfang Mai–Ende September 14.00–17.00, Di. geschlossen.
Rue Sigorgne.

Altstadt

Maison de Bois

Dieses hübsche Renaissancehaus, dessen obere Stockwerke mit phantasti-
schen, zum Teil grotesken holzgeschnitzten Figuren verziert sind, findet sich
unweit des Hôtel de Senécé an der Place aux Herbes, 22, Rue Dombey. Die
Maison de Bois, im weitesten Sinne mit der berühmten Maison Kammerzell
in Straßburg zu vergleichen, beherbergt heute ein Restaurant.

Rue de la Barre – Rue Lamartine

Bei einem Spaziergang durch die Straßen von Mâcon sollte der Besucher nicht
versäumen, die schönen Patrizierhäuser in der Rue de la Barre anzusehen. In
der nahen Rue Lamartine steht das Haus, in dem der Dichter einen Teil seiner
Kindheit und Jugend verbrachte und seine ersten Gedichte der »Méditations«
verfaßte.
In der unweit hiervon entfernt gelegenen Bibliothek sind die Handschriften
der bedeutenden Alterswerke Lamartines »Jocelyn« und »L'Histoire des Girondins« einzusehen.

Hôtel-Dieu

Das Hôtel-Dieu entstand im 18. Jh. nach Plänen von Melchior Munet, einem
Schüler des königlichen Baumeisters Jacques Germain Sufflot. Es birgt eine
wertvolle Apotheke aus der Zeit Louis XV. und eine bemerkenswerte Sammlung von Fayencen des 18. Jh.s. Außer den Möbeln im Stil Louis-Quinze sind
die wunderschönen Täfelungen des Hôtel-Dieu zu beachten.
Führung auf Anfrage, Dauer ca. ½ Stunde. Rue du 11 Novembre.

Alphonse de Lamartine (1790–1869)

Das Andenken an Lamartine, für den in Mâcon ein wahrhafter Personenkult
betrieben wird, ist überall in der Stadt präsent und findet in der Lamartine-
Rundfahrt, die im Anschluß (gegenüber dem klassischen »Circuit Lamartine«
in veränderter Form) dargestellt wird, ihren Höhepunkt.

La Roche de Solutré, Kalkklippen im Mâconnais, prähistorische Fundstätte ▷

»*Eve d'Autun*« *vom Nordostportal der Kathedrale Saint-Lazare, 12. Jh., Musée Rolin, Autun*

Der 1790 in Mâcon geborene und im elterlichen Landschloß Milly aufge-
wachsene Alphonse Prat de Lamartine, fühlte sich bereits in jungen Jahren
zum Literaten berufen. Er war unter anderem von Vergil, Horaz, Racine,
Rousseau, de Chateaubriand, d'Ossion stark beeindruckt und opponierte
später gegen das Empire des Napoléon III.
Seine große Liebe zu Madame Julie Charles, die er 1816 in Aix-les-Bains
kennenlernte und deren Erinnerung er unter dem Pseudonym Elvire in den
»Méditations« festhielt, brachten endgültig den literarischen Durchbruch
und machten Lamartine auf einen Schlag berühmt. Das Erscheinungsjahr der
»Méditations Poétiques«, 1820, gilt als Beginn der Stilepoche der französi-
schen Romantik, die nur ca. 25 Jahre andauerte.
Aus Lamartines sehr umfangreichem literarischen Werk sind außerdem vor
allem die Epen »Jocelyn« (1836) und »La Chute d'un Ange« (1838), der
Roman »Graziella« (1849) und sein politisches Œuvre »L'Histoire des Girondins« (1847) hervorzuheben.
Doch weit gefehlt, in Lamartine »nur« einen Dichter zu vermuten; auch auf
politischem Terrain hat er sich mit großem Ansehen und Erfolg betätigt. Als
Politiker vertrat er einen außerordentlich fortschrittlichen Standpunkt, der
ihn 1843 schließlich zur Opposition gegen den Bürgerkönig Louis Philippe
übertreten ließ. Er war ein glänzender Redner, setzte sich für Recht und
Freiheit des Volkes ein und hielt schließlich als Außenminister der 2. Republik (1848–1852) eine Zeitlang das Schicksal Frankreichs mit in Händen. Als
Förderer von L. E. Cavaignac (General, Chef der Exekutive im Jahre 1848
und erfolgloser Präsidentschaftskandidat) verlor Lamartine jedoch die Sym-
pathien des Volkes und zog sich 1849 aus dem politischen Leben ins Mâconnais zurück. 1869 starb er in Paris.

Umgebung von Mâcon

Kirche Saint-André-de-Bagé

Die aus dem 11. Jh. stammende Kirche St.-André ist nur 8 km von Mâcon
entfernt. (N 79 Richtung Osten, nach ca. 7 km nach links auf die D 28 abbiegen Richtung Bagé-le-Châtel). Die Kirche liegt isoliert inmitten eines Fried-
hofes und besitzt einen auffälligen achteckigen Kirchturm, der mit jenem der
Kirche St.-Marcel bei Cluny zu vergleichen ist. Der Turm zeichnet sich
durch große Eleganz und Klarheit in der Form aus und trägt eine steinerne
»flèche«, die im letzten Jahrhundert restauriert wurde. Im Inneren ist der
Chor mit seinen schlanken Säulen und den ornamental skulptierten Kapitellen besonders sehenswert.

Roche de Solutré

Der Roche de Solutré liegt am Rande des Weinbaugebietes von Pouilly-Fuissé, ca. 12 km südwestlich von Mâcon, und ist über die D 54 (nach ca. 3 km abzweigen von der N 79) zu erreichen. Der 495 m hohe Felsen ist Teil der »Monts du Mâconnais«, seine Besteigung ist sehr lohnenswert und sollte möglichst in einer Schleife von Süden über Osten nach Westen vorgenommen werden (vgl. Kap. Geologie)

Hier wurden seit 1866 bis zur Gegenwart vorgeschichtliche Funde gemacht, die beweisen, daß die Gegend um Mâcon uraltes Kulturland ist. Am Fuße des Steilabfalls entdeckte man die Knochen von ca. 100 000 Wildpferden, die von Steinzeitjägern vermutlich über den sanften Hang hinauf bis über die Klippe getrieben wurden und so in den Tod stürzten. Die auf diese Weise getöteten Tiere dienten den Jägern als Nahrung. Nach der Fundstätte benennt die Wissenschaft heute einen Zeitabschnitt der älteren Steinzeit: »Epoque Solutréenne« (vgl. Kap. Altsteinzeit). Im Dorf Solutré, unterhalb des Felsens, gibt es ein kleines Museum, in dem vorgeschichtliche Funde der Umgebung ausgestellt sind.

Auf den Spuren des Dichters Lamartine

Wer aufmerksam durch die Straßen von Mâcon geschlendert ist, wird bereits vielerorts die Bemühungen der Stadt bemerkt haben, die Erinnerung an ihren großen Sohn zu bewahren. Außer dem Musée Lamartine, gibt es am Quai Lamartine eine Statue des Poeten zu bewundern. In der Rue Lamartine steht, wie bereits erwähnt, das Haus, in dem jener kurzzeitig wohnte; und wer sich vielleicht sowieso das schöne Mâconnais näher ansehen wollte, wird es nicht als Last empfinden, dies auf den Spuren des Dichters zu tun.

Die anschließend beschriebene, ca. 65 km lange Rundfahrt, für die man sich mindestens drei bis vier Stunden Zeit nehmen sollte, führt durch eine landschaftlich reizvolle Region, die Lamartine zu seinen Werken inspirierte und die sein Zuhause war.

Schloß Monceau

Von Mâcon aus startet man am besten in Richtung Westen (Charolles/Cluny) über die N 79 zum Schloß Monceau, auch wenn man bei dieser Reihenfolge das Leben des Dichters nun zunächst von hinten aufrollt. Denn dieses stattliche Weingut (ca. 8 km von Mâcon entfernt) war ein Lieblingssitz Lamartines, und er verbrachte hier einen Teil seines Lebensabends.

Schloß Montceau wurde im 17. Jh. im klassizistischen Stil erbaut und dient heute als Sommerresidenz für Pensionäre. Lamartine arbeitete hier in seinem kleinen Pavillon »Solitude«, etwas abseits inmitten der Weingärten gelegen. Hier schrieb er unter anderem sein berühmtes historisch-politisches Lehrstück »L'Histoire des Girondins«.

Das Innere des Schlosses kann nicht besichtigt werden. Die äußeren Anlagen (Terrasse, Kapelle, »Cours d'Honneur«) sind der Öffentlichkeit jedoch in der Saison von Juni bis September zugänglich (täglich außer sonntags 9.00–12.00 und 14.00–18.00, ggf. Rücksprache mit der Rezeption).

Milly-Lamartine

Das kleine Winzerdorf Milly-Lamartine ist über einen kleinen Abzweiger von der N 79 etwa 1 km hinter La Roche-Vineuse zu erreichen. In Milly, das später den Namen seines berühmtesten Bürgers dem Ortsnamen hinzufügte wie andere Winzerorte ihren renommiertesten »Cru«, steht ein grünbewachsenes Landhaus hinter einem schmiedeeisernen Gitter: der ehemalige Familienbesitz der Lamartines.

In diesem schönen Winkel des Mâconnais verlebte Lamartine seine Kindheit und Jugend vom siebten Lebensjahr an. Zwar verlegten manche Einwohner von Milly voller Stolz auch die Geburt des berühmten Landeskindes hierher, doch man sollte sich nicht verwirren lassen: Lamartines Geburtsort ist Mâcon.

Nach Studien in Lyon und Belley kehrte Alphonse nach Milly zurück, um sich anschließend durch ausgedehnte Lektüre weiterzubilden. Im Jahre 1811 schickten ihn die Eltern, um ihn von einer mißbilligten Liaison abzubringen, nach Italien, wo er sich dann auch prompt in eine andere junge Dame verliebte (Antoniella), die später in dem Roman »Graziella« verkörpert wurde. 1812 kehrte Lamartine zurück, verließ sein Elternhaus wieder, als die Restauration begann (Wiedereinsetzung des Königshauses mit dem Bourbonenkönig Louis XVIII. 1814) um Offizier zu werden, gab die militärische Laufbahn aber bald wieder auf.

Im März des Jahres 1820 wurde Lamartine zum Attaché der französischen Botschaft in Neapel ernannt, wo er bald seine zukünftige Frau, eine Engländerin, kennenlernte. Zur Hochzeit, die schon im Juni desselben Jahres stattfand, schenkte ihm der Vater ein Landschloß in St.-Point, ca. 7 km Luftlinie von Milly entfernt. Es wurde im Jahre 1825 bezogen.

Im Jahre 1830 wandte sich Lamartine aus Anlaß der Julirevolution verstärkt der Politik zu, sein Standpunkt war der eines »humanitären Liberalen«. 1833 wurde er als Abgeordneter in die Kammer gewählt und brachte es später bis zum Außenminister. Als im Jahre 1848 die Zweite Republik ausgerufen wurde, wäre er gerne französischer Präsident geworden, aber gegen die Kandidatur von Louis-Napoléon, dem Neffen Napoleons, hatte er keine Chancen.

Mit dem Staatsstreich von 1851 war seine politische Karriere beendet und die finanziellen Schwierigkeiten des bis dahin recht sorglos lebenden Dichters und Politikers folgten auf dem Fuße. Das Elternhaus in Milly und auch das Landschloß in St.-Point mußten verkauft werden. Milly befand sich bis 1860 im Familienbesitz der Lamartines. Anläßlich einer der letzten Weinlesen, die Alphonse de Lamartine hier in Milly erlebte, stiegen in ihm all die romantisch-wehmütigen Erinnerungen an die Jugend und die geliebten Personen auf, die er in seinem Alters- und Meisterwerk »La Vigne et la Maison« in Poesie umsetzte (1859).

Bald darauf ging das Landhaus in andere Hände über, und es kann auch heute leider nicht besichtigt werden. Eine bronzene Büste des großen Sohnes aus dem Mâconnais steht aber vor der »Mairie« von Milly als kleine Entschädigung für den Besucher und zur Erinnerung daran, was Milly mit Lamartine verbindet.

Sehenswert ist in Milly-Lamartine außerdem noch die schöne, schlichte romanische Kirche aus dem 12. Jh.

Pierreclos und Bussières

Von Milly-Lamartine aus fährt man in Richtung Süden nach Pierreclos und anschließend von dort weiter nach Osten, zunächst auf der D 45, dann auf der D 85 nach Bussières (insges. ca. 4 km).

Beide Ortschaften liegen malerisch an den oberen Talhängen der Petite Grosne und sind mit Lamartine und seinem Werk vor allem über das Epos »Jocelyn« (1836) verknüpft.

»Jocelyn« ist die Geschichte eines jungen Mannes, der zugunsten seiner Schwester auf das väterliche Erbe verzichtet und Priester wird. In den Wirren der Revolution muß er fliehen und versteckt sich in einer Gebirgshöhle. Durch Zufall verirrt sich ein schwer verwundeter Mann mit seiner Tochter auf der Flucht ebenfalls in diese Höhle. Das Mädchen ist als Jüngling verkleidet und wird Jocelyn anvertraut, der zunächst Freundschaft und bei der Entdeckung des wahren Sachverhalts Liebe zu Laurence – so der Name des Mädchens – empfindet. Als der Bischof von Grenoble zum Tode verurteilt wird, läßt er Jocelyn herbeirufen und erteilt ihm die Priesterweihe, damit dieser ihm anschließend die Sterbesakramente geben kann. Die Priesterweihe aber hat zur Folge, daß Jocelyn und Laurence sich für immer trennen müssen. Das Schicksal will es, daß sie sich wiedersehen als Laurence stirbt, Jocelyn erteilt ihr die Absolution und sorgt für ihr Begräbnis.

Die Figur der Laurence soll ihr Vorbild in einer jungen Adligen haben, die auf Schloß Pierreclos lebte. Zur Grundherrschaft dieses Adelssitzes aus dem

17. Jh. gehörte offensichtlich auch Milly, denn diese Dame wird als »Mlle de Milly« bezeichnet.

Im benachbarten Bussières, das – rein topographisch gesehen – zu Pierreclos aufblickt, wurde Lamartine vom Abbé Dumont erzogen und unterrichtet. Sie blieben einander in Freundschaft verbunden, und der Abbé spielt wohl eine entscheidende Rolle bei der Charakterisierung des Priesterschicksals in der Figur des Jocelyn. Wenn wir den Chronisten und Literaturwissenschaftlern bis hierher gefolgt sind, so stellen wir uns nun selbst messerscharf die Frage: wer war nun eigentlich in Mademoiselle de Milly verliebt, Lamartine oder der Abbé Dumont?

Der Abbé – möge er in Frieden ruhen – liegt jedenfalls an der Apsis der kleinen Kirche von Bussières begraben. Die Grabinschrift stammt von Lamartine.

Saint-Point – Signal de la Mère Boitier

Nach Saint-Point, dessen Landschloß zum Lebensmittelpunkt des verheirateten Alphonse de Lamartine und seiner Familie wurde, begibt man sich am besten über die landschaftlich schöne Strecke rund um den höchsten Berg des Mâconnais, »Signal de la Mère Boitier« (758 m).

Aus dem Weinbaugebiet mit der Appellation »Mâcon-Villages« (dazu gehören z. B. Milly-Lamartine und die Ortslagen von Buissières) und »Mâcon« (Pierreclos, Serrières) kommt man in die Agrarregion des »Clunysois«, die hier mehr durch Getreide-, Hackfrucht- und Gemüseanbau sowie Grünlandwirtschaft gekennzeichnet ist. Niederlassungen von Agrarcooperativen, die besonders für das Mâconnais typisch sind, befinden sich in Pierreclos, Serrières (Wein) und Tramayes (Verschiedenes) sowie in vielen weiteren Ortschaften.

Einen herrlichen Weitblick und interessanten Eindruck von den unterschiedlichen Agrarlandschaften in Richtung Osten (Weinbau des Mâconnais und Beaujolais) und Westen (Polykultur des Clunysois und Viehzucht des westlich anschließenden Charollais) bekommt man auf dem Signal de la Mère Boitier. Man fährt dorthin von Pierreclos über die D 45 (einfacher) oder die D 185, von dort nach ein paar hundert Metern rechts über die D 31 zur D 45 (etwas komplizierter, dafür abwechslungsreicher). Nach ca. 12 km erreicht man eine kleine, steile Straße, die nach ca. 2 km an einem Parkplatz endet, von hier geht man ein paar Minuten zu Fuß zum Gipfel.

Vom Parkplatz bis St.-Point sind über Tramayes und die D 22 nach Norden noch etwa 9 km zurückzulegen.

Saint-Point

Das ursprünglich schlichte, mittelalterliche Schloß, das der Vater Lamartines im Jahre 1820 in St.-Point als Hochzeitsgeschenk für den Sohn erworben hatte, wurde von diesem in den Jahren 1825–1855 mit großem Aufwand im Stil der Romantik umgebaut. Es ist heute als Museumsschloß der Öffentlichkeit zugänglich und enthält viele Erinnerungsstücke an den Dichter. Auch das Arbeitszimmer und das elegante Schlafgemach sind zu besichtigen.

Öffnungszeiten: Mitte März–Mitte November von 9.30–11.30 und 14.00–17.00; sonn- und feiertags nur nachmittags, Mi. geschlossen. Tel.: 85 50 50 30. Die Führung dauert ½ Std. In der Wintersaison ist eine Besichtigung evtl. nach Rücksprache möglich.

Sehenswert ist auch die Kirche von St.-Point, die im Cluniazenserstil erbaut ist – bis Cluny sind es nur 11 km. In der Kirche befinden sich zwei Gemälde, die von Madame de Lamartine angefertigt wurden. In der benachbarten neogotischen Kapelle sind Lamartine, seine Frau und ihre kleine Tochter beigesetzt.

Abschließend lädt der Schloßpark mit seinem außerordentlich schönen Baumbestand zu einem Spaziergang ein. Selbst die Bäume haben noch eine enge Beziehung zum ehemaligen Schloßherrn und seinem Werk, und so wird auf eine alte Eiche im entferntesten Winkel des Parks hingewiesen, bei der es sich wiederum um »die« Eiche aus »Jocelyn« handeln soll.

Aber eines ist sicher, der südlich von St.-Point gelegene See ist nicht etwa das Vorbild zum berühmten »Lac« aus den »Méditations«, sondern ein moderner Stausee an den Ufern der Valouze. Dennoch lädt er zum Verweilen ein, und der Unterschied zum echten Vorbild, dem Lac de Bourget in Savoyen wird sicherlich bei eigenen Meditationen immer geringer werden.

Bis St.-Point hat man ca. 40 km zurückgelegt. Es bleibt der Konditionsstärke überlassen, ob man nun über die N 79 nach Mâcon zurückfährt (ca. 25 km) und dabei noch Aufenthalte in Berzé-le-Châtel und Berzé-la-Ville einlegt oder gar noch das nahegelene Cluny miteinbezieht. Auf die umfangreiche und bedeutungsvolle Cluny-Thematik soll jedoch gesondert eingegangen werden. Die Geschichte von Berzé ist eng mit Cluny verbunden.

Berzé-le-Châtel

Die kompakte, wehrhafte Burg von Berzé ist mit einer dreifachen Befestigungsanlage umgeben und wurde im 13.–16. Jh. errichtet und verstärkt. Berzé-le-Châtel war ursprünglich der Sitz der ältesten Freiherrschaft (Baronie) im Mâconnais, und das Wehrschloß hatte außerdem die Aufgabe, den südlichen Zugang zu Cluny zu überwachen. Im 17. Jh. wurde die Freiherrschaft zur Grafschaft erhoben.

Das Schloß ist nur von außen zu besichtigen. Die Wallanlagen sind von Ostern bis Allerheiligen tagsüber durchgehend geöffnet.

Berzé-la-Ville

Hat Berzé-la-»Ville« einmal eine Stadt werden sollen? Heute ist es jedenfalls ein kleines Winzerdorf mit dem Anrecht auf die Appellation »Mâcon-Villages« (wie insges. 28 Gemeinden). Vielleicht ist der Name eher aus dem lat. »Villa« abgeleitet, denn das Kloster Cluny besaß hier einen Landsitz, der zum bevorzugten Sommeraufenthalt des später heiliggesprochenen Abtes Hugo (1049–1109) wurde.

Auch Klosterschüler versammelten sich hier, nach ihnen wurde die romanische Kapelle (11./12. Jh.) in der Priorei Berzé »Chapelle des Moines« genannt. Erst im Jahre 1887 wurden bei Renovierungsarbeiten cluniazensische Fresken im Chor und der Apsis freigelegt, die ursprünglich wohl das ganze Kirchenschiff bedeckten und heute zu den wichtigsten Zeugnissen der romanischen Malerei mit ottonisch-byzantinischem Einfluß in Frankreich zählen.

Die zentrale Darstellung zeigt einen fast 4 m großen Christus in der Mandorla, umgeben von Petrus, Paulus und den Aposteln, denen ein Schriftband (die Gesetze) übergeben wird. Der somit symbolisierten Kirchengründung wohnen Heilige, römische Märtyrer und zwei Äbte von Cluny bei, nämlich St. Berno (der Gründer Clunys) und Hugo.

Unter den weniger zentral dargestellten Personen finden sich auch viele Heilige der Ostkirche. Da außerdem der Stil der Darstellung auffällig von anderen französischen Malereien des 12. Jh.s abweicht, gibt es verschiedene Interpretationen über ihre Ursprünge. Neben den Einflüssen karolingischer und ottonischer Herkunft scheint die byzantinische Ausdrucksweise, möglicherweise auf dem Weg über das christliche Italien, sich hier besonders durchgesetzt zu haben (beispielsweise im Stil der Gewänder).

Die »Kapelle der Mönche« in Berzé-la-Ville ist von Ostern bis Allerheiligen in der Zeit 9.00–12.00 und 14.30–18.00 außer Sonntagvormittag und Dienstagnachmittag zu besichtigen.

Weitere Sehenswürdigkeiten in Saône-Ebene und Bresse

Natur- und Kulturraum

Wenn Geologen und Geographen von der Saône-Furche oder dem Grabenbruchsystem von (Rhein-) Saône-Rhône sprechen, dann meinen sie damit die ganze Breite des tektonisch abgesenkten Grabens (bis zu 60 km), der links und rechts durch Gebirgszüge begrenzt wird: im Westen durch das Plateau von Langres und die burgundische »Côte«, im Osten durch das Jura-Gebirge.

Eine innere Gliederung ergibt sich aus historischen Zusammenhängen und natürlicher Ausstattung der Siedlungs- und Wirtschaftsräume in dieser Bekkenzone. Die überschwemmungsgefährdeten Talauen von Saône, Doubs, Vingeanne, Seille und anderen Nebenflüssen der Saône wurden im allgemeinen von Siedlungen gemieden und weisen teils versumpfte Wälder und Wiesen auf. An wichtigen Flußübergängen (Auxonne, St.-Jean-de-Losne, Chalon-sur-Saône) wurden jedoch befestigte Siedlungen angelegt, da die Saône-Ebene immer Durchgangsland und jahrhundertelang politischer Grenzraum war.

Die Schaltzentren der Macht hielten sich jedoch von der direkten Flußlage fern und bevorzugten Rückzugslagen (Autun) oder zumindest am Rande der Ebene gelegene Vorhügelzonen und dort wiederum Plätze, von denen Pässe und Pforten über Quertäler zu den Nachbarregionen führten (Dijon, Beaune; Dole in der Franche-Comté).

Historisch und wirtschaftlich wird ein nördlicher und ein südlicher Teil des Saône-Beckens unterschieden; die Trennungslinie verläuft ungefähr auf der Höhe der Departementsgrenzen zwischen Côte-d'Or und Saône-et-Loire (etwas nördlich von Chalon-sur-Saône). Der nördliche Teil wird »Vallée de la Saône« genannt, von den Agrarstatistikern noch unterschieden in die Talung des Saône-Zuflusses »Vingeanne«, die Gemüsebauzone »Val de Saône« und die westlich anschließende Ebene »La Plaine« (mit Dijon); der südliche Teil besteht aus dem »Chalonnais« einem schmalen Streifen links und rechts der Saône-Talaue, in dem nochmals Gemüsebau vorherrscht, und der südöstlich anschließenden »Bresse«.

Die Bresse wird von Nord nach Süd in die Teilbereiche »Bresse Chalonnaise« und »Bresse Louhannaise« sowie die »Bresse de Bourg« unterteilt, die schon zum Nachbardepartement Ain und damit zur Wirtschaftsregion Rhône-Alpes gehört. Dieser Teil des Landes (Ain) gehörte zum ehemaligen Königreich

Burgund und nach dessen Auflösung als Herzogtum Savoyen zum Groß-
deutschen Kaiserreich, ab 1601 zu Frankreich.

Die Böden der Bresse sind aus Mergeln und Sanden zusammengesetzt, die
sich im Vorland der letzten Vereisung gebildet haben. Sie sind im allgemeinen
nicht besonders fruchtbar und weisen teilweise stauende Nässe auf. Eine
Vielzahl von Seen und Teichen, die zur Fischzucht genutzt werden, überzie-
hen das Land; auch gibt es noch die Form der klassischen »Teichwirtschaft«,
bei der der Grund der meist flachen Teiche wie in einer Dreifelderwirtschaft
rotationsmäßig zur Fischzucht und dann nach Ablassen oder Auspumpen des
Wasser zur Landwirtschaft genutzt wird.

Im Mittelalter war dieses Gebiet unattraktives Grenzland, das große Waldbe-
stände hatte und allenfalls zur Jagd genutzt wurde. Seit dem 16. Jh. wurde es
systematisch von kleinbäuerlichen Betrieben besetzt, gerodet und teils drai-
niert. Typisch für die kleingekammerte Flur ist noch heute in weiten Teilen
das »Bocage«, die Heckenlandschaft, obwohl auch hier die Flurbereinigung
Wunden geschlagen hat.

Es gibt nur einige wenige größere Marktorte wie Louhans und Bourg-en-
Bresse (Ain), die besonders berühmt wegen ihrer Geflügelmärkte sind. Ansonsten ist die Streu- und Einzelhofsiedlung charakteristisch für die Bresse.
Die langgestreckten Bauernhäuser, die sich durch viele Schuppen und Anbauten auszeichnen, hatten ursprünglich ziegelgedeckte Walmdächer. Einige
von ihnen tragen noch die einst weitverbreiteten »Sarazenischen Schornsteine«, die filigranartig durchbrochen, teilweise gedreht und mit einer spitzen Abzugshaube versehen sind. Es soll noch etwa 60 von ihnen geben. Wie
der Name sagt, wird angenommen, daß dieser Schornsteintyp, der Ähnlichkeit mit den Schornsteinen des portugiesischen Algarve hat, aus dem südlän-
dischen Raum importiert wurde.

Die Bresse ist eine Region der Polykultur, in der Gemüse, Getreide (insbesondere Mais) und Obst, auch Hackfrüchte angebaut werden. Ihr weltweites
Renommée aber verdankt sie dem »Poulet de Bresse«, dem weißgefiederten
Bresse-Hühnchen. Es darf in seinen zwei bis drei ersten Lebensmonaten frei
herumlaufen und hat Anspruch auf mindestens zehn eigene Quadratmeter
Wiesengrund. Anschließend wird es noch ein bis zwei Wochen intensiv ge-
mästet. Neben der natürlichen Futteraufnahme durch die Wiesenhaltung darf
ein Zufüttern oder Mästen nur mit Mais, Milch und Milchprodukten gesche-
hen. Die Bresse-Hühnchen haben – und das ist wohl einzigartig auf der Welt
– nach dem Vorbild des französischen Weins eine regelrechte »Appellation
d'Origine Contrôlée«.

Die umfangreiche Verordnung aus dem Jahre 1957 begrenzt das Zuchtgebiet,
regelt das Aufzuchtverfahren und bestimmt das Mindestgewicht (bei Verkauf
nach Schlachtung 1,2 kg). Das Bresse-Geflügel (»Volaille de Bresse«) muß

durch Ring und Trikolore gekennzeichnet sein, aus denen Produzent, registrierte Farmnummer, Name der Zwischenstation (aufbereitender Schlachthof o. ä.) und der Name des Endverkäufers hervorgehen. Also eine eindeutig nachvollziehbare Kette, die auch weiterhin ein unverwechselbares Qualitätsprodukt gewährleisten soll unter der Devise »Le poulet d'aujourd'hui à la façon d'autrefois«.

Sehenswürdigkeiten

Vingeanne, Val de Saône und Bresse haben eine Reihe schöner Schlösser verträumter kleiner Städtchen aufzuweisen, nicht zu vergessen das Kloster Cîteaux, mittelalterlicher Ausgangspunkt des Zisterzienserordens (vgl. Kap. Cluny und Cîteaux sowie Abbaye de Fontenay; für Auxonne vgl. Kap. Gotik – weitere Sakralbauten). Nachfolgend die kurze Darstellung einiger Sehenswürdigkeiten in der Abfolge von Nord nach Süd.

Château Fontaine-Française

Die elegante Schloßanlage mit schönen burgundischen Ziegeldächern und Schloßteich stammt aus der Mitte des 18. Jh.s Sie wurde von Marie-François Bollioud de Saint-Julie, Generalsteuerbeauftragter des Klerus, an der Stelle einer feudalherrschaftlichen Burg des 14. Jh.s errichtet (Besichtigung: 1. Juli–30. September 14.00–18.00, dienstags und donnerstags geschlossen).
Die Ortschaft Fontaine-Française (ca. 800 Einwohner) stellte eine Enklave des französischen Königs im Herzogtum Burgund dar, daher der Zusatz »Française«. Im Schloß des 16. Jh.s hielt sich auch einmal ein König auf, nämlich Henri IV. während einer Schlacht (1595) gegen die Liga unter der Führung des lothringischen Herzogs Karl, die Henri IV. gewann. Zur Erinnerung daran wurde im Ort ein kleiner Triumphbogen aufgestellt (Straße nach Dampierre).

Saint-Seine-sur-Vingeanne

Die Ortschaft (ca. 300 Einwohner) besitzt eine romanische Kirche mit einem schönen dreigeschossigen Glockenturm und ein kleines Schloß aus dem 16.–18. Jh.

Château de Rosières

Das Schloß von Rosières liegt 5 km südwestlich von Saint-Seine-sur-Vingeanne. Die wehrhafte Anlage wurde von den Herren von Saint-Seine gegen
1474 errichtet und unter Louis XIII. restauriert. Der mächtige Donjon
(13,5 x 21 m) besitzt zwei bewohnbare Etagen und hat eine Gesamthöhe von
19 m. Die Mâchicoulis-Verzierung ist noch intakt, von den ehemaligen vier
Eck-Erkern jedoch nur noch einer. Der Treppenturm ist ein Anbau von
Louis XIII.
Das gesamte Ensemble war von einer Mauer mit teilweise erhaltenen runden
Türmen umgeben. Der quadratische Eingangsturm (16. Jh.) bildet mit seiner
Durchfahrt den Eingang zum heutigen Gut.

Château de Beaumont-sur-Vingeanne

Ein weiteres kleines Schloß, das jedoch keinen Wehrcharakter hat, sondern
der inzwischen rar gewordenen Gattung der »Folies« (»Verrücktheiten«,
meist Lustschloß, ohne dringenden »Zweck«) zugeordnet werden kann. Es
wurde im Jahre 1724 vom Abt Jolyot, Schloßkaplan von Versailles, zur Erho-
lung gebaut (Besichtigung: 1. August–15. September 15.00–18.00).

Château de Talmay

Das Schloß wurde um 1760 im klassischen Stil anstelle einer Burganlage des
13. Jh.s errichtet. Der Donjon stammt aus der Zeit der ersten Anlage unter
den Bauherren von Pontailler. Er hat einen quadratischen Grundriß mit einer
Seitenlänge von 22 m und weist vier bewohnbare Etagen auf. Die fünfte
Etage war für die Garnison bestimmt und ist daher mit besonders vielen
Latrinenerkern ausgestattet, die auch in den übrigen Etagen die Architektur
mitbestimmen. Mit dem polygonalen Turmaufbau beträgt die Gesamthöhe
54 m (schöner Ausblick). Innen sehenswerte Renaissance-Räume mit skulptierten Decken, Möbeln, Bibliothek. Gepflegter Park »à la française« (Besichtigung: Ostern–15. September 14.30–18.00 an Sonn- und Feiertagen;
1. Juli–15. September auch in der Woche außer montags).

Brazey-en-Plaine

Der kleine Ort (ca. 1600 Einwohner) ist industriell geprägt und setzt damit
seine Tradition fort, die er früher als Standort einer Gießerei gehabt hat
(Spitzname der Bewohner einst: »Gueules noires«). Der Ursprung des Ortes
wird auf eine galloromanische »Villa« zurückgeführt, von der aber keine

Überreste vorhanden sind. Stattdessen kann man Relikte eines Gebäudes im Nordosten der Kirche sehen, das Marguerite de Bourgogne als »Rendez-Vous« bei Ausritten zur Jagd gedient haben soll.

Eine weitere und im Wortsinn echte »Folie« hat der Baron von Mesnil (1803–1888) hinterlassen. Der Ägypten-Liebhaber wollte seinen Park in ein »zweites Luxor« verwandeln. Eine »ägyptische« Freitreppe, ein Säulengang und eine Kapelle mit Lotuskapitellen sind an Ort und Stelle erhalten. Ein Kiosk wurde zugunsten neuerrichteter Gebäude entfernt und sollte im Parc Magnin, der im Besitz der Nationalmuseen ist, wiedererrichtet werden (schöner Park mit Schloß aus dem 18. Jh, roséfarbene Ziegel).

Saint-Jean-de-Losne

Mit seinen ca. 1500 Einwohnern ist Saint-Jean-de-Losne die kleinste Stadt Frankreichs (nach der Fläche). Die ehemalige Grenzfestung errang im Jahre 1636 bei einer Belagerung durch die kaiserlich-österreichischen Truppen (60 000 Mann!) einen Durchhaltesieg, bis sie durch französische Truppen »entsetzt« wurde. Seitdem spricht man von der »Belle Défense de Saint-Jean-de-Losne«. Man machte sogar den Vorschlag, den Stadtnamen in »Belle Défense« zu ändern. Die von Louis XIII. zur Belohnung ausgesprochene Steuerbefreiung wurde dankbar angenommen. Sie ging erst mit der Revolution »die Saône hinunter«.

Ein Teil der Stadtbefestigung ist noch im Verlauf der »Promenades des Bastion des Charmilles« und »du Wauxhall« zu sehen. Außerdem besitzt das Städtchen eine schöne Kirche aus dem 15. und 16. Jh., deren Besonderheit ein stark geneigtes Kirchendach mit glasierten Ziegeln ist. Das typische Baumaterial der Ebene, in der sich früher viele Ziegeleien befanden (u. a. im benachbarten Brazey-en-Pleine), ist der rote Ziegel, wie ihn der Kirchenbau aufweist (Renaissance-Portal, innen Trophäen vom Sieg anno 1636). Die Stadt ist außerdem Stützpunkt der Binnenschiffahrt, denn hier münden der Canal de Bourgogne und drei Kilometer oberhalb, bei St.-Symphorien, der Canal du Rhône au Rhin (Rhein-Rhône-Kanal) in die Saône ein.

Seurre

Die kleine Stadt auf dem rechten Ufer der Saône beherbergt ca 2800 Einwohner. Schräg gegenüber der »Mairie« befindet sich im roten Backsteinhaus (16. Jh.) der Familie des Predigers und Schriftstellers Bossuet (er selbst wurde in Dijon geboren) eines der drei »Ökomuseen« Burgunds (die Nachbargebäude sollen integriert werden). Dieses »Ecomusée de la Saône« beherbergt Dokumente und Exponate zur Geologie, Geschichte, Wirtschaft und

Sozialkunde des Saône-Raumes. (Öffnungszeiten: Juli und August 10.00–12.00 und 14.30–18.00).
Seurre hat außer dem »Ecomusée de la Saône« eine schöne Kirche aus dem 14. Jh. (Portal, Rosettenfenster), ein Hospital aus dem 17. Jh. (bedeutende Barbara-Statue aus dem 15. Jh.) und ein Schloß aus dem 18. Jh. aufzuweisen. Seine Quais bieten Liegeplätze für Fluß- und Kanalfahrten.

Verdun-sur-le-Doubs

Das ehemalige »Virodunum« soll schon ca. 500 Jahre vor unserer Zeitrechnung gegründet worden sein. Der »grüne« Cantonshauptort (ca. 1150 Einwohner und »station verte«) liegt am Zusammenfluß von Saône und Doubs. Erwähnenswert ist dieses »Paradies der Fischer« auch für Gourmets, die vom Fischfang profitieren können. Spezialität ist hier nämlich die weitgerühmte »Pôchouse«, eine Art mediterraner Bouillabaisse, nur eben auf der Grundlage von Süßwasserfischen (und natürlich mit Wein zubereitet). Die im Jahre 1947 gegründete »Confrérie de la Pôchouse« sorgt für die rechte Traditionspflege dieser Delikatesse.
Daß der Getreideanbau der umliegenden Region ebenfalls einen wichtigen Wirtschaftsfaktor darstellt, kommt sowohl in Getreidesilos der Agrarcooperative von Verdun als auch in seinem »Musée du blé et du pain« zum Ausdruck (Öffnungszeiten Sa., So. 15.00–19.00, Rue du Pont Saint-Jean).

Pierre-de-Bresse

Der Name »Pierre« soll durch die benachbarte Lage zu einem keltischen Steingrab (pierre = Stein) entstanden sein, in dessen Nähe auch römische Münz- und Waffenfunde gemacht wurden. Die mittelalterliche »Cité très considérable« fiel einem Brand im Jahre 1637 zum Opfer. Mit dem Bau des Schlosses durch Claude de Tiard ab 1680 erwachte auch die Stadt zu neuem Leben (heute ca. 2100 Einwohner).
Das Schloß von Pierre-de-Bresse steht an der Stelle einer Burg des 13. Jh.s. Sie ging durch die Hände mehrerer Grundherren, bis sie in den Besitz des Dichters und Chalonnaiser Bischofs Pontus de Tiard (vgl. Kap.: Chalon-sur-Saône) gelangte. Sein Sohn Claude ließ die durch Kriegsauseinandersetzungen mit der Franche-Comté beschädigte Burg abreißen und das heutige Schloß dreiflügelig im Stil der Klassik errichten; es blieb bis ins 19. Jh. in den Händen der Familie Tiard. Die späteren Herren von Etampes verkauften es im Jahre 1956 an das Departement Saône-et-Loire, das dort zunächst ein Altersheim unterbrachte.
Die elegante Schloßanlage, die von einem 3,75 m breiten Wassergraben um-

geben ist (schönes schmiedeeisernes Eingangstor mit »Collier de l'Ordre du Saint-Esprit« = Ordenskette des Heiligen-Geist-Ordens), sollte dann jedoch auch der Öffentlichkeit zugänglich gemacht werden. Und als im Jahre 1981 das »Ecomusée de la Bresse Bourguignonne« aus der Taufe gehoben wurde, kam der Verwaltungssitz ins Schloß. Seit 1982 werden dort auch Besucher empfangen, die sich sowohl mit der wirtschaftlichen und soziokulturellen Entwicklung der Bresse als auch mit der Vergangenheit des Schlosses selbst vertraut machen können.

(Öffnungszeiten: 14.00–18.00 außer dienstags; Verwaltungsbüro des Ecomusée 9.00–12.00 und 13.30–17.30 außer samstags und sonntags; Adresse: Ecomusée Bourguignonne, Siège Social, Château de Piere-de-Bresse, 71270 Pierre-de-B., Tel.: 85 76 27 16).

Die französischen Ökomuseen haben viele Gesichter, und keins ähnelt dem anderen. Eines ist jedoch allen gemeinsam, sie sind voll und ganz auf die Mitarbeit ihrer Umgebung angewiesen und bauen viele »Antennen«, also objektbezogene Außenstellen auf. Die Zentrale ist nur ein Teil des »Museums«, aber gleichzeitig Organisation des ganzen Antennen-Netzes und Haupt-Dokumentationsstelle.

Zu den Außenstellen von Pierre-de-Bresse gehört auch das Weizen- und Brot-Museum von Verdun (s. dort), das zwar in mühsamer Lokalinitiative schon vorher gegründet, aber 1981 dem Ecomusée unterstellt wurde. Eine weitere Antenne besteht in Perrigny (Gemeinde Saint-Martin-en-Bresse), wo in einer ehemaligen Schule alles regional Bedeutsame zum Thema »La Forêt« (Wald und Forstwirtschaft) zusammengetragen wurde.

Weitere Themenkreise sind die Teiche, die Mühlen, die Wohnhäuser, die Landwirtschaft und die Kunst der Bresse (Musik), um nur einige Beispiele zu nennen. Gekennzeichnete Wege sollen zu charakteristischen Objekten und Landschaftsteilen führen. Zu der Aufgabenstellung des Ecomusées gehört in der Bresse aber vor allem die Inventarisierung jener Dinge, die durch die normalen Statistiken nicht erfaßt werden. Dieser »Inventaire du patrimoine mobilier et immobilier« soll dann auch ausgewertet werden und bei Fragen der Regionalplanung zur Anwendung gelangen.

Louhans

Louhans, dessen Name auf altburgundische Ursprünge zurückgeführt wird, war im Mittelalter den Herren von Sainte-Croix unterstellt. Diese verbrieften dem schon damals nicht unbedeutenden Marktort die Eigenständigkeit (Abgabenfreiheit) im Jahre 1269. Louhans lag an einer ehemaligen Salzstraße von den Salinen des Juras nach Süden und gleichzeitig am Weg von Chalon nach Genf. Die Seille war früher schiffbar und ist es auch heute wieder.

Die Unterpräfektur Louhans zählt ca. 4200 Einwohner (Stadt) und besitzt noch immer einen bedeutenden Markt für Rinder, Schweine und Bresse-Hühner. (Der Geflügelmarkt findet jeden Montag statt). Auch in Louhans gibt es zur Pflege der alten Traditionen eine »Confrérie gastronomique«, nämlich die »Poulardiers de Bresse«.

Von dem mittelalterlichen Stadtbild sind einige Überreste erhalten geblieben, dazu zählt der Anblick der schönen Arkaden in der »Grande Rue«. Die Mehrzahl der Arkadenhäuser stammt aber aus dem 17. und 18. Jh. Die spätgotische Kirche (15. Jh.), das Rathaus (18. Jh., mit einem ehemaligen Stadttor baulich verbunden) und das Hôtel-Dieu (18. Jh., hier vor allem die Apotheke) sind sehenswert.

Der Morvan und das Becken von Autun

Natur- und Kulturraum

Der Name »Morvan« ist keltischen Ursprungs und bedeutet »Montagne Noire« (schwarzes oder düsteres Gebirge). Diese Bezeichnung hat sicherlich mehrere Gründe. Zunächst einmal ist der Felsenuntergrund, dort, wo er sichtbar wird, z. B. am Signal d'Uchon, von grauschwarzer Tönung. Das überwiegend granitische Tiefengestein hebt sich damit deutlich von dem hellen Kalk der burgundischen Umgebung ab. Sodann ist der Morvan aufgrund seiner Höhenlage (höchste Erhebung: Haut-Folin, 901 m) häufig von Wolken verhangen, und es regnet viel (über 1000 mm). Und schließlich ist das Mittelgebirge vor allem eine Waldregion, in der sich zwischen den verstreuten Weilern der Sage nach Teufel, Feen und »Envaudoyeurs« (»Spieler«, die die Schicksalskarten mischen und aufdecken) ein Stelldichein geben. Alles in allem also eine ziemlich finstere Angelegenheit, sollte man meinen. Doch gerade dieser melancholische Reiz des abgelegenen, verwunschenen Rückzugsgebietes wurde zum neuen Ansatzpunkt für den Tourismus, insbesondere, seitdem der zentrale Teil des Morvan im Jahre 1970 zum Naturpark erklärt wurde.

Die Pariser hatten den Morvan schon längst für sich entdeckt, denn sie können auch zum Wochenende in etwa zwei Stunden dort sein. Und da in dem wirtschaftsschwachen Abwanderungsgebiet viele Häuser leerstanden, wurden die meisten als Zweitwohnsitze aufgekauft. Im 19. Jh. kam die feine Gesellschaft in Paris (und auch andernorts) auf den Gedanken, daß Neugeborene nicht von der Mutter, sondern von einer rustikalen Amme genährt werden sollten. So wurde die Ammenstelle in Paris ein regelrechter Erwerbszweig für die Frauen aus dem Morvan, »Les Morvandelles«. Auch wurden teilweise Pariser Babies in den ersten Lebensmonaten in den Morvan zur Pflege gegeben. Die Verbindung Paris–Morvan hat also Tradition.

Weitere traditionelle Erwerbszweige im Morvan waren stets Holzwirtschaft, Flößerei und Viehzucht, wobei das Vieh im Morvan praktisch nur geboren wurde und dann als Pachtvieh in die fruchtbaren Ebenen des Auxois oder Bazois zur Mast geschickt oder dorthin verkauft wurde. Längst nicht alle Familien konnten davon leben, so war Saisonarbeit während der Erntezeit außerhalb des Morvans oder Fortzug oft die einzige Lösung.

Der Naturpark Morvan

Die Einrichtung eines Naturparks sollte durch Förderung des Fremdenverkehrs ein neues wirtschaftliches Standbein schaffen und zur generellen Image-Aufwertung der »düsteren« Region beitragen. Erste Erfolge zeichnen sich ab, obwohl der Tourismus hauptsächlich auf die Sommersaison beschränkt bleiben wird. Am Haut-Folin besteht zwar der einzige Skilift Burgunds, aber die Schneeverhältnisse sind nicht allzu zuverlässig, so daß keine Langzeitplanung erfolgen kann. Loipen für den Skilanglauf sind auch vorhanden.

Der »Parc Naturel Régional du Morvan« liegt im Herzen Burgunds und umfaßt 64 Gemeinden aus allen vier burgundischen Departements. Die Erhebung zum Naturpark war relativ unproblematisch, der Zusammenschluß der 64 Gemeinden vollzog sich auf deren eigenen Wunsch. Insofern ist allerdings die Abgrenzung nach außen hin etwas willkürlich.

Im Naturpark leben etwa 33 000 Menschen. Von der 175 000 ha großen Fläche des ausgewiesenen Gebietes sind ca. 70 0000 mit Wald bedeckt, und 1300 ha werden von Wasserflächen eingenommen. Bei den fünf größeren Stauseen handelt es sich um Wasserreservoire, die angelegt worden waren, um die Flößerei ins Pariser Becken zu ermöglichen. Bald wurde der Wert dieser Rückhaltebecken auch für die allgemeine Regulierung der Hochwasserstände der Morvan-Flüsse wie Yonne, Cure, Aron erkannt und schließlich an einigen der Becken Wasserkraftwerke installiert. Der Stausee von Pannesière-Chaumard hat beispielsweise eine Längserstreckung von 7,5 km und ein Fassungsvermögen von 82,5 Millionen Kubikmetern Wasser. Ein Wasserkraftwerk, das unterhalb der 340 m langen und 50 m hohen Staumauer ange-

Autun, Saint-Lazare, Tympanon mit Archivolte und Medaillons ▷

legt ist, produziert jährlich 18 Mio KWh Strom. Damit es zu keinen Konflikten mit den Anglern und Wassersportfreunden kommt, wurde ein geregelter Jahreskalender entwickelt, wann die Stauwehre geöffnet werden und mit talabwärts höheren Wasserständen gerechnet werden muß.

Vor allem am Rande der Seen haben sich einige kleinere Ferienzentren entwickelt, die sich auf den Wasser- und Reitsport eingerichtet haben, aber auch das markierte Wanderwegenetz ist ein großer Trumpf der Region. Es ist mehrere hundert Kilometer lang. Der internationale »Europäische Fernwanderweg« E 3 (Deutschland–Luxemburg–Frankreich–Spanien) durchquert den Morvan von Vézelay über den Lac des Settons nach Süden, eine Abzweigung (GR 131) führt nach Autun.

Zudem hat das »Syndicat Mixte du Parc Naturel Régional du Morvan« einen Rundwanderweg entwickelt, der die fünf großen Seen berührt (»Tour du Morvan par les Grands Lacs«). Er ist 220 km lang und in 10 einzelne Etappen unterteilt. Die kürzeste umfaßt 19 km, wofür etwa 5 Stunden angesetzt werden, die längste Etappe 27 km mit 6 Std. 45 Min. Einfache Unterkunft wird bei Privatleuten, auf einer kleinen Farm, in den hergerichteten Räumen einer Mairie, einer Schule oder einem Forsthaus geboten.

In Saint-Brisson, Etappe und Informationszentrum für den ganzen Park, findet man Unterkunft im ehemaligen Kloster. Das Zentrum bietet Geselligkeit, Ausstellungen und ebenfalls ein Museum über die »Résistance« im Morvan während des Zweiten Weltkrieges (Adresse: Maison du Parc Naturel Régional du Morvan, Saint-Brisson – 58230 Montsauche, Tel.: 86 84 91 11).

Der Morvan unter geologischen Aspekten

Die Abgrenzung des Morvan nach außen hin wird von seiten der Fremdenverkehrs-Organisationen verständlicherweise relativ großzügig und unterschiedlich gehandhabt. Die Karte zeigt eine der möglichen Versionen, die die Morvan-Randstädte miteinbezieht und den Morvan daher an den jeweiligen Gemeindegrenzen dieser Städte und Dörfer enden läßt.

Geologisch-geographisch gesehen, werden die Grenzen des Morvan hingegen durch Verwerfungen, Gestein und Intensität der Heraushebung des Höhenzuges bestimmt. Wie die geologische Karte Burgunds (vgl. Kap. Geologie) zeigt, wird das alte Gebirgsmassiv im Süden und im Westen von einer durchgehenden Verwerfung begleitet, die im Zuge der tertiären Neuheraushebung des Morvan entstanden ist. Diese Hebung hat im Südteil stärker gewirkt als im Nordteil. Im Süden liegen die absolut höchsten Erhebungen, und auch die relativen Höhenunterschiede zum Umland (Becken von Autun, Becken von Creusot, Plaine du Bourbonnais, Bazois) sind hier am größten. Im Norden senkt sich das Höhenniveau unmerklich ab und liegt nicht mehr

◁ *Autun, Saint-Lazare, Ausschnitt Tympanon: Erzengel Michael und der Teufel beim Wägen der Seelen*

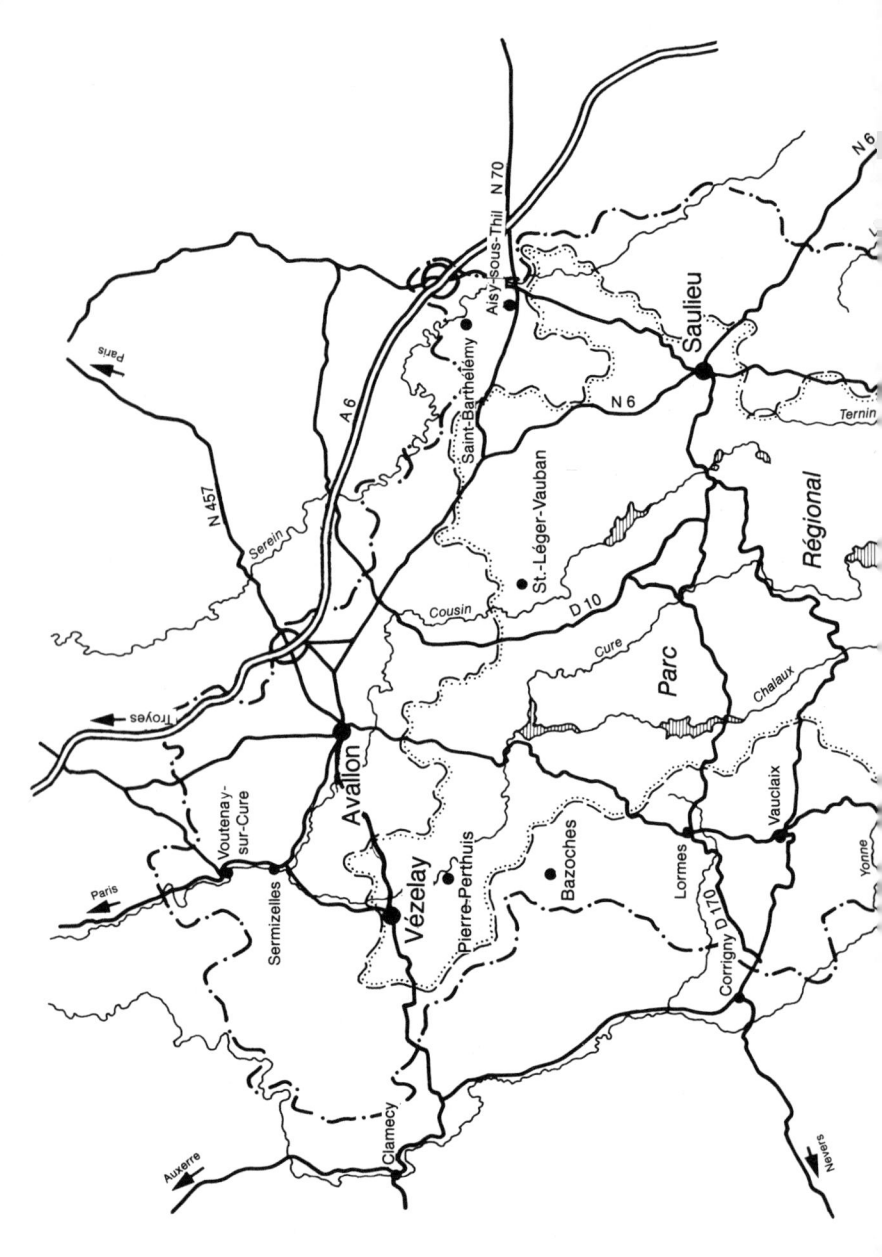

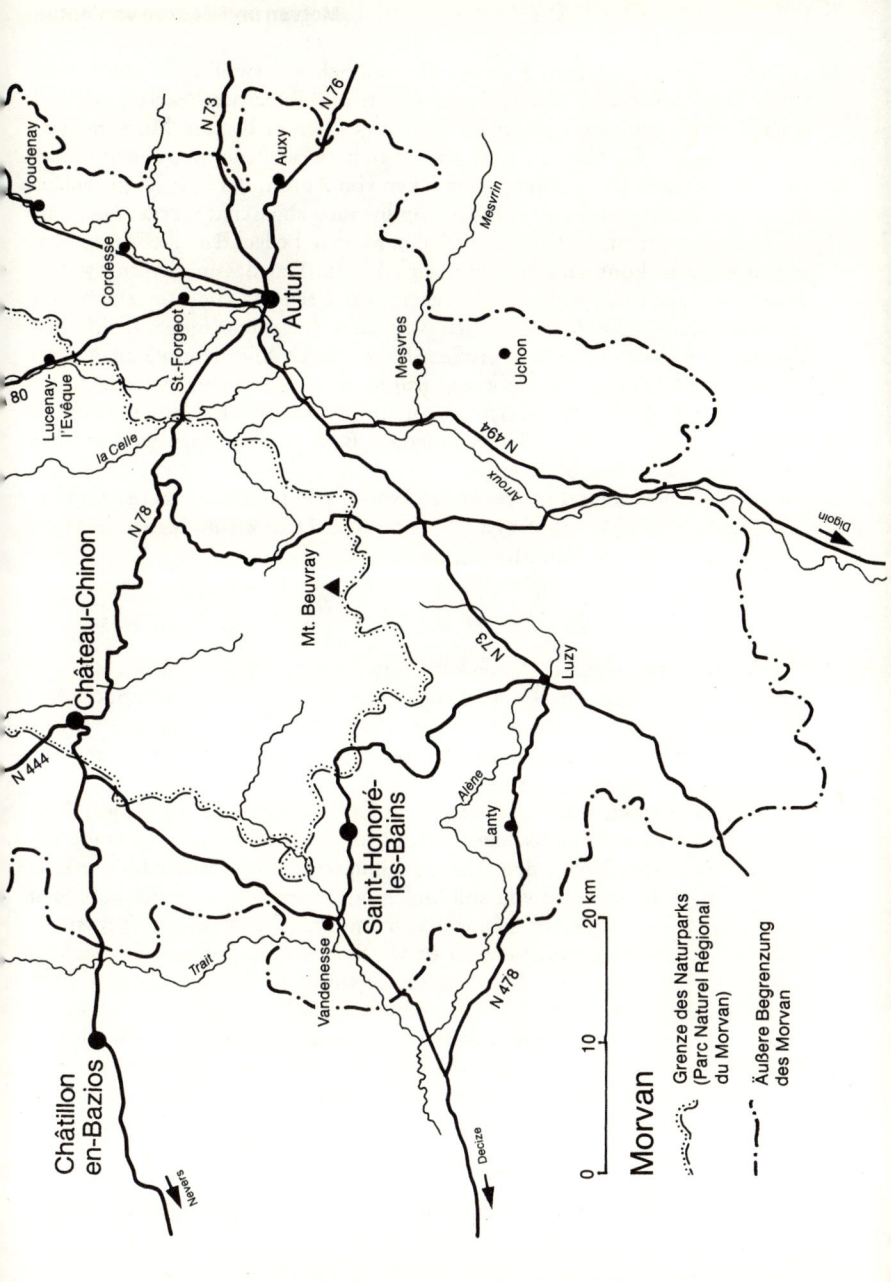

Morvan

Grenze des Naturparks
(Parc Naturel Régional
du Morvan)

Äußere Begrenzung
des Morvan

0   10   20 km

Châtillon-en-Bazios

Château-Chinon

Saint-Honoré-les-Bains

Autun

Voudenay

Cordesse

St-Forgeot

Lucenay-l'Evêque

la Celle

Auxy

Mesvres

Uchon

Mt. Beuvray

Luzy

Vandenesse

Lanty

N 73

N 76

N 78

N 444

N 494

N 478

N 80

Mesvrin

Arroux

Alène

Trait

Decize

Nevers

Dijon

viel über den jurassischen Plateaus des randlich aufgewölbten Pariser Bekkens. Der Nordostteil des Naturparks um den Pilgerort Vézelay, der auf
einer Schichtstufe liegt, gehört geologisch gesehen nicht zum Morvan-Mas-
siv. Der Süden des Morvan wird noch durch zwei Niederungszonen untergliedert. Die eine ist das Einbruchsbecken von Autun, das in einer gegenläu-
figen Bewegung zu der umgebenden Landhebung abgesenkt wurde. Die uralten Sedimentschichten, die einst auch den Morvan bedeckten, aber dort abgetragen wurden, konnten sich hier noch erhalten. Das Bassin d'Autun wurde
daher, wie auch das südlichere Becken von Creusot, zur Fundstätte von
Anthrazitkohle. (Sie wurde in den Vortiefen des ehemaligen variskischen
Gebirges angelegt, das sich in großem Bogen durch Mitteleuropa zieht.) Bei
Epinac, am Ostrand des Beckens, wurde diese Steinkohle gefördert, am
Westrand bei Autun hatte sich der ursprüngliche Faulschlamm nicht zu
Kohle, sondern zu Ölschiefer verwandelt. Beide Lagerstätten werden aber
heute nicht mehr abgebaut.

Eine weitere Senkungszone trennt den Naturpark im Süden von der Granit-
aufwölbung, die sich vom Signal d'Uchon über Dettey zum Signal de Mont
zieht und geologisch zum Morvan gehört.

Das Blockmeer vom Signal d'Uchon

Der Ausflug zum Signal d'Uchon kann unter verschiedenen Motiven angetre-
ten werden. Bei schönem Wetter genießt man einen herrlichen Weitblick zum
Naturpark und über die durch Wiesen und Hecken reich gekammerte zen-
tralburgundische Bocage-Landschaft. Besonders reizvoll können hier Son-
nenuntergangsstimmungen sein.
Der zweite Aspekt, unter dem sich eine Fahrt zum Signal d'Uchon lohnt,
sind seine bizarren, granitischen Felsklippen. Diese teilweise aufeinanderge-
schichteten und teilweise den Abhang hinuntergerollten Riesenblöcke sind
der Sage nach ohne Frage von spielenden oder verärgerten Teufelskobolden
in ihre heutigen Positionen gebracht worden. Da gibt es, wie in Tropfstein-
höhlen, Phantasiebenennungen einzelner Steine wie »Dolmen«, «Teufels-
kralle«, »Hundenase« etc. Das Blockmeer wird fröhlich als »carnaval« bezeichnet. Die Geomorphologen betrachten das »Chaos von Uchon« hingegen etwas nüchterner als ein in Burgund einmaliges Beispiel von »Wollsackverwitterung« mit Bildung einer »Felsenburg« und eines »Blockmeeres«.
Die Herausbildung dieser eigenartigen Formen, die ähnlich auch im Dettey
zu beobachten sind, ist nun folgendermaßen zu erklären. Zunächst einmal
muß im Untergrund ein zerklüftetes Material vorhanden sein, wie es mit dem
grobkörnigen Porphyrgranit von Uchon gegeben ist. (Sedimente, wie z. B.
Kalke oder Tone, scheiden also für die Wollsackverwitterung aus.) Sodann

Phase 1 Phase 2 Phase 3

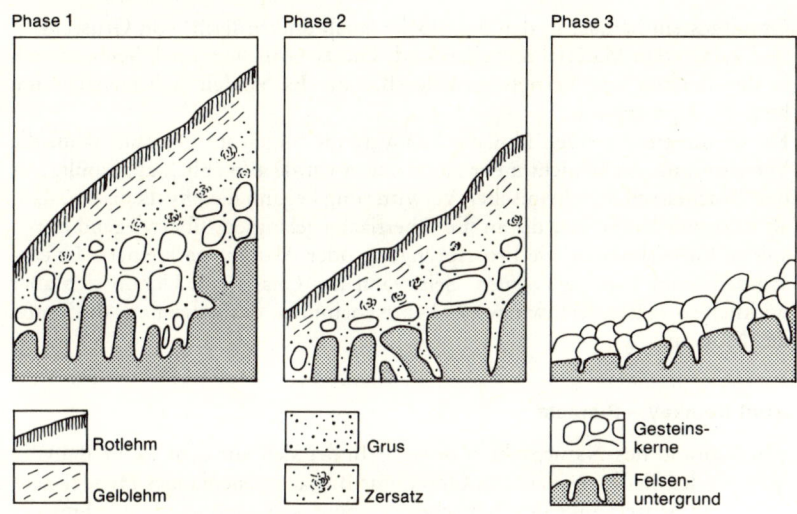

▨ Rotlehm

▨ Gelblehm

▨ Grus

▨ Zersatz

▨ Gesteins-
kerne

▨ Felsen-
untergrund

Wollsackverwitterung – Entstehung von Blockmeeren

müssen bestimmte Ereignisse wie Klimaänderungen oder tektonische bzw. sonstige Bodenbewegungen hinzukommen.

Der klüftige Granit ist anfänglich unter einer im Laufe der Zeit gebildeten Verwitterungsdecke begraben. Durch Heraushebungen und anschließende Abspülung bzw. Bodenrutschung durch Solifluktion (Bodenfließen) wird die aufliegende Verwitterungsdecke immer dünner, bis schließlich einzelne Blöcke an die Oberfläche kommen. Der Verwitterungsschutt wird auch aus den Klüften allmählich herausgepült, und die einzelnen Blockreihen, die noch immer nach dem alten dreidimensionalen Kluftsystem ausgerichtet sind, können noch für lange Zeit aufeinander liegenbleiben. Schließlich entstehen durch weitere Oberflächenverwitterung an den Steinen sogenannte Schaukelsteine, die schließlich von selbst umfallen, oder aber der Boden wird erschüttert (am Rande der Klippen von Uchon verlaufen mehrere Verwerfungslinien!), oder durch Auftauen und Wiedergefrieren des Bodens kommen die Steine durch das Bodenfließen von selbst ins Rutschen.

Da man weiß, daß noch heute unter tropischen Klimabedingungen die Tiefenverwitterung unter Ablauf von chemischen Prozessen sehr intensiv ist, kann man auch in Uchon von einer Ablösung der Granitblöcke von ihrem Untergrund und der charakteristischen Zurundung im tropischen Tertiär ausgehen. Die chemische Verwitterung löst auch einzelne Mineralien aus dem

Granitgestein heraus, so daß die Blöcke (auch unterirdisch) von Grusschicht und zersetztem Material umgeben sind. Dieser Grus liegt noch heute überall in den Spalten und Vertiefungen der Blöcke. Es handelt sich meistens um helle Feldspatkristalle.

Durch die einsetzenden klimatischen Veränderungen im Quartär nahm die Verwitterungsdecke nicht mehr zu, sondern wurde allmählich abgespült. Mit dem Nachlassen der chemischen Verwitterung begann die physikalische, d. h. ab jetzt wurden Steine, die an die Oberfläche gelangten, überwiegend durch solche Einwirkungen wie Frostsprengung oder Absturz zerkleinert. Es entstanden mehr kantige Formen. Seit wann das Chaos von Uchon sich aber wirklich so präsentiert, wie wir es heute vorfinden, das wissen nur die Teufel des Morvan.

Mont Beuvray – Bibracte

Am Südrand des Naturparks Morvan befindet sich auf dem Mont Beuvray (821 m) der Siedlungsplatz des Oppidums Bibracte, ehemaliges Handelszentrum und Mittelpunkt des keltischen Stammes der Häduer. Die Schmiedekunst der Handwerker aus Bibracte war bis nach Rom bekannt.

Die Siedlung war strategisch günstig auf einem Berg mit steilen Flanken angelegt worden, der eine relativ große, flache Kuppe besaß. Die Kelten benutzten auch häufig Spornanlagen, die nur an einer Seite eine natürliche Landverbindung hatten, welche sie dann künstlich durch Wälle und Graben abriegelten. Einen solchen »Eperon Barré« findet man im Morvan auch bei Dun-les-Places (über 100 ha geschützte Siedlungs- und Wirtschaftsfläche!), bei La Loutière in der Gemeinde Chaumard (60 ha), Fou de Verdun (Gemeinde Lavault-de-Fretoy, 27 ha) und an anderen Plätzen. In einer Nachbildung ist eine solche Anlage unter freiem Himmel im Archéodrome bei Beaune zu sehen.

Da sich in Bibracte zum erstenmal mehrere keltische Stämme zusammenfanden, um sich gegen die römische Fremdherrschaft zu wehren, wird das Jahr 52 v. Chr., obwohl es gleichzeitig auch die Besiegelung des Schicksals brachte, von den Franzosen als Ursprung eines »gallischen« Volkes gesehen. Der historisch bedeutende Ort auf dem Mont Beuvray wurde deswegen zu einer Art Nationalmonument. Am 17. September 1985 hat der französische Präsident Mitterand Bibracte zum »Site National« und »Haut Lieu de l'Histoire de France« erklärt. Anlaß dazu gaben die erneuten Ausgrabungen auf dem Mont Beuvray.

Die ersten Grabungen unternahm der aus Autun stammende Archäologe Bulliot (1817–1902) gegen Ende des 19. Jh.s. Die Funde sind im Museum von Autun zu besichtigen. Bulliot, der auch Präsident der »Société Eduenne« im

Zeitraum von 1861–1902 war, wurde auf dem Gipfel des Mont Beuvray ein Denkmal gesetzt. In der Nähe befinden sich auch eine Orientierungstafel, die die Aussicht ins Nivernais erläutert, sowie eine Kapelle und ein Kreuz zu Ehren des hl. Martin, der hier christianisierte und im Jahre 376 n. Chr. starb. Aus der Gallierzeit findet man außer dem Wallgraben-System mit seinen sechs Doppelhäusern noch neun Quellen innerhalb des Oppidums und drei weitere dicht außerhalb, sowie einen besonderen Fundort namens »Hôtel des Gaules« und den »Parc aux Cheveaux«.

Die neuen Grabungen, die am Nordrand der Umwallung im Jahre 1985 begannen, scheinen zunächst einen Teil der Nachfolgesiedlung aus der frühen Christenzeit freigelegt zu haben. Sie sind in ein großangelegtes Programm mit internationalen Forschern integriert, die auch geologisch-mineralische Untersuchungen am Mont Beuvray vornehmen. Außerdem wird eine vegetationsgeographische Erhebung vorgenommen, ein botanischer Lehrpfad eingerichtet und eine »Harmonisierung« zwischen den herrlichen, aber überalterten Buchenbeständen und den neuen Nadelwaldaufforstungen bei gleichzeitiger Neuanlage eines Wegenetzes vorgenommen.

Städte im Naturpark

Der Morvan ist so dünn besiedelt, daß Ortschaften, die Industriebetriebe, Supermarkt, Tankstelle und gar noch Neubauten mit Sonnenkollektoren, wie etwa Château-Chinon, aufzuweisen haben, getrost als Städte angesprochen werden dürfen (auch bei nur rd. 2700 Einwohnern). Der größte Ort im Naturpark ist Saulieu (3200 Einwohner), er besitzt als einziger einen Bahnanschluß. Das vor Touristen meist überquellende Pilgerstädtchen Vézelay zählt nur rd. 600 Dauerbewohner (vgl. Kap. Vézelay).

Château-Chinon

Château-Chinon, »die heimliche Hauptstadt des Morvan«, erreicht mit ihrem Kalvarienberg, von dem man einen sehr schönen Rundblick genießt, eine Höhenlage von 609 m. Der isoliert aufragende Berg war ursprünglich von einem keltischen Oppidum, anschließend von einem Römerlager und später auch von einem Schloß eingenommen, das den Einwohnern ihren unaussprechlichen Namen gab: »Les Châteauchinonais«. Zu sehen sind von den Anlagen nur noch wenige Bodenrelikte.

Château-Chinon besitzt zwei Museen. Das ältere ist das »Musée du Folklore et du Costume«. Es stellt im ehemaligen Hôtel de Buteau Ravisy einige Originalszenen aus dem Morvan des 18. und 19. Jh.s nach. Darunter befindet sich auch eine Zelle aus einem Visitandinnen-Kloster. Die Öffnungszei-

ten dieses Museums, das gleichzeitig als »Centre Culturel« fungiert, sind:
15. Juni–30. September Mi., Sa., So. nachmittags 14.30–18.00.

Das zweite Museum bietet in seiner Art etwas völlig Neues, nämlich eine
Auswahl der Staatsgeschenke, die der Präsident bekam. Das Museum heißt
nach der Amtsperiode von sieben Jahren, für die der französische Staatspräsident gewählt wird, »Le Musée du Septennat«. Die Frage, warum dieses
Museum gerade im Morvan eröffnet wurde, ist sicher berechtigt, aber ganz
einfach zu beantworten: François Mitterand war 35 Jahre lang Vertreter des
Departements Nièvre und 22 Jahre lang Bürgermeister von Château-Chinon
(1959–1981).

Das Museum ist im ehemaligen Kloster Sainte-Claire untergebracht, das aus
dem 18. Jh. stammt. Es zeigt Möbelstücke, Gemälde, Zeichnungen, Tapisserien, Schmuck und traditionelle Handwerksarbeiten. Ein Saal wurde im orientalischen Stil eingerichtet. Im ersten Stock werden regelmäßig wechselnde
Ausstellungsstücke gezeigt, da der Platz nicht für alle zugleich ausreicht.
Außerdem gibt es in dem Gebäude eine Bibliothek und einen Konferenzsaal.
Das Musée du Septennat ist geöffnet: 1. Juni–30. September täglich 10.00–
19.00. Freitags im Sommer bis 21.00. In der übrigen Jahreszeit Sa., So., an
Feiertagen und in Ferien. 6, Rue du Château, 58120 Château-Chinon, Tel.:
86 85 19 23.

Saulieu

Die Einwohner von Saulieu, darauf wäre man nun niemals gekommen, nennen sich »Sédélociens«. Sie sind bekannt für ihre gute Küche, die zumindest
früher einmal von berühmten Geistern und Gourmets wie Madame de Sé-
vignè und Rabelais kräftig gelobt wurde. Saulieu besaß nämlich eine Poststation, und so hat es stets viele Gäste gesehen.

Eine der heutigen Haupterwerbsquellen ist die Forstwirtschaft: im nahen
Forêt Domaniale de Saulieu, der ca. 770 ha umfaßt, werden Weihnachtstan-
nenbäume zu Tausenden geschlagen und ins In- und Ausland exportiert,
ebenso gibt es hier Baumschulen. Reit- und Wanderwege durch den Forst
sind ausgeschildert.

Die Basilika von St.-Andoche, die im 12. Jh. an der Stelle einer Klosterkirche
aus dem 8. Jh. errichtet wurde, ist vor allem berühmt wegen ihrer schönen
romanischen Kapitelle. Zu den bekanntesten gehört die Darstellung der
Flucht aus Ägypten. Der Gesichtsausdruck der Personen, auch in den anderen Darstellungen der etwa 50 Kapitelle (von ehemals 80), ist besonders
bewundernswert.

Eine weitere Kirche erhebt sich im Süden des Ortes, es ist St.-Saturnin, die
im 15. Jh. erbaut wurde. Auf ihrem Friedhof liegt der Bildhauer François

Pompon begraben. Auf seinem Grab wurde eines seiner Werke, ein Adler, aufgestellt.

Im Museum von Saulieu, das im ehemaligen Pfarrhaus (17. Jh.) bei der Basilika untergebracht ist, sind weitere Werke von François Pompon zu finden, außerdem Grabsteine aus einer frühgeschichtlichen Nekropole der Umgebung und Dokumente, die die eingangs erwähnten gastronomischen Qualitäten der Ortschaft bezeugen, sowie andere Exponate.

Das Museum ist das ganze Jahr über geöffnet, außer dienstags.

Auf den Spuren Vaubans

Im nördlichen Morvan wurde im Jahre 1633 Sébastien Le Prestre geboren, der spätere Feldmarschall Vauban. Er übernahm damit den Namen von einer der Besitzungen seines Vaters, die ebenfalls im Morvan lag. Außer dem »Château Vauban« konnte der erfolgreiche Feldmarschall und Festungsbaumeister des Königs (Louis XIV.) noch Bazoches, Pierre-Perthuis, Pouilly, Neuffontaines, Cervon, Epiny, La Chaume, Le Creuset (alle im Dep. Nièvre) und andere Besitztümer erwerben. Sein Geburtsort im Departement Yonne hieß ursprünglich St.-Léger-de-Foucheret, nahm aber im Jahre 1867 den Namen St.-Léger-Vauban an.

Als Militär-Ingenieur trat er mit 22 Jahren in den Dienst des Königs und befestigte im Laufe der Jahrzehnte mehr als 300 Städte und erbaute 33 neue. Da sich keine der Vaubanschen Neuanlagen oder typischen Wehranlagen (mit Bastionen, Gegenbastionen und befestigten Inseln in Wassergräben) in Burgund befindet, könnte man als Ersatz vielleicht das trefflich erhaltene Neuf-Brisach in der Rheinebene bei Colmar als Beispiel empfehlen. Befestigungen und städtische Schachbrettanlage mit zentralem Exerzierplatz sind hier bestens erhalten geblieben. Wie als Verteidiger, so war Vauban auch als Belagerer fast immer erfolgreich.

Weniger Glück hatte er allerdings mit ökonomisch-sozialen Schriften, die er im fortgeschrittenen Alter verfaßte. Besonders bekannt wurde sein »Projet d'une Dîme Royale«, das als Ideen-Beitrag zu einer Neuverteilung der Steuerlasten gedacht war und ihn beim König in tiefe Ungnade fallen ließ. Dabei waren seine Vorstellungen im Grunde sehr fortschrittlich und die bestehende Steuerpolitik unter Louis XIV. tatsächlich mehr als grotesk.

Vauban prangerte unter anderem die »Gabelles«, die Salzsteuern, an. Sie waren seit 1680 in der Form abgefaßt, daß jeder Bürger (älter als 7 Jahre) gezwungen war, jährlich 7 Pfund – hochbesteuertes – Salz zu kaufen. Dieses Salz war obendrein nur für die Suppe bestimmt, nicht für wirtschaftliche Zwecke, und kam selbstverständlich aus königlichen Salinen (z. B. Arc-et-Senans, der geplant angelegten Salinenstadt im Jura). Natürliche Salzquellen,

wie etwa diejenige der Fontaines Salées in St.-Père-sous-Vézelay (vgl. Kap.
Galloromanische Epoche) mußten auf Befehl zugeschüttet werden.

Bazoches

Der Feldmarschall und Marquis de Vauban starb im Jahre 1707 verbittert in
seinem Schloß Bazoches, das etwa oberhalb des gleichnamigen Ortes liegt.
Sein Herz blieb in der Schloßkapelle, sein Körper wurde in der Dorfkirche
von Bazoches begraben, wo er noch heute ruht. Vor der Kirche wurde eine
Büste von Vauban aufgestellt und an der Umgebungsmauer eine Erinnerungstafel angebracht. Vauban konnte Bazoches, ebenso wie das benachbarte
Schloß Vauban – beides ursprünglich Familienbesitz – im Jahre 1675 (wieder-)
erwerben, nachdem er vom König für die erfolgreiche Einnahme von
Maestricht eine Anerkennungssumme in Höhe von 80 000 Pfund bekommen
hatte. Château Vauban ist nicht zu besichtigen, das Schloß Bazoches nur nach
vorheriger Vereinbarung mit dem jetzigen Besitzer, Comte de Vibraye,
einem Nachfahren Vaubans.
Bazoches war zeitweilig der wehrtechnische Mittelpunkt Frankreichs. Der
Festungsbaumeister hatte hier, in dem neuerbauten, langgezogenen Westflügel des Schlosses, seinen Mitarbeiterstab von Ingenieuren untergebracht, der
in den Hochphasen der Kriegsführung viele Stadtbefestigungs- und Belage-
rungspläne zugleich austüfteln mußte.
Napoleon ließ das Herz von Vauban im Jahre 1808 nach Paris in den Invali-
dendom überführen, wo es sich nun im Kreise der nationalen Größen befindet. Fast wäre es auf dem Transport verlorengegangen, denn eine Geschichte
berichtet, daß der Stadtkommandant von Avallon mit einem Adjutanten ent-
sandt wurde, um die Überführung der Reliquie zu übernehmen. Kurz vor
Avallon entdeckten beide den Verlust des silbernen Behälters. Im Schutze der
Dunkelheit heimlich nach Bazoches zurückgekehrt, fanden sie das kostbare
Herz schließlich in der Futterkrippe des Pferdestalles. Es mußte dem Adjutanten wohl beim Aufsatteln aus der Manteltasche geglitten sein.

Saint-Léger-Vauban

Zur Pflege der Erinnerung an Werk, Schriften und zeitgenössische Umge-
bung Vaubans hat sich in seinem Geburtsort die »Association des Amis de la
Maison Vauban« gebildet. Sie präsentiert in dem Teil der Mairie, der ehemals
Schulzwecken diente, eine Ausstellung mit »Spectacle Audiovisuel«, das etwa
zwanzig Minuten dauert.
Besuch: An Wochenenden und während der Schulferien von 10.00–12.00 und
14.00–19.00. 89830 Saint-Léger-Vauban, Tel.: 86 32 24 08.
In der ehemaligen Renaissance-Kirche Notre-Dame-du-Bien-Mourir, die im

19. Jh. umgestaltet wurde, fand die Taufe von Sébastien le Prestre alias
Vauban statt.
Das Geburtshaus des berühmten Landeskindes steht nicht mehr. An seiner
Stelle erhebt sich heute eine Scheune, »La Grange des Oudots«; an ihrem
Giebel wurde eine Erinnerungstafel im Jahre 1933 (zum dreihundertsten Ge-
burtstag) angebracht. Die Vauban-Statue auf dem Platz du Motoir stammt
aus dem Jahre 1905.

Pierre-Perthuis

Ein letztes, aber besonders schönes Fleckchen Erde, das im Zusammenhang
mit Vauban genannt werden soll, ist Pierre-Perthuis. Der Ort verdankt seinen Namen einer durchlöcherten Felsbrücke oberhalb des Cure-Tals. Pierre-
Perthuis war im 11. und 12. Jh. befestigt, wurde aber in den Religionskriegen
geschleift. Vauban erwarb den Weiler, der noch eine Hausburg besitzt, im
Jahre 1680.
Man sollte unbedingt ins Cure-Tal hinabsteigen und die alte spitzgewölbte
Steinbrücke überqueren, die Vauban angelegt haben soll. Parallel dazu, nur
etliche Meter höher, überspannt jetzt eine moderne Brücke das Tal. Von ihr
hat man in Richtung Norden einen schönen Blick auf den Hügel von Vézelay.

Randstädte des Morvan

Die Randstädte und -städtchen des Morvan sind exzellente Ausgangspunkte
für Exkursionen oder auch längere Aufenthalte. Ansprüche an gehobene
Quartiere sind hier eher zu erfüllen. Eine besondere Möglichkeit, einen
Langzeitaufenthalt gleichzeitig mit einer Thermalkur zu verbinden, bietet
St.-Honoré-les-Bains.

Saint-Honoré-les-Bains

St.-Honoré liegt am Südwestrand des Morvan in etwa 300 m Höhe, zählt
etwa 850 Einwohner und jährlich über 6000 Kurgäste. Die drei Thermalquel-

len »Crevasse« (24°), »Garenne« (29°) und »Romains« spenden zusammen 30 000 Liter pro Stunde.

Die Ursprünge des Kurbetriebes gehen auf die römischen Thermen »aquae Nisinae« zurück. Auf ihren Überresten wurde im 19. Jh. eine neue Anlage erbaut, deren Empfangsgebäude erhalten blieb. Sonst wurden einige Modernisierungen vorgenommen, um die Heilungsuchenden bei Hals-, Nasen-, Ohren- und Bronchialleiden nach modernsten Gesichtspunkten behandeln zu können (vgl. Adressenliste im Anhang).

Die Werbung für Trink- und Badekuren in Burgund (auch in Santenay und Bourbon-Lancy) wird mit soviel Selbstironie betrieben, daß sie als ein Stück »farbiger« burgundischer Lebensart – hier zudem noch bereichert durch sprachlich unerwartete Wendungen – dem Leser nicht vorenthalten werden soll:

»Eine Bade und Trinkkur! Hier und da ein Bad und ein Glas: nicht immer sehr erfreulich, all das Wasser den lieben langen Tag.

Selbst wenn man in blendender seelischer Verfassung und Stimmung ist! Im Grünen sich wälzen und viele frische Luft tanken, das muß man gerne haben; alle Tage sich sagen ›ich zuerst‹, das ändert alles, endlich einmal an sich denken können, da kommt man richtig zu Kräften. Warum stumpfsinnig trinken, wenn es möglich ist, auf den Fußstapfen des Galliers Vercingetorix zu wandeln, die romanische Kunst von A bis Z zu wiederholen und die Heldentaten der Erzherzöge auswendig zu lernen?

Warum träge trinken, wenn es möglich ist, auf spiegelglatten Seen zu rudern, auf Waldwegen sich im Laufschritt zu bewegen und auf kleinen Landstraßen kräftig radzufahren?

Warum grau und trübe trinken, wenn es möglich ist, gemächlich eine Schnecke zu verspeisen, das Leben in schwarzem Johannisbeerlikör rosig zu sehen und Wein... in sein Wasser zuzufügen?

Eine Bade- und Trinkkur ist viel amüsanter in Burgund!«

(Auszug aus dem Prospekt »Bade- und Trinkkuren in Burgund«)

Avallon

Die Anfahrt nach Avallon durch das Flußtal des Cousin ist besonders empfehlenswert, weil die Route sehr schön ist, und Avallon sich gleich von seiner besten Seite präsentiert.

Die in Form eines unregelmäßigen Dreiecks angelegte Befestigungsanlage nutzt den natürlichen Felsvorsprung über der Einmündung des Flüßchens

Minimes in den Cousin. Die ältesten Teile der Stadtmauer, um die man herumgehen kann, stammen von 1404, als der Burgunderherzog Jean sans Peur die Stadt neu befestigen ließ (Tour Beurdeleine an der Nordostecke). Alle Angriffe, Zerstörungen und Neubefestigungen dieser Stadt aufzuführen, würde Seiten füllen. Avallon befand sich in jedem Falle an der Hauptverbindung zwischen Burgund und der Île-de-France und war daher ein ständiger Zankapfel. Zu guter Letzt wurde die Stadtmauer von Louis XIV. an die Stadt verkauft, und sie blieb erhalten.

Neben dem schönen Altstadtbild sind besonders der Wacht-Uhrturm aus dem 15. Jh. und die Kirche St.-Lazare erwähnenswert.

St.-Lazare wurde im 11. Jh. auf den Grundmauern eines Vorgängerbaues aus dem 4. Jh. errichtet, von dem Überreste einer Krypta noch erhalten sind. Die Kirche entwickelte sich mit dem Aufschwung des Lazarus-Kultes gegen Ende des 11. Jh.s zum Wallfahrtsort. Obwohl der hl. Lazarus in Autun bestattet und verehrt wurde, waren angeblich Teile seiner Gebeine als Schenkung des Burgunderherzogs Henri le Grand nach Avallon gegangen. Aufgrund zunehmenden Pilgerandranges wurde die Kirche mehrfach vergrößert, so daß sie ein uneinheitliches architektonisches Bild aufweist.

Das Westportal ist reich skulptiert, wurde allerdings wiederholt beschädigt, unter anderem durch die Protestanten in den Religionskriegen. Ursprünglich hat es sich um ein Stufenportal mit Säulenfiguren gehandelt – einige sind erhalten –, wie es die gotischen Kathedralen Nordfrankreichs einzuführen begannen. Die üppigen Guirlanden-Verzierungen und Dekorationen zeigen noch eine letzte Hochblüte der Romanik. Doch im Kircheninneren mehren sich schon die gotischen Einflüsse mit der durchgehenden Verwendung des Spitzbogens.

Musée de l'Avallonais

Das Regionalmuseum befindet sich zusammen mit der Stadtbibliothek im »Ancien Collège« von 1653. Es zeigt Exponate zur Geologie und zu allen Zeitabschnitten von der Vor- und Frühgeschichte (Funde aus den Steinzeithöhlen von Arcy-sur-Cure, vgl. auch Kap. Die Bronzezeit) bis zum Mittelalter sowie Gemälde verschiedenster Künstler (u. a. Rouault, »la Misère«). Öffnungszeiten: 15. Juni–1. Juli täglich außer Mo., Di. 10.00–12.00 und 15.00–19.00. 1. Juli–15. September auch Mo. geöffnet. Place de la Collégiale, 89200 Avallon, Tel.: 86 34 03 19.

Autun

Autun liegt in einer Höhe von 300 m am Südostrand des »Beckens von
Autun«. Die zwei hohen Schuttkegel, die zusammen mit dem Kirchturm von
St.-Lazare das Bild der Stadt schon von weitem bestimmen, sind Überreste
des Ölschieferabbaus. Er wurde in den fünfziger Jahren des 20. Jh.s eingestellt.
Die Stadt ist terrassenförmig auf dem bewaldeten Berg Montjeu am Ufer des
Arroux, einem Nebenfluß der Loire, angelegt. Mit ihren rd. 21 000 Einwohnern ist Autun die fünftgrößte Stadt des Departements Saône-et-Loire, Verwaltungssitz des Arrondissements und Mittelpunkt des gleichnamigen Bistums.

Die Entwicklung der Stadt

Autun wurde vom Kaiser Augustus (63 v. Chr.–14 n. Chr.) als »Augustodunum«, d. h. als »Stadt des Augustus« gegründet. Diese Neugründung
sollte die zuvor zerstörte Siedlung Bibracte, die Hauptstadt des keltischen
Stammes der Häduer, ersetzen. Durch die Lage an der Via Agrippina, der
wichtigen Heerstraße von Lyon nach Boulogne, wuchs Augustodunum so
sehr, daß es nach der Hauptstadt Lugdunum (Lyon) zur glanzvollsten Stadt
der römischen Provinz Transalpina wurde. Die Bedeutung spiegelte sich auch
in Bezeichnungen wie »Rom des Nordens«, »Rom der Gallier« oder »Schwester und Rivalin Roms« (Soror et aemula Romae) wider.
Die Stadt war zur Zeit der Völkerwanderung von einer ungefähr 6 km langen
Stadtmauer umgeben und besaß das größte Amphitheater Galliens. Schon
damals hatte Autun ein ähnliches flächenmäßiges Ausmaß wie heute. Mehrere Straßenzüge regeln sich noch nach dem ursprünglichen Rechteckschema
ein.
Nach dieser Blütezeit wurde die Stadt im Jahre 270 n. Chr. durch den gallischen Gegenkaiser Tetricus gebrandschatzt und später durch die Vandalen
(406) und die Franken (534) endgültig zerstört. Nach Wiederaufbau der Stadt
sind die Grafen von Autun um 900 maßgeblich an der Etablierung eines
Herzogtums Burgund beteiligt, das vom französischen Königshaus zunächst
als Lehen und ab 1031 als Erbherzogtum vergeben wurde.
Im 12. Jahrhundert strömten große Pilgerscharen in die Stadt, um den Reliquien des hl. Lazarus zu huldigen. Um diese Zeit begann man auch mit dem
Bau der Kathedrale St.-Lazare (1120). 1379 wurde Autun im Hundertjähri-
gen Krieg durch englische Truppen eingeäschert. Doch die Stadt erlebte einen
erneuten Reichtum durch zwei ihrer Söhne: den burgundischen Kanzler Nicolas Rolin (1376–1462) und dessen Sohn, den Kardinal Rolin. Letzterer

machte Autun zum Bischofssitz und vollendete die Kathedrale. Auch im Jahre 1788 hatte Autun mit Talleyrand (1754–1838) einen berühmten Bischof. Heute ist Autun eine isoliert liegende Industriestadt inmitten eines überwiegend landwirtschaftlich strukturierten Gebietes. Die wichtigsten Industriezweige werden durch die Textilindustrie (Strumpffabrik Bégy), die Gießerei (Haushaltsgeräte Idéal Standard) und – bedingt durch die waldreiche Umgebung – die Möbelindustrie gebildet. 3700 industrielle Arbeitsplätze repräsentieren 40 % der Arbeitsplätze der Stadt.

Insgesamt ist aber zu sagen, daß Autun gegenüber den Vorzugsräumen Rhône-Saône-Graben und dem Loiretal einen Bedeutungsverlust und einen Bevölkerungsschwund zu verzeichnen hat.

Baudenkmäler aus römischer Zeit

Sowohl die heidnische Antike als auch die Romanik des christlichen Mittelalters haben in Autun ihre deutlichen Spuren hinterlassen. Wie sonst nur im provençalischen Süden Frankreichs bilden die Formen und Ausprägungen dieser großen Epochen einen harmonischen Zusammenklang.

Die vier bedeutendsten Bauwerke der römischen Weltstadt Augustodunum sind die beiden Stadttore Porte d'Arroux und Porte St.-André, der geheimnisvolle Janustempel und das Amphitheater. Da die Römersiedlung bedeutend größer als die Stadt im Mittelalter war, liegen fast alle römischen Baudenkmäler außerhalb des eigentlichen Stadtkerns.

Die Stadttore

Zur 6 km langen galloromanischen Stadtmauer gehörten vier Stadttore und 62 halbrunde Wachttürme; von den Stadttoren sind noch zwei erhalten. Sie stammen beide aus dem 3. Jahrhundert.

Die Porte St.-André (Porta Lingonensis) führte zu den Straßen nach Langres und Besançon und liegt heute an der Route Nationale 81. Etwas nordwestlich davon, an der heutigen D 980, findet man die Porte d'Arroux (Porta Senonica), die zur Via Agrippina führte. Beide Stadttore sind klar gegliedert: sie besitzen je zwei große Torbögen für die Durchfahrt von Fahrzeugen und sind von niedrigeren Durchgängen für Fußgänger flankiert. Eine Galerie mit Arkaden bildet den ersten Stock.

Die Porte St.-André ist das massivere Bauwerk. Die Galerie besteht aus zehn zierlichen Arkaden. Ein seitlicher Wachtturm wurde im Mittelalter in eine Kirche umgewandelt und ist dadurch erhalten geblieben. Mitte des 19. Jahrhunderts ist die Porte St.-André durch den Baumeister Viollet-le-Duc (1814–1874) erneuert worden. Der Legende nach fand der hl. Symphorian im Jahre 179 n. Chr. in der Nähe dieses Stadttores den Märtyrertod.

Die Porte d'Arroux ist weniger gut erhalten; es lassen sich jedoch auch hier

Autun

Autun, Saint-Lazare, Kapitell: Die Flucht nach Ägypten

die schönen Proportionen des Torbogens gut erkennen. Die Galerie ist mit kannelierten Pilastern mit korinthischen Kapitellen verziert und stammt aus der konstantinischen Epoche. Die Cluniazenser Architekten ließen sich durch diese antiken Formen inspirieren und verbreiteten sie in ganz Burgund. In Autun selber waren sie das Vorbild für die Emporendurchbrüche und die kannelierten Lisenen der Kathedrale St.-Lazare.

Der Janustempel

In der Ebene jenseits des Arroux steht das geheimnisvollste der Baudenkmäler aus römischer Zeit. Es ist ein 24 Meter hoher Turm, der aus grauen Quadermauern besteht und runde Fensteröffnungen und große Tore aufweist. Es sind nur noch zwei Fassaden von dem mächtigen Steinquadrat erhalten.

Dieser Bau ist als »Temple de Janus« in die Literatur eingegangen, obwohl keine Klarheit darüber besteht, welcher Gottheit er geweiht war. Es wird vermutet, daß die Ruinen Reste der erhalten gebliebenen, inneren Keimzelle eines Tempels sind. Conrad Streit präzisiert dazu, es handele sich entweder um den Innenausbau eines gallo-römischen Heiligtums in der Form der »Maison carrée« in Nîmes, das später seiner Säulen, Friese und Marmorverkleidungen beraubt worden sei, oder um die Cella eines Peripteros (also eines ringsum mit Säulen umgebenen Tempels), der den Dimensionen des Parthenon kaum nachgestanden haben dürfte.

Das Amphitheater

Das Amphitheater Augustodunums war seinerzeit das größte von ganz Gallien. Es hatte einen Durchmeser von 149 Metern und konnte etwa 15 000 Besucher fassen. Die Ränge, die im mächtigen Halbrund die Arena umgaben, waren in den steilen Berghang gebaut.

Das Theater war reich mit Plastiken geschmückt, von denen man heute noch einige sehen kann. Man hat nämlich erhaltene Skulpturen und Reliefs aus gallo-römischer Zeit in eine Hauswand in der Nähe des Eingangs eingelassen. Die Reste dieses Amphitheaters wurden 1931 ausgegraben.

Promenade des Marbres

Die Marmor-Promenade verdankt ihren Namen den Marmor-Statuen, die ursprünglich eine römische Prachtstraße links und rechts begleiteten. Die Straße führte zu einem Stadttor, von dem es jedoch keine Überreste mehr gibt. Von den Marmorstatuen ist das Standbild des Divitiacus erhalten.

Das Ende der Allee bilden heute zwei stattliche Gebäude, nämlich das schloßähnliche Hôtel Charmasse und das alte Seminar, das 1669 von Daniel Gitard, dem Architekten von Anne d'Autriche, fertiggestellt wurde. Mit

◁ *La Charité-sur-Loire, strategisch bedeutender Flußübergang und »älteste Tochter Clunys«*

seinem buntglasierten Ziegeldach und seinem hübschen Vorgarten »à la française« dient es heute dem Militär als »Vorbereitungsschule« (Ecole militaire
préparatoire).

Die Kathedrale Saint-Lazare

Die heutige Kathedrale St.-Lazare wurde von 1120 bis 1146 als Grabes- und
Pilgerkirche des hl. Lazarus erbaut. Es handelt sich um eine dreischiffige
Basilika mit einem Querhaus und einer Choranlage, die später baulich verän-
dert wurde.

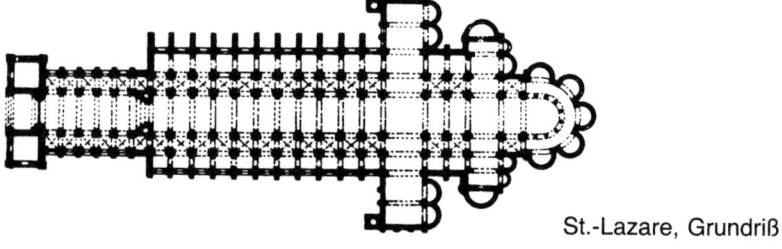

St.-Lazare, Grundriß

Der Legende nach kamen Lazarus und seine Schwestern, Maria, Martha und
Maria Magdalena, aus dem Heiligen Land nach Südgallien. Von Marseille aus
soll Lazarus als erster Bischof die Christianisierung der Provence eingeleitet
haben. Girart de Roussillon soll die Gebeine des Heiligen im Jahre 1079 aus
Marseille mit nach Autun gebracht haben. Da Lazarus auch der Schutzheilige
der Leprakranken war, strömten Massen von Pilgern nach Autun, um am
Grab des Heiligen Heilung zu finden. Herzog Hugues II. schenkte das Bau-
gelände, und im Jahre 1120 begann man, mit dem Sandstein der Umgebung
die Kirche St.-Lazare zu bauen.
Bereits 1130 erfolgte eine Weihe durch Papst Innozenz II. Im Jahre 1146 war
die neue Kathedrale so weit fertig, daß die Reliquien aus der alten Kirche St.-
Nazaire dorthin gebracht werden konnten. 1170 wurde unter dem Bischof
Etienne II. ein kostbares Mausoleum erbaut. Ab 1195 teilten sich St.-Nazaire
und St.-Lazare die Würde einer Kathedrale. Später jedoch verfiel St.-Nazaire
und wurde im 18. Jahrhundert abgerissen.
Im 15. Jahrhundert veranlaßte der Kardinal Rolin größere bauliche Veränderungen an der Kathedrale St.-Lazare. So wurde der durch einen Blitz getrof-
fene romanische Vierungsturm im Jahre 1469 durch einen gotischen ersetzt,
dessen Höhe ohne Holzgestühl 77 Meter betrug. Der Chor wurde durch
hohe Fenster als Halbkuppelgewölbe erhöht und dadurch erhellt. Die Seitenschiffe wurden durch reichverzierte spätgotische Kapellen – meist Stiftungen

von Domherren – erweitert; die rechten Seitenkapellen stammen vom Ende des 15. Jahrhunderts, die linken aus dem 16. Jahrhundert.

Als 1766 das mißliebig gewordene »gotische« Grabmal des hl. Lazarus abgerissen und verkauft wurde – Fragmente sind noch im Musée Rolin erhalten – ließen die Domherren die Apsis und den Chor mit Marmor verkleiden, der erst 1939 wieder entfernt wurde. Im Zuge dieses barocken Umbaus der Kirche wurde auch der Tympanon mit der Darstellung des Weltgerichts mit einer Gipsschicht überdeckt, da die archaischen Formen nicht dem Zeitgeschmack entsprachen. So wurde dieses Kunstwerk vor der Zerstörung während der französischen Revolution bewahrt und wurde dann im 19. Jahrhundert wieder freigelegt.

Nicht verschont wurden während der Revolution die Kirchenfenster. So existiert nur noch ein Fenster aus dem 16. Jahrhundert, das die Darstellung der Wurzel Jesse zum Thema hat. Die anderen Kirchenfenster stammen aus dem 19. und 20. Jahrhundert.

Äußerlich hat die Kathedrale ihren romanischen Charakter verloren: der Glockenturm und der Vierungsturm sind im »style flamboyant« erbaut; die beiden Türme über der Hauptfassade sind denen von Paray-le-Monial nachempfunden und stammen erst aus dem vorigen Jahrhundert.

Tympanon

Von Nordwesten führt eine Freitreppe zum Hauptportal mit dem berühmten Tympanon aus dem 12. Jahrhundert, der das Weltgericht darstellt. Er gehört zu den Hauptwerken der romanischen Skulptur, da eine Realistik und Unmittelbarkeit in der Darstellung vorhanden ist, die bis dahin ohne Vorbild war. Die großartige Wirkung dieses Werkes ergibt sich aus der Technik. Die Figuren sind je nach ihrer Bedeutung größer oder kleiner dargestellt, z. T. in großer Abstraktion. Der menschliche Körper erscheint nur noch als Symbol mit einer Wirkung wie Striche oder Runen. Diese Vereinfachung und gleichzeitige Übersteigerung der Figuren war für die damalige Zeit unerhört kühn. Durch die erzählenden Einzelheiten wurde das Tympanon zur »Biblia pauperum« (Bibel der Armen). Der Künstler behielt jedoch stets die Gesamtheit des Werkes im Auge; so sind alle Gruppen miteinander verbunden und in den gegebenen Rahmen gestellt. Während sonst im Mittelalter die Künstler namenlos blieben, ist uns der Bildhauer dieses Werkes bekannt; besser gesagt, er hat seinen Namen der Nachwelt selbst überliefert, indem er zwischen Türsturz und Tympanon zu Füßen der Christus-Figur folgende Inschrift eingemeißelt hat: »Gislebertus hoc fecit« (Gislebertus hat dies gemacht). Gislebertus gehört zu den wichtigsten Bildhauern des Mittelalters. Den Tympanon der Kathedrale von Autun hat er zwischen 1130 und 1140 (nach anderen Angaben zwischen 1130 und 1135) geschaffen.

Die Darstellung des Weltgerichts läßt sich in mehrere Bereiche gliedern:

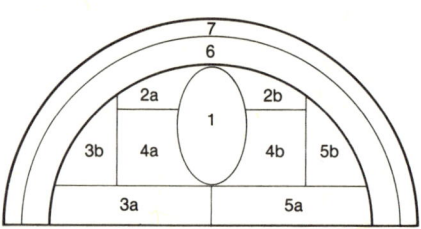

1	Christus in der Mandorla
2 a + b	Himmel/Paradies
3 a + b	die Auserwählten
4 a + b	die Apostel und das Jüngste Gericht
5 a + b	die Verdammten und die Hölle
6	Archivolte und Ornamentguirlande
7	Medaillons mit Tierkreis-, Monatszeichen und Blumen

Ein hieratischer »Christus in Majestas« steht riesengroß im Mittelpunkt des Tympanons (Höhe der Figur 3,05 m). Seine Mandorla wird von vier Engeln gehalten, von denen zwei stehen und zwei mit dem Kopf nach unten fliegen.

Tympanon von St.-Lazare, Jüngstes Gericht, Ausschnitt: Christus in der Glorie

Links und rechts vom Kopfe Christi befindet sich die Darstellung des Paradieses. Es wird symbolisiert durch Maria auf einem Thron sitzend (2 a) und zwei weiteren sitzenden Gestalten (2 b), in denen man zwei Apostel oder – was wahrscheinlicher wäre – Elias und Enoch vermuten kann, die lebend in den Himmel gebracht worden sind. Der untere Rand des Türsturzes zeigt die Auserwählten (links 3 a) und die Verdammten (rechts 5 a). In der Mitte, unter den Füßen Christi, trennt ein Engel mit einem Schwert beide Gruppen voneinander. Die Auserwählten befinden sich schon zum größten Teil außerhalb ihrer Gräber und sind – bis auf wenige Ausnahmen – nackt. Zwischen ihnen erkennt man drei Priester und zwei Pilger. Die Priester heben sich durch ihre Gewänder von den Pilgern ab, die durch ihre Pilgertaschen charakterisiert werden. Alle Gestalten dieser Gruppe beten Gott an und freuen sich über ihre Auferstehung.

Auf der rechten Seite des Tympanons sind die Verdammten dargestellt, die alle nackt sind und das Entsetzen im Gesicht tragen.

Innenaufbau

Das Innere der Kirche zeigt typische Cluniazenser Romanik: das Langhaus ist ein 23 Meter hoher, schmaler, mit einer Spitztonne überwölbter Raum, dessen Proportionen schon gotisch wirken. Dieser Eindruck wird noch durch besondere Stilmittel wie Spitzbögen der Arkaden und Gurte sowie hochgeführte kannelierte Pilastervorlagen verstärkt. Innenfassaden, die sich über drei Geschosse erstrecken und auch die Querschiffe einbeziehen, lassen den Raum in sich sehr geschlossen erscheinen.

Auf einer hohen Arkadenzone ist ein Blendtriforium errichtet, an das sich ein Obergaden anschließt. Eine Gliederung der Bereiche erfolgt durch reichverzierte Gesimse. Vor allem in den Kannelierungen der Pfeiler und Arkaturen der oberen Galerien zeigt sich der antikisierende Einfluß der romanischen Porte d'Arroux. Anders als in Cluny hat der Chor nur eine einfache Apsis und keinen Umgang mit Kapellen. Die Apsis zeigt heute wieder die ursprüngliche Gliederung mit einer Doppelreihe von Rundbogenfenstern zwischen Pilastern.

Unter dem Hauptaltar befinden sich in einem kleinen verglasten Schrein die Reliquien des hl. Lazarus.

Kirchenschiff von St.-Lazare, typisch cluniazensischer Wandaufbau

Der cluniazensische Einfluß auf den Kirchenbau ist durch die enge Verbindung zwischen Herzog Hugues II. und dem Orden zu erklären. Aufgrund der besonderen Funktion von St.-Lazare als Pilger- und Grabeskirche hat man jedoch eine Reduzierung des Plans gegenüber Cluny vorgenommen.

Kapitelsaal

In der Kathedrale gibt es 101 Kapitelle. Die 49 Figurenkapitelle stellen Erlösungsmotive und den Kampf der Menschen gegen Dämonen dar. So taucht auch hier das Thema des Tympanon in Form der Darstellung der Seligen und der Verdammten wieder auf.

Bei den Renovierungsarbeiten, die von Viollet-le-Duc im 19. Jahrhundert

Kapitell: Flucht nach Ägypten   Kapitell: Seitenschiffpilaster

durchgeführt worden sind, wurden die Pfeiler der Vierung verstärkt und die
Kapitelle dieses Bereiches durch Kopien ersetzt. Die Originale wurden im
»Salle capitulaire«, der ehemaligen Bibliothek des Domkapitels (16. Jahrhundert) untergebracht. Dieser Kapitelsaal ist über eine Treppe zu erreichen, die
von der rechten, neben dem Hauptaltar liegenden Kapelle ausgeht.

Die Kapitelle sind hier in Augenhöhe wieder ausgestellt worden, so daß alle
Feinheiten in Ruhe betrachtet werden können. Die bemerkenswertesten Dar-
stellungen befinden sich gleich rechts vom Eingang: »Ende des Verräters
Judas«; eine sehr realistische Darstellung mit zwei Dämonen, die an den
Stricken ziehen.

»Flucht nach Ägypten«; hier handelt es sich um eine liebevolle Erzählung der
Flucht, die sich besonders in der Darstellung von Maria und dem Kind
widerspiegelt.

»Erweckung der Hl. Drei Könige«; auch hier finden wir wieder eine sehr
innige Darstellung des Themas, vor allem hervorgerufen durch die vorsichtig
weckende Hand, die ein Engel einem der Schläfer zart auf die Schläfe legt.

Musée Rolin

Das Musée Rolin befindet sich nur einen Steinwurf von der Kathedrale St.-
Lazare entfernt, so daß der Zusammenhang zwischen seinem wohl bedeu-
tendsten Schaustück, der Eva von Autun, und der Kathedrale, von deren
Nordostportal sie stammt, erhalten geblieben ist. Das Museum ist benannt
nach dem bekannten burgundischen Kanzler Nikolas Rolin, dem Erbauer des
Hôtel-Dieu in Beaune.

Der Kanzler Rolin ließ sich im 15. Jh. in seiner Geburtsstadt ein Stadtpalais erbauen, das im 19. Jh. zum größten Teil einem Neubau, dem Hôtel Lacomme, weichen mußte. In diesem Gebäude und einem angrenzenden Flügel, der noch von dem Hôtel Rolin erhalten geblieben ist, befindet sich das Musée Rolin mit Exponaten aus den Epochen der Gallo-Romanik und des hohen bzw. ausgehenden Mittelalters.

Die »Eve d'Autun« oder auch »Tentation (Versuchung) d'Eve« stammt aus dem 12. Jh. und wurde mit größter Wahrscheinlichkeit, wie der Tympanon und wohl auch die Kapitelle der Kathedrale, von Meister Gislebertus geschaffen. Die Skulptur Evas, die nicht selten als »die weiblichste Figur des Mittelalters« bezeichnet wird, nahm ursprünglich eine Stelle im Türsturz des Nordostportals gleich rechts über dem Mittelpfeiler (des Portals) ein. Offensichtlich erotisch flüsternd versucht Eva, zwischen Blattwerk liegend, Adam zum verbotenen Genusse (des Apfels) zu überreden. Diese sonst ungewöhnliche, liegende Darstellung wurde durch die Anordnung und Form des Türsturzes bestimmt. Realismus und Schönheit der Darstellung sind beeindruckend, fast scheint die Figur zu schweben, dennoch ist sie an Knien und Ellbogen sanft am Bildrand abgestützt. Leider sind die übrigen Teile des Türsturzes verlorengegangen. Es ist anzunehmen, daß der linke Teil von einer ähnlichen Darstellung Adams ausgefüllt wurde und daß sich rechts hinter Eva die personifizierte Versuchung in Form einer Satansgestalt befand.

Weitere »Chefs d'œuvres« der Ausstellung sind Fragmente vom Grab des hl. Lazarus aus der Kathedrale, romanische Statuetten aus dem Kloster von St.-Martin-lès-Autun oder das Bild der Geburt Christi (»Nativité«) des Meisters von Moulin. Dieses Gemälde stammt wohl aus dem 15. oder 16. Jh., denn der Stifter des Werkes, Kardinal Rolin, ist hier ebenfalls dargestellt.

In einer anderen Abteilung sind Münz- und andere Funde aus den Grabungen, die Boulliot im 19. Jh. in Bibracte durchgeführt hat, zu sehen.

Muséum d'Histoire Naturelle

Da seit 1985 auf dem Mont Beuvray wieder gegraben wird, und zwar mit Unterstützung des zweiten bedeutenden Museums von Autun, dem Muséum d'Histoire Naturelle, sollte auch dieses zum Thema Bibracte/Mont Beuvray konsultiert werden. Es berücksichtigt mehr die naturgeographischen Bedingungen der Region, wozu auch die Frage der Bodenschätze im Becken von Autun und die – teilweise noch zu ergründende – Zusammensetzung der Mineralien bei Bibracte zählt.

Öffnungszeiten: Musée Rolin 15. März–30. September 9.30–12.00 und 14.30–19.00. 1. Oktober–14. März 10.00–12.00 und 14.00–16.00 (sonntags 17.00). Di. und Sonntagvormittag sowie am 1. Januar, 1. Mai, 14. Juli, 1. und 11. November und Weihnachten geschlossen.

Muséum d'Histoire Naturelle: 9, rue St.-Antoine. Ähnliche Öffnungszeiten
wie Musée Rolin. Geschlossen Di. und an besonderen Feiertagen, Tel.:
85 52 09 15.

Musée Lapidaire

Ein drittes Museum befindet sich in der Rue St.-Nicolas im Norden der
Altstadt. In der ehemaligen Kapelle St.-Nicolas, einem Bau aus dem 12. Jh.,
und in Nebenanlagen sind Skulpturen und Baudetails aus allen Epochen seit
der römischen Antike ausgestellt.
Öffnungszeiten: Ähnlich wie im Musée Rolin, jedoch im Monat Februar
geschlossen (ggf. im Musée Rolin nachfragen).

Nevers und das Nivernais

Geschichte der Stadt Nevers und des Nivernais

Nevers liegt in strategisch günstiger Übergangslage an der Loire, dort wo das
Flüßchen Nièvre von Norden in den meistens träge dahinfließenden und von
Geröllinseln durchsetzten großen Fluß mündet. Ein paar Kilometer flußabwärts gewinnt die Loire schon an Volumen durch die Einmündung des von
Süden kommenden Flusses Allier.
Die Stadt ist ebenso wie das Departement nach der Nièvre benannt, nur daß
der Stadtname Nevers sich aus der galloromanischen Schreibweise (Ne-
virnum) entwickelt hat, während die Benennung des Departements auf die
Zeit der napoleonischen Verwaltungsreform zurückgeht. Seitdem ist Nevers
auch Sitz der Präfektur; die Verwaltungs-, Industrie- und Handelsstadt zählt
gegenwärtig rd. 45 000 Einwohner.
Die römische Militärbasis lag am Rande des Häduer-Territoriums und war
für Cäsar in den gallischen Kriegen von großer Bedeutung. Die Häduer,
zunächst mit den Römern verbündet, schlossen sich im Jahre 52 v. Chr. mit
den südwestlich lebenden Arvernern zusammen und erhoben sich gegen die
Römerherrschaft, das Kastell an der Loire wurde von den Häduern in Brand
gesteckt. In der galloromanischen Zeit, während der »Pax Romana«, war das
heutige Nevers wiedererblüht und Sens unterstellt.
Ab 502 gehört Nevers zum Königreich der Burgunder und wird noch im
6. Jh. Sitz eines von der Diözese Autun losgelösten Erzbistums. Unter dem
Karolinger Karl III., der das nach dem Tode Karls des Großen dreigeteilte

Reich vorübergehend wieder zusammenfaßt (Ende des 9. Jh.s), kommt es zu
einer Verwaltungsgliederung, aus der auch die Erbgrafschaft Nevers hervorgeht. Doch der erste Graf, der wirklich in Nevers residiert, war Pierre de
Courtenay (ab 1184). Er ließ die Stadt mit einer neuen Befestigung versehen,
von der noch einige Reste vorhanden sind (Tour Goguin).
Nach dem Aussterben des Hauses Courtenay setzte der Herzog von Burgund, Philippe le Hardi, seinen Sohn Jean sans Peur zum Grafen von Nevers
ein. Doch noch vor dem Ende des Herzogtums Burgund ging das Nivernais
in die Hände des Grafen von Clamecy über, der wohl um 1475 mit dem Bau
des Herzogspalastes von Nevers begann. Die Residenz wurde allerdings erst
»herzöglich« mit dem Geschlecht der Herzöge von Kleve, die auf die Grafen
von Clamecy folgten und den Palast vollendeten.
Francois I. erhob die Grafschaft Nevers im Jahre 1538 offiziell zum Herzogtum und den Herzog zum »Pair« von Frankreich. Durch Erbfolge gelangte
das Herzogtum dann in die Hände des italienischen Hauses Gonzaga, der
Herzöge von Mantua. Unter ihrem Einfluß wurde die Keramik-Industrie in
Nevers begründet, die noch heute einen Teil des Wirtschaftslebens der Stadt
bestimmt und Nevers in aller Welt bekannt machte.
Im Jahre 1659 kaufte der königliche Ratgeber, Kardinal Mazarin, der die
Außenpolitik unter Louis XIII. und Louis XIV. stark beeinflußte, ansonsten
aber vor allem seine eigene Kasse gut verwaltet hatte, das Herzogtum Nevers
für 1 200 000 Pfund. Seine Familie stellte mit Jules Barbon Mancini-Mazarini
(Ururenkel des Kardinals) den letzten Herzog von Nevers; er starb 1798.
Wirtschaftlich ging es Nevers und dem Nivernais im 18. und 19. Jh. sehr gut,
da die Eisenhüttenindustrie zu voller Blüte gelangt war. Die seit der Antike
bekannten Eisenerzvorkommen, die im Tagebau gewonnen werden konnten,
Kohle bei La Machine, der Waldreichtum und die günstige Transportmög-
lichkeit der Eisenprodukte über die Loire, führten zu einer Vormachtstellung
der Region bei der Belieferung der königlichen Marine (Guérigny).
Im 19. Jh. zählte Fourchambault zu den bedeutendsten Eisenhütten und
-schmieden Frankreichs und beschäftigte zeitweilig 2000 Arbeiter; in Guérigny waren es noch einmal 900 und in Imphy 600. Mit der Erschöpfung des
Rohmaterials und dem Aufblühen anderer Reviere, insbesondere von Lothringen, ging auch diese Progressionsphase zu Ende, der Überlebenskampf
begann; der Kohlebergbau wurde eingestellt. In dem Industriestädtchen La
Machine befindet sich heute ein Bergbaumuseum (mit Bohrschacht Puits des
Glénons). Die Wirtschaftskraft des 19. Jh.s hat die Stadtentwicklung von
Nevers besonders stark beeinflußt, so wurde dieser bedeutende Loire-Übergang zum Eisenbahnknotenpunkt aller Himmelsrichtungen. Alliierte Bom-
bardements im Jahre 1944 galten vor allem dem strategisch wichtigen Transportweg. Sie zerstörten leider auch einen Teil der übrigen Stadt.

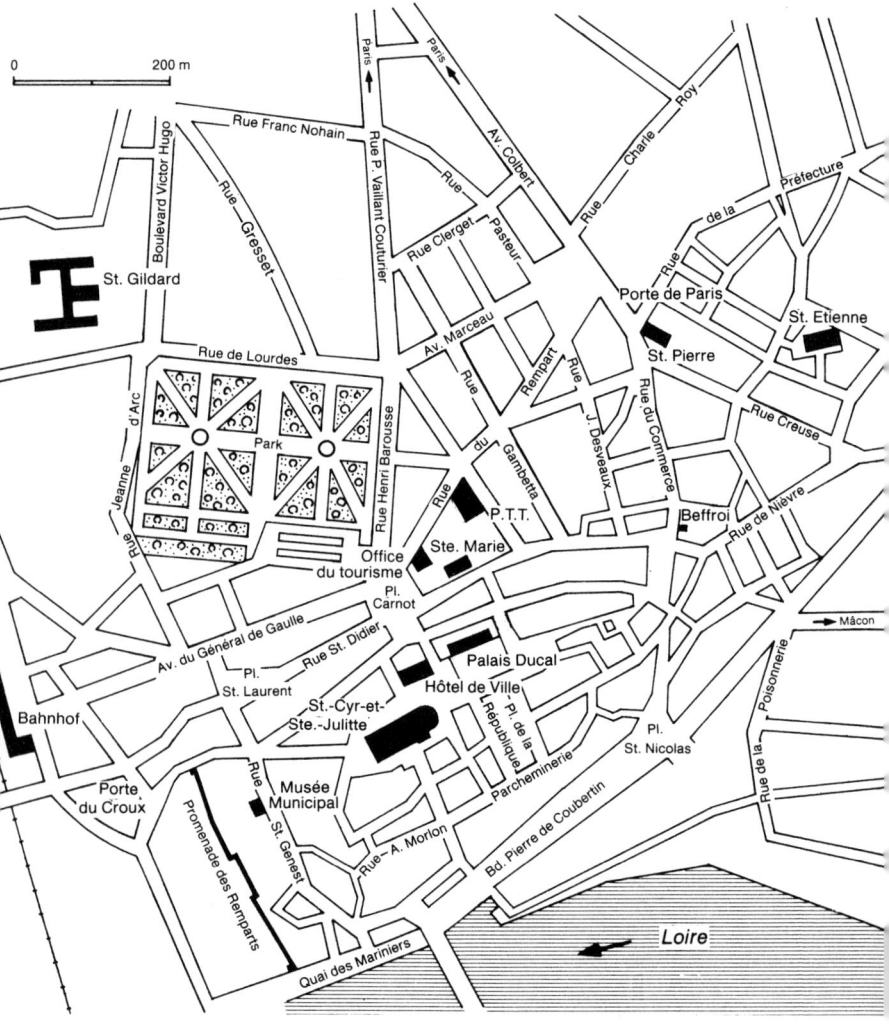

Nevers

Sehenswürdigkeiten in Nevers

Kathedrale Saint-Cyr-et-Sainte-Julitte

Die Kathedrale von Nevers ist in erster Linie ein gotisches Bauwerk, jedoch mit romanischen und noch älteren Partien ausgestattet. Bei den Restaurierungsarbeiten nach dem Bombenangriff im Zweiten Weltkrieg entdeckte man unterhalb des Chors Teile eines Baptisteriums aus dem 6. Jh. Es hatte einen oktogonalen Grundriß, dessen Innenraumdurchmesser 5,40 m betrug. Im Zentrum befand sich ein achteckiges Taufbecken, das durch einen Kranz von ebenfalls acht Säulen umgeben war. Nach außen zweigten jenseits der Säulen acht Nischen ab, von denen vier einen runden und weitere vier einen eckigen Grundriß aufwiesen, jeweils abwechselnd. Die Relikte sind nicht zu besichtigen.

Dieser Fund hat auch deshalb besondere Bedeutung, weil Baptisterien im 6. Jh. selten geworden waren. Das Taufritual hatte sich mehr und mehr vom Untertauchen des ganzen Körpers bei der Erwachsenentaufe gelöst, wodurch geräumige Becken und Nebenräume zum Auskleiden überflüssig wurden. Man ging einerseits zur Kindertaufe, andererseits zu einem kleinen Becken oder zum einfachen Besprengen mit Weihwasser über.

Über dem Baptisterium wurde später eine karolingische Rotunde errichtet. Beide dienten als Unterbau für einen frühromanischen Neubau der Kathedrale, den Bischof Hugues de Champallement um 1031 in Angriff nahm. Durch eine Brandkatastrophe im 13. Jh. ist aber auch von diesem Bau nicht viel erhalten. Unter Bischof Guillaume de Lazare wurde das Langhaus im gotischen Stil neu errichtet. Noch einmal wurde der Ostchor durch einen Brand zerstört, jedoch im 14. Jh. wiederaufgebaut. Im 14. Jh. wurde auch mit dem Bau des 52 m hohen Glockenturms begonnen, der jedoch erst im 16. Jh. vollendet wurde.

Beim gotischen Kirchenschiff fallen insbesondere die typisch burgundische, relativ breite Form und der doppelschalige Aufbau der Wand in der Obergadenzone (mit Laufgang hinter den Diensten) auf. An der Außenfassade beeindruckt die ungewöhnliche Bauweise, nicht nur die senkrechten Strebepfeiler, sondern gleichermaßen auch die Strebebögen noch mit Fialen-Türmchen zu besetzen.

Ein ganz besonderes Rätsel gibt allerdings der Westteil der Kathedrale auf, denn wir haben es hier mit einem in Frankreich völlig unüblichen (im Rheinland allerdings geläufigeren) Vorhandensein eines zweiten Chores am anderen Ende der Kirche zu tun. Da die Anlage romanisch ist (Fresken aus dem 12. Jh., Seitenkapellen hingegen aus dem 15. Jh.), erhebt sich die Frage, ob dieser Westchor, der mit Ste.-Julitte bezeichnet wird (daher der Doppelname der Kathedrale) von vornherein mit geplant war, oder ob gar ursprünglich der Bau »gewestet« statt »geostet« war.

Saint-Etienne

Die romanische Kirche Saint-Etienne geht auf eine ehemalige Cluniazenser-Priorei zurück und liegt deshalb außerhalb der ehemaligen Stadtmauern, im Osten von Nevers.

Der Bau wurde im Jahre 1063 als Schenkung des Grafen Guillaume I. begonnen und 1097 vom später heiliggesprochenen Bischof Yves de Chartres geweiht. Der Narthex wurde irgendwann entfernt, die beiden Westtürme und die Obergeschosse des Vierungsturms während der Revolution zerstört, aber sonst hat sich die Kirche im Originalzustand erhalten.

Saint-Etienne

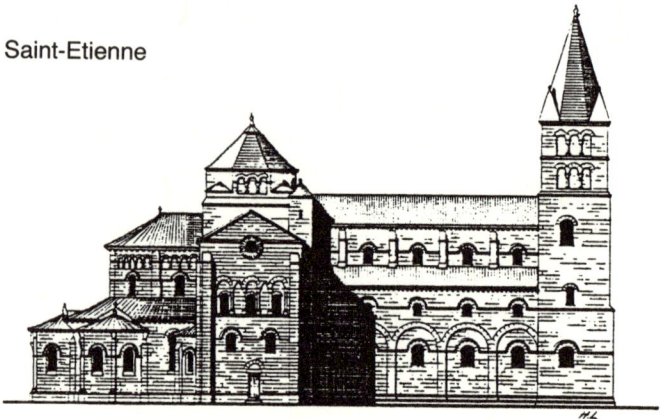

Aufriß

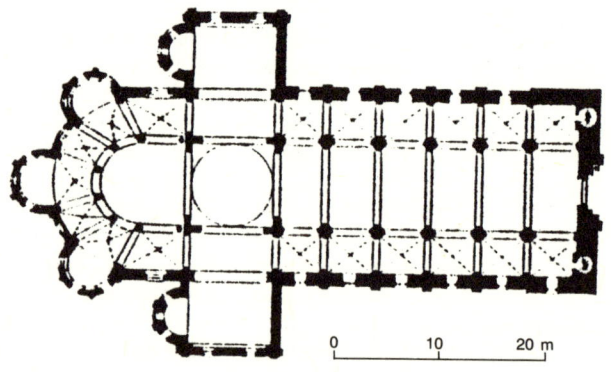

Grundriß

Der Grundriß erscheint zunächst nicht ungewöhnlich. Die Kirche ist drei-schiffig angelegt, mit einem breiten Mittelschiff und sechs Jochen ausgestattet. Die Seitenschiffe laufen hinter dem Querhaus in unverminderter Breite um den Chor herum, von dem drei Radialkapellen abzweigen. An den beiden Querhausjochen befindet sich ebenfalls je eine Kapelle.

Diese Großzügigkeit der Anlage ist dennoch keine Selbstverständlichkeit, denn bei fast allen übrigen romanisch-burgundischen Grundrissen der Epoche verengt sich der Chorumlauf gegenüber der Seitenschiffbreite (vgl. Cluny, Tournus oder Paray-le-Monial). Und auch der Aufriß zeigt Besonderheiten, vor allem durch das höhergezogene Mittelschiff, das auf diese Weise eine direkte Beleuchtung erhalten kann.

Der Innenaufriß ist dreigeschossig mit Arkadenzone, seitlicher, begehbarer Empore im Längsschiff und Blendtriforium im Chor, darüber die Obergadenzone. Emporenkirchen sind in Burgund sehr selten. Nevers war aber Ausgangspunkt zweier von drei möglichen Routen zwischen Vézelay und Limoges, an der Pilgerstraße nach Santiago de Compostela (vgl. Abb. Kap. Vézelay), und so kann man davon ausgehen, daß dieses Baumerkmal, das sich auch bei anderen Pilgerkirchen findet (Conques, Toulouse-Saint-Sernin u. a.) entlang des Wallfahrtsweges Verbreitung fand.

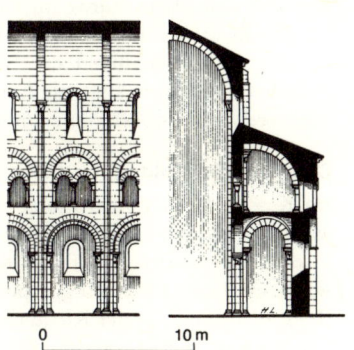

Saint-Etienne, Wandaufriß und Querschnitt durch das Langhaus

Schmuckformen haben im Kircheninneren von Saint-Etienne nur untergeordnete Bedeutung. Die Kapitelle sind, von Blattornamentik abgesehen, großenteils unverziert. An der Außenfassade sind demgegenüber insbesondere die Querhäuser und die Apsis mit Zierbändern und Blendarkaturen versehen. Die mit roten Rundziegeln gedeckten Dächer werden von Konsolen gestützt, die mit Ornamenten und Fabelwesen skulptiert sind. Die Steinmetzarbeiten von Saint-Etienne zeigen Verwandtschaft mit den Kirchen der benachbarten Auvergne. Aufgrund der genannten architektonischen Merkmale und der Mittlerstellung zwischen dem Süden und der Île-de-France ist Saint-Etienne zum Bezugspunkt zahlreicher kunsthistorischer Abhandlungen geworden.

Chapelle Sainte-Marie

Als absoluter Gegenpol zum schlichten Formenschatz der Romanik kann wohl der barocke Reichtum der zweistöckigen, mit Nischen, Gesimsen, Vo-

luten und Pilastern geschmückten Fassade von Sainte-Marie gelten. Die Kapelle (Rue St.-Martin, nördlich des Herzogspalastes) wurde 1649 fertiggestellt. Sie gehörte zu einem Visitandinnen-Kloster und wurde von Mademoiselle de Bréchard errichtet, die aus dem Nivernais stammte, in den Orden
eintrat und als Oberin in Moulins von Francois de Sales nach Nevers geschickt wurde, um hier das siebte Visitandinnen-Kloster Frankreichs zu errichten.

Saint-Pierre und Porte de Paris

Ein weniger spektakuläres, aber auch schönes Beispiel für den Kirchenbau
des 17. Jh.s stellt St.-Pierre (1612) nahe der Porte de Paris dar.
Die Porte de Paris wurde im 18. Jh. an der Stelle eines Stadttores aus dem
12. Jh. als Triumphbogen anläßlich des Sieges von Fontenoy (heute Belgien)
errichtet. Dort schlugen der Marschall von Sachsen und der König von
Frankreich im Jahre 1746 die Engländer und Holländer. Eine im Triumphbogen verewigte Lobeshymne auf Louis XV. stammt von Voltaire.

Couvent Saint-Gildard

Im Kloster Saint-Gildard lebte von 1860–1879 Bernadette Soubirous, deren
Marien-Visionen in der Grotte von Massabielle bei Lourdes (1858) zum Aus-
löser einer modernen Variante des Wallfahrtstourismus wurden. Bernadette
wurde im Jahre 1933 heiliggesprochen. Ihr Leichnam ruht in einem gläsernen
Reliquienschrein in der Klosterkapelle. Außerdem befindet sich hier ein klei-
nes Museum mit Erinnerungsstücken aus dem Leben der heiligen Bernadette.
Öffnungszeiten: Täglich, ohne Schließung während der Mittagszeit, Tel.:
86 57 79 99.
Ihr zu Ehren wurde außerdem eine moderne, kontrovers diskutierte Beton-
Kirche im Norden der Stadt benannt (1966 fertiggestellt, Bd. du Lattre-de-
Tassigny).

Herzogspalast

Der erste Bauabschnitt des »Palais Ducal« wurde im 15. Jh. unter Jean de
Clamecy gleich neben dem unkomfortablen Festungsbau der Grafen von
Courtenay errichtet, an dessen Stelle sich heute das Hôtel de Ville befindet.
Die noch mittelalterliche Anlage von vier runden Ecktürmen, wie sie bei den
Burgen üblich war, erinnern an diese Bauphase, ebenso die spitze Dachform
und insbesondere die hohen runden Schornsteine, die jeweils aus einer Bün-
delung von sechs Zylindern bestehen. (Ähnliche Schornsteinformen finden
sich auf dem mit Schiefern gedeckten, meist unbeachteten Eingangsflügel des
Hôtel-Dieu in Beaune.)
Die auf die Grafen von Clamecy folgenden Herzöge von Kleve und Gonzaga

vollendeten den Bau im 16. Jh. im Stil der Renaissance. Man kann ihn durchaus in die Reihe der Loire-Schlösser einordnen und doch gleichzeitig noch die Struktur der mittelalterlichen Burg erkennen. Anstelle eines zentralen, massiven Flankenturmes wurde hier ein graziler Achteckturm entworfen, der die »Ehrentreppe« umgibt und durch ein kleines Glockentürmchen bekrönt wird.

Die schrägversetzten, annähernd quadratischen Fenster lassen den Treppenverlauf auch von außen erkennen. Die im 19. Jh. erneuerten Reliefs zwischen den Fenstern erzählen die Legende des Schwanenritters Lohengrin und weisen damit auf die sagenumwobenen Vorfahren des Hauses Kleve hin. Am linken Eckturm befindet sich eine Tafel zur Erinnerung daran, daß zwei Prinzessinnen aus Nevers Königinnen von Polen wurden, nämlich Louise-Marie de Gonzague und Marie de la Grange d'Arquian.

Die Gartenanlage vor dem Schloß, die den Blick auf die Loire freigibt, wurde von Charles de Gonzague um 1612 geschaffen. Sie war ein erster Ansatz zu einer geregelten, stadtplanerischen Anlage der Renaissance, in die sich auch noch die anliegenden Straßen einordnen. In Nevers ist Charles dann mit seinen Plänen nicht weiter vorgedrungen. In Charleville an der Meuse hingegen, das noch immer seinen Namen trägt (heute Charleville-Mézières), hat der Stadtplaner und Architekt Charles de Gonzague eine Reißbrettstadt des 17. Jh.s geschaffen, zu deren schönsten Plätzen auch dort eine »Place Ducale« gehört.

Geschichte der Fayencen – Musée Municipal

Die Fayence ist eine relativ weiche und poröse Keramik aus Tonerde, Sand und Kalkmergel, die zunächst bei hohen Temperaturen (bis zu 900°) gebrannt, dann mit einer Zinn-Blei-Glasur versehen und anschließend noch einmal bei niedrigeren Temperaturen gebrannt wird. Der Name wird vom italienischen Zentrum der frühen Keramik-Erzeugung, Faenza, abgeleitet.

Im Jahre 1556 gründte Sebastiano Griffo aus Genua zusammen mit Domenico Tardessier aus Faenza eine Keramik-Manufaktur in Lyon. In den folgenden Jahren entstanden weitere italienische Werkstätten in Nantes, Nîmes und Nevers. Sie brachten neue Methoden, Stile und Farbgebungen nach Frankreich, wo bis dahin nur die Verwendung von Bleiglasuren bekannt war.

Die Dekoration der Erzeugnisse jener französisch-italienischen Manufakturen war im Urbiner Stil gehalten, wies jedoch in einigen Details und in der Farbgebung auch schon eine gewisse Selbständigkeit auf. Der Urbiner Stil entwickelte sich im zweiten Viertel des 16. Jh.s; er wird auch als Periode des

»schönen Stils« bezeichnet und ist charakterisiert durch figurale Szenen mit mythologischen oder historischen Themen und Sittenbildern.

Auch die ersten Erzeugnisse aus Nevers sind in diesem Stil dekoriert. Der Aufbau der Kunstwerkstätten geht hier in den Jahren 1575 bis 1585 unter der Führung des Herzogs Louis de Gonzague vor sich. Es sind Adlige aus seinen Diensten, die er mit dem Unternehmen betraut, und zwar die Gebrüder Conrade (Domenico, Agostino und Jean-Baptiste), die den Titel »Maistre Pothier« erhalten, mit dem eine Monopolstellung verbunden war.

Im Jahre 1588 tut sich Agostino Domenico mit Julio Gambin zusammen, der wiederum in Lyon schon Keramikerfahrungen gesammelt hat, aber von dort vor der Pest geflohen ist. Sie entwickeln einen Stil, der besonders durch die kobaltblaue Farbgebung unter der Bezeichnung »Bleu de Nevers« zu früher Berühmtheit gelangte.

In der zweiten Hälfte des 17. Jh.s erlebte die Fayenceerzeugung in ganz Europa einen neuen Aufschwung, weil die Keramikeinfuhr aus China um 1640 zum Erliegen gekommen war. Zuächst wußten die Delfter diese Marktlücke geschickt zu nutzen, doch bald folgten Deutschland und Frankreich.

In Frankreich trugen zur Konjunkturbelebung noch die staatlichen Edikte bei, die dem Land, insbesondere gegen Ende des 17. Jh.s und zu Anfang des 18. Jh.s, aus der Finanzmisere helfen sollten, in die es infolge seiner unermüdlichen Kriegsführung geraten war. So wurde kurzerhand verordnet, daß die gesamte Bevölkerung ihre silbernen Tafelservices zum Einschmelzen abzuliefern hätte. Auf diese Weise begann die Fayence das Edelmetall zu ersetzen und Gegenstand des täglichen Lebens zu werden.

In diese zweite Entwicklungsphase fällt auch das wichtigste Zeugnis der Fayencen aus Nevers, der »Persische Dekor« oder auch »Bleu Persan«. Wiederum bildete die blaue Farbe als dunkle Glasur hier den Untergrund. Der Dekor aus Vögeln und Blumen wurde darauf in weißer und gelber Farbe aufgetragen.

Weitere gern benutzte Motive jener Epoche waren Schäferszenen aus endlosen, zeitgenössischen Liebesromanen wie dem fünfbändigen Werk »L'Astrée« von Honoré d'Urfé (1567–1625). Dieser Roman vereint die Liebenden erst nach tausend Abenteuern und Gefahren und hatte starken Einfluß auf die Salons und das Preziösentum (vgl. dazu Schloß Cormatin) wegen seiner galanten, aber dennoch vergeistigten Liebe. Die Übernahme dieser Motive aus einer der später bebilderten Ausgaben der Astrée – die ursprüngliche war unbebildert – zielte daher nicht von ungefähr auch auf die gehobene Pariser Gesellschaft.

In dieser Hochblütezeit, die etwa ein Jahrhundert andauerte (von 1630–1730), gab es in Nevers fünf bedeutende Manufakturen und ein halbes Dutzend weiterer Betriebe, die jedoch alle ähnliche Muster verwendeten,

Fontaines Salées bei Saint-Père-sur-Vézelay; salzhaltige, römische Thermen ▷

Perrecy-les-Forges, Tympanon 12. Jh.: Christus in der Mandorla, umrahmt von zwei sechsflügeligen Engeln

wenngleich auch gelbe und grüne (Grund-)Farben teilweise die blauen ablösten:
- die Manufaktur der Familie Conrade in der Rue de la Tartre No. 19–21 (heutige Rue Saint-Genest No. 12)
- die Manufaktur Barthélémy Bourcier, Rue de la Tartre No. 4
- die Manufaktur Autruche (heutige Rue Saint-Genest No. 8)
- die Manufaktur »Ecce Homo« (heutige Rue Saint-Genest No. 1)
- und die weiter entfernt gelegene Manufaktur »Bout du Monde« bei der Porte du Croux. Sie wurde im Jahre 1648 gegründet und ist die einzige, die aus jener Epoche überlebt hat.

Daneben gibt es jedoch heute in Nevers noch zwei weitere Keramik-Produzenten.

Musée Municipal

Eine sehr sehenswerte Zusammenstellung von Fayencen der verschiedenen Epochen und Dekors bietet das Musée Municipal von Nevers. Glasbläsereien und Skulpturen sowie Malereien vervollständigen den Rahmen.

Öffnungszeiten: Täglich von 10.00–12.00 und 14.00–18.00, außer Di., im Januar geschlossen. Rue Saint-Genest.

Musée Lapidaire – Porte du Croux

Ein archäologisches Museum mit Schwerpunkt auf der Antike und der romanischen Epoche befindet sich im Torturm »Porte du Croux«. Dieser quadratische Turm mit Eckerkern, Mâchicoulis und Maueröffnungen für einen ehemaligen Zugbrücken-Mechanismus ist zugleich ein schönes Beispiel der Wehrarchitektur des ausgehenden 14. Jh.s. Die Porte du Croux wurde um 1393 bei Erweiterungsarbeiten der Courtenayschen Stadtmauer errichtet.

Öffnungszeiten des Museums in der Saison (Anfang Juni–Ende September): Täglich nachmittags von 14.00–18.00, übrige Jahreszeit nur Mi., Sa. und So. nachmittags.

Archäologie und Baukunst

Epochen der Vor- und Frühgeschichte

Die Vor- und Frühgeschichte Burgunds, aber auch die galloromanische und mittelalterliche Siedlungs- bzw. Wüstungsperiode, sind durch archäologische Grabungen, Funde und Ausstellungen sehr gut dokumentiert. Zwar ist es nicht verwunderlich, daß dieser Reichtum bisher mehr im Verborgenen blühte und von den architektonischen und gastronomischen Raffinessen dieser gesegneten Provinz fast verdeckt wurde, doch wird er gegenwärtig mehr ans Licht gerückt und dem Tourismus intensiver erschlossen.

Als wesentliche Bereicherung und Gegengewicht zu den herkömmlichen Museen, die natürlich als Hüter wertvoller Exponate weiterhin ihre Berechtigung haben, kann die Hinwendung zu Freilichtmuseen (vgl. »Archéodrome«, Kap. Beaune) und begehbaren Ausgrabungsstätten gesehen werden. Auch das neuentwickelte französische Konzept des »Ecomusée«, das ganze Wirtschaftslandschaften und ihre noch bestehenden Aktivitäten oder industriearchäologischen Relikte zur Besichtigung aufbereitet, liegt auf dieser Linie (vgl. dazu »Ecomusées« von Le Creusot und von Pierre-de-Bresse).

Ganz augenfällig zeigt sich der akutelle Sinneswandel im Gegensatz zur klassischen Archäologie vergangener Tage auch darin, daß bei der ehemaligen Häduer-Hauptstadt Bibracte auf dem Mont Beuvray nun wieder gegraben wird. Der Boden war stellenweise schon einmal im 19. Jh. unter dem Archäologen Bulliot abgetragen worden, Siedlungsreste ans Tageslicht und die Funde ins Musée Rolin nach Autun gebracht worden, doch dann schüttete man alles wieder zu (vgl. Kap. Autun). Bald wird dem Besucher aber nun auch hier »in situ« wieder mehr geboten werden!

Um die verschiedenen Funde und Fundstätten Burgunds zeitlich besser einordnen zu können, sollen die wichtigsten Epochen in zeitlicher Abfolge dargestellt werden. Zur Übersicht zunächst eine Zeittafel von der Entstehung des Menschen und seines ersten Auftretens in Burgund bis hin zur römischen Eroberung Galliens:

Zeittafel der Vor- und Frühgeschichte

Zeit: Periode/Epoche:	Allgemeine Entwicklung/Kennzeichen:	Burgund:
vor 6 Mio. J.	– Abzweigung der Hominidenlinie von den Affen	
vor 3,7 Mio. J.	– in Ostafrika aufrecht gehende Wesen, durch Fußabdrücke nachgewiesen (Abzweigung vom Affentypus Ramapithecus)	
vor 2 Mio. J. Homo Habilis	– Homo Habilis (aus dem Typus Australopithecus) schafft erste Steinbauten in Ostafrika	
vor 1,7 Mio. J.	– erste Feuerstellen in chines. Provinz Yunnan	
vor 1 Mio. J.		– erste Zeugnisse des Menschen in Burgund durch vereinzelte Steinwerkzeuge
600 000–100 000 Ältere Altsteinzeit (Altpaläolithikum)	– Elefantenjagden in Spanien vor 300 000 J. – älteste Anlage von Grabstätten vor 100 000 J.	– Hinweise auf den Pithécanthropus durch Steinwerkzeuge in den burgundischen Tal-Alluvionen seit ca. 500 000 J. – Wohnhöhlen der Acheuléen-Kultur (nach St.-Acheul b. Amiens) in AZÉ (SetL), Faustkeile
100 000–50 000 Mittlere Altsteinzeit (Mittelpaläolithikum)	– Homo sapiens neanderthalensis (Neanderthaler)	– Moustérien-Kultur (nach Le Moustier, Dordogne), »Abschlagwerkzeuge« = einseitig bearbeitete Geräte, Wohnplatz: GENAY (Y), Wohnhöhle: ARCY-SUR-CURE (Y)
50 000–10 000 Jüngere Altsteinzeit (Jungpaläolithikum)	– Aurignacien-Kultur, Entstehung der Kunst aus der Jagdmagie, Frauenidole (Venus von Willendorf) – Cro-Magnon-Mensch – Magdalénien-Kultur (nach Abri-la-Madeleine bei Tursac), Knochenwerkzeuge, Höhepunkte d. Höhlenmalerei (Altamira, Lascaux)	– Solutréen-Kultur nach Fundort SOLUTRÉ (SetL), lorbeerblattförmige Speerspitzen, keine Kunst – weitere Jagdkulturen u. a. in ARCY-SUR-CURE (Y) und NUITS-SAINT-GEORGES (CdO)
10 000–4 000 Mittelsteinzeit (Mesolithikum)	– Beginn von Ackerbau und Viehzucht im Vorderen Orient – Beginn von Handel mit Boot und Kufenschlitten – im Übergang zur Jungsteinzeit Erfindung der Schrift	– letztes Auftreten von Jagdkulturen in den Tälern der SEILLE (Nebenfluß der Saône) und YONNE

Zeit: Periode/Epoche:	Allgemeine Entwicklung/Kennzeichen:	Burgund:
4000–1700 Jungsteinzeit (Neolithikum) – Westeuropäischer Kreis	– Megalithkultur (Kammergräber, Dolmen, Menhire, Steinalleen), von Spanien über Frankreich nach England (Stonehenge) und Nordeuropa. Später auf demselben Weg Ausbreitung der – Glockenbecherkultur (Gefäß in Form einer kopfstehenden Glocke)	– erstes Auftreten von Bauerndörfern im Dep. Yonne, z. B. CHARMOY – mediterrane Chasséen-Kultur nach Fundort CHASSEY (SetL), Keramik mit geometrischen Motiven – gegen Ende der Jungsteinzeit erste Metallgegenstände (Kupfer), Fundort: OUROUX-SUR-SAÔNE (SetL)
1700–800 Bronzezeit – West- und Mitteleuropa	– Hügelgräber-Kultur in der mittleren Bronzezeit, Verbreitung zw. Maas, Seine, Alpen und Oder – ab 1300 Urnenfelder-Kultur, ausgedehnte »Totenstädte«, soziale Gliederung: Bauern, Gewerbetreibende etc.	– Necropole von BERGÈRE-A-VERZÉ (SetL), teilweise wiedererrichtet im Museum von MÂCON – Waffenfunde u. a. in OUROUX, EPERVANS (SetL), zu besichtigen im Museum von CHALON-SUR-SAÔNE
800–450 Ältere Eisenzeit	– Hallstatt-Kultur (nach dem Urnenfeld bei Hallstatt im österr. Salzkammergut). Eisenverhüttung und Salzbergbau. Starke soziale Gliederung, – später Übergang zur Körperbestattung: Beisetzung unter Grabhügel auf Wagen. »Fürstengräber« in der Nähe befestigter Herrensitze. Frauen und Gefolge werden mitgetötet und -begraben. – 750 Gründung Roms – 600 Gründung der griechischen Kolonie Massilia (Marseille)	– MONT LASSOIS – VIX (CdO), Herrensitz und »Fürstengrab«, Fundort der »Vase de VIX«, zu besichtigen im Museum von CHÂTILLON-SUR-SEINE (CdO)
450–52 Jüngere Eisenzeit – endet in Frankreich mit römischer Eroberung Galliens	– La Tène-Kultur (nach Fundplatz am schweizerischen Neuenburger See (Lac de Neuchâtel). Keltischer Kulturkreis, unter Einfluß der Skythen, Griechen und Etrusker. Kriegerische Aristokratie mit Eisenwaffen, großer Einfluß der Priesterschaft (Druiden). Stadtentwicklung	– keltische Stadtentwicklung – BIBRACTE (MONT BEUVRAY, N), Hauptstadt der Häduer. Erneute Ausgrabungen – ALÉSIA (ALISE-STE.-REINE, CdO), befestigte Gallierstadt, Schauplatz der Niederlage des Vercingétorix gegen Cäsar 52 v. Chr. Ausgrabung der gallo-romanischen Stadt, Museum

Die Altsteinzeit – Jagdkulturen und Steinwerkzeuge

Das Solutréen

Der spektakulärste Fundort der Jüngeren Altsteinzeit befindet sich zu Füßen des imposanten Roche de Solutré, einem steil aufragenden, zungenförmigen Kalkfelsen, dessen interessanter geologischer Aufbau an anderer Stelle (Kap. Geologie) beschrieben wird. Auch der benachbarte, ähnlich gestaltete Felsen von Vergisson muß sich gut zur Jagd geeignet haben.

Besonders am Südhang des Roche de Solutré aber fand man Hügel, die bis zu drei Meter Mächtigkeit aus Pferdeknochen aufgebaut sind. Die Grabungen, die 1866 einsetzten, brachten außerdem auch fein bearbeitete, lorbeer- und weidenblattförmige Feuersteinklingen ans Tageslicht, die als Speerspitzen und zum Bearbeiten der Beute gedient haben mochten. Diese schönen Steinwerkzeuge, die in Form und Bearbeitung einmalig sind, konnten auf die Zeitspanne von 15 000 bis 12 000 vor unserer Zeitrechnung, also auf das Ende der (Jüngeren) Altsteinzeit datiert werden, und diese Epoche trägt seitdem nach dem Felsen und der Ortschaft Solutré den Namen »Le Solutréen«.

Das gesamte Ausmaß der Fundstätte wurde erst allmählich sichtbar, und da die Grabungen auch gegenwärtig weitergeführt werden, können immer noch neue Ergebnisse erwartet werden. So dürfte auch die geschätzte Anzahl von 100 000 Pferdeskeletten am Fundort möglicherweise noch revidiert werden. Diese enorme Menge und das Auffinden von menschlichen Skeletten bei erneuten intensiven Untersuchungen ab 1922 ließen aber schon bald den Schluß zu, daß hier nicht nur die Solutréen-Jäger in einer Zeitspanne von rd. 3000 Jahren campiert haben konnten. Vielmehr geht man heute davon aus, daß über einen Zeitraum von rund 20 000 Jahren (zwischen 30 000 und 10 000) mehrere Jagd-Kulturen hintereinander diesen hervorragend zur Jagdverfolgung geeigneten Platz aufgesucht haben, und zwar zunächst die »Aurignaciens«, dann die »Gravettiens«, schließlich die »Solutréens« und nach ihnen für eine kürzere Zeit noch die »Magdaléniens«.

Bei Kühn (1954) läßt sich noch ein wenig von der wissenschaftlichen Erregung verspüren, die im Anschluß an die ersten Funde alle ergriffen haben muß, die sich für Solutré und die Deutung seiner Vergangenheit interessierten. Die nachfolgende Wiedergabe ist aus verschiedenen Passagen zusammengestellt:

»Die Treibjagd ist besonders gut in Solutré (Saône-et-Loire) zu beobachten. Die Station liegt zwischen Mâcon und Cluny. Das Saône-Tal ist hier sehr breit, und dann geht das Land allmählich in ein Hügelland über. In diesen Hügeln erheben sich zwei Kalkfelsen von ungewöhnlicher Form. Die Berge steigen in der Ebene leicht an, um dann senkrecht abzubrechen. Unter den Felsen liegt eine hochinteressante Fundschicht...

Die Fundschichten sind unerhört reich. Zuoberst liegen Gräber der Völker-
wanderungszeit neben gallorömischen, darunter liegen neolithische Gräber,
dann folgt eine dünne Schicht mit Feuerstellen der ausgehenden Eiszeit, des
Magdalénien, mit vielen Harpunen und Klingen, und darunter liegt die typische Schicht des Solutréen, dünne Spitzen in Lorbeer- und Weidenblattform
aus dünnem Feuerstein gearbeitet, ausgezeichnet retuschiert über die ganze
Oberfläche hin, so daß sie kleine Kunstwerke technischer Formvollendung
sind. Zuunterst liegen Kratzer und Stichel des oberen Aurignacien.
Überall zeigen sich Feuerstellen, es sind Überreste von Jagdmahlzeiten. Die
größte Masse des gefundenen Materials sind Pferde, doch kommen auch die
Knochen von Rentier, Höhlenbär, Rind und Mammut vor.
Die Pferde sind über die weite Ebene gejagt worden. Wahrscheinlich mit
Wildgehegen, und sind dann auf diese Hügel zugetrieben worden. Von ihnen
gab es kein Entkommen mehr. Die Jäger sind sicher mit Fackeln, Wurfspee-
ren und Feuerbränden auf die Tiere losgegangen, die dann verzweifelt, in
sinnloser Angst, sich überschlagend in die Leere des Abgrundes springen
mußten.«
Außer Tierknochen und Steinwerkzeugen wurden bei Solutré auch Grabstätten und Teile menschlicher Skelette gefunden. Bei der Analyse der Schädel-
form stellte sich heraus, daß sie alle dem Typus des Cro-Magnon-Menschen
angehören. Des weiteren wurden Hüttengrundrisse freigelegt und vereinzelt
kleine Kultfiguren in Tierform gefunden.
Bislang ist am Fuße des Roche de Solutré selbst, außer einer umzäunten
Grabungsstätte, die durch Planen teilweise verborgen ist, wenig zu sehen.
Die steinzeitlichen Funde sind, dem früheren Prinzip getreu, in die Museen
der Departements(haupt)städte Mâcon und Chalon-sur-Saône gebracht worden; ein kleiner Teil ist auch in dem dörflichen Museum von Solutré ausgestellt. In nächster Zukunft soll jedoch ein Museum am Fundort selbst errichtet werden, das einzig und allein der ur- und frühgeschichtlichen Entwicklung der Region um Solutré und den lokalen Grabungsfunden gewidmet ist.

Grottes d'Azé

Weniger bekannt, aber dennoch erwähnenswert, sind die Grotten von Azé,
12 km östlich von Cluny. Diese Grotten sind, wie die benachbarten Tropf-
steinhöhlen von Blanot, in erster Linie wegen ihrer unterirdischen Galerien
(1500 m Länge) und ihrer Tropfsteinformationen eine Touristenattraktion.
Sie sind jedoch auch archäologisch äußerst bedeutsam, denn in einem verborgenen Schlupfwinkel, der »Grotte de Rizerolles«, haben seit der Älteren
Altsteinzeit und – mit Unterbrechungen – bis ins Mittelalter Menschen gelebt!
An diesem ältesten bekannten festen Wohnplatz in Burgund sind Faustkeile

und ähnliche Steinwerkzeuge sowie Knochen von Bären und Löwen gefunden worden. Die »Société des Grottes d'Azé« präsentiert die Höhlenfunde und Objekte aus der näheren Umgebung (vom Altpaläolithikum bis zum Mittelalter) in ihrem Museum. Grotten und Museum sind nur im Sommerhalbjahr geöffnet. Im Oktober sonntags (Tel.: 85 33 32 23).

Die Jungsteinzeit – Dolmen und Menhire

Die Periode der Jungsteinzeit ist gekennzeichnet durch die Megalithbauten, also einer Kulturstufe, die zu Begräbnissen und rituellen Zwecken große Steine oft über kilometerlange Wege herantransportierte und zu Grab- und Kultbauten verwendete.

Die Megalith-Kultur wird »antikisierend« mit einem Kunstwort für griechisch »großer Stein« bezeichnet, sie stammt jedoch weder aus Griechenland noch war sie dort verbreitet. Soweit sich ihre Entwicklung zurückverfolgen läßt, liegt der Ausgangspunkt der Megalith-Kultur im westlichen Mittelmeerraum, insbesondere im Süden der Iberischen Halbinsel und auf der nordafrikanischen Gegenküste. Von Südspanien breitete sie sich auf einem westlichen Weg über Aquitanien und die Bretagne nach England und Irland und auf einem östlichen Weg über das Rhône-, Saône- und Rheintal nach Norddeutschland und Südskandinavien aus.

Die Großsteinbauten, früher auch Zyklopenbauten genannt, weisen regionale Unterschiede auf, jedoch kommen zwei charakteristische Typen fast im ganzen Verbreitungsgebiet vor: Dolmen und Menhire. Diese Begriffe stammen aus der legendenumwobenen, wohl bekanntesten aller Megalith-Regionen, der Bretagne. »Men«, das in beiden Wortbildung steckt, bedeutet »Stein«, »dol« = »Tisch« und »hir« = »lang«. Dementsprechend lauten die wörtlichen Übersetzungen von Dolmen und Menhir eigentlich »Steintisch« und »Langstein«. (Asterix-Lesern dürften die Menhire besser als »Hinkelsteine« bekannt sein.)

Obwohl jedes Land, jede Region eigene Begriffe besitzt, haben sich die bretonischen doch allmählich durchgesetzt. Die deutschen Begriffe »Hünengrab« oder »Kammergrab« (engl. »Chambered tomb«) geben eher die Funktion des Dolmens, nämlich als Grabanlage wider. Aufrecht gestellte, naturbelassene oder nur wenig veränderte Steine umgeben in meist rechteckiger Form eine Grabstelle, und ein ebenfalls unbearbeiteter Deckstein ruht auf den Grundsteinen, so daß das bretonische Bild eines Tisches mit Beinen und Tischplatte durchaus ebenso zutreffend ist. Häufig fehlen heute allerdings einzelne Teile wie Deckplatte oder ein, zwei »Füße«. Die Dolmen tauchen in einzelnen Regionen zwar durchaus in Gruppen auf, beherrschen jedoch mitunter auch allein den näheren Umkreis und stellen hier die einzige Anlage dar. Es dürfte sich dann nicht um Familien-Grabanlagen, sondern um Gräber höhergestellter Persönlichkeiten gehandelt haben.

Die Menhire, deren Funktion unklar ist, kommen hingegen selten alleine vor, sondern häufiger in Gruppen zu zweit, zu dritt oder in ganzen Alleen. Diese Alleen werden im Französischen »Alignement« genannt. Die meisten Menhire sind offensichtlich naturbelassen oder nur wenig behauen, es gibt jedoch auch Exemplare mit Verzierungen, die u. a. als Krieger oder phallische Elemente gedeutet werden. (Im korsischen Filitosa gibt es allerdings nicht viel zu deuten, nur von vorn besehen sind es Krieger . . .) Stehen die Menhire in kreisförmiger Anordnung, auch halbkreisförmig, elliptisch oder gar rechteckig, werden sie als »Cromlech«, im Deutschen als »Steinkreis« bezeichnet.

Die Cromlechs weisen meistens Zeichen intensiverer Bearbeitung auf, daher wird hier im Bretonischen auch der Begriff »men« durch »lech« = »bearbeiteter Stein« ersetzt. »Crom« ist vielleicht dem deutschen »krumm« verwandt (frz. »courbé«), d. h. »in gekrümmter Linie, im Kreis«. »Chef d'Œuvre« aller bekannten Steinkreise sind die berühmten konzentrischen Ringe megalithischer, mehr oder minder bearbeiteter Steine von Stonehenge in der südenglischen Ebene von Salisbury. Der Druiden-Kult, der hier poppig-historisierend vor einigen Jahren wiederauflebte, hält es allerdings eher mit den älteren Forschungsergebnissen, und die gingen davon aus, daß keltische bzw. in Frankreich keltisch-gallische Druiden-Priester für die Anlage der Monumentalbauten verantwortlich gewesen seien. Die neuere Forschung hat jedoch bewiesen, daß die Steinmonumente schon vor dieser Zeit errichtet worden sein müssen, nämlich in der Jungsteinzeit. Die häuptsächliche Schaffensperiode der Megalith-Kultur soll zwischen 2500 und 1700 v. Chr. gelegen haben. (Die erste Anlage von Stonehenge wird auf rd. 2000, der Hauptausbau auf 1700 v. Chr. datiert.) Aber vielleicht hat es zu jener Zeit ja auch schon eine Art von Druiden gegeben, wie immer sie geheißen haben mögen.

Ein einheitliches »Megalithvolk« hat es aber ganz offensichtlich nicht gegeben. Schädeluntersuchungen aus unterschiedlichen Grabfunden haben bewiesen, daß mehrere Rassen sich der megalithischen Grabbestattung verschrieben hatten, dabei jedoch auch verschiedene Beisetzungsriten beibehielten.

Man hat in Frankreich rund 4500 Dolmen (inklusive gedeckter Steinalleen, sog. »Allées couvertes«) gefunden, davon die meisten in Süd- und Westfrankreich, insbesondere in den Cevennen und der Bretagne. Auf Burgund entfällt mit 46 Megalithgräbern zwar nur 1 %, aber immerhin, es gibt sie! (Côte-d'Or 14, Nièvre 12, Yonne 12, Saône-et-Loire 8; nach Niel 1972.)

In der Gemeinde Santenay (Côte-d'Or), einem der südlichsten Winzerorte der Côte de Beaune, sind die Dolmen des »Cul Blanc« sehenswert, zumal sie mit anderen archäologischen Relikten vergesellschaftet sind. Die Dolmen befinden sich auf dem linken Ufer der Dheune in Nachbarschaft des »Camp de Chassey«. Sie sind wohl dem Kulturkreis der mediterranen Chassey-Kultur zuzuordnen, deren Wohnplatz in der Nachbargemeinde Chassey (rechts der Dheune) entdeckt wurde. Besonderes Kennzeichen ist eine bestimmte Keramik mit geometrischen Motiven (Fundstücke sind zu besichtigen im Musée Rolin, Autun).

Die Dolmen bilden offensichtlich den Friedhof des jungsteinzeitlichen Chassey, der bis in die beginnende Bronzezeit genutzt wurde. Es handelt sich hier nicht um Einzel-, sondern um Gruppengräber.

Das Gräberfeld liegt nicht weit vom Gipfel des Mont de Sène (521 m) entfernt, von dem man eine herrliche Rundumsicht (auch auf das einige Kilometer nördlich gelegene Schloß La Rochepot) genießen kann. Der auf Gipfellagen spezialisierte Archäologe Bulliot – er leitete auch die Grabung von Bibracte auf dem Mont Beuvray – entdeckte hier im 19. Jh. die Überreste eines Merkurtempels. Später wurde diese heidnische Umgebung langer Tradition durch den Bau der Kirche St.-Jean »christianisiert«.

Eine weitere Dolmen-Gruppe kann bei Ternant (Hautes-Côtes de Nuits, Côte-d'Or) besichtigt werden. Es handelt sich wie in Santenay um gemeinschaftliche Grabanlagen, die vielleicht ganzen Familien als letzte Ruhestätte dienten. Sie stammen ebenfalls aus der ausgehenden Jungsteinzeit und der beginnenden Bronzezeit.

Der kleinste Dolmen wird »La Chambre au Prêtre« genannt. Er soll einem Priester während der Revolutions-Wirren als Zuflucht gedient haben. Hat sich hier womöglich die vom Romantiker Lamartine in seinem Roman »Jocelyn« beschriebene, aber in die Alpen verlegte priesterliche Fluchthöhle befunden? Interpretation ist alles!

Man erreicht die Dolmen über die Straße von Ternant nach Rolle (D 104 B). Sie befinden sich rechter Hand im Wald (Bois de Montfarbeau) und sind ausgeschildert.

Kommen wir nun zu den Menhiren. Nach Zahlenangaben von Niel gibt es in Frankreich rund 2200 freistehende Menhire. Die Zahlen können bei anderen Autoren wesentlich höher liegen, da manche die in Steinalleen und Cromlechs aufgereihten Menhire einzeln mit hinzuzählen. Niel gibt demgegenüber zusätzlich das Vorkommen von 70 Steinalleen und 110 Cromlechs für Frankreich an (davon ein »Alignement« und drei Cromlechs in Burgund).

Die Verteilung der Menhire in Frankreich ist nicht völlig identisch mit dem Vorkommen von Dolmen, woraus zu schließen ist, daß die beiden Megalithbauweisen nicht nebeneinander zur gleichen Zeit bestanden haben können oder müssen. Nur in der Bretagne sind sowohl Dolmen als auch Menhire gleichermaßen intensiv beheimatet, ja hier befindet sich sogar mehr als die Hälfte aller französischen »Langsteine«.

Burgund ist im Vergleich zu den Dolmen mit Menhiren relativ reichlich ausgestattet. Die meisten befinden sich im Dep. Yonne (69), es folgen Côte-d'Or (39), Saône-et-Loire (34) und Nièvre (10). Das bedeutet mit insgesamt 152 Menhiren fast einen Anteil von 7 % am Gesamtbestand Frankreichs!

Eine schöne Gruppe von sechs Menhiren kann in Epoigny, das zur Gemeinde Couches gehört (Saône-et-Loire), besichtigt werden. Sie befinden sich allerdings nicht mehr ganz genau am Ursprungsort, sondern wurden, da sie umgefallen waren und verstreut herumlagen, an einem Ort konzentriert wiederaufgestellt. Es soll sich früher einmal um sieben Menhire gehandelt haben. Der größte mißt 7,35 m, ein Rekord für ganz Ostfrankreich.

Der Standort befindet sich etwa 10 km nordöstlich von Le Creusot an der Kreuzung der Nebenstraßen D 225 und C.V.4.

Etwas weiter südlich, ca. 15 km südöstlich von Montceau-les-Mines, befindet sich der solitär stehende Menhir von Saint-Micaud. Das Besondere an ihm ist einerseits die eingeritzte Skulptur einer gehörnten Schlange, zum anderen sein rätselhaftes Alter. Er soll im Gegensatz zu seinen oben beschriebenen Kollegen nicht aus der Megalith-Kultur der Jungsteinzeit stammen, sondern bronzezeitlich sein.

Der Menhir von Saint-Micaud hat eine Höhe von 4,20 m und gehörte zu einer Gruppe von drei Steinen, die im Volksmund »Pierres aux Fées« genannt wurden. Zu Beginn dieses Jahrhunderts waren zwei verschwunden, der dritte wurde wieder aufgerichtet.

Im Dep. Nièvre befindet sich einer der dort seltenen Menhire in der Gemeinde Breugnon. Dieser »Menhir de Pierre Fiche« steht einsam am Waldrand an der N 151, wenn man von Clamecy kommt, nach ca. 6 km auf der linken Seite.

Die Bronzezeit – Gräber, Schmuck und Schwerter

Durch die Entdeckung der Bronze-Legierung brach ein neues Zeitalter an. Bronze besteht aus einer Mischung der beiden Metalle Kupfer und Zinn, im Idealfall 9 : 1. Da Zinn aber ein besonders seltenes Metall ist – die bekanntesten Zinnvorkommen der Frühzeit lagen in Cornwall und im Nordwesten der Iberischen Halbinsel – mußte man sich häufig auch mit einem geringeren Zinnanteil zufrieden geben.

Andererseits kam es vor allem wegen dieser begehrten Rohstoffe und deren Endprodukten zum Ausbau von Handelswegen zu Wasser und zu Lande.

Händler aus Mesopotamien und Anatolien, wo man Bronze schon seit 3000 v. Chr. verwendete (und die Bronzezeit dementsprechend auch früher als in Europa begann), durchquerten das Mittelmeer und ganz Europa. Auf diese Weise entwickelten sich auch die traditionellen Handelswege zwischen Südfrankreich und Südengland über Burgund und das Pariser Becken, indem man den Rhônegraben aufwärts zog und nach einer kurzen Landstrecke zu den Tälern der Loire oder der Seine hinüberschwenkte.

Bald bereisten die Händler nicht mehr die ganze Wegstrecke selbst, sondern es kam zur Herausbildung von Handelsposten und Mittelsmännern, die den Austausch von Rohstoffen und anderen Gütern organisierten. Besonders aus den Grabstätten solcher durch den Handel wohlhabend und mächtig gewordenen Herren sind Bronzewaffen wie Dolche, Streitäxte, Helme und kostbare Schmuckstücke aus Bronze und Gold, mitunter juwelenbesetzt, geborgen worden.

Da Bronze hart und widerstandsfähig ist und Werkzeuge sowie Waffen viel länger scharf bleiben als Steinwerkzeuge, spielte die Herstellung der Bronzelegierung sowohl in der Kriegstechnik als auch beim Holzfällen (Rodungsmaßnahmen) eine revolutionierende Rolle. Die aus dem indoeuropäischen Raum um 1500 v. Chr. nach Westeuropa eindringenden Urkelten haben ihre Überlegenheit und Machtentfaltung nicht zuletzt diesem Wissen zu verdanken.

Die Besiedlung Galliens, und damit Burgunds, durch die Kelten erfolgte bald nach 1500 v. Chr. von Süddeutschland und dem Elsaß her, und zwar in mehreren aufeinanderfolgenden Wellen. Die Kelten brachten eine neue Art der Bestattung mit: die Tumulus-Kultur. Diese erdbedeckten Grabhügel verbreiteten sich im Zeitraum von 1500–1200 v. Chr. im südlichen Pariser Becken, der Normandie und der Charente. Jedoch bleiben diese Standorte versprengt und zunächst losgelöst von der mitteleuropäischen flächenhaften Ausbreitung der Tumuli, die allgemein durch Maas, Seine, Alpen und Oder begrenzt wird. Die Ausbreitungsgrenze verläuft also im Seine-Raum durch Nordburgund.

Zwischen 1250 und 1200 v. Chr. wurde die Hügelgrab-Kultur in Nordburgund durch das Aufkommen der Urnenfelder-Kultur abgelöst. Der weithin sichtbare Tumulus weicht nun dem flachen, äußerlich unscheinbaren Einäscherungsgrab. Typische Grabbeigaben sind Bronzenadeln mit aufgesetzten Kappen, Bronzemesser mit eingefaßtem Griff und Armbänder mit abgerundeten Enden. Die Gräber sind zu ganzen Feldern vergesellschaftet, die auch als Nekropolen (Totenstädte) bezeichnet werden, da die Urnenfelder meistens eine planvolle, stadtähnliche Grundrißstruktur aufzuweisen haben.

Die am besten untersuchte Totenstadt ist die Nekropole von La Colombine (Yonne), deren interessanteste Gräber zwischen 1919 und 1939 freigelegt

wurden. Aus der Verschiedenartigkeit der Bestattungsriten, d. h. dem Nebeneinander von Körperbegräbnissen – die noch überwogen –, und Einäscherungen sowie der recht primitiven Machart der Tongefäße wurde der Schluß gezogen, daß sich hier die ansässige Bevölkerung, die noch steinzeitlich geprägt war, mit den eingewanderten Kelten vermischt habe.
Die bronzezeitlichen Schmuckbeigaben, die man ausgrub, waren nicht nur schön, sondern einzigartig zu nennen. So hat man etwas Ähnliches wie jenes Diadem, das aus dem Stoßzahn eines Ebers gefertigt und mit Bronzedrähten gefaßt wurde, nie wieder gefunden. Weitere Schmuckstücke waren gravierte, an den Enden zugerundete und verdickte Armbänder, Nadeln und eine Beinschiene, die mit Spiralen verziert war.
Funde aus einem der Gräber der Nekropole von La Colombine sind – zusammen mit Zeugnissen anderer Epochen, von steinzeitlicher Werkzeugherstellung bis zur Eisenerzausbeutung im nahegelegenen Forêt d'Othe – in der Kleinstadt Villeneuve-sur-Yonne (5000 E, 13 km südlich von Sens) ausgestellt. Besichtigung auf Anfrage in der Mairie.
Gegen Ende der Bronzezeit um 800 v. Chr. wanderte wiederum eine Welle keltischer Siedler, die wohl aus der Gegend der Mosel und des Mittelrheins stammten, nach Gallien und stieß weit nach Süden vor. Die Neusiedler brachten erneut die rituelle, urkeltische Tumulus-Bestattung nach Gallien, lediglich insofern abgewandelt, als nun der Tumulus noch mit einem umlaufenden Graben versehen wird. Beide Bestattungtraditionen – Hügelgrab- und Urnenfeldbestattung – werden eine Zeitlang nebeneinander aufrechterhalten, aber die Form der Einäscherung geht sichtlich zurück.
So deutlich voneinander getrennt, wie es die chronologischen Übersichten der Lehrbücher vorspiegeln, waren die einzelnen Entwicklungs- und Siedlungsepochen allerdings meistens nicht. Vielmehr wurden die archäologischen Funde, die später im Museum schön geordnet nach Epochen zu besichtigen sind, häufig im weiten Umkreis eines einzelnen Platzes gefunden, der von der Steinzeit über die Bronzezeit womöglich bis hin zum Mittelalter besiedelt war.
Hier zunächst ein paar Hinweise auf solche Fundplätze, die über mehrere Epochen besiedelt waren:
Der Hügel von Monsard oberhalb des Dorfes Bussières (10 km westl. von Mâcon, vgl. Lamartine-Rundfahrt, Kap. Mâcon). Hier befindet sich ein steinzeitlicher Siedlungsplatz, der später mit einem doppelten Grabensystem umgeben wurde. Die Gräben sind zwar zugeschüttet, doch Reste eines Lesesteinwalles sind noch erkennbar. Archäologische Funde sind belegt aus der Steinzeit und der galloromanischen Epoche.
Das schon in der Steinzeit besiedelte »Camp de Chassey«, das der Chasséen-Epoche seinen Namen gab und oben schon behandelt wurde, befindet sich

ebenfalls in einer solchen geographischen Gunstlage, daß es über die Bronzezeit hinweg bis zum Ende der Hallstatt-Zeit kontinuierlich besiedelt war.
Auch ein kleines galloromanisches Sanktuarium ist dort zu finden. (Zugang
vom Weiler Bercully aus oder von der Kirche von Chassey.)
Das dritte Beispiel aus Saône-et-Loire ist der Siedlungsplatz vom Mont-
Dardon bei Uxeau (Gemeinde Issy-l'Evêque, ca. 20 km westl. von Montceau-les-Mines). Mont-Dardon ist von der Steinzeit über die Bronzezeit bis
zum Mittelalter besiedelt worden. Auch dieser Siedlungsplatz mit schöner
Aussicht und entsprechender strategischer Bedeutung hat noch einen gut
erkennbaren Wall aufzuweisen. Er ist offensichtlich von den Galliern als
Schutz gegen die eindringenden Römer verstärkt worden. Hat sich hier ein
gallisches Oppidum à la Bibracte auf stein- und bronzezeitlicher Stätte befunden? Die gegenwärtigen Grabungen lassen noch keine genaue Aussage zu,
haben allerdings die unerwarteten Reste einer mittelalterlichen Kirche freigegeben.
Fundstücke aus dieser Grabung kann man zusammen mit anderen Exponaten
in der Ortschaft Issy in einem alten Befestigungsturm namens »Luzy« besichtigen. Falls geschlossen, wende man sich an die Mairie.
Im Dep. Côte-d'Or ist ein vergleichbarer Siedlungsplatz bei Etaules, ca.
15 km nordwestlich von Dijon zu finden (über die N 71, in Darois nach
Etaules, D 104 abbiegen). Der befestigte Siedlungsplatz »Châtelet d'Etaules«
liegt auf einem vorspringenden, gut geschützten Felsen oberhalb des Suzon-
Tales. Er wurde mehr oder weniger durchgehend in Stein-, Bronze- und
Eisenzeit besiedelt.
Einen Überblick über Grabungen und einzelne Funde bekommt man in der
Ortschaft Etaules im »Centre Polyvalent« (im Sommerhalbjahr).
Ähnlich wie die genannten Siedlungsplätze sind die meisten größeren Museen
aufgebaut: durchgängig von einer Periode zur anderen. Dennoch gibt es
einige, die sich gerade der Bronzezeit besonders angenommen haben.
Eine bemerkenswert schöne Sammlung von bronzezeitlichen (und eisenzeit-
lichen) Waffen wird im Musée Denon in Chalon-sur-Saône ausgestellt (Öffnungszeiten s. Kap. Chalon-sur-Saône). Dabei befindet sich auch ein einzigartig geformter, kegelförmiger Helm, der 31 cm hoch und so geschickt verziert ist, daß er wie ein zweites Gesicht aussieht. Die Funde wurden in
Epervans und Ouroux, Vororten von Chalon, gemacht. Hier, in der Saône-
Ebene, läßt sich eine durchgehende Besiedlung seit der Steinzeit feststellen.
Das Museum von Mâcon (Musée Municipal des Ursulines) widmet sich, wie
das von Chalon, allen Epochen von der Steinzeit bis zum Mittelalter, und
doch ist es für die Darstellung der Bronzezeit von besonderem Interesse,
denn hier wurde ein Ensemble des Urnengräberfeldes »Bergère-à-Verzé«
(S.-et-L.) wiedererrichtet (Öffnungszeiten s. Kap. Mâcon).

Im Prinzip allen Epochen gewidmet sind auch die Museen von Sens und
Avallon. In Sens sind einige schöne Schwerter aus der Bronze- (und Eisen-)
zeit zu besichtigen (Öffnungszeiten s. Kap. Sens). In Avallon – ein auch
wegen seiner erhaltenen Befestigungsanlage und malerischen Altstadt sehenswerter Ort (vgl. Kap. Avallon) – kann man die bronzezeitlichen Grabbeigaben aus einem Tumulus der Urkelten, der im Dep. Yonne untersucht wurde,
bewundern. Aber auch für die übrigen Perioden hat das Museum von Avallon einige Besonderheiten zu bieten. So sind hier beispielsweise die Funde der
Grabungsergebnisse aus Arcy-sur-Cure (Steinzeit) ausgestellt, die in den
Grotten »der Hyäne« und »des Rentiers« in den Jahren 1946 bis 1963 gemacht wurden.
Die Öffnungszeiten des Museums von Avallon sind: vom 15. Juni bis
10. September von 10.00–12.00 und von 15.00–19.00 Uhr. Geschlossen
montags in der Hauptsaison, in der Nebensaison auch dienstags. Vom
11. Oktober bis 14. Juni Besichtigung nach Rücksprache. Geschlossen vom
11. September bis 10. Oktober, Tel.: 86 34 03 19.

Die Eisenzeit – Hallstatt-Kultur und Vase de Vix

Wie die Entdeckung der Bronzeherstellung kamen auch die Kenntnisse der
Eisenerzaufbereitung und der Eisenbearbeitung aus dem Alten Orient mit
einiger Verspätung nach Europa. Als die Urkelten in Europa um 1500 v. Chr.
gerade die Bronzeverwendung verbreiteten, hatten die kulturell noch höher
stehenden Hethiter in Mittelanatolien schon die Eisenzeit eingeläutet.
Da Eisenwaffen und Werkzeuge gegenüber der Bronze viel härter waren,
sicherten sich die Hethiter 300 Jahre lang die Vorherrschaft und das Geheimnis der Eisenherstellung. Mit der Eroberung des Reiches wurde auch dieses
Geheimnis gelüftet, und ab 1000 v. Chr. wurde Eisen in Griechenland und
Italien hergestellt.
Im westeuropäischen Kulturkreis beginnt die Eisenzeit noch etwas später
und wird regional sehr unterschiedlich begrenzt. Für Burgund kann man die
Hauptgliederung in eine Ältere Eisenzeit (Hallstatt-Kultur) und eine Jüngere
Eisenzeit (La Tène-Kultur) übernehmen. Der Aufbruch ins Eisenzeitalter
liegt bei etwa 800 v. Chr., als damit begonnen wird, in Österreich (Hallstatt),
Süddeutschland und auf der Iberischen Halbinsel Eisenerzlagerstätten pro-
fessionell auszubeuten.
Mit dem Beginn der La Tène-Zeit (nach einem Ort in der West-Schweiz
benannt) ändert sich um 450 nicht nur der künstlerische Stil bei der Bearbeitung der Metalle, sondern man kann nun auch von einem Aufblühen echter

städtischer Siedlungsweise sprechen, mit allem was dazu gehört, wie Arbeitsteilung, Viertelsbildung etc.

Hatt, der die La Tène-Zeit nach unterschiedlichen Stilformen noch in weitere fünf Abschnitte unterteilt, setzt interessante Akzente zur Unterscheidung der Hallstatt- von der La Tène-Zeit. Der Unterschied wurde bisher möglicherweise nicht so deutlich, da es sich doch offensichtlich um zwei Zivilisationstypen innerhalb der keltischen Welt handelte. Er sagt dazu: »Man wies nicht immer hinreichend auf die grundsätzlichen Gegensätze hin, die diese beiden Zyklen voneinander scheiden: Die Hallstattkultur ist ursprünglich eine den Kelten fremde Kultur, ist heterogen und in vielfache provinzielle Formen gespalten. Die La Tène-Kultur ist von Anfang an homogen, national und eroberungsfreudig« (Hatt 1979).

Im übrigen wurden während der sogenannten Eisenzeit zwar Waffen und andere Gebrauchsgegenstände aus Eisen hergestellt, Schmuckstücke oder dekorative Gegenstände wurden hingegen weiterhin aus der leichter zu bearbeitenden Bronze angefertigt, die auch für Einlegearbeiten gerne verwendet wurde. Auch eine der berühmtesten eisenzeitlichen Fundstücke, die »Vase de Vix«, ist nicht etwa aus Eisen, sondern aus Bronze!

Die Eisenzeit endet in Gallien mit der römischen Eroberung im Jahre 52 v. Chr. Im Gegensatz dazu unterscheidet man im nördlichen Europa meistens eine vorrömische und eine römische Eisenzeit, die bis zur Völkerwanderung oder noch länger dauerte. In Irland, dem fernab von Rom gelegenen Hauptrückzugsgebiet der Kelten, dauerte die Eisenzeit sogar bis um 1000 n. Chr.

Sieben Kilometer nördlich von Châtillon-sur-Seine (Côte-d'Or) liegt am Rande einer Schichtstufe das Dörfchen Vix. Die noch schmale Seine durchbricht hier – auf dem Wege nach Nordwesten – eine Stufe des Pariser Beckens, die sich gut 100 m über die Talaue erhebt. Mehrere Quellaustritte im Raume von Vix-Châtillon bilden ein System von Seine-Nebenflüßchen, die die Schichtstufe teilweise zerriedelt oder aufgelöst haben.

Um einen solchen auf drei Seiten von Flüssen umgebenen Stufenrest handelt es sich beim Mont Lassois (306 m), zu dessen Füßen die Ortschaft Vix gelegen ist. Die an sich schon strategisch günstige Lage des Mont Lassois (Schutzlage, Weitblick, Wasserreichtum) erhält noch eine überregionale Bedeutung durch die Position an einem Kreuzungspunkt des uralten Haupthandelsweges von der Saône zur Seine mit einem anderen Handelsweg.

Eine Grabung auf dem Mont Lassois bot sich geradezu an, nachdem ähnliche Bergkuppen schon seit dem 19. Jh. mit Erfolg untersucht worden waren, allen voran der Mont Beuvray, aber auch eine Anhöhe in der Nähe von Châtillon – nämlich bei Vertault (20 km westlich an der D 953). Die Grabungen legten dort die galloromanische Stadt Vertillum frei, deren Überreste in nächster Zukunft an Ort und Stelle besichtigt werden können. Vasen, Statuetten, Töpferei etc. aus der Grabung sind schon seit langem im Museum von Châtillon zu sehen.

Ein ähnliches Ergebnis hatte man sich wohl vom Mont Lassois erhofft, als man dort in der Mitte des 20. Jahrhunderts zu graben begann, doch die wirklichen Funde sprengten alle Dimensionen und Erwartungen. Zu Beginn des Jahres 1953 stieß man auf ein Grab, in dem eine Frau auf einem Paradewagen beigesetzt war, mit unschätzbar wertvollen Edelsteinen geschmückt und von vielerlei Beigaben begleitet, darunter die »Vase von Vix«.

Dieses bronzene Gefäß, das auch als Krater (Cratère) bezeichnet wird, hat die enormen Ausmaße von 1,64 m Höhe, 1,45 m Durchmesser, 208 kg Gewicht und ein Fassungsvermögen von 1100 Litern. Es ist reich verziert mit einem umlaufenden Relieffries und Gorgonen-Statuen an den beiden Henkeln. Auf dem ca. 20 cm hohen Fries sind behelmte und bewaffnete Krieger zu Fuß und auf Streitwagen dargestellt, die ganz offensichtlich griechische Stilmerkmale tragen.

Man hatte hier bei Vix ein »keltisches Fürstengrab« gefunden, in dem eine »Fürstin« oder »Prinzessin« der ausgehenden Hallstatt-Zeit um das Jahr 500 v. Chr. beigesetzt worden war.

Über die Bedeutung der »Vase« ist man sich bis heute nicht einig. Eine der angenehmeren Versionen ist die eines »Gefäßes zum Weinmischen«. Man könnte annehmen, daß die vornehme Dame zu Lebzeiten ihre zahlreichen Gäste dank dieses Riesengefäßes niemals auf dem Trockenen sitzen lassen mußte und sich deshalb von diesem wichtigen und schönen Bestandteil des Lebens auch auf der Reise ins Jenseits nicht trennen wollte oder sollte.

Eine weniger angenehme Vorstellung ist diejenige, daß es sich um ein Opfergefäß zur Aufnahme von Blut gehandelt habe. Zumindest bei den Kimbern wisse man von Menschenopfern, die von Priesterinnen über riesigen Bronzegefäßen durchgeführt worden seien...

Hatt meint dazu: »Ohne mit den Einzelheiten dieser verlockenden Hypothese einverstanden zu sein, möchten wir jedoch gern zugeben, daß die Prinzessin von Vix gleichzeitig eine Priesterin gewesen war. Wir fänden hierfür einen anderen Beweis in den beiden Halsketten, die ihr ins Grab mitgegeben worden waren: das offene Goldkollier, an dem vorne Perlen aus Diorit und

Detail von der Vase de Vix:
griechischer Krieger
(Originalgröße 14 cm)

Chapaize, Eglise Saint-Martin, erbaut 11.–13. Jh. im romanisch-lombardischen Stil ▷

Bernstein befestigt waren, und das geschlossene Bronzekollier, welches ursprünglich von einem spiralenhaft gerollten Lederstreifen umwunden war. Das eine ist ein persönlicher Wertgegenstand der Prinzessin und das Zeichen ihres sozialen Ranges; das andere ist ein liturgischer Gegenstand und das Symbol ihrer priesterlichen Funktion.«

Auf dem Deckel des Gefäßes befindet sich die Statue einer weiblichen Gottheit, von den griechischen Künstlern vielleicht als Artemis-Figur gedacht. Der dekorative Fries wird von Hatt dahingehend interpretiert, daß der »Vorbeimarsch« der Krieger an der Artemis für die griechischen Künstler wohl den Sinn hatte, die jungen Helden hiermit unter den Schutz der Jagd- und Kriegsgöttin zu stellen, daß die keltischen Gallier aber bei dieser Darstellung eher an eine Parade zu Ehren einer einheimischen Göttin dachten. Er meint, daß die Statue ursprünglich mit dem Gefäß keine »Einheit« bildete.

»Aufsehenerregende Funde wie die von Vix stellen manchmal in Wirklichkeit viel mehr Probleme, als sie zu lösen erlauben . . .« Das Museum von Châtillon-sur-Seine, das den Schatz von Vix beherbergt, ist in der Maison Philandrier, einem schönen Renaissancebau, untergebracht. Es ist das ganze Jahr über, mit Ausnahme des 25. Dezember und des 1. Januar, geöffnet. Die Öffnungszeiten sind: 9.00–12.00 und 14.00–18.00 (vom 15. Juni bis 15. September bis 19.00.

Der Fund von Vix – Mont Lassois war für die internationale archäologische Forschung von weitreichender Bedeutung und ließ neue Aussagen auf vielen Gebieten zu. So wurde hiermit der Handel mit den Griechen (in Marseille) und das Vorhandensein einer Aristokratie belegt, die sich offensichtlich an strategischen Handelsstützpunkten entwickelt hatten.

Ähnliche Stützpunkte, die zum Ansatz eines ganzen Systems von Stapelplätzen und befestigten Marktflecken wurden, sind die durch Grabungen bekanntgewordene Heuneburg an der oberen Donau oder Château-sur-Salins im Jura etc. Die tumulusartigen Fürstengräber liegen immer in der Nähe befestigter Herrensitze.

Die übrigen Funde vom Mont Lassois, insbesondere die bunte Keramik, lassen aber auch Beziehungen nicht nur zu den Griechen, sondern zur Iberischen Halbinsel und nach Norditalien erkennen (Sesto Calende, Este, Villanova). Wie am Mont Lassois findet man auch außerhalb Burgunds in vielen anderen Fürstengräbern der Hallstatt-Zeit Teile von Pferdegeschirren und Wagen. Sie werden als Hinweis auf die Standeswürde der Adelsgeschlechter gegenüber einer ebenfalls aufkommenden Wagenlenkerkaste gedeutet, andererseits machen sie auch deutlich, daß die Kelten gerade bei der offensichtlich ab dem 8. Jh. v. Chr. in Mode kommenden Reitkultur viele Einflüsse von außen, insbesondere von den Balkanländern, angenommen haben. So weisen bestimmte Zaumgebisse (thrakisch-kimmerischen Typs) auf neuerlernte Techniken der Pferdedressur und des Reitens hin.

◁ *Cluny, Überreste der Abteikirche mit großem »Clocher de l'Eau-Bénite« und kleinem »Clocher de l'Horloge«*

Insgesamt gibt es unter den Funden der Hallstatt-Periode eine Vielzahl von Gemeinsamkeiten, aber auch ebensoviele Unterschiede, die Einflüsse anderer Völker aufweisen. In jedem Fall ist diese Epoche als die Zeit der Fürsten und Feudalherren zu verstehen. Vielleicht gründeten damals große Adelsfamilien Dynastien, die auch weit versprengt liegende Lehen besaßen, so wie es im Mittelalter wieder der Fall war. Es ist fast die einzige Möglichkeit, die oft unerwarteten mosaikartigen Verwandtschaften räumlich weit voneinander entfernter Zivilisationen der Hallstatt-Kultur zu erklären.

Auf die La Tène-Zeit soll hier nur kurz eingegangen werden, da alle Funde unter dem Hallstatt-Schatz von Vix verblassen und er das sehenswerteste Dokument der Eisenzeit darstellt.

In Dijon sollte man jedoch nicht versäumen, bei einem Rundgang durch das Musée Archéologique (vgl. Kap. Dijon) – es ist wiederum der Archäologie aller Epochen gewidmet – insbesondere die Ex-Voto-Figuren aus den Seine-Quellen anzusehen. Sie stammen größtenteils aus der jungen Eisenzeit und bieten ein hübsches Ensemble aus Stein-, Bronze- und Holzfiguren. Sie sind der Göttin der Seine-Quelle gewidmet, von der man sich die Erfüllung von bestimmten Wünschen erhoffte. Deswegen sind auch einzelne Körperteile, deren Gesundung man erflehte, in symbolischer Gestalt dargeboten worden. Doch fand man auch ganze Statuetten, darunter eine seltene Holzfigur, die 46 cm hoch ist. Diese Sammlung ist insofern von großer Bedeutung, als es nur sehr wenige Zeugnisse gallischer Kunst aus der vorrömischen Zeit gibt. Später ließen die Römer einen neuen galloromanischen Tempel anstelle des alten Sanctuariums errichten.

Die Hauptleistung der keltischen Gallier bestand in der späten La Tène-Zeit in dem Auf- und Ausbau von wehrhaften Städten, die jedoch allesamt zerstört wurden und dann entweder an anderer Stelle wieder aufgebaut wurden (Autun anstelle von Bibracte) oder aber als gallisch-römische Stadtanlage auf Resten alter Mauern neu errichtet wurden (Alésia). In jedem Fall sind die Auskünfte über Form und Zeit der Uranlage oder eventuelle Schmuckbauten der gallischen Oppida bislang nicht besonders befriedigend.

Über Bibracte wurde schon mehrfach an anderen Stellen berichtet. Von Alésia (Alise-Sainte-Reine) soll im folgenden Kapitel zur galloromanischen Epoche die Rede sein, da die Besiedlung und Ausgestaltung überwiegend in diesen Zeitraum fiel.

Die galloromanische Epoche – Oppida, Bäder und Thermen

Der Beginn einer Urbanisierung in Gallien liegt weit vor der römischen Zeit, wie das Beispiel eines befestigten eisenzeitlichen Stapel- und Handelsplatzes unter aristokratischer Regie am Mont Lassois gezeigt hat.
Auch in Cäsars Berichten sind Beschreibungen von schon vor der römischen Besetzung vorhandenen gallischen Städten enthalten, wie etwa von der Stadt Avaricum, die Straßen, Plätze und ein Forum besaß. In Bibracte wurde ebenfalls ein Forum ausgegraben, das von Läden umgeben gewesen ist und gleichzeitig einen rituellen Versammlungsplatz darstellte.

Alésia

Als »in situ« zu besichtigende galloromanische Ruinenstadt bietet Alésia, in der Nähe des heutigen Alise-Sainte-Reine (Côte-d'Or, ca. 65 km westlich von Dijon an der D 905, D 103 gelegen) für die Anlage einer galloromanischen Stadt den besten Überblick, obwohl die Grabungen noch immer nicht abgeschlossen sind.
Auch Alésia war in strategisch günstiger Lage errichtet worden, nämlich am bzw. auf dem Mont Auxois (407 m), einem steilen Gipfel am Südrand des Plateaus von Langres. Auf der Suche nach jenem Ort, an dem sich Vercingétorix als Führer der Gallier im Jahre 52 v. Chr. der römischen Übermacht ergeben mußte, stießen die Archäologen des 19. Jh.s auch auf den vom Namen her ähnlichen Ort Alise-Sainte-Reine und den für Verteidigungszwecke gut geeignet erscheinenden Mont Auxois.
Die sich anschließende Grabung war die erste in einer ganzen Kette gleichartiger Unternehmungen, denen sich bald die Grabungen von Vertault (Vertillum) und von Bibracte anschlossen. Sie gehen alle auf die Initiative Napoleons III. (1852–1870) zurück, der sich Aufschlüsse über die Verteidigung der Gallier und die Angriffstechnik Cäsars, dessen glühender Verehrer er war, sowie über das spätere Zusammenleben von Galliern und Römern erhoffte. Andererseits sorgte er aber auch dafür, daß dem tapferen Vercingétorix ein überlebensgroßes Denkmal gesetzt wurde.
Weil der Kampf um Alésia so einen bedeutenden Wendepunkt in der Geschichte des gallischen Volkes darstellte, wollten viele andere französische Regionen die Gallierfestung lieber auf ihrem Territorium beheimatet sehen, und so wogte der Streit lange hin und her. Insbesondere die Franche-Comté, sowieso in mancher Beziehung der historische Rivale Burgunds, hat in der Umgebung von Alaise (Doubs) »das« Alésia gefunden. Doch gibt es immer mehr gute Gründe, in der Ruinenstadt von Mont Auxois das richtige Alésia zu sehen. Luftaufnahmen, die das Vorhandensein zweier Festungswälle (erneut) sichtbar machten und die Grabungsbefunde trugen dazu bei.

Die Ortsnamenbezeichnung Alésia bzw. Alise soll nach Rostaing schon sehr alt und auf ein italo-keltisches »alisos« zurückzuführen sein. Der zweite Teil des Namens – Sainte-Reine – ist später hinzugekommen und bezieht sich auf eine junge christliche Märtyrerin aus dem 3. Jh. n. Chr., der zu Ehren alljährlich im September ein mystisches Fest gefeiert wird. Das junge Mädchen verweigerte sich dem römischen Gouverneur Olibrius und wurde zur Strafe enthauptet. An der Stelle ihres Todes soll anschließend eine Quelle entsprungen sein, die sich zum Wallfahrtsort entwickelte, zumal ihr Wasser Heilwirkung (gehabt) haben soll. Das Mysterienspiel zu Ehren der später heiliggesprochenen Reine findet alljährlich am Sonntag, der dem 7. September am nächsten liegt, im 1945 erbauten, antikisierenden Amphitheater von Alise-Sainte-Reine statt. Die Teilnehmer an der Festtagsprozession sind in Kostümen der galloromanischen Epoche gekleidet.

Das gallische Oppidum Alésia war nicht unter der Voraussetzung angelegt worden, einer Entscheidungsschlacht zwischen Galliern und Römern standzuhalten, sondern geriet wohl mehr zufällig in diese Verlegenheit.

Nachdem Cäsar bei Gergovia, in der Nähe von Clermont-Ferrand, im Frühling des Jahres 52 v. Chr. eine Niederlage gegen die Gallier erlitten hatte, marschierte er nach Norden in Richtung Sens, um Verstärkung bei den dort stationierten Legionen zu suchen. Auf dem Rückmarsch in Richtung Osten wurde er von den Galliern verfolgt, die ihn, auf ihren vorherigen Sieg vertrauend, unter der Führung des Vercingétorix bei Alésia angriffen. Doch als das Kriegsglück sich diesmal mehr und mehr auf die römische Seite neigte, zog sich Vercingétorix mit seinen restlichen Truppen in das nahegelegene Oppidum von Alésia zurück.

Die Belagerung dauerte sechs Wochen, die Vorräte waren bald erschöpft, und Vercingétorix versuchte mehrfach, die römischen Linien zu durchbrechen, aber es gelang ihm nicht. Eine gallische Hilfsarmee, angeblich über 250 000 Mann stark, schaffte es auch von außen nicht, die alles entscheidende Schlacht zu gewinnen und mußte sich wieder zurückziehen.

Eine der Hauptursachen für das Mißlingen sämtlicher gallischen Versuche wird in der geschickten Kriegstechnik Cäsars gesehen, der während der Belagerung einen doppelten Wallgraben um Alésia ziehen ließ. Der innere wurde Vercingétorix zum Verhängnis, der äußere machte den anrückenden Hilfstruppen das Leben schwer. Cäsars Lager befand sich in der Mitte.

Um seine eingeschlossenen Truppen zu retten, ergab sich Vercingétorix schließlich Cäsar, der seinen Triumph weidlich auskostete und den Führer der Gallier in Rom sechs Jahre lang im Gefängnis schmachten ließ, bis er schließlich getötet wurde. – Die nicht nur in Frankreich beliebte und bekannte Darstellung der gallisch-römischen Vergangenheit in Form der Asterix-Comics darf denn auch als späte Rache verstanden werden: an der betreffenden Stelle der Vergangenheitsbewältigung wirft Vercingétorix – am Ende der Belagerung Alésias – Cäsar seinen schweren Schild nicht etwa vor, sondern mit Schwung auf die Füße!

Die doppelte Grabenanlage Alésias wurde schon im Jahre 1861, zu Beginn der archäologischen Untersuchung, entdeckt. Außerdem wurde später noch ein weiterer, etwa 20 Fuß breiter Graben freigelegt, den Cäsar offensichtlich als Schutz gegen einen Überraschungsangriff für seine arbeitenden Legionäre hatte anlegen lassen.

Bei den weiteren Grabungen wurden die Verteidigungsanlagen und das Zentrum der galloromanischen Stadt freigelegt. Straßen, Forum, Tempel, Theater, Gebäudereste der einzelnen Stadtviertel (Händler, Handwerker), ein unterirdisches Heiligtum und eine Kirchenanlage der Merowingerzeit geben Zeugnis vom städtischen Leben in Alésia noch über den Zusammenbruch des Römerreiches hinaus.

Typisch für den galloromanischen Urbanismus ist die Anlage eines gemeinschaftlichen Zentrums an der Kreuzung der zwei Hauptstraßen, des »cardo« und des »decumanus«. Dieses Zentrum umfaßt das Forum und häufig einen mit ihm verbundenen Tempel-Platz. Größere Provinzstädte übernahmen dieses römische Schema schon seit der Zeit des Augustus, indem sie monumentale Bauensembles in der Stadtmitte entstehen ließen. Auch kleinere Marktstädte wie Alésia ließen sich, wenn auch etwas verzögert und im entsprechenden Maßstab, von dieser Bauform anregen. Man kann Alésia insofern als ein städtebauliches Beispiel des kaiserlichen Plantyps des 2. Jahrhunderts ansprechen.

Die gegenwärtigen Grabungen versuchen, mehr Licht in die vorrömische Vergangenheit des gallischen Oppidums zu bringen. Es scheint so, als hätte Alésia schon in der La Tène-Zeit eine führende Rolle als gallischer Standort der Metallurgie innegehabt. Schon Plinius schreibt die Erfindung bestimmter Verfahren den keltischen Galliern zu. So sollen sie eine Methode zur Verzinnung und Versilberung anderer Metalle unter Verwendung von Quecksilber gekannt haben. Die in Alésia bei der Grabung vorgefundenen Öfen können dieser Technik der Quecksilberdestillierung gedient haben. Es handelt sich um Öfen mit einer großen Kalksteinplatte, auf deren Oberfläche Kanäle in Spiralenform eingemeißelt sind.

Das Museum von Alésia beherbergt Funde aus dem römischen Lager, den Verteidigungsanlagen und der galloromanischen Stadt. In dem Graben fand man z. B. ein Eisenschwert aus der La Tène-Zeit, das noch in seiner Scheide steckte, und einen silbernen Krug. In der Stadt entdeckte man Werkzeug und Produkte der Töpfer und Schmiede von Alésia und vieles mehr.

Museum und Ruinenstadt von Alésia haben die gleichen Öffnungszeiten und sind mit einem gemeinsamen Eintrittsbillet zu besichtigen. Die Öffnungszei-

ten sind: Ende März–30. Juni und 16. September–31. Oktober von 10.00–
18.00 und vom 1. Juli–15. September von 9.00–19.00, Tel.: 80 96 10 95.

Umgebung von Alésia

Flavigny-sur-Ozerain

Dicht bei Alise-Sainte-Reine (ca. 6 km südöstlich) befindet sich in Spornlage
das pittoreske Städtchen Flavigny-sur-Ozerain (ca. 450 Einwohner). Es hat
sein mittelalterliches Aussehen und seine Stadtbefestigung bewahrt wie sonst
wenige vergleichbare Anlagen in Burgund. Die Porte du Bourg, mit schönem
Mâchicoulis verziert, stammt aus dem 15. Jh.
Die ehemalige Benediktinerabtei geht auf eine Gründung im 8. Jh. zurück. In
der Krypta der ehemaligen Abteikirche St.-Pierre (gegen 758 erbaut) wurden
im 9. Jh. die Reliquien der Sainte-Reine, die ihr Martyrium in Alésia erlitten
hatte, beigesetzt.

Schloß Bussy-Rabutin

In nördlicher Richtung, ebenfalls nur ca. 6 km von Alise-Sainte-Reine ent-
fernt, befindet sich das sehenswerte Schloß von Bussy-Rabutin.
Es handelt sich um eine dreiflügelige Renaissance-Anlage, die von Wassergräben umgeben ist. Die vier runden Türme stammen aus dem 15. Jh., die
Seitenflügel aus der ersten Hälfte des 16. Jh.s. Das zentrale Corps de Logis
geht auf Roger de Rabutin ab 1649 zurück.
Der Graf von Bussy, ein Vetter der Madame de Sévigné, soll zunächst bei
Hofe ein recht ausschweifendes Leben geführt haben. Seine künstlerische
Begabung machte sich auch in Stegreifcouplets Luft, die – wieder einmal
während einer Orgie vorgetragen – die Liebesbeziehungen zwischen dem
jungen Louis XIV. und Marie Mancini aufs Korn nahmen. Dies trug ihm in
der Folge die Verbannung nach Burgund ein.
In seinem Schloß setzte er nicht nur seine Dichtungen fort (»Histoire amou-
reuse des Gaules«, eine satirische Chronik der galanten Abenteuer bei Hofe),
sondern stattete es auch mit reichem Dekor, Meublement und mit Porträts
ihm wohlbekannter Damen aus. Auf diese Weise konnte er weiterhin sehn-
suchtsvoll spöttische Zwiesprache mit seiner alten Umgebung halten.
Öffnungszeiten: Anfang April–Ende September 9.00–11.00 und 14.00–17.00
jeweils letzte Führung, ca. 45 Min.), übrige Jahreszeit 10.00–11.00 und
14.00–15.00 Uhr, geschlossen Di., Mi., 1. Januar, 1. Mai, 1. November,
25. Dezember.

Die römische Badekultur

Ein wichtiger Bestandteil der römischen Stadtkultur und des römischen All-
tags waren die Bäder. Sie entwickelten sich im Laufe der Zeit von der religiö-
sen Kultstätte zum profanen Zentrum des Lebens und der Kommunikation,
selbst in ländlich geprägten Räumen. Ihre Ausmaße und die Gestaltung wurden allerdings besonders in den großen Metropolen der römischen Kaiserzeit
immer aufwendiger, so daß man die Thermen ironisch auch als »Kathedralen
des Fleisches« bezeichnet hat. Die Römer übernahmen die Badegewohnhei-
ten der Griechen, die diese wiederum von den älteren Hochkulturen übernommen und in ihrem Stil geprägt hatten. Öffentliche Badeanlagen, die neben Kultzwecken der Körperpflege und der Heilung von Krankheiten dienten, gehen bei den Griechen bis ins 5. Jh. v. Chr. zurück. Bäder zu rein
kultischen Zwecken oder kleine Anlagen innerhalb von Tempeln und Palä-
sten sind noch wesentlich älter.
Auch in der »Odyssee« läßt Homer seinen Helden das Bad – allerdings ein
Wannenbad – beim Gastgeber genießen, und obwohl die Datierung und der
Beitrag Homers zu diesem Epos umstritten sind, könnte jene Szene schon ins
8. oder 9. Jh. v. Chr. fallen: ». . . erfreut im innersten Herzen schaut er das
wärmende Bad. Denn nur wenig ward ihm von Pflege, seit er die Grotte
verlassen der lockenumwallten Kalypso. Fröhlich genoß er des Bades, des
stärkenden, nun in der Kammer, stieg aus der Wanne sodann und kleidete
sich mit dem Leibrock und mit dem prächtigen Mantel, den zechenden Männern im Saal sich zuzugesellen.«
Um die Zeitenwende begann sich die römische Architektur, und damit auch
die Entwicklung der Bäder, von den hellenistischen Formen zu lösen. Die
Römer, die bis ins 1. Jh. n. Chr. bei den Badeanlagen noch hauptsächlich den
griechischen Typ der Reihenbäder verwendeten (lineare Aufreihung der verschieden temperierten Becken von kalt zu warm: Frigidarium – Tepidarium –
Caldarium) gingen nun auch zu ringförmiger Anlage und Verdoppelung einzelner Abschnitte über. Der Reihentyp bleibt nebenher auch erhalten, wird
aber monumentaler und luxuriöser ausgestaltet.
Die bisher häufig dem aus Kampanien stammenden Römer Orata (um 80
v. Chr.) zugeschriebene Erfindung der typischen Hypokaustenheizung (Un-
terbodenheizung, erfolgt durch heiße Gase und Dämpfe, die von einem
Heizraum, dem »Praefurnium«, zu einem Abzug geleitet werden und auf
dem Wege dorthin Räume und Wasserbecken von unten erhitzen) wurde
ganz offensichtlich von den Römern bis zur absoluten Perfektion verfeinert,
sie ist aber ebenfalls griechischen Ursprungs.
Sergius Orata, von Haus aus Kaufmann, entdeckte indessen eine zusätzliche
Funktion beheizter Wasserbecken, indem er sie nämlich für seine Fisch- und

Austernzucht gewinnbringend verwenden konnte. Brödner deutet die Quellen folglich dahingehend aus, daß Orata die Hypokaustenheizung zwar nicht erfunden, aber als erster im römischen Kulturkreis für die Austernzucht verwendet hat.

Neben den großen, repräsentativen öffentlichen »Thermen« (ein Begriff, der nach Brödner wohl erst im 1. Jh. n. Chr. geprägt wurde) gab es kleinere, teils öffentliche Anlagen, die mit »Balneum« bezeichnet wurden. Sie befanden sich innerhalb der Wohngebiete, am Rande kommerzieller Zentren und an anderen Brennpunkten des Lebens in großen, mittleren und kleineren Städten. Jedes größere Stadthaus und jede anspruchsvolle römische Villa besaß private Bäder.

Außerdem gab es Badeanlagen für das Militär mit einem großen »Laconicum« (Schwitzbad) an jedem Standort einer Legion. Und ebenso wurde jede befestigte Etappenstation (»Castrum«, z. B. Chalon, Beaune, Dijon etc.) mit mindestens einem Balneum versehen.

Die reinen Heilbäder unterschieden sich von den übrigen Bädern und waren keiner festen baulichen Norm unterworfen. Es entwickelten sich teilweise Thermalstationen mit einem regelrechten Kurbetrieb, die unseren heutigen Einrichtungen alle Ehre machen würden. Teilweise gehen die heutigen Kuranlagen bis auf die Römer zurück (z. B. Saint-Honoré-les-Bains, Dep. Nièvre, am Rande des Morvan).

Bei den Heilbädern blieb stets eine religiöse Verbindung zu einer Schutzgöttin oder einem Gott erhalten, während dieser aus alten Zeiten stammende Kult bei den übrigen Bädern allmählich aufgelöst worden war.

Die genaue Anzahl aller Bäder des römischen Reiches wird man nie genau in Erfahrung bringen können. Aus Grabungen und schriftlichen Quellen sind bis heute etwa 800 Anlagen bekannt, aber es müssen natürlich viel mehr gewesen sein. Nach einer Zählung, die Agrippa im Jahre 33 v. Chr. veranlaßte, gab es allein in Rom 170 Bäder. Zur Zeit Constantins I. (312–337) kamen auf 46 600 einfache Wohnblöcke (mit mehreren Wohnungen) in Rom 856 öffentliche Bäder (Brödner 1983, S. 260).

Fontaines Salées – Saint-Père-sous-Vézelay

In Burgund ist aus der galloromanischen Epoche der Typ der Heilbad-Thermalstation mit kultischem Gepräge bei Saint-Père-sous-Vézelay in der Grundstruktur recht gut erhalten.

Die Ausgrabungen der salzhaltigen Thermalquelle »Fontaines Salées« liegen ca. 2 km südlich der Ortschaft St.-Père (dem Pilgerort Vézelay benachbart), in der Nähe der D 958. Das Wasser kommt hier mit einer Temperatur von

15,25 °C aus der Erde und ist außer mit Salzen noch mit Magnesium und anderen Mineralien sowie Spuren von Helium angereichert.

Die Quelle muß in der frühen Eisenzeit schon genutzt und als Heiligtum verehrt worden sein. Bei den Ausgrabungen kamen 19 hallstattzeitliche Eichenbaumstämme zum Vorschein, die unter Zuhilfenahme von Feuer ausgehöhlt und zum Fassen der Quelle benutzt worden waren. Ein gallischer Rundtempel mit einem kultischen Wasserbassin dürfte dann im 2. Jh. v. Chr. angelegt worden sein, in ihm wurden Ex-Votos und Münzen gefunden.

Der eigentliche Ausbau der Fontaines Salées zur Thermalstation hat sich dann in der galloromanischen Periode seit dem 1. Jh. n. Chr. vollzogen. Ein ausgedehnter Thermal- und Kurbezirk, der sich an den Rundtempel anschließt, zeugt von der großen Bedeutung der Quelle zu jener Zeit und bis hin zum Mittelalter.

Im 17. Jh. wurden die Fontaines Salées unter der Gesetzgebung der »Gabelles« (Wort arabischen Ursprungs, bedeutet Steuer; im Frankreich des Ancien Régime Bezeichnung für Salzsteuer und Staatsmonopol im Salzhandel; jeder Untertan des Königs mußte alljährlich eine bestimmte Menge Salz kaufen) offensichtlich mißliebig und auf staatliche Anordnung zugeschüttet. Heutzutage ist die Quelle jedoch wieder freigelegt. Das salzhaltige Mineralwasser soll als Mittel gegen Arthritis anwendbar sein.

Einige Fundstücke aus Fontaines Salées, darunter einer der ausgehöhlten Baumstämme, sind im »Musée archéologique régional« von St.-Père zu besichtigen. Das Museum hat darüber hinaus auch Funde aus dem 4. Jh. sowie aus Nekropolen der Merowinger aus der Umgebung und eine Kollektion hochmittelalterlicher Skulpturen zu bieten.

Die Öffnungszeiten sind: Vom 1. März–23. Dezember von 10.30–12.30 und von 14.30–17.30. Mittwochs geschlossen, jedoch nicht in der Zeit von Ostern bis September. Das Eintrittsbillet umfaßt den Besuch des Museums und der Thermen. Insbesondere in der Nebensaison zuerst an das Museum in Saint-Père wenden.

Eine weitere Sehenswürdigkeit in St.-Père ist die gotische Kirche Notre-Dame. Ihr Baubeginn war 1240, vollendet wurde sie erst 1455; sie durchläuft damit mehrere Phasen der burgundischen gotischen Baukunst. Besonders bemerkenswert ist der Kirchturm aus dem 13. Jh., der, wenn man sich den jüngeren spitzen Turmhelm wegdenkt, viele Assoziationen zu den gotischen Kathedralen Nordfrankreichs weckt, die ja fast alle bis heute auf die Vollendung ihrer flachgebliebenen Türme warten. Man beachte auch die schöne, offene Vorhalle und die Wasserspeier.

Die offene, dreischiffige Vorhalle auf der Westseite der Kirche ist typisch für Burgund und stammt aus dem 14. Jh. (restauriert von Viollet-le-Duc). Dieser Baustil wurde auch bei einigen anderen burgundischen Kirchen angewandt,

z. B. bei der romanischen St.-Philibert-Kirche in Dijon. Die schöne, figuren-
reiche Westseite Notre-Dames zeigt thematische Verbindungen zur gotischen
Narthex-Fassade der Basilique Ste.-Madeleine von Vézelay.
Die Kirche von St.-Père war ursprünglich der Jungfrau Maria geweiht und
hat den Namen Notre-Dame daher bis heute behalten. Im 16. Jh. wurde sie
zur Pfarrkirche des gesamten Kirchspiels und dabei dem Schutz des
St.-Pierre-aux-Liens unterstellt. Von ihm rührt der heutige Gemeindename
St.-Père her.

Weitere galloromanische Siedlungen

Als Ausflug zu einem weiteren Zentrum galloromanischer Aktivität kann der
»Bois des Ferrières« in der benachbarten Gemeinde Fontenay-près-Vézelay
empfohlen werden. Hier befinden sich in der ehemaligen Flurlage »Le Crot
au Port« Überreste einer galloromanischen Siedlung, die, wenn vielleicht
nicht mit der Eisenverhüttung, so doch wenigstens mit der Eisenverarbeitung
zu tun gehabt haben muß. Die heute auf den Wald übertragene Bezeichnung
»Ferrières« bedeutet in erster Linie »Beschlagtasche mit den Werkzeugen
zum Hufbeschlag«, in zweiter »lederne Tasche für Geräte des Schlossers«.
Von der ehemaligen wirtschaftlichen Bedeutung als Ort des Eisenhandwerks
ist über den Namen hinaus wenig erhalten geblieben, jedoch haben Grabungen einige Überreste freigelegt wie Teile einer Villa und eines kleinen Mer-
kur-Tempels. Der Zugang erfolgt von der D 951, Vézelay-Clamecy, aus über
einen markierten Waldweg ca. 4 km westlich von Vézelay.
Ca. 40 km weiter nördlich befindet sich im Tal der Yonne das Dörfchen
Escolives-Sainte-Camille. Es liegt nahe der N 6 (ca. 10 km südlich von Auxerre) an einer ehemals wichtigen Römerstraße, die Augustodunum (Autun)
und Lutetia (Paris) miteinander verband. Hier, in der Nähe einer Karstquelle, an der sich schon seit der Steinzeit ein beliebter Siedlungsplatz befand,
wurden ebenfalls Überreste galloromanischer Thermen entdeckt.
Auf ca. 1000 m² legten die Archäologen eine Ringkampfstätte (Palestra), ein
überdachtes großes Wasserbecken und kleine Badebecken mit Hypokaustenheizung frei. Die Anlage stammt (im Gegensatz zu Fontaines Salées) erst aus
dem 3. Jh. n. Chr. Sie wurde auf monumentalen Ruinen-Arkaden angelegt,
die zu einem Bauwerk gehörten, das im Zuge erster »barbarischer« Invasionen um 253 zerstört worden sein muß. Die Architektur und die reichen
Skulpturen dieser Gesamtanlage sind von außergewöhnlicher Qualität.
Die Thermen wurden mit dem Abzug der Römer aufgegeben und später von
den Merowingern zur Nekropole umfunktioniert. Besichtigung nur in der
Sommersaison möglich.

Weitere Siedlungsplätze und Exponate der galloromanischen Epoche befinden sich in

– Cosne-sur-Loire (Nièvre): In der »Maison des Chapelains« viele Fundstücke aus der Grabung von Condate (daneben Steinzeit und Mittelalter). Nur im Sommer geöffnet, in der Mairie nachfragen.

– Entrains-sur-Nohain (Nièvre, 25 km östlich von Cosne-sur-Loire): Zwar kann man die 1966 begonnene Ausgrabung der galloromanischen Stadt Intaranum (im Namen heute zu Entrains abgewandelt) leider nicht besichtigen, denn die schon freigelegten Grabungsteile, darunter ein großes Theater und das Handwerkerviertel der Schmiede, wurden wieder zugeschüttet.

Das Museum von Entrains ist jedoch – von der Ausstellung der Grabungsbefunde eines eisenzeitlichen Tumulus aus Oisy, 5. Jh. v. Chr., und der Merowinger-Nekropole von Corvol abgesehen – hauptsächlich auf die Fundstücke aus Intaranum spezialisiert. In sechs Ausstellungsräumen werden unter anderem die Werkzeuge des Schmiedehandwerks und etwa 40 galloromanische Skulpturen ausgestellt (Mithra-Kult, Fruchtbarkeitsgöttin etc.).

Ein großartiger Fund aus Entrains wurde an das Nationalmuseum in Paris (Musée des Antiquités Nationales) gegeben: eine 2,65 m hohe Apollo-Skulptur, die den Gott sitzend mit der Lyra darstellt.

Das Museum von Entrains-sur-Nohain ist in der »Maison des Fouilles« untergebracht und nur in den Monaten Juli und August geöffnet.

– Mâlain (CdO, ca. 20 km westlich von Dijon): Grabung und Ausstellung der Fundstücke aus Mediolanum (1. Jh. v.–3. Jh. n. Chr.). An der Grabungsstätte sichtbarer Ortsteil mit Straßen, teilweise unterkellerten Hausresten, Hypokaustenheizung etc.

Eine kleine Ausstellung auf der Grabung zeigt Funde aus Mediolanum, aber auch volkstümliche Exponate wie Werkzeuge der Winzer und Steinmetzen jüngeren Datums. Ein Teil der Funde ist im Musée Archéologique von Dijon ausgestellt.

Grabung und Ausstellung sind nur in der Hochsaison bzw. einen Teil des Sommers geöffnet. Nachfragen ggf. bei der Mairie von Mâlain oder im Syndicat d'Initiative von Dijon.

Vom Gipfel »Signal de Mâlain« (605 m), der von der Eisenbahnlinie Dijon-Paris untertunnelt wird, hat man einen weiten Blick in das Tal der Ouche, über das Plateau von Langres und in die Saône-Ebene. Mâlain ist außerdem ein Geologen-Mekka, da sich hier nord-süd- und ost-west-gerichtete Verwerfungslinien kreuzen, die Mâlain zum »Strukturknoten« (»Noeud structural de Mâlain«) machen. Die Folge der Verwerfungen ist, daß mehrere geologische Schichten praktisch nebeneinander liegen, die eigentlich hübsch übereinander gestapelt sein müßten.

Besonders attraktiv ist der Aufschluß (Steinbruch) am Eisenbahnviadukt zwi-

schen Mâlain und Baulme-la-Roche, wo der kristalline Sockel durch herzynische Heraushebung fast an die Oberfläche gekommen ist – die einzige Stelle
zwischen dem Morvan und den Vogesen. Auf dem Sockel liegt nur noch eine
dünne Schicht (7–8 m) von feldspathaltigem Sandstein (Grès), der vom Trias-
meer hier abgelagert worden ist und seine horizontale Lage fast beibehalten
hat (woraus man eben schließen kann, daß die Heraushebung des Sockels
schon herzynisch, also älter sein muß).
Bei Baulme-la-Roche imponieren hohe Kalksteilwände, die aufgrund von
Verwerfungen entstanden sind. Ein markierter Kletterpfad (»Sentier Tango«)
benötigt festes Schuhzeug.
– Mirebeau-sur-Bèze (CdO): Hier wurden Luftbildanalysen und Grabungen
durchgeführt (1968–1978), denen zufolge links des Flusses Bèze eine von
Legionären bewohnte Befestigung mit außerhalb gelegenen Thermen und
rechts des Flusses ein Sanktuarium mit zwei Tempeln, Tempelhof und Brunnen existiert haben muß. Man machte etliche Funde, vor allem aus der End-
zeit der Unabhängigkeit Galliens.
Die Ausstellung der Grabungsergebnisse ist auf Nachfrage in der Mairie von
Mirebeau-sur-Bèze zu besichtigen.
– Mont-Saint-Vincent (SetL): In einem ehemaligen Salzspeicher befindet
sich ein kleines Museum, das sich gleichermaßen allen Perioden widmet
(steinzeitliche Werkzeuge vom Camp de Chassey bis zur Merowinger-Nekropole von Saint-Clément-sur-Guye).
Die Fundstücke aus der galloromanischen Epoche kommen aus der ehemaligen Handwerkersiedlung Portus, die bisher nur teilweise ausgegraben wurde.
Falls das Museum geschlossen ist, auf der Mairie nachfragen oder Erkundi-
gungen im Syndicat d'Initiative de Montceau-les-Mines einholen (13 km
westlich von Mont-St.-Vincent).
Vom Mont-St.-Vincent, einer dominanten Erhebung im Charollais (603 m),
hat man einen hervorragenden Rundblick über die Gebirgszüge des Charollais, des Mâconnais und über das Industrie-Becken von Montceau-les-Mines–Le Creusot bis hin zum Morvan (Orientierungstafel). An dem Sonntag,
der dem 24. Juni am nächsten liegt, werden auf dem Mont-St.-Vincent (und
in Brancion, S et L) alljährlich Johannisfeuer zum Sommeranfang (Feux celti-
ques de la Saint-Jean) abgebrannt.

Epochen der abendländischen Baukunst

Die Entwicklung der Kirche und der christlichen Baukunst von den Anfängen bis zur Romanik

Da in der kunstgeschichtlichen Betrachtung einzelner Stilepochen, insbesondere der Romanik und Gotik, die Sakralbauten eine alles überragende Stellung einnehmen, soll zunächst ein kurzer Einblick in die Entwicklung der christlichen Baukunst gegeben werden:

»Die christliche Architektur entwickelt sich eigentlich erst seit der konstantinischen Epoche. Bis ins 2. Jahrhundert scheint die junge Kirche in den meisten Fällen ein bestimmtes Gebäude für den Gottesdienst abzulehnen. Erst im 3. Jahrhundert, mit dem Anwachsen der Gemeinden, erfordern die liturgischen Vorschriften eine bleibende Einrichtung im Innern von einfachen Häusern und vermutlich auch Privatpalästen. Mit Ausnahme des Hauses der Christengemeinde in Dura Europos ist nichts erhalten. Es zeigt einen einfachen, ungeteilten Saal, der im Osten vermutlich eine Art Podium aufwies. Die Bautätigkeit beruht auf der Initiative der Herrscher.

Die kaiserlichen Architekten wählen von Anfang an einen riesigen fünfschiffigen Saal zur Errichtung der Lateranbasilika und Alt-St. Peters in Rom, für den ersten Bau der Hagia Sophia in Konstantinopel und die beiden Martyrien am Golgatha und der Geburtsgrotte in Bethlehem. Das gleiche Schema wird nach 350 in Mailand, 354 in Orléansville und am Jahrhundertende für das neue Paulusmartyrium in Rom, die Kathedrale in Ravenna und im griechischen Epidauros wieder aufgegriffen. Im zyprischen Salamis und im afrikanischen Karthago entstehen am Ende des 4. Jahrhunderts siebenschiffige Basiliken, in Damus-el-Karita, einem Vorort von Karthago, im 6. Jahrhundert sogar ein neunschiffiger Bau.

Der seit der ersten Hälfte des 4. Jahrhunderts geläufigste basilikale Typ bleibt jedoch der des rechteckigen Saales, der durch zwei Reihen von Säulen oder Pfeilern in drei Schiffe aufgeteilt wird. Die Kirchen können mit Tribünen über den Seitenschiffen ausgestattet sein; im allgemeinen sind sie nicht gewölbt, sondern einfach mit einem Dachstuhl abgeschlossen, der häufig von einer Kassettendecke verdeckt wird.

Den größten Kirchen (Sankt Peter, Grabeskirche in Jerusalem usw.) ist oft ein Atrium mit drei oder vier Bogenstellungen oder – im Orient häufiger – ein Narthex vorgelagert. ... Auf der gegenüberliegenden Seite des Baues befindet sich... die Presbyteriumszone, die aus einer einfachen, halbrunden von einem Halbkuppelgewölbe abgeschlossenen Apsis besteht. Dieser privilegierte Raum erfährt meistens sehr früh eine reichere Ausgestaltung. In Sankt Peter in Rom und später in San Paolo fuori le Mura wird ihm ein Querschiff in Form eines verlängerten Seitenschiffes vorgelagert.

Die Apsis selbst tritt in den verschiedensten Formen auf. Manchmal ist ihr Grundriß außen polygonal gestaltet oder in eine rechteckige Baumasse eingebettet. Seitlich kann sie von Anbauten flankiert sein, die einen rechteckigen oder halbrunden Grundriß aufweisen und deren Funktionen variieren. Ebenso kann sie einem Memorialbau über zentralem Grundriß Platz machen, wie es das konstantinische Oktogon in der Geburtskirche in Bethlehem zeigt. Zahlreiche frühchristliche Gebäude verbinden das basilikale Schema mit dem Zentralgrundriß. Aus der Zusammenfügung dieser beiden Formen könnte auch um 500 der neue Kirchentyp einer Basilika mit Kuppelfolge entstanden sein, der sich während der Herrschaft Justinians ausbreitet.

Neben dem basilikalen Schema mit seinen zahlreichen Varianten entwickelt die frühchristliche Architektur verschiedene Bautypen über einem zentralen Grundriß, der runde, quadratische, polygonale, kreuzförmige oder Vielpaß-Formen annehmen kann. Martyrien und Memorialbauten zur Aufnahme von Reliquien haben überwiegend einen zentralen Grundriß, vermutlich in Zusammenhang mit den schon feststehenden Formen der Grabarchitektur. Das Grab Christi in Jerusalem und die Fußabdrücke am Ölberg werden durch eine Rotunde geschützt. Wenn ihre Grundformen auch differieren, so sind die Zentralgebäude doch alle geostet.

Eine der Hauptcharakteristiken der frühchristlichen Architektur ist somit ihre Verschiedenheit und ihr Formenreichtum. Fast überall führt eine besondere Zweckbestimmung zur Errichtung eines unabhängigen Gebäudes. Um bischöfliche oder monastische Ansiedlungen oder ein Martyrium entstehen weitere Bauten für den Märtyrer-, Grab-, Eucharistie-, Tauf- oder Memorialkult.

Eine Reaktion gegen die Anhäufung diverser Bauformen beginnt im Abendland seit dem 9. Jahrhundert. Anstatt die verschiedenen liturgischen Funktionen auf mehrere Gebäude zu verteilen, strebt man danach, sie mehr und mehr zusammenzufassen und einem einzelnen Bau einzugliedern. Die Kathedralgruppe von Metz umfaßt zur Zeit des hl. Chrodegang (742–766) nicht weniger als sieben oder acht Kirchen und Kapellen, auf die sich die liturgischen Feierlichkeiten verteilen. Noch am Ende des 8. Jahrhunderts wird der Hauptkult in der vom Schwiegersohn Karls des Großen, Abt Agilbert, rekonstruierten Doppelchorbasilika Saint Riquier abgehalten. Daneben spielen aber noch zwei Kirchen der Klosterbaugruppe, Saint-Bernin und Sainte-Marie, eine bedeutende Rolle. Zur gleichen Zeit haben die irischen Klöster zahlreiche Kapellen und Oratorien für die verschiedenen Phasen einer vielleicht von römischen Bräuchen beeinflußten Stationsliturgie. Die Zusammenfassung der verschiedenen liturgischen Funktionen in einem Gebäude wird um 830 mit dem Projekt der neuen Abtei von St. Gallen verwirklicht. Dieser Integrationsprozeß, der die spätere Entwicklung der ottonischen, romanischen und gotischen Architektur bestimmt, wird im 9. Jahrhundert von einer Erneuerung des frühchristlichen Formenrepertoires begleitet.

Von der zweiten Hälfte des 9. bis zum Ende des 10. Jahrhunderts durchläuft das Abendland eine neue Krisenzeit. Zur inneren Teilung des karolingischen Reiches kommen äußere Probleme hinzu. Europa wird im Osten von den Ungarn angegriffen, im Süden lassen sich die Sarazenen in der Provence und in Sizilien, Korsika und Sardinien nieder, von dem aus sie im Jahre 846 Rom plündern. Im Norden und Westen drohen skandinavische, dänische, norwegische und schwedische Volksstämme, von denen sich einer am Ende des 9. Jahrhunderts in der Normandie festsetzt.

Auf dem Kontinent stabilisiert sich unter Heinrich dem Vogler die Situation im Osten von Sachsen aus. Sein Sohn Otto der Große wird 962 zum Kaiser gekrönt und erneuert die karolingische Politik. Er dehnt die Grenzen des Reiches nach Osten über Böhmen und Polen aus. Der politische Einfluß der Ottonen erweitert sich auch nach Westen, nach Nord- und Ostfrankreich, Belgien und Holland.

Die ottonische Kunst nimmt römische und frühchristliche Elemente auf und steht zudem seit dem letzten Viertel des 10. Jahrhunderts unter einem ausgeprägten byzantinischen Einfluß. Die Hochzeit Ottos II. mit der byzantinischen Prinzessin Theophanu im Jahre 991 begünstigt ohne Zweifel die Übernahme griechischer Vorbilder von sehr hoher Qualität. Byzanz spielt im 10. Jahrhundert eine sehr wichtige Rolle. Unter Konstantin Porphyrogennetos, Nekephoros Phokas, Johannes Tzimiskes und Basileios II. erlebt das orientalische Reich eine ungewöhnliche Blütezeit, die auf die anderen Länder ausstrahlt. Das klassizistische byzantinische Vorbild führt über Reiner von Huy um 1100 und seit 1150 über Godefroid de Claire zur antikisierenden Renaissance der Jahre um 1200, die sich in der Malerei, der Goldschmiedekunst des Nikolaus von Verdun und in der Skulptur – besonders in den Kathedralen von Laon und Reims – bemerkbar macht.

In Frankreich bestimmt das Lehenswesen unter den ersten Capetingern die Organisation des Landes. Nachdem der Frieden wiedergewonnen ist, entsteht eine für das städtische Leben vorteilhafte Atmosphäre; aus den verwüsteten Ruinen wachsen wieder Siedlungen, und die Dörfer beleben sich. Die in den vergangenen Unzeiten erheblich dezimierten Völker erfahren einen starken demographischen Zuwachs. Die Straßen werden dem Warenaustausch geöffnet, eine Tatsache, die zu steigendem Reichtum der Bevölkerung führt. Die Bürger beginnen – in Konkurrenz zur Kirche und zu den Landesherren – selbst an der Organisation des sozialen und ökonomischen Lebens aktiv mitzuarbeiten. Die Felder, die lange Zeit brachlagen, werden erneut von Bauern und Mönchen bewirtschaftet. Da ihre Tätigkeit unter dem Schutz des Königs oder der Feudalherren steht, werden die verlassenen Ländereien wieder schnell bestellt.

Die Kirche überwindet die Zeit ihrer Schwäche und geht als Sieger aus dem Kampf um ihre Unabhängigkeit gegenüber der weltlichen Macht hervor. Dank Gregor VII. und Urban II. findet sie nicht nur ihre dominierende Rolle wieder, sondern verstärkt diese noch. Die Neugliederung der kirchlichen Hierarchie, die Reform des Klosterlebens und die Gründung neuer Orden stellen die Weichen für die Zukunft. Das Werk von Cluny und dem hl. Bernhard bleiben während der folgenden Jahrhunderte für die Neuorientierung Europas von ausschlaggebender Bedeutung, denn die Ausbreitung des Mönchtums fördert das ökonomische Leben der Völker und bestimmt ihr geistiges Leben und ihre künstlerischen Ausdrucksformen.

Das Unterrichtswesen liegt in den Händen der Kirche, die den Menschen zu einer achtungsvollen Haltung gegenüber dem Heiligen erzieht. Die Hochschätzung der geistigen Werte und die Verehrung der Reliquien lassen die großen Pilgerbewegungen entstehen, die ihren Höhepunkt in den Kreuzzügen finden. Die politische, soziale und ökonomische Erneuerung wird von einer reichen künstlerischen Blütezeit begleitet. Zuvor hatten die Einfälle der Barbaren und die damit zusammenhängenden Wirren die Kontinuität der künstlerischen Tradition unterbrochen. Der mit dem wiedergewonnenen Frieden ermöglichte kulturelle Austausch bringt jedoch neue Anregungen und Strömungen.

Dennoch fehlen dominierende kulturelle Zentren. Das führt zu einem Rückgriff auf die Modelle aus der Zeit vor den Wirren, besonders auf jene, die von der karolingischen Kunst entwickelt worden waren. Die christliche Welt, deren Ursprung im Orient liegt, nimmt Anleihen aus mehreren Quellen auf und erarbeitet auf diese Weise eine Synthese, die die neue Epoche widerspiegelt. Rom, in dem sich der Heilige Stuhl niedergelassen hat, wird zum Zentrum und Ausgangspunkt einer neuen künstlerischen Einheit der zum Christentum bekehrten Völker.

Die Handelsfreiheit begünstigt zugleich die aus dem Orient kommenden Einflüsse bei der Entwicklung neuer Formen. So finden syrische oder persische Motive über die Bildwelt bestickter oder bemalter Stoffe Eingang in das Vokabular der romanischen Skulptur. Hinzu kommen Traditionen, die von den Eroberern mitgebracht wurden, und solche, die sich durch die Vermittlung der keltischen Kunst in den verwüsteten Ländern behaupten konnten. Von all diesen klassischen, orientalischen oder ›barbarischen‹ Elementen genährt, sucht und entwickelt die romanische Kunst ihren eigenen Ausdruck,

Paray-le-Monial, Basilika Sacré-Cœur, die »Taschenausgabe Clunys« ▷

um sich nach dem Jahr 1000 von den vorherrschenden karolingischen Tendenzen nach und nach zu befreien.« (Auszüge aus dem Handbuch der Formen- und Stilkunde, Mittelalter, S. 23 ff. u. S. 243/244.)

Die architektonischen Merkmale der Romanik

»Die Gewölbe bilden die Hauptbeschäftigung der romanischen Bauleute. Im Mittelschiff zieht man die Verwendung der Spitz- oder Rundbogentonne mit oder ohne Gurtbögen vor. Das Kreuzgratgewölbe dient hauptsächlich zur Überdeckung der Seitenschiffe, Krypten und Vorhallen. Selten wird es für die Wölbung der Hauptschiffe eingezogen. Die Trompen- oder Pendentifkuppel bekrönt häufig die Vierung, die zum Hauptbestandteil des romanischen Kirchenbaues wird. In einer auf wenige Regionen begrenzten Gebäudegruppe überhöht eine Kuppelfolge das Mittelschiff. Obschon die romanischen Bauten häufig eingewölbt werden, beschränkt sich die Architektur jener Epoche nicht nur auf einen steinernen Raumabschluß. Die holzgedeckten Kirchen folgen im Laufe des 11. und 12. Jahrhunderts ihrem eigenen Weg und entwickeln einen von der Wölbung unabhängigen rhythmischen Aufriß. Im allgemeinen bestehen die romanischen Stützen nicht mehr aus einfachen Säulen, sondern sind zu vierpaßförmigen Pfeilern gebildet, die oft von Pilastern oder Halbsäulen verstärkt werden. Außerhalb der großen Arkadenstellungen nehmen sie die Anfänger der Gurtbögen auf, die sich über das Langhaus und die Seitenschiffe strecken. Der Gebrauch von Säulen beschränkt sich oft auf die gerundeten Teile des Chores.
Bei einem großen Teil der gewölbten Kirchen wird die Innenbeleuchtung nur durch die Öffnungen des Chores und der Seitenschiffe erreicht. Bis auf wenige Ausnahmen bleibt das Schiff dunkel. Nur die Gebäude, die mit einer Holzdecke abschließen und die einschiffigen Kirchen verfügen über direkte Beleuchtung.
Das Gleichgewicht des Mittelschiffes wird beinahe in allen Fällen durch die Wölbungen der Seitenschiffe gesichert, die jene des Hauptschiffes stützen. Am Außenbau verstärken die mächtigen Strebepfeiler – in Deutschland und Italien seltener ausgeführt – die Mauern gegen den Gewölbeschub. Die Verteilung der Massen am Außenbau offenbart die innere Aufteilung. Die Volumen mit ihren einfachen geometrischen Formen geben den Eindruck von Ausgewogenheit und Stabilität wieder. Nur die Glockentürme, die häufig an Gebäuden des Heiligen Römischen Reiches in machtvollen Formen auftreten, unterstreichen den vertikalen Schwung. Die Mehrzahl der romanischen Kirchen ist aus sehr sorgfältig bearbeiteten Werksteinen errichtet. Einige

◁ *Pilgerstadt Vézelay am Rande des Morvan, links Sainte-Madeleine*

Regionen Frankreichs und anderer Länder, die über kein Quaderwerk verfügen, erbauen ihre Gebäude mit Backsteinen.

In Frankreich entfaltet sich die romanische Architektur seit der zweiten Hälfte des 11. bis zum Ende des 12. Jahrhunderts. Die Vielfalt der Formen und das Ineinandergreifen regionaler Ausprägungen machen Versuche, die Gebäude in Gruppen einzuordnen, schwierig. Neben den Bauten mit Holzbedeckung lassen sich je nach ihrer Struktur drei Hauptgruppen unterscheiden: die gewölbten Kirchen ohne Emporen, die Emporenbasiliken und die Gebäude, deren Schiffe mit Kuppeln überwölbt sind. Die burgundischen Bauten zeigen zahlreiche Beispiele, die der ersten Gruppe angehören. In den meisten Fällen folgen sie den berühmten Vorbildern der großen Kirche von Cluny III und der Sainte-Madeleine in Vézelay. Die Mehrheit der Kirchen des Poitou und einige Gebäude der Saintonge sind auch zu dieser Gruppe zu zählen, ebenso die provenzalischen Bauten, die sich durch die Einfachheit ihres Grundrisses und ihrer Raumverteilung auszeichnen.

Die zweite Gruppe der gewölbten Bauten, die eine Empore über den Seitenschiffen aufweist, ist in Mittel- und Südfrankreich gut vertreten, besonders durch die Kirchen, die an den Pilgerstraßen liegen; nach dem gleichen Prinzip ist die Prioratskirche Saint-Etienne in Nevers errichtet, die den vollendeten Typ des romanischen Kirchenbaues vertritt. Die Kirchen der Auvergne übernehmen ebenfalls dieses Bausystem, das sich gut für die zahlreichen in dieser Gegend bekannten Pilgerzüge eignet.

Die dritte Gruppe – jene Gebäude, deren Schiff mit einer Kuppelfolge bedeckt ist – ist hauptsächlich in Aquitanien bekannt; sie bildet eine fast homogene Serie. Nur die Kirchen Saint-Hilaire in Poitiers und die Kathedrale Notre-Dame in Le-Puy überschreiten diesen geographischen Rahmen: sie verbinden einen basikalen Grundriß mit der Kuppelbedeckung.« (Handbuch, S. 246/247.)

Neben den charakteristischen romanischen Gewölbformen gibt es einige weitere typische Stilelemente und Schmuckformen, die nachstehend abgebildet sind.

Portal:

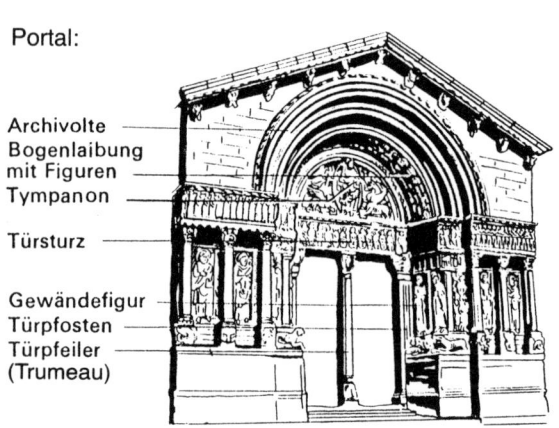

Archivolte
Bogenlaibung mit Figuren
Tympanon

Türsturz

Gewändefigur
Türpfosten
Türpfeiler
(Trumeau)

Entwicklung der romanischen Wandgliederung:

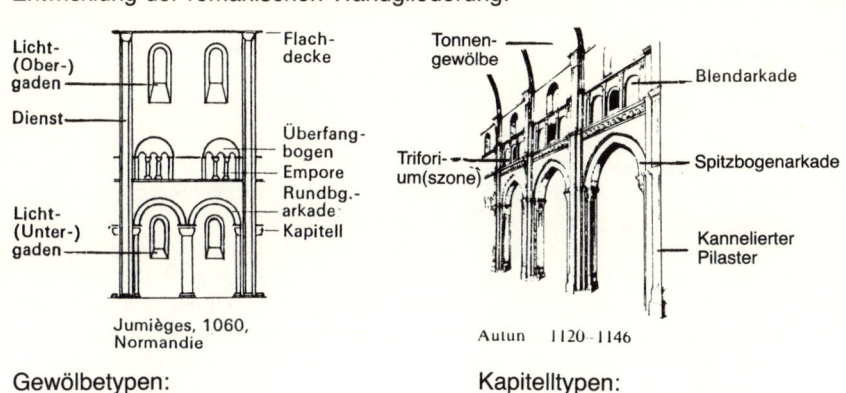

Licht-(Ober-)gaden
Dienst
Licht-(Unter-)gaden

Flach-decke
Überfang-bogen
Empore
Rundbg.-arkade
Kapitell

Jumièges, 1060, Normandie

Tonnen-gewölbe
Triforium(szone)
Blendarkade
Spitzbogenarkade
Kannelierter Pilaster

Autun 1120–1146

Gewölbetypen:

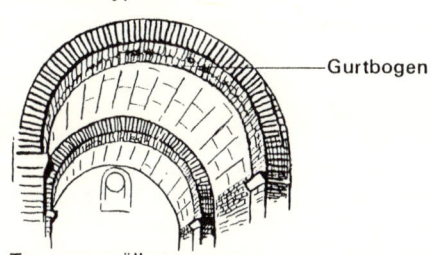

Gurtbogen

Tonnengewölbe

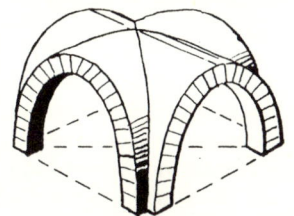

Kreuzgratgewölbe

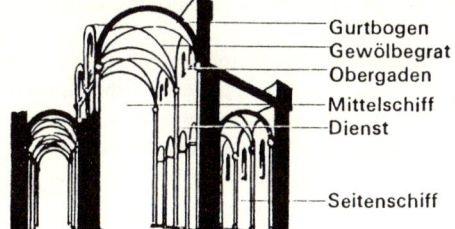

Gurtbogen
Gewölbegrat
Obergaden
Mittelschiff
Dienst
Seitenschiff

Gewölbesystem im Langhaus

Kapitelltypen:

Würfel-kapitell

Falten-kapitell

Kelch-block-kapitell

Figuren-kapitell

Palmetten-kapitell

Bestien-kapitell

Die bedeutendsten romanischen Kirchen und Klöster Burgunds

Die nachfolgende Karte gibt einen Überblick über die Vielzahl und die Verteilung der romanischen Kirchen in Burgund. Ganz deutlich zeichnet sich ein Schwerpunkt im Süden von Saône-et-Loire ab, und alle Wege weisen uns zunächst den Weg zurück nach Cluny, in die Zeit um 1000 n. Chr.

Mit dem Aufbau der Klosteranlage von Cluny beginnt das westfränkische Reich, sich von der karolingischen Baukunst zu lösen und einen eigenen burgundisch-französischen Stil zu entwickeln. Doch Cluny bedeutet nicht nur Architektur, sondern Weltanschauung, Reform und Machtpolitik zugleich. Ein näherer Einblick in die Geschichte und das Wesen der Cluniazenser und ihrer Konkurrenten, der Zisterzienser, sollen die bedeutenden Einflüsse dieser Orden auf die romanischen Sakralbauten verständlicher machen.

Cluny und Cîteaux

Der Aufstieg Clunys

Das Kloster Cluny wurde von Herzog Wilhelm III. von Aquitanien gestiftet und erstmals am 11. 9. 910 urkundlich erwähnt. Neben der Hoffnung auf ein ewiges Seelenheil für sich, seine Gemahlin Ingelberga, die gesamte herzögliche Familie inklusive der Vorfahren und sogar für seine Untertanen, verband sich mit der Stiftung des Klosters die grundsätzliche Idee einer Förderung des katholischen Glaubens.

Mit der Klosterneugründung wurde Berno, Abt des Benediktiner-Klosters von Baume (Franche-Comté) beauftragt, der sich mit dem Herzog beim Dorf Cluny (Diözese Mâcon) im Tal der Grosne traf. Berno hielt den Landbesitz Wilhelms III. um einen alten fränkischen Gutshof herum für sehr geeignet, doch im entscheidenden Moment konnte sich der Herzog nur schwer von den vorzüglichen Jagdgründen trennen und wies auf die Unruhe durch das Jagdgetümmel und die Hunde hin. Darauf entgegnete Berno: »Dann entferne die Hunde von hier und setze Mönche an ihre Stelle« (Sackur 1965), und so geschah es.

Das Klosterleben war zu dieser Zeit auf einem Tiefpunkt angelangt. Die Normannen hatten 60 Jahre lang das Land verwüstet, das darüber hinaus noch durch innere Kriege zerrissen war. Das Kloster wurde den Aposteln Petrus und Paulus geweiht, in ihm sollten Mönche nach Benediktinerregeln (in der Modifikation des Benedikt von Aniane) leben. Entscheidend für die weitere Entwicklung Clunys war, daß der Stifter auf jede Gewalt über das Kloster verzichtete, er selber benannte nur Berno als ersten Abt, dessen Nachfolger sollte die Klostergemeinschaft frei wählen können.

Romanische Kirchen und Klöster

YONNE

- Sens
- Laroche-Saint-Cydroine
- Pontigny
- Ligny-le-Châtel
- **AUXERRE**
- Escolives-Sainte-Camille
- Châtillon-sur-Seine
- Marcenay
- Vermenton
- Châtel-Gérard
- Sainte-Pallaye
- Sacy
- Fontenay
- Druyes-les-Belles-Fontaines
- Châtel-Censoir
- Pontaubert
- Avallon
- Vézelay
- Bussy-le-Grand
- Flavigny-sur-Ozerain
- Til-Châtel
- Metz-le-Comte
- Sainte-Magnance
- *COTE-D'OR*
- Cosne-sur-Loire
- Hauteville
- Donzy-le-Pré
- **DIJON**
- Mont-Saint-Jean
- *NIEVRE*
- Saint-Révérien
- Cervon
- Saulieu
- La Bussière-sur-Ouche
- Bard-le-Régulier
- La Charité-sur-Loire
- Champvoux
- Jailly
- Bigny-sur-Ouche
- Garchizy
- Rouy
- Alluy
- Beaune
- Marzy
- **NEVERS**
- Commagny
- Curgy
- La Rochepot
- Autun
- Ciel
- Mars-sur-Allier
- Béard
- Semelay
- *SAONE-ET-LOIRE*
- Chalon-sur Saône
- Saint-Parize-le-Châtel
- Saint-Pierre-le-Moutier
- Issy-l'Evêque
- Gourdon
- Laives
- Mont-Saint-Vincent
- Sennecy-le-Grand
- Perrecy-les-Forges
- Bourbon-Lancy
- Malay
- Lancharre
- Chapaize
- Brancion
- Tournus
- Saint-Vincent-des-Prés
- Massy
- Taizé
- Farges-les-Mâcon
- Uchizy
- Paray-le-Monial
- Saint-Germain-en-Brionnais
- Blanot
- Bissy-la-Mâconnaise
- Montceaux-l'Etoile
- Mazille
- Cluny
- Berzé-la-Ville
- Varenne-l'Arconce
- Bois-Sainte-Marie
- **MACON**
- Anzy-le-Duc
- Vareilles
- Semur-en-Brionnais
- Saint-Laurent-en-Brionnais
- Saint-André-de-Bâge
- Iguerande
- Saint-Julien-de-Jonzy
- Châteauneuf
- Charlieu

- Ort mit bedeutendem romanischem Sakralbau

- Departments–Hauptstadt

Auch bestimmte Wilhelm III., wie es in der Charta von Bourges (damals kirchlicher Hauptort Aquitaniens) festgelegt wurde, daß das Kloster frei sein sollte von jeglicher weltlichen Adelsherrschaft (Immunität) und geistlicher Gewalt bzw. bischöflicher Aufsicht; er unterstellte es dem Schutz des Apostolischen Stuhles mit all seinen Besitzungen, wofür das Kloster alle fünf Jahre einen Rekognitionszins nach Rom entrichten sollte. Dem Kloster wurde die Freiheit (Libertas) geschenkt.

Papst Johannes XI. fügte 931 ein weiteres Privileg hinzu: Die Autorisation zur Reform. Cluny erhielt Sendung und Auftrag, andere Klöster zu reformieren und wurde zugleich zum Musterkloster erklärt in einer Zeit, da fast alle Klöster der Regel untreu geworden waren. Alle reformierten Klöster sollten Cluny unterworfen bleiben. Mit diesem Privileg war sowohl die Sache der Reform wie die der Kongregation bzw. der Ordensbildung (Ordo cluniacensis) in ihren Grundelementen festgelegt. Diese Libertas von bischöflicher Aufsicht wurde durch die offiziell ausgesprochene Exemtion (lat. eximere = herausnehmen, Ausgliederung eines Klosters aus dem kirchlichen Verband und Unterordnung unter einen besonders benannten Oberen, im Falle Clunys der Papst) im Jahre 998 (Papst Gregor V.) bestätigt und gefestigt.

Clunys Sonderstellung und Aufstieg verdeutlichen die folgenden Begebenheiten: erstens die Lage in einem »Leerraum von Herrschaft«, das Gebiet gehörte weder zum Reich noch zum französischen Königtum, zweitens der jeweils langen Regierungszeit der ersten 4 Äbte, so daß sich eine feste Tradition, eine »Richtung« ausbilden konnte. Dazu gehörte auch, daß die Äbte noch zu ihren Lebzeiten ihren Nachfolger bestimmten, indem sie einen Mönch ihres Geistes als Koadjutor mit dem Recht der Nachfolge wählen ließen. Drittens bestimmte eine neue monastische Geistigkeit diese Zeit. Dabei hatte mit Cluny keineswegs ein völliger Neubeginn einer monastischen Reform eingesetzt.

Schon Clunys erster Abt, Berno, kam aus reformiertem Mönchtum: Im 9. Jh. war von St.-Savin-sur-Gartemps bei Poitiers das Martinskloster in Autun reformiert worden. 886 wurde der Mönch Berno von dem Autuner Martinskloster zur Reform des alten Klosters Baume in Ostburgund (Franche-Comté) gesandt. 890 gründete er als Abt von Baume das Kloster Gigny im Jura und behielt die Leitung über beide Klöster. 910 übernahm er dazu die Leitung der Neugründung Clunys. Cluny entstand in einem losen Verband mit den beiden älteren Klöstern. Bis zu seinem Tod 926 fügte er diesem Verband noch einige Klöster hinzu. Der Zusammenhang der Klöster untereinander bestand in der Unterordnung unter den einen Abt, – hiermit wurde das Modell von Haupt- und Nebenkloster begründet – weiter in der Verpflichtung auf die gleiche Klosterregel (Regula monachorum), die drei Ordensgelübde: Stabilitas (kein Klosterwechsel), Conversatio morum (sittenreines Leben), Oboedientia (Gehorsam) und den Totenbund.

Nach Bernos Tod regierte Abt Odo Cluny von 927–942. Der materielle und ideelle Ausbau Clunys zum eigenen Reformzentrum ist auf ihn zurückzuführen. Er wirkte als Reformer über Burgund hinaus in Frankreich (Aurillac in Aquitanien, Tulle, Sarlat, Lezat, St.-Martialis in Limoges, Fleury) und auch in Italien (Rom St. Paul, Subiaco, Farfa Montecassino). Abt Odo soll den Spitznamen »Le fossoyeur« (der Totengräber) gehabt haben, da er ständig mit nach unten gesenktem Gesicht umherging, so als blicke er in ein offenes Grab. Odo, stets von endzeitlichen Gedankengängen erfüllt, kultivierte nebenbei die geistige Lektüre und den Chorgesang der Mönche. Mit der Musikpflege wuchs der Ausbau der Liturgie.

Der Nachfolger Odos war Aymard (942–948), dessen Grabtafel sich im Musée Ochier zu Cluny befindet; hierauf folgte in der Leitung Clunys Majolus (948/953–994), der die Verbindung mit dem deutschen Kaiserhof aufzunehmen begann, wodurch die Reformgedanken Clunys auf das eigentliche Deutschland übergriffen (spätere Hirsauer Kongregation der Jung-Cluniazenser). Weiter erneuerte er das benediktinische Leben im Geiste Clunys in St.-Cyrien zu Poitiers und St. Johannes zu Angely. Vor allem in Franzien, Classe. In allen Teilen Burgunds und in Mittelfrankreich konnte er mehrere Klöster reformieren.

Unter Odilo (994–1049) begann die Bildung der straffen Kongregation von Cluny. So wurde die Reform eingeführt in z. B. St.-Denis, St.-Flour, Thiers, St.-Cyrien zu Poitiers und St. Johannes zu Angely. Vor allem in Franzien, den burgundischen Staaten und der Auvergne war er tätig. Die Kongregation umfaßte, als er 1049 starb, 65 Klöster.

Sein Nachfolger war von 1049–1109 Hugo von Semur, der durch eine zentralistische Politik die Grundlage für die weltpolitische Rolle Clunys schuf (man denke dabei an die Führungsposition, die Cluny in der Rückeroberung Spaniens von arabischer Herrschaft, der »Reconquista«, hatte und die Teilnahme Clunys im Investiturstreit und an der Auseinandersetzung zwischen Kaiser und Papsttum, die 1077 im von Cluny unterstützten Canossa-Gang Heinrichs IV. gipfelte). Der »Ordo cluniacensis« erreichte unter Abt Hugo seinen Höhepunkt. Etwa 1200 Klöster und rund 10 000 Mönche, vor allem in Frankreich, Italien, Schweiz, Spanien, England und Deutschland, standen unter dem Einfluß von Cluny.

Nach dem Abbatiat des Pons de Megeuil (1109–1122) regierte Petrus Venerabilis (Peter der Ehrwürdige) von 1122–1156, der letzte der großen Äbte von Cluny. Seine Amtszeit war gekennzeichnet durch die Kontroversen mit Bernhard von Clairvaux, vor allem um den Streit zwischen cluniazensischem und zisterziensischem Benediktinertum.

Im Verband traten Verselbständigstendenzen auf, und in der Ausbreitung trat eine Stagnation ein (nur vier Klöster wurden in dieser Zeit Cluny angeschlossen).

Cîteaux und der Zisterzienserorden

Der einsetzende Niedergang Clunys im 12. Jh. ist nicht nur auf wirtschaftliche Faktoren (z. B. die Abhängigkeit von der Naturalwirtschaft, die Nichtanpassungsfähigkeit an die Geldwirtschaft bzw. die Geldeinnahmen aus fremdbewirtschaftetem Besitz, die einsetzende Geldentwertung im 12. Jh.) zurückzuführen, sondern er ist im wesentlichen im geistig-geistlichen Bereich zu suchen. Den inneren Krisen (Dezentralisierungstendenzen, Streit um größere Unabhängigkeit der Priorate und Auflehnung gegen den Führungsanspruch des Abtes von Cluny) standen auch negative Auswirkungen äußerer Faktoren (Abendländisches Schisma, Hundertjähriger Krieg) gegenüber.

Aber die größten Schwierigkeiten erwuchsen dem ehemaligen Reformorden wohl gerade aus seiner Machtposition und der damit verbundenen Hinwendung zu Politik und weltlichem Luxus. So kam es zu Abspaltungen von Cluny und der Aufstellung neuer Klosterregeln, die eine Reform zum Inhalt hatten.

Von allergrößter Tragweite war die Entscheidung des Abtes Robert von Molesmes, seinem Cluny unterstellten Kloster den Rücken zu kehren und 1098 in Cîteaux (Côte-d'Or) einen eigenen Orden zu begründen. Die rasche Expansion des Zisterzienser-Ordens geht dann vor allem auf den Einfluß des später heiliggesprochenen Bernard aus Fontaine-lès-Dijon zurück, der 1112 in den Orden eintritt und schon 1121 eine eigene Abtei (Abbaye de Trois-Fontaines, Marne) errichtet, dabei aber Cîteaux auf das engste verbunden bleibt. Bei Bernards Tod 1153 zählt Cîteaux schon 700 Mönche, und 350 Abteien sind dem Zisterzienser-Orden angegliedert. Die wichtigsten frühen Tochterklöster von Cîteaux sind Clairvaux, das Bernard selbst leitete, Pontigny und La Ferté.

Der Unterschied zu Cluny basiert auf der gegen 1115 verabschiedeten »Charte de Charitè«, die den Mönchen (wieder) ein sehr hartes einfaches Leben vorschreibt, Kultivierungsarbeiten vorantreibt, dabei jedoch die Zinseinnahme, das Schenkungs(un)wesen oder das Aufkaufen von Ländereien untersagt. Alle Tochterklöster sind untereinander gleichberechtigt, sie sind nicht Cîteaux unterstellt. Nach Auflösung in verschiedene Kongregationen seit dem 18. Jh. hat sich der Orden 800 Jahre nach seiner Begründung (1898) wieder zum Zisterzienser-Orden vereinigt und Cîteaux wieder zum Hauptsitz des Ordens gemacht, der allerdings von Rom aus regiert wird.

Die Klosteranlage von Cîteaux ist schön inmitten grüner Wiesen am Ufer der

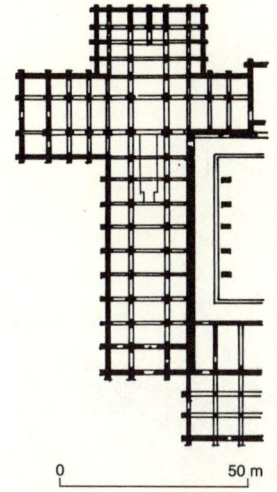 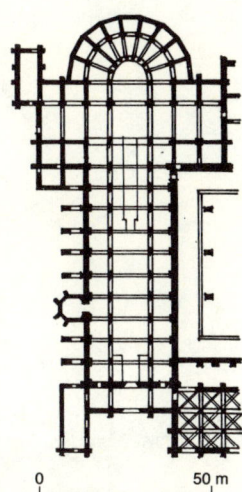

Grundrisse der Abteikirchen von Cîteaux und Clairvaux

Cîteaux: Grundriß von 1130–1150. Chorabschluß Ende 12. Jh. vergrößert. Gebäude zerstört

Clairvaux: Grundriß von 1130–1150, Kirche 1154–1174 vergrößert. Gebäude zerstört

Der Baubeginn der bewußt schlichtgehaltenen Zisterzienser-Kirchen fällt mit der Abschlußweihe der monumentalen Klosterkirche von Cluny (Phase III, 1130) zusammen.

Saône gelegen, jedoch architektonisch wenig reizvoll. Das älteste Gebäude stammt aus dem 15. Jh., es handelt sich um die Bibliothek. Die alte Abtei ist zerstört, die meisten Gebäude sind jüngeren Datums. Man kann die Klosteranlage nicht besichtigen, jedoch gibt es einen Informationssaal für Besucher, der sonn- und feiertags am Nachmittag geöffnet wird.

Dem neuen, wiederum reformierten Zisterzienser-Orden gehören gegenwärtig über 3000 Mönche in aller Welt an. Von den über 80 Zisterzienser-Klöstern befinden sich 16 auf französischem Boden. Der als Weiterentwicklung Clunys gedachte und schließlich als Gegenbewegung zu Bedeutung gelangte Zisterzienser-Orden hat den Konkurrenz-Orden also überlebt und vielleicht sogar weltweit einen wesentlich höheren Bekanntheitsgrad erlangt. Doch die Wurzeln führen zurück nach Cluny. Und Clunys Geschichte war mit dem Aufstieg des Zisterzienser-Ordens noch nicht zu Ende.

Cluny im Mittelalter:
Blick von Norden – Stich aus dem 19. Jahrhundert (Rekonstruktion)

Der Niedergang Clunys

Ein weiterer Abschnitt in der Entwicklung Clunys läßt sich nach dem Tode
des Abtes Petrus Venerabilis von 1157–1612 datieren. Cluny orientierte sich
in dieser Zeit an national-französischer Politik. Der Schutz des französischen
Königs trat an die Stelle des päpstlichen Schutzes (1252 Verzicht auf Unabhängigkeit, u. a. wurden die Äbte nicht mehr frei gewählt), so verlor Cluny
sein übernationales Ansehen und seine Führungsrolle. Aufgrund der engen
Verbindung mit der französischen Monarchie wurde Cluny zum französischen Kloster. Im späten Mittelalter erfuhr es wie alle französischen Klöster
einen wirtschaftlichen Niedergang: Vergabe als Kommende (Lehen), Plünde-
rungen durch die Hugenotten (1567–1570) usw. Die spätmittelalterliche Re-
formbewegung unter Abt Johannes von Bourbon (1456–1485) hatte keinen
Erfolg in Cluny.
Der letzte Abschnitt der Geschichte von Cluny (1612–1790) begann mit
erneuten Reformbemühungen. Ludwig von Lothringen, Kardinal von Guise
(1612–1621) versuchte, Cluny an die Maurinerkongregation, eine der vielen
neuentstandenen Kloster-Zusammenschlüsse auf der Grundlage der Benedik-

tiner-Regel, anzuschließen. Doch die Zersplitterung blieb. Auch dem Kardinal Richelieu (1635–1642) gelang später eine Union aller französischen Benediktinerklöster nicht. Erst seit 1894 sind alle Benediktinerklöster in einer Konföderation zusammengeschlossen, deren Hauptsitz in Rom ist. Ihr gehören 16 Kongregationen an.

Mit der Französischen Revolution kam das Ende Clunys. Das Kloster wurde 1790 säkularisiert und zum Nationaleigentum erklärt, die Mönche (noch 35) wurden vertrieben. Die Klosteranlage wurde an einen Unternehmer in Mâcon für 2 Millionen Francs Assignaten verkauft und in der Folgezeit zum größten Teil zerstört (1806–1823 war die Kirche als Steinbruch verpachtet).

Heute existieren noch der Südteil des Querschiffes der Abteikirche im romanischen Stil mit dem Uhrenturm und zwei kleinen Apsiden, der gotische »Farinier« oder Mehlspeicher/Getreidespeicher (13. Jh., heute Museum), das gotische »Palais Ochier« oder Abtshaus des Jean III. de Bourbon (12. Jh.), nahebei ein Gästehaus, das sogenannte »Palais de Jaques d'Amboise« (15. Jh.) sowie barocke Wohntrakte und das gotische Gästehaus, der sogenannte Palais des Papstes Gelasius, der 1118 nach Cluny geflohen war und hier ein Jahr später starb. In diesem Teil des Klosters befindet sich heute eine Schule für Kunst und Handwerk.

Im Vergleich zur ehemaligen Größe und Bedeutung der Klosteranlage Cluny zählen die Reste nicht viel, und trotzdem geben sie noch einen Eindruck von der einst so imposanten Gesamtanlage.

Klosteranlage und Kirche von Cluny

Dem amerikanischen Architekten und Archäologen Kenneth J. Conant ist es zu verdanken, daß wir uns heute ein Bild von der Klosteranlage Cluny machen können. Conants Rekonstruktionen von Cluny II und III können nur als Abstraktionen gesehen werden, da nicht sicher ist, ob es wirklich nur zwei Gesamtkonzeptionen gegeben hat. Da im Verlauf von zwei Jahrhunderten an der Klosteranlage gebaut wurde, ist es naheliegend, daß mehrere Pläne vorhanden waren. Auch darf nicht vergessen werden, daß Bau und Umbau von Kirchen und Klausurgebäuden nicht im Mittelpunkt des Klosterlebens standen. Es baute nur die eine Hand, während die andere ein Reich regierte. Die Klosteranlage wurde erweitert, verbessert und erneuert, ohne daß der Tagesablauf nach der Benediktinerregel dadurch gestört wurde.

Cluny I

Die Kirche der Klostergründung von 910, die zwischen 915 und 917 durch Abt Berno gebaut und 927 geweiht wurde, war nicht mehr als eine Kapelle.

Unter Abt Aymard wurde 950 mit dem Bau einer neuen Kirche begonnen, am 14. Februar 981 wurde St. Pierre-le-Vieux (Cluny II) durch Abt Majolus geweiht.

Cluny II

Cluny II verkörperte den idealen »benediktinischen Grundriß«, auch auf Deutschland hat sein strenger Stil eingewirkt (Kloster Hirsau).

Die Klosterordnung sah vor, daß Geistliche die Klausurgebäude besichtigen konnten, dieses war Laien verwehrt. Der Rundgang war festgelegt; vorgeschrieben war, daß die Stunde nach der Messe genutzt werden sollte, da zu der Zeit die Patres noch in der Kirche beteten und sie so nicht in ihren Wohnräumen gestört wurden.

Der Rundgang verlief über das Haus des Pilgerpflegers (15) zum Vorratshaus (14), den Küchen (12 und 13) zum Refektorium (9), von dort aus zum Noviziat (26–30), das vier Abteilungen hatte: einen Studiensaal, Refektorium, Dormitorium und Latrinen. Von dort in den Kreuzgang zurück und über eine Treppe in das Dormitorium (5), das das gesamte Obergeschoß einnahm. Unter dem Dormitorium befand sich das Parlatorium (3) (Sprechsaal) und der Mönchssaal. Von hier gelangte man über den Kapitelsaal (2) (mit 12 Arkaden, die von Doppelsäulen getragen wurden, und der auch als Begräbnisstätte für Äbte diente) in die Marienkapelle (18) (Friedhofskapelle). Zum Abschluß wurde das Krankenhaus (20–25) besucht. Da die Geistlichen die Kirche und die Gästehäuser selber nutzten, wurden sie nicht in den Rundgang einbezogen. Als besichtigungsunwürdig galten die Werkstätten (31).

Die Cluniazenser forderten unbedingtes Schweigen für Kreuzgang, Dormitorium und Refektorium. Die Marmorsäulen des Kreuzganges hatte Odilo aus dem Süden der Provence über die Durance und die Rhône herbeischaffen lassen. Der heilige Odilo rühmte sich voller Freude, ein Kloster aus Marmor hinterlassen zu haben, wo er ein Kloster aus Holz vorgefunden hatte (»invenisse se ligneum et relinquere marmoreum«).

Das Dormitorium soll 97 Fenster besessen haben, was dadurch erklärbar wird, daß nach benediktinischem Brauch jedes Bett bzw. jede Bettgruppe durch ein eigenes Fenster gut erleuchtet war, damit die Mönche während der Mittagsruhe lesen konnten, wie die Regel (Kap. 48) es ihnen einräumte.

Die Klostergebäude waren für ca. 100 Mönche gebaut. Über die Größe des Noviziats enthält die Consuetudo jedoch keine Angaben. Dagegen wird angegeben, daß das Krankenhaus bis zu 32 Kranke aufnehmen konnte und im Gästehaus bis zu 70 Personen Platz hatten. In der Armenherberge (39) und im Haus der Konversen (40) konnten höchstens 100 Personen leben, so daß das Kloster Cluny eine Gemeinschaft von ungefähr 250 Personen beherbergen konnte. Das Kloster scheint nicht überdimensioniert gewesen zu sein, da

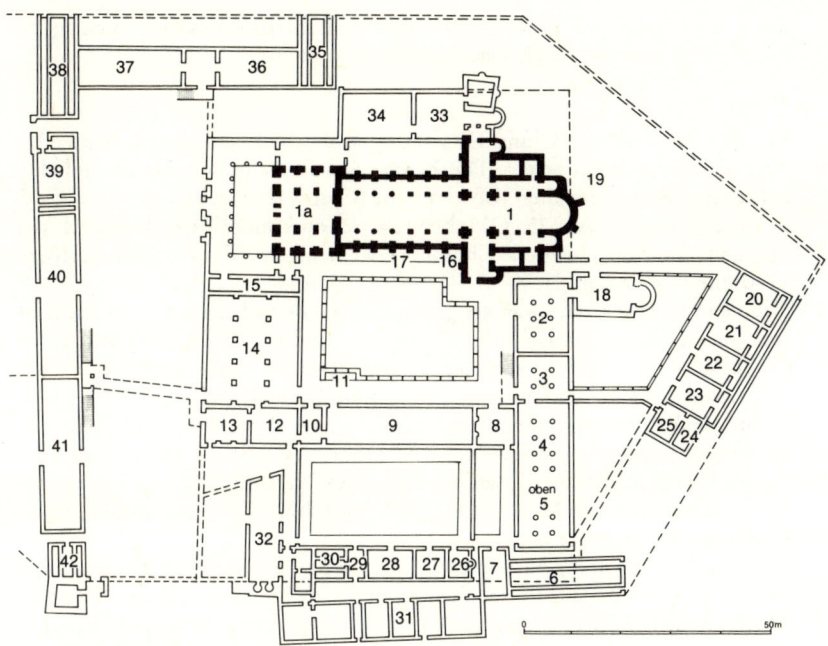

Cluny um 1043

1	Klosterkirche	18	Marienkapelle
1a	Galilaea (Narthex)	19	Friedhof
2	Kapitelsaal	20–23	Krankenstuben
3	Sprechraum	24	Waschraum (?)
4	Mönchsaal	25	Ärzteraum
5	darüber Dormitorium	26–30	Noviziat
6	Latrinen	31	Werkstätten
7	Bäder	32	Bäckerei
8	Wärmeraum	33	Sakristei
9	Refektorium	34	Werkstatt für Schneider und Schuster
10	Anrichte	35	Latrinen für Frauen (?)
11	Brunnenhaus	36	Gästehaus für Frauen
12	Küche der Mönche	37	Gästehaus für Männer
13	Küche der Laien	38	Latrinen für Männer
14	Vorratshaus	39	Armenherberge
15	Raum des Armenpflegers	40–41	Stallgebäude und Haus der Konverser
16	Bücherei	42	Latrinen der Konversen
17	Arbeitsplätze der Schreiber		

der asketisch-strenge Aspekt des cluniazensischen Lebens sich auch in der
Größe der Gebäude des Klosters ausdrücken sollte.

Cluny III

Für den Neubau von Cluny III wurde unter Abt Hugo am 30. September
1088 der Grundstein gelegt. Die Kirche wurde nicht, wie üblich, auf dem
geheiligten Boden der alten Klosterkirche (Cluny II) errichtet, sondern nördlich dieser Kirche. Am 25. Oktober 1095 schon konnte Papst Urban II. den
Hochaltar und vier weitere Choraltäre weihen, die Abschlußweite erfolgte
1130 durch Innozenz II.
Die neue Klosterkirche war die größte Kirche der Christenheit im Mittelalter: Sie besaß ein fünfschiffiges Langhaus und ein dreischiffiges Narthex
(Vorkirche) mit später angefügten quadratischen Türmen, zwei Querschiffe
mit Apsiden und eine Apsis mit Umgang und fünf Kapellen. Die Vorkirche
diente als Aufenthaltsort für Besucher und Pilger. Das Mittelschiff hatte eine
Breite von ungefähr 12 Metern, eine Höhe von fast 30 Metern bei einer
Länge von 125 Metern. Zusammen mit dem Narthex wies die Kirche eine
Gesamtlänge von 187 Metern auf. Auch war Cluny III die turmreichste Kir-
che westlich des Rheins.
Abt Petrus Venerabilis hatte bis 1130 den Bau der Kirche zu Ende geführt.
Aufgrund eines Teileinsturzes der Gewölbe im Langhaus (1125) ließ er die
Hochwände der Kirche mit Strebewerk versehen; beim Bau der beiden östli-
chen Joche des Narthex (1132) wurden Rippengewölbe mit Strebebögen ein-
geführt; diese, als erste Anzeichen der aufkommenden Gotik, besitzen für die
weitere Entwicklung der Architektur eine große Bedeutung.

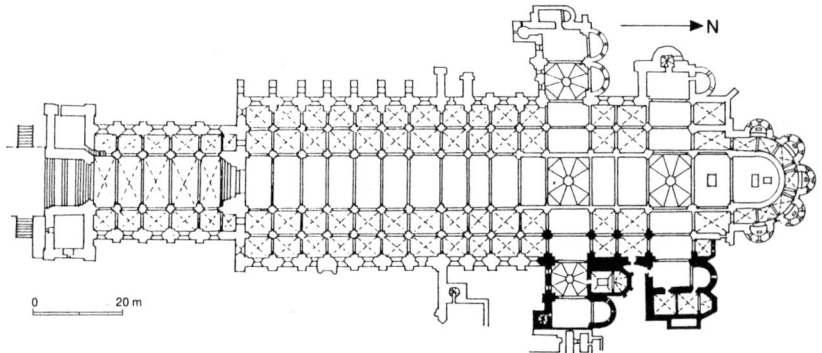

Grundriß der Abteikirche (1088–1118), schwarz: erhaltene Bauteile

Überreste der Abteikirche von Cluny – Südflügel des Hauptquerschiffes

Außenansicht mit großem Glockenturm, »Eau-Bénite«, und kleinerem Uhrturm

Längsschnitt durch die erhaltenen Querschiffreste. Erbaut um 1100

Die wichtigsten architektonischen Baumerkmale sind anhand des erhaltenen südlichen Querschiffes noch nachvollziehbar. Die Pfeilerbasilika war in allen Teilen gewölbt: Ringtonne mit Gurten im Chorumgang, gegurtete Tonnen über dem Mittelschiff und den Querschiffen, Kreuzgratgewölbe in den Seitenschiffen. Über den Vierungen und dem jeweils dritten Joch des Hauptquerschiffes saßen auf Trompen (tromper = täuschen, eine Trompe bedeutet in der Architektur im allgemeinen eine vorgekragte Wölbung zum Stützen einer überstehenden Ecke. Hier handelt es sich um gemauerte Bögen, die den Übergang von der Quadratvierung zum Achteck des Turmaufsatzes vermitteln) hohe achtseitige Klostergewölbe (in der Arch. i. allg.: steile, kuppelähnliche, mehreckige Gewölbe) mit Türmen, die äußerlich mehrgeschossig waren.

Im Mittelschiff und in den Querschiffen war ein System von durchlaufenden Innenfassaden vorhanden, deren dreigeschossiger Wandaufriß noch erkennbar ist: tragende Pfeiler mit Rundbogenvorlage und korinthischen Kapitellen, unten spitzbogige Arkaden, darüber eine Triforienzone mit drei schmalen Arkaden und kannelierten Pilastern, ganz oben der Obergaden mit je drei rundbogigen Fenstern, gerahmt von Blendbogen auf Doppelsäulen.

Trotz spitzbögiger Arkaden herrscht ein antikisierendes System, das an römische Stadttore erinnert (Porte d'Arroux in Autun). Auch die abschließenden Gesimse, Konsolen und Kapitelle folgten antiken Vorbildern: Die Chorapsis der Hauptkirche war mit einer Vielzahl hoher Marmorsäulen ausgestattet, deren Kapitelle zum Vorbild für die Entwicklung der bildhauerischen Kunst in Burgund und Frankreich wurden. Die erhaltenen Kapitelle, nämlich acht von den Vollsäulen des Chorumgangs und drei von den Halbsäulen, sind im Musée du Farinier aufgestellt. Der Künstler jedoch, der diese feinen und

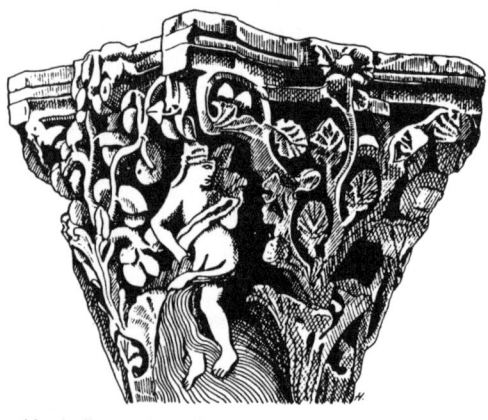

präzisen, bahnbrechenden romanischen Skulpturen schuf, blieb unbekannt; vielleicht waren es auch mehrere.

Das abgebildete Kapitell zeigt die vier Paradiesflüsse, als Symbol der Universalität des christlichen Glaubens. In seinem Aufbau erinnert es an das Kapitell der Versuchung Adams und Evas aufgrund der charakteristischen Verflechtung von Figur und pflanzlichem Ornament. Einen Hinweis auf die große Rolle, die der gregorianische Gesang in der Liturgie der Cluniazenser

Kapitell aus dem Chor der Abteikirche

spielte, geben zwei Kapitele des Chorumgangs, die den acht Tönen der Musik gewidmet sind.

Außer der Abteikirche wurden nach Conant innerhalb der Jahre 1078 bis 1086 ein neues Krankenhaus, später ergänzt durch das neue Priorat, neue Hospizgebäude, die neue Marienkapelle und das neue Refektorium erbaut. Das Dormitorium wurde durch Anbauten sowohl nach Süden als auch nach Osten erweitert. Doch trotz aller Rekonstruktionsversuche Conants bleibt es dabei: das genaue Ansehen Clunys läßt sich kaum beschreiben. Und ohne den Vergleich mit anderen bestehenden Kirchenbauten im cluniazenser Stil bleibt der Eindruck, den man in Cluny selbst gewinnen kann, vielleicht hinter den Erwartungen zurück.

In dem Versuch, einer der bedeutendsten mittelalterlichen Stätten der Christenheit etwas von der Atmosphäre jener Zeit zurückzugeben, wollen wir uns noch ein wenig mit dem Tagesablauf und dem Erscheinungsbild der Mönche beschäftigen.

Vézelay, Sainte-Madeleine, Blick vom Narthex auf Hauptportal und Kirchenschiff ▷

Der Tagesablauf bei den Cluniazensern

Den Tagesablauf der cluniazensischen Mönche bestimmten das Chorgebet, der Gottesdienst, Lektüre, Gebete und Meditationen. Im Mittelpunkt stand also die Liturgie, nicht die Handarbeit der alten Benediktinerregel oder der Zisterzienser und nicht die Mitwirkung an der allgemeinen Seelsorge wie bei den Bettelorden. Insbesondere im 11. Jh. wird die Anordnung der Psalmodie gesteigert, »übersteigert«. An Wintertagen erreichte die Tagesleistung 215 Psalme! Doch darf hierin nicht nur Negatives gesehen werden. Der feierliche Gottesdienst war echter Ausdruck inneren Lebens und Zeugnis christlicher Verwirklichung. Doch daß die langen Chorgebete erschöpfend und ermüdend waren, verdeutlicht folgende Gepflogenheit: Der Klosterprior pflegte bei den größeren Vigilien, die mehr als 12 Gebetsabschnitte umfaßten, nach der dritten Lektion eine Runde durch das Gestühl zu machen, wobei ein Laienbruder mit einer Laterne voranging. Jeder Mönch hatte dann sein Auftauchen mit einem kurzen Neigen des Kopfes zu quittieren.

Das Leben in den Klöstern von Cluny war nicht überall das gleiche: Die konkreten und psychologischen Bedingungen für Arbeit und Gebet, für geistige sowie für wirtschaftliche Tätigkeit unterschieden sich voneinander.

Große Aufmerksamkeit haben die Cluniazenser auch den Klosterwirtschaften geschenkt, der Besitzerwerbung und -organisation sowie der Verwaltung der Erträge. So galt es auch als eine Pflicht der Mönche, den Boden zu kultivieren, Wälder zu roden, Häuser und Kirchen zu bauen, Flecken und Dörfer anzulegen. In vielen Fällen hatte das Kloster einzelne Hufen oder Teile von Dörfern geschenkt bekommen. Es waren dies Schenkungen von Personen, die sofort Grundbesitz hingaben oder nach ihrem Tode dem Kloster vermachten, meist Schenkungen ohne Bedingungen, einzig und allein für das Seelenheil.

Aufgrund der Zinserträge wurde es dem Kloster auch möglich, den Besitz durch wirkliche Ankäufe zu vergrößern. Folge war das Verdrängen der freien Bauern durch Ankauf ihrer Grundstücke (»Bauernlegen«). Die neuen Ordensregeln der Zisterzienser wandten sich gegen diese Unsitte.

Die Tracht der Cluniazenser

Die alltägliche, schwarze cluniazensische Tracht setzte sich aus den folgenden Kleidungsstücken zusammen:

Talarkukulle (Froccus), Skapulierkukulle und Untergewand (Stamineum). Über dem Untergewand wurde ein ärmelloses knöchellanges Kleidungsstück *mit* Kapuze, die Skapulierkukulle und darüber – also gleichzeitig – der Froccus (bis heute frz. »froc« = Mönchskutte) getragen. Der Froccus ist ein langes, stoff- und daher faltenreiches, feierliches Gewand mit überlangen und weiten Ärmeln, der *ohne* Kapuze getragen wurde.

◁ *Vézelay, Sainte-Madeleine, Kapitell: Die mystische Mühle*

In Cluny erhielten die Novizen erst bei der Mönchsweihe die Skapulierkukulle, die von daher als Kennzeichen des Mönchstums angesehen wurde. Den
Novizen wurde in ihrer Probezeit eine Kapuze an ihren Froccus angenäht,
damit sie sich nicht zu sehr von der Tracht der Vollmönche unterschieden.
Diese Kapuze wurde vor der Profeß (Ablegung der Ordensgelübde) wieder
abgetrennt.
Die Stoffhülle des Froccus ist in der Abbildung erkennbar. Diese Miniatur
stammt aus dem 12. Jh., sie zeigt den Großabt Hugo mit einigen Mönchen.

Cluniazenser-Abt Hugo (rechts) mit Mönchen.
Über einem Kapuzengewand wird noch ein
überlanges, faltenreiches Kleidungsstück
(Froccus) getragen.

Beim Sitzen mußte der Mönch
die Stoffmasse in den Schoß her-
aufziehen, damit sie nicht im
Staub liegen blieb; aus diesem
Grund mußten auch beim Sitzen
die beiden Ärmel kreuzweise
über den Knien übereinanderge-
legt werden.
In der Benediktinerregel enthalten
sind auch Ankleidevorschriften;
so bestand die Forderung, den
Froccus *immer* zu tragen, auch bei
heißem Wetter, beim Rasieren und
auf Reisen. Nur zum Schlafen und
auf dem Totenbett trug der Mönch
den Froccus nicht. Beerdigt wurde
er im Stamineum und in der Ska-
pulierkulle. Das Erscheinungsbild
des Cluniazensers war also vom
Froccus geprägt.

Von der Wetterkapuze zum Mönchsgewand

Da das Wort Kukullus (griech. Kukulion) mit Kapuze zu übersetzen ist,
stellte sich die Forschung die Frage, ob die Kukulle ursprünglich eine Wetterhaube oder ein Kapuzenmantel war bzw. wann das gesamte Gewand nach
seiner Kapuze benannt wurde. Genau kann dieses zeitlich nicht geklärt werden, trotz der zahlreichen erhaltenen bildlichen Darstellungen. Auf der Suche nach des Rätsels Lösung zog man jedoch auch den spätantiken Sprachgebrauch heran und wurde hier auf amüsante Weise fündig.
So schildert Juvenalis (in: Hallinger, 1971, S. 669) einen Zeitgenossen, dem
die ehelichen Bande zu langweilig geworden waren, »wie er des Nachts die
Schläfen mit dem Cucullus verhüllt, um bei seinem galanten Streunen uner-
kannt zu bleiben«. Marcus Valerius Martialis, ein Freund Juvenals, kennt den

Cucullus ebenfalls als Wetterhaube, er schildert das Treiben der »warmen Brüder« in der nächtlichen Großstadt am Tiber, vor deren Zudringlichkeit nicht einmal der »Cucullus, die über den Kopf gezogene Wetterkappe«, zu schützen vermöge.

Die ironischen Einleitungsworte Martials zum dritten Buch seiner Epigramme wiederum zeigen, daß sich mit der mehrdeutigen Kukulle so manches Wortspiel treiben ließ und daß die Kapuze ihren Namen wohl der (spitzen) Form verdankt: »Der Dichter hält eines der verkaufsfertigen (Buch-) Exemplare in den Händen und fragt sich gedankenvoll,

Bäuerliche Haubenkukulle
mit Schulterschutz

was wohl das Schicksal dieser Blätter sein werde: Küchenpapier oder Pfeffertüte? Oder wird man aus den Blättern einen Cucullus für Duftharz machen?« – Die Kapuzen-Kukulle hatte also ursprünglich ein tütenartiges Aussehen; sie war als »Haubenkukulle« in der Spätantike der normale Kopfschutz der italienischen Bauern und wurde auch als »Schulter-Arbeitsschutz« bezeichnet (»Scapulare propter opera«, daher abgeleitet der Begriff »Skapulierkukulle«). Sie wurde zum festen Bestandteil der Benediktiner-Bekleidungsvorschrift.

Im 6. Jh., in der Zeit der Hl. Benedictus, haben sich zwei Wortbedeutungen beim Gebrauch des Wortes »cucullus« überschnitten. Kukulle konnte sowohl »Kopfschutz« als auch »Wettermantel« bedeuten. Benedictus hatte jedoch keine genaueren Erläuterungen über den Kleidcharakter hinterlassen, so gab es als Folge im 8. Jh. keine einheitliche Auffassung über die genaue Bedeutung der monastischen Kukulle.

Benedikt von Aniane (gest. 821) löste diese Unklarheiten, indem er als Reichsabt die Uniformierung der Mönchstracht einführte. Für ihn ist die Kukulle nicht nur eine Kopfbedeckung, sondern vor al-

Benediktiner-Tracht im 9. Jh. (rechts).
Knielanges und ärmelloses Kapuzengewand (Skapulierkukulle) über knöchellangem Untergewand, nach Vorschrift des Benedikt von Aniane

lem ein gewandartiges Kleidungsstück, das die Länge von zwei Ellen nicht überschreiten sollte (54. Kanon der Aachener Kapitulare). So reichte die Kukulle also nur etwa bis zu den Knien.

Als nächster Schritt schließt sich die Überlegung an, wann die knielange Skapulierkukulle zur heute üblichen, bis zu den Fußknöcheln reichenden, verlängert wurde.

Nachdem Benedikt von Aniane Bestimmungen über die Vereinheitlichung der Mönchstracht erlassen hatte, führte Odo (von Cluny) eine weitere Reform durch: buntfarbige Tuche, besonders die von Cluny verpönten blaufarbigen Kukullen, mußten verschwinden. Neben der ausnahmslos schwarzen Skapulierkukulle entwickelte sich die Talarkukulle, ein bis zu den Fußknöcheln herabreichendes Gewand, mit Kapuze und Ärmeln. Dieser zweite Ge-

wandtyp, der Vorläufer des späteren cluniazensischen Froccus, wurde seit dem 11. Jh. getragen.

Nach Benedikt von Aniane sollte jeder Mönch 2 Hemden, 2 Skapulierkukullen, 2 Mäntel (cappas), 4 Paar Strümpfe, 2 Hosen, 2 Pelzmäntel, die bis zu den Füßen herabreichten, 2 Paar Schuhe und einen Froccus erhalten.

Die Entwicklung ging also hin zum immer längeren und weiteren Gewand, der »Laxa vestis«. Das konservative Reichsmönchtum wandte sich zuerst gegen diese Erneuerung der Mönchstracht durch die Cluniazenser. Sie wurde als schismatische (kirchenspaltende) Neuerung angesehen, die eine Verkehrung der Regula, also einen Umsturz des Bestehenden darstellte und die Einheit des Mönchtums zu spalten drohte.

Cluniazenser-Tracht des 12. Jh.s: »Laxa vestis«, das überlange, wallende, schwarze Gewand

Die seit dem 12. Jh. immer üppiger, stoffreicher und kostenaufwendiger gestaltete Tracht der Cluniazenser forderte ebenso wie der prunkvoller werdende Baustil Kritik, insbesondere der Zisterzienser, heraus. Letztere verzichteten als logische Konsequenz auf wallende Gewänder und zu luxuriös erscheinende Winterpelze, wendeten sich auch grundsätzlich von der Farbe Schwarz ab und kleideten sich ganz im Gegensatz dazu in schlichte Kutten aus farbloser Schafswolle.

Museen und sonstige Sehenswürdigkeiten in Cluny

Führung durch die ehemaligen Klosteranlagen von Cluny:
1. April–30. September von 9.00–11.30 und von 14.00–18.00, sonst von 10.00–11.00 und von 14.00–16.00.

Dienstags sowie am 1. Januar, 1. Mai, 1. November und 25. Dezember geschlossen.

Halbe Eintrittspreise an Sonn- und Feiertagen.

Musée du Farinier

Das Museum befindet sich im Südosten im ehemaligen Getreidespeicher an der D 15. Es enthält u. a. Rekonstruktionsmodelle und Chorkapitelle von Cluny III.

Musée Ochier

Das Museum befindet sich im ehemaligen Palais des Abtes Jean de Bourbon, im Nordwesten der Klosteranlage, dem Hôtel de Ville von Cluny direkt gegenüber. Das Museumsgebäude stammt aus dem 15. Jh., das Rathausgebäude aus dem 15./16. Jh. (Renaissancefassade zum Garten hin). Es wurde von den Äbten Jacques und Geoffroy d'Amboise erbaut.

Das Musée Ochier enthält u. a. Fragmente des großen romanischen Portals der Abteikirche, die von Conant wiederentdeckt wurden und Modelle anderer Cluniazenser-Kirchen wie Charité-sur-Loire und St.-Bénigne de Dijon.

Die kleine Gemäldesammlung ist insofern enttäuschend, als von dem in Cluny geborenen Maler Prud'hon (1758–1823) nur ein einziges Gemälde, eine Vorstudie (»Etude pour Vénus et Adonis«), vorhanden ist. Unter den Portraits befinden sich Prud'hon und Dominique La Rochefoucauld, letzter Abt von Cluny.

Die wertvolle Bibliothek (4000 Bände) ist für wissenschaftliche Arbeiten nach vorheriger Anmeldung benutzbar. Sie steht im Mittelpunkt aller »Etudes Clunisiennes«.

Die Öffnungszeiten beider Museen sind:

1. Juli–15. September von 9.00–12.00 und von 14.00–18.00, vom 16. September–31. Oktober und vom 16. März–30. Juni von 9.30–12.00 und von 14.00–17.00, vom 1. November–15. März von 10.00–12.00 und von 14.00–16.00. Geschlossen dienstags, am 1. Mai und in der Periode vom 20. Dezember–15. Januar.

Beide Museen sollen wahrscheinlich in Zukunft zusammengelegt werden mit der generellen Klosterführung, die dann im Musée Ochier beginnt.

Tour des Fromages

Vom Käseturm hat man eine gute Aussicht auf die Stadt Cluny, das umgebende Clunysois, einen Teil der ehemaligen Klosteranlagen und die direkt unterhalb des Turms gelegenen Dächer der romanischen Kirche Notre-Dame (um 1120).

Der Aufstieg über die 125 Stufen beginnt hinter einer Seitentür im Büro des Office de Tourisme (Rue C[el]. Leschères).

In der Stadt Cluny sind außerdem einige romanische Häuserfassaden sehenswert.

Das Nationalgestüt (Haras National) in unmittelbarer Nachbarschaft des Clocher de l'Eau Bénite ist vom Park unterhalb des Hôtel de Ville gut einsehbar. Im Park befindet sich auch der alte Stadtturm »Tour Fabry« (1347).

Von Tournus bis Pontigny – ein kurzer Überblick

Es sollen nun im Anschluß aus der Vielzahl der von Cluny und Cîteaux beeinflußten Bauten einige der wichtigsten herausgegriffen werden, da es unmöglich, zumindest aber sehr ermüdend wäre, sie alle einzeln zu beschreiben.

Da wäre an erster Stelle die Abteikirche St.-Philibert in Tournus zu nennen, die auf eine bewegte Vergangenheit zurückblicken kann und schon weit vor Cluny gegründet wurde; in ihrer gegenwärtigen Gestalt weist sie jedoch auch architektonische Merkmale auf (im Narthex und in der Westfassade), die auf Cluny II zurückzuführen sind. Anderseits wurde Tournus selbst ein bedeutender Innovator in der umgebenden Region.

Das Kloster St.-Bénigne von Dijon wurde, wie St.-Philibert, schon weit vor Cluny gegründet, dann aber zu Beginn des 11. Jh.s nach Cluniazenser-Regeln reformiert und völlig neu gestaltet. Der Kirchenneubau von St.-Bénigne (zwischen 1001 und 1010) kann uns jedoch durch seine spätere Abwandlung zur gotischen Kathedrale heute kaum noch Hinweise auf die Einflußnahme Clunys geben. St.-Bénigne ist vor allem durch die unterhalb der ehemaligen Rotunde erhaltene frühromanische Krypta von so herausragender Bedeutung (s. Kap. Dijon).

Als eigentliche »Töchter Clunys« werden die Kirchen von Paray-le-Monial – letztere von Conant auch als »Taschenausgabe Clunys« bezeichnet – und von Charité-sur-Loire demjenigen am besten gefallen, der in Cluny selbst nur Bruchstücke des typischen Cluniazenser Stils vorfand. Sie spiegeln, ebenso wie viele kleinere Kirchen im Brionnais das Aussehen von Cluny III im verkleinerten Abbild wider.

Auch die »Cathédrale St.-Lazare« von Autun und die »Collégiale Notre-Dame« von Beaune beinhalten wesentliche Stilelemente von Cluny III. So wurde die Kathedrale von Autun durch Papst Innozenz II. ebenso wie Cluny III im Jahre 1130 geweiht. Dennoch gibt es bei den »Töchtern« schon Weiterentwicklungen und Verbesserungen. So wurde beispielsweise in Autun die Skulpturkunst bei den Kapitellen noch weiter verfeinert. Rein statisch hatten die Baumeister inzwischen schon einiges aus dem Einsturz des noch nicht vollendeten überhöhten Seitenschiffes von Cluny III gelernt und die Kirchenschiffe von Autun dementsprechend weniger steil angelegt. Auch wurde anstelle von drei oberen Kirchenfenstern pro Joch (Cluny) in Autun nur noch eins ausgeführt, um die Statik zu verbessern. (Weitere Ausführungen s. Kap. Autun bzw. Beaune).

Als Pilgerkirche mit langer Vergangenheit und Nahtstelle zwischen Romanik und Gotik spielt Ste.-Madeleine de Vézelay eine besondere Rolle im Umfeld Clunys. Denn der Orden verstand sich nicht nur als Sendbote in architektonischen Fragen, sondern auch als Förderer des Pilgerwesens, und Vézelay – seit dem 11. Jh. unter dem Gehorsam Clunys – war der Ausgangspunkt eines bedeutenden Pilgerweges ins nordspanische St.-Jacques de Compostelle (Santiago de Compostella).

Während man für die Wirkung und das ehemalige Aussehen Clunys also viele Beispiele finden und sie puzzleartig zu einem Gesamtbild zusammensetzen kann und muß, so hat man auf den Spuren der Zisterzienser ein leichteres Spiel. Zwar ist der Ursprungsort des Ordens, Cîteaux, heute auch nicht mehr, was er einmal war, aber in dem Tochterkloster Fontenay blieb ein einzigartiges Bauwerk auf wunderbare Weise von der barbarischen Abrißwelle der Nachrevolution verschont. So finden wir in der »Ancienne Abbaye de Fontenay« das nicht nur besterhaltene Zisterzienser-Kloster Frankreichs, sondern gleichzeitig auch ein Ensemble vor, das die UNESCO auf die Liste ihrer Weltkultur-Denkmäler gesetzt hat.

Schon Mitte des 12. Jahrhunderts – die romanische Klosteranlage von Fontenay war noch kaum vollendet –, begannen die Zisterzienser in Nordburgund, beeinflußt von den Neubauten der Kirchen und Kathedralen aus der Île-de-France, sich dem gotischen Baustil zuzuwenden. Pontigny ist ein Beispiel für diesen gotischen Übergangsstil (Style gothique de Transition). Er führt uns in die neue Epoche der gotischen Architektur, die nicht unbedingt als Anschlußperiode an die Romanik zu verstehen ist. Vielmehr entstehen gotische Bauten in einigen Regionen früher als in anderen, so daß es also zu zeitlichen Überschneidungen kommt.

Tournus

Tournus ist »eigentlich« eine kleine Industriestadt mit rd. 6700 Einwohnern, in der beispielsweise Aluminiumkochtöpfe einer renommierten Firma hergestellt werden. Und dennoch ist die alte Häduerstadt, die später zum römischen Etappen-Castrum an der Saône umgewandelt wurde, hauptsächlich wegen der ehemaligen Klosterkirche St.-Philibert in Herz und Gedächtnis der Burgund-Reisenden verankert.

Das *Kloster* von Tournus, dem das Saône-Städtchen sein Renommé verdankt, gilt als das älteste Frankreichs. Die christliche Geschichte beginnt zu Zeiten des römischen Castrums, als um das Jahr 180 n. Chr. der später heiliggesprochene Valerian, aus dem östlichen Mittelmeerraum kommend, die Gegend um Tournus zu christianisieren versucht und dabei den Märtyrertod erleidet. Die an seinem Grabe errichteten Gedenkstätten werden von den Merowingern zum Kloster St.-Valérien ausgebaut.

Auf der Flucht vor den Normannen-Invasionen kommen Mönche von der Atlantikküste aus Noirmoutier, einer Insel südlich der Loire-Mündung, im Jahre 875 nach Tournus. Dort übernehmen sie auf Geheiß Karls des Kahlen das Kloster, in das sie die Gebeine des Heiligen Philibert überführen, der in Noirmoutier im Jahre 684 begraben worden war. Von nun an trägt die Abtei den Namen St.-Philibert.

Eine Hunneninvasion zerstört die Abtei im Jahre 937, und die Mönche ziehen sich vom Osten des Landes in die Auvergne zurück, von wo ein Teil von ihnen jedoch an die Saône zurückkehrt, nachdem das Konzil den Auftrag gegeben hat, das Kloster St.-Philibert wieder aufzubauen. Noch einmal wird das Kloster später zerstört, und zwar durch die Hugenotten in der Zeit der Religionskriege, Mitte des 16. Jh.s; der entscheidenden Verwüstungsphase der Revolution kann St.-Philibert jedoch entgehen. Grund dafür ist vielleicht die schon im Jahre 1627 erfolgte Säkularisierung des Klosters und seine Umwandlung in ein Kanonikerstift. Die ehemalige Abteikirche erhält nach der Revolution die Funktion der Hauptkirche des Kirchspiels.

Nachdem das Konzil im Jahre 949 den Auftrag zum Wiederaufbau gegeben hatte, wurde die Kirche St.-Philibert in vielen Bauabschnitten neu errichtet. Als erster Zeitpunkt ist die Weihe der Krypta im Jahre 979 überliefert. Der frühromanische Bau zeichnet sich durch außerordentlich massive Mauern aus, die zu einem Leitmotiv der Gesamtanlage werden. Die Mauern ermöglichen die für die damalige Zeit außergewöhnliche Höhe der Krypta von 3,50 m.

Der zentrale Teil der Krypta ist von zwei Reihen feiner Säulen umgeben, deren Kapitelle mit archaischen Motiven verziert sind oder die möglicherweise sogar aus der Antike stammen. Von einem halbkreisförmigen Umgang gehen drei Kapellen aus, deren mittlere die Reliquien des hl. Valerian enthält. In der Kapelle rechter Hand sind Deckenmalereien aus dem 12. Jh. erhalten, die Christus in der Glorie und die Jungfrau mit dem Kinde darstellen.

Dieser Typus des Umgangs mit Radialkapellen wurde auch für den darüber befindlichen Chor der Klosterkirche übernommen, und zwar auf dem gleichen Grundriß. Die Choranlage stellt damit das älteste Beispiel eines Chorumlaufs dar, der später ein typisches Merkmal des Cluniazenser-Stils wurde. Zwar gingen vom Chorumgang in Cluny III, das zum Prototyp dieses Bauschemas wurde, insgesamt fünf runde Radialkapellen ab, während die drei Radialkapellen von Tournus noch rechteckigen Grundriß zeigen, aber der ursprüngliche Weg der Beeinflussung weist dennoch von Tournus auf Cluny

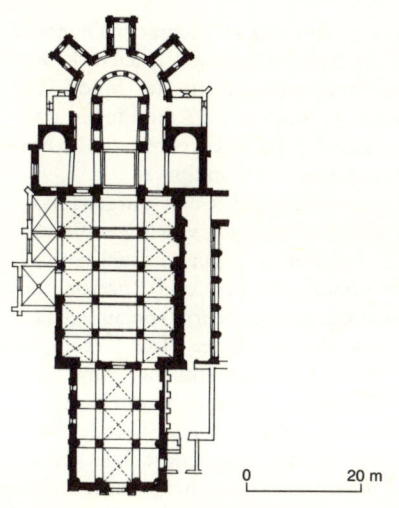

Tournus, Abteikirche Saint-Philibert,   Blick auf Chorhaupt und Vierungsturm
Grundriß

III. (Cluny II wurde zwei Jahre nach der Krypta von Tournus geweiht und
besaß einen Staffelchor, d. h. von zwei Kapellen hat je eine links und rechts
des Chores gelegen, ein Umlauf bestand nicht.)

Als man in Tournus nach 1007 mit dem Bau der Oberkirche und einer Vorkirche im Westen begann, war umgekehrt Cluny II zunächst ganz offensichtlich Vorbild für die Gestaltung der Westpartie von St.-Philibert. Beide Vor-
kirchen bestanden aus drei Jochen mit zwei Geschossen. Doch während das
Vorschiff von Cluny noch breiter war als das daran anschließende Kirchenschiff, streckt es sich in Tournus in die Länge und wurde etwas schmaler
gehalten als das Hauptschiff.

Der Aufbau der Kirche St.-Philibert geriet immer wieder ins Stocken und zog
sich über mehr als ein Jahrhundert hin. So wurde der Chor erst um 1120
fertiggestellt, der Vierungsturm und der nördliche Turm der Westfront auch
erst im Laufe des 12. Jh.s. Wenn man sich den zweiten Turm hinzudenkt,
werden die Ähnlichkeiten mit der Westfassade von Paray-le-Monial und damit von Cluny ganz deutlich. Auch die großen Kirchen des Oberrheins
weisen diese geschlossene (Zwei-)Turmfassade auf, die letztlich aus der karolingischen Form des massiven trutzigen »Westwerks« weiterentwickelt worden ist. Das Westwerk sollte mit seinem wehrhaften Charakter wohl auch die
feste Einheit von Karolinger-Kirche und -Staat demonstrieren.

Warum der zweite Turm in Tournus nicht gebaut wurde, bleibt der Phantasie überlassen. Geldmangel könnte eine Rolle gespielt haben. Vielleicht kamen hohe und vor allem spitze Türme aber auch einfach aus der Mode. Die Zisterzienser hatten sowieso schon darauf verzichtet, und die jungen gotischen Kathedralen des 12. Jh.s erhoben jetzt den flachgedeckten, in die Fassade einbezogenen Turm zum neuen gestalterischen Prinzip.

Die Westfassade, die keinerlei Fenster aufweist, spiegelt den Burgcharakter der gesamten Anlage, der durch die vorgelagerten runden, wuchtigen Befestigungstürme der Klosterumwallung noch verstärkt wird, in eindrucksvollster Weise wider. Dennoch tragen die hellen Sand-, Ocker- und Rosétöne des Baumaterials, das aus der näheren Umgebung stammt, schon von außen dazu bei, einen warmen, freundlichen Eindruck zu hinterlassen. Das Gefühl der Geborgenheit wird im Inneren dann durch die eigentümliche, zum Licht führende Beleuchtung und andere Einflüsse noch wesentlich gesteigert.

Die Außenfassade wird durch einige Bänder gröberer, heller Quader horizontal und durch herausgearbeitete Lisenen vertikal gegliedert. Die Verbindung zwischen den Lisenen wird durch Rundbogenfriese hergestellt, die auf italienischen, genauer gesagt lombardischen Einfluß zurückzuführen sind und in Burgund als Zeichen der Frühromanik gelten. In Resten sind solche lombardischen Friese auch an der Kirche St.-Vorles in Châtillon-sur-Seine und anderweitig vorhanden. Sie treten jedoch insgesamt gesehen relativ selten auf bzw. verschwanden durch Umbauten.

Man kann wohl davon ausgehen, daß auch für die Einführung der lombardischen Friese die Cluniazenser indirekt Pate gestanden haben. Denn der von Cluny als Abt von St.-Bénigne nach Dijon berufene Guillaume de Volpiano stammte aus Como, und so zog er beim Neubau von St.-Bénigne Steinmetze aus seiner Heimat heran, die dieses Zierelement auch in Burgund zur Anwendung brachten.

Im Inneren St.-Philiberts fallen im Halbdunkel der Vorhalle zunächst die mächtigen runden Säulen auf, die auch im Hauptschiff das Bild beherrschen. Diese außergewöhnlich massiven Stützpfeiler sind aus kleinen rosafarbenen Bruchsteinen gemauert und tragen die fünf Quergewölbebogen.

Das Erdgeschoß der dreischiffigen Anlage hat gleich hohe Schiffe, die im 11. Jh. eingewölbt wurden. Die Bauleistung dieses Deckengewölbes bleibt ein weiteres Wunder an dem Baudenkmal St.-Philibert. Die Seitenschiffe wurden mit quergestellten Tonnen, das Hauptschiff mit Kreuzgratgewölben überdacht. Die einzelnen Gewölbe werden durch Gurtbögen miteinander verbunden. Sie ruhen auf den sehr starken Säulen auf, die nur durch eine dünne Deckplatte abgeschlossen werden.

Diese »zylindrischen Stützen« waren wohl das Ergebnis fehlender Erfahrung und aufkommender Experimentierfreudigkeit beim Ausprobieren des ge-

mauerten Gewölbebaus, mit dem man gerade erst begonnen hatte, die flachen Holzdecken abzulösen. Mancher Kunstkenner ist sogar im Sprachgebrauch irritiert und meint, diese »Gebilde« gar nicht mehr als Säule ansprechen zu können, da sie sich so unendlich weit vom antiken Formenschatz entfernt hätten. Es sei hier eine Kunstgeschichte zitiert, die das Außergewöhnliche und doch Schulemachende von Tournus in folgenden Sätzen einfängt:
». . . Von Säule kann hier nicht mehr gesprochen werden. . . . Die Feingliedrigkeit und räumliche Kompliziertheit des Karolingischen ist verlassen zugunsten eines kraftdurchsetzten, geordneten, ausgerichteten Raumes . . . Die Pfeiler scheinen aus dem Untergrund herauszuwachsen. Sie ragen direkt aus dem Fußboden auf, ohne Sockel und Basis.
Über den Pfeiler steigen rechteckige Vorlagen auf, die die Mittelschiffwand in drei Abschnitte unterteilen. Sie setzen sich als Gurtbogen unter der Rundtonne fort und teilen den Raum in drei Joche. Der Tonnenansatz wird klar abgetrennt von der Obergadenmauer durch ein Gesims, das von kleinen Konsolen gestützt ist. Die Seitenschiffe zeigen eine besondere Form der Wölbung. Gurtbogen spannen sich von den Schiffpfeilern zu starken halbrunden Vorlagen an der Wand. Darauf ruhen Tonnen, die in einem Viertelkreis geführt sind. Sie dienen zur Verstärkung der Obermauer und fangen den Seitenschub der großen Mittelschifftonne auf.
Das alles ist klar durchdacht, jede Form ist sinnvoll angeordnet. Hier liegen schon die Ansätze für die spätere ›burgundische Bauschule‹.« (Adam, Bd. IX, S. 104.)
St.-Philibert besticht aber nicht nur durch seine Form, sondern auch durch sein herrliches, schlichtes Baumaterial. Putz, Deckenmalereien und Kapitell-

isometrischer Schnitt, Narthex   Masken-Kapitell, Schiff   Pflanzen-Kapitell, Chorumgang

skulpturen treten hinter diesen Merkmalen völlig in den Hintergrund und
sind nur in einzelnen Bauteilen anzutreffen. Einige schöne, mit Pflanzen und
Masken skulptierte Kapitelle aus dem 11. Jh. sind jedoch im Kirchenschiff
und im Chorumgang zu finden (auch Passage zum Kreuzgang!).
Von den übrigen Klosteranlagen sind erhalten: der Nordflügel des Kreuzganges, der Kapitelsaal, das Cellerar, das Refektorium und das Logis der Äbte.

Direkt gegenüber, an der Nordseite von St.-Philibert, befindet sich das *Musée Perrin-de-Puycousin*, von dem es ein Pendant gleichen Namens in Dijon
gibt. Es handelt sich auch hier um ein Folklore-Museum, das im ehemaligen
Haus des Stadtkämmerers (17. Jh.) untergebracht ist. Zuletzt wurde es von
der Familie des Literaturkritikers Albert Thibaudet (1874–1936) bewohnt,
der es noch zu Lebzeiten der Stadt vermachte. Im Museum sind in zehn Sälen
vor allem Wachspuppen in historischen Kostümen aus den verschiedenen
Regionen Burgunds zu betrachten. Auch ehemals typische Szenerien aus
Innenhöfen, Häusern und Kellern Burgunds hat das Museum versucht, stil-
getreu wiederzugeben.
Es ist geöffnet vom 1. April bis 31. Oktober in der Zeit von 9.00–12.00 und
von 14.00–18.00, dienstags geschlossen, Tel.: 85 51 29 68.
Das *Musée Greuze* befindet sich ca. 150 m südlich von St.-Philibert in der
Rue du Collège. Das Museum versteht sich, dem Namen entsprechend, in
erster Linie als Hüter des Andenkens an den Maler Jean-Baptiste Greuze, der
in Tournus geboren wurde (1725–1805). Neben sieben Originalen seiner
berühmten Porträts findet man viele Kopien seiner Werke.
In weiteren Sälen sind Funde der regionalen Vor- und Frühgeschichte ausgestellt.
Das Museum ist geöffnet von Palmsonntag bis 1. November zu denselben
Tageszeiten wie das erstgenannte Museum. Es ist jedoch zusätzlich geschlossen (außer dienstags) am Sonntagvormittag und am 1. Mai.
Das schöne Stadtbild von Tournus mit der allesüberragenden Abteikirche ist
besonders gut von der Saône-Brücke (D 37) einzufangen. Außerdem sind
schöne Stadtpalais in den Straßen Rue du Dr. Privey, Rue de la République
und Rue du Midi zu finden.
Die äußerst enge, mittelalterliche Straßenführung läßt allerdings in der Nähe
der Klosteranlagen nirgends einen guten Gesamtüberblick zu. Man sollte
daher den hervorragenden Blick von der Autobahn, die westlich von Tournus
die Höhenzüge des Mâconnais durchquert, schon genießen, bevor man sich
an die Ufer der Saône herunterbegibt. Wem dieser Eindruck zu flüchtig ist,
der sollte sich auf kleinsten Gemeindestraßen, die westlich von Tournus von
der D 215 abzweigen, zwischen Tournus und Robatot nach einem guten
Aussichtspunkt umsehen, von denen es hier mehrere gibt.

Umgebung von Tournus

Farges-lès-Mâcon und Uchizy

Wer sich von Tournus nach Süden begibt, kann 10 Straßenkilometer südwestlich der Stadt einen Halt in Uchizy (D 210 oder D 163) einlegen. Hier
befindet sich eine eindrucksvolle romanische Kirche, die gegen Ende des
11. Jh.s vom Kloster St.-Philibert errichtet wurde. Die dreischiffige Anlage
wird von einem hoch über der Vierung aufragenden Laternenturm gekrönt,
der in fünf Etagen untergliedert ist.

Auch das nur 6 km südlich von Tournus gelegene Farges-lès-Mâcon (D 210)
birgt in seinem Zweihundert-Seelen-Dorf eine romanische Kirche aus dem
11. Jh., die Ähnlichkeiten mit Tournus zeigt, jedoch wesentlich kleinere
Ausmaße als das Vorbild und das Abbild von Uchizy aufzuweisen hat.

Brancion

Besonders reich mit Sehenswürdigkeiten gesegnet ist aber die D 14 auf dem
Abschnitt westlich von Tournus über Brancion, Chapaize nach Cormatin
(insges. 25 km).

Begibt man sich auf diese Route von Tournus aus, so überwindet man zwei
»Pässe«, von deren Anhöhe man einen schönen Blick über die Saône-Ebene
(Col de Beaufer 303 m) und über die inneren Höhenzüge des Mâconnais (Col
de Brancion 354 m) genießt. Hat man den zweiten Paß erklommen, so biegt
rechts der Weg nach Brancion ab.

Die alte Burg von Brancion, die Kirche und die zugehörigen Wohnhäuser
sind ein sehenswertes Beispiel für einen kleinen feudalherrschaftlichen Ort,
den sogenannten »Bourg« des Mittelalters. Die erste Anlage des in vorsprin-
gender Felslage strategisch günstig gelegenen Wehrschlosses geht auf das beginnende 10. Jh. zurück. Durch die Teilnahme an den Kreuzzügen und den
Tod des Herrn von Brancion im 13. Jh. kam es zum Niedergang des
»Bourgs«. Wegen finanzieller Schwierigkeiten wurde der Ort schließlich an
die Burgunderherzöge verkauft und von Philippe le Hardi im 14. Jh. gründlich restauriert. Außerdem wurde ein herzögliches Palais hinzugefügt. Während der Liga-Kriege wurde die Schloßanlage dann endgültig zerstört (1594).
Der quadratische Bergfried und einige Häuser wurden jedoch restauriert,
ebenso die Markthalle aus dem 15. Jh. Brancion ist seit 1860 in den Händen
der Grafen von Murard.

Die Besichtigungszeiten der Burganlage sind: Palmsonntag bis 11. November, wochentags von 9.00–18.00, sonn- und feiertags von 9.00–12.00 und von
14.00–19.00. In der übrigen Jahreszeit nur sonn- und feiertags von
9.00–12.00 und von 14.00–18.00.

Die Kirche St.-Pierre von Brancion zeigt wiederum deutlich den Einfluß von

Tournus und den damit verbundenen typischen Aufbau der romanischen Kirche des 12. Jhs.: drei Längsschiffe, deren Dächer fast ineinander übergehen, so daß das Kircheninnere nur durch die Fenster der Seitenschiffe beleuchtet wird.

Über dem Querschiff, dessen Dachfirst in halber Höhe zwischen Haupt- und Seitenschiffen endet, erhebt sich ein quadratischer Vierungsturm. An das Querschiff schließt sich nach Osten eine halbrunde Chorapsis an, die links und rechts von je einer kleineren Kapelle begleitet wird (Staffelchor). Das Baumaterial besteht aus gelbem, in der Sonne leuchtendem Kalkstein.

Im nördlichen Seitenschiff ist eine Grablegefigur (Gisant) aus dem 14. Jh. zu sehen. Die Skulptur wurde zur Erinnerung an den Herrn Josserand IV. von Brancion gemeißelt, der auf dem 7. Kreuzzug im 13. Jh. sein Leben ließ (s. oben). Er war Cousin und Weggefährte des Königs von Frankreich, Louis IX., der wegen seines exemplarischen Lebens und persönlichen Einsatzes für die Kreuzzüge auch »Saint Louis« genannt wurde.

Die Decken und Wandmalereien der Kirche, insbesondere im Chor, sind stark verwittert. Sie wurden vom Burgunderherzog Eudes IV. in Auftrag gegeben und stellen Christus in der Glorie, Jerusalem und die Geburt Christi dar.

In Brancion werden am Sonntag, der dem 24. Juni am nächsten liegt, die keltischen Sonnenwendfeuer abgebrannt. Die Zeremonie wird von »Animateuren« in der regionalen Tracht von Tournus (»Costumes tournugeois«) unterstützt.

Hat man Brancion verlassen, so kann man nach etwa 2 km Fahrt in Richtung Westen rechter Hand von der D 14 einen Menhir finden.

Chapaize

Nach weiteren 4 km erreicht man den Weiler Chapaize, malerisch am Flüßchen Biscançon gelegen. Seine eigenwillige frühromanische Kirche aus dem beginnenden 11. Jh. überragt schon von weitem alles durch den (mit einer Höhe von 35 m) zunächst völlig überdimensioniert erscheinenden Kirchturm. Dieser Glockenturm, der sich leicht nach oben verjüngt, zeigt Lisenenfelder mit lombardischen Friesen. Die drei Chorapsiden sind wohl erst später angefügt worden, vermutlich gegen Ende des 12. Jh.s oder noch etwas später.

Man ahnt es schon, daß dieser Ort früher eine größere Bedeutung gehabt haben muß und daß seine Kirche St.-Martin in einem klösterlichen Verband entstanden ist. In der Tat war Chapaize eine Außenstelle der Benediktinerabtei von Chalon-sur-Saône, deren zukünftige Mönche hier ihr Noviziat ablegten.

Die Kirche ist auch im Inneren sehenswert. Das Langschiff ist wie St.-Philibert in fünf Joche unterteilt und erreicht durch massive Stützpfeiler und gedämpften Lichteinfall eine ähnliche Raumwirkung wie das Vorbild in Tournus.

Wenn man den Weiler Chapaize wieder verläßt, sollte man einen Blick auf die historischen »Infrastruktureinrichtungen« des Ortes werfen, nämlich links die kleine öffentliche Waage (»Poids Public«) und kurz danach, an der Kreuzung, das alte halboffene Waschhaus.

Folgt man linker Hand weiter dem Verlauf der D 14, erreicht man nach 5 km Cormatin, dessen sehr sehenswerte Schloßanlagen im Kap. Schlösser ausführlich beschrieben sind.

Paray-le-Monial

Das Städtchen Paray-le-Monial, dessen Einwohner sich »Parodiens« nennen, ist im Charollais, an den Ufern der Bourbince gelegen. Seine rd. 11 300 Einwohner leben vom Pilgertourismus, vom Handel aber auch der nicht unbedeutenden Baumaterial- sowie der Textilindustrie, die hier seit langem beheimatet sind.

Die ehemalige Klosterkirche, heute *Basilique du Sacré-Cœur*, von Paray wurde um 1130 begonnen, jenem magischen Datum in der Entwicklung Clunys (Fertigstellung von Cluny III). Sie entging der Revolution und ist das besterhaltene verkleinerte Abbild von Cluny, das man sich denken kann.

Die Gesamtlänge des Kirchenschiffes beträgt etwa ein Drittel der ehemaligen Ausdehnung der Klosterkirche von Cluny. Auch sonst basiert hier vieles oder so gut wie alles auf der Drei: Die Kirche hat drei Schiffe und drei Apsis-Kapellen, drei Joche bis zum Querhaus. Auch der Aufriß ist nach cluniazensischem Muster dreistufig: unten eine Arkadenzone mit je einem Spitzbogen, darüber die Triforiumszone mit drei Rundbögen und Blendarkaturen, ganz oben die Obergadenzone mit drei Rundbogenfenstern. Spätestens seitdem Huysmaier auf diese Übereinstimmungen hinwies, wird angenommen, daß diesem Prinzip das Symbol der heiligen Trinität zugrunde liegt.

Paray-le-Monial ist heute ein bedeutendes Pilgerzentrum der Christenheit und hat damit in jüngerer Zeit eine Funktion übernommen, die es zur Blüte Clunys noch nicht besessen hat. Damals gingen die großen Pilgerströme von Vézelay und Orléans/Tours nach Süden. Diese Umorientierung hat folgenden Hintergrund: Im Jahre 1673 hatte die junge Schwester Marguerite-Marie Alacoque, die in dem Kloster der Heimsuchung (Couvent de la Visitation) von Paray als Nonne lebte, erstmalig eine Vision. Ihr war Christus erschienen, der zum Zeichen seines Leidens und seiner Liebe zu den Menschen die Hand zum Herzen führte. Diese Erscheinungen setzten sich bis zum Tode Marguerites im Jahre 1690 fort.

Paray-le-Monial, Abteikirche

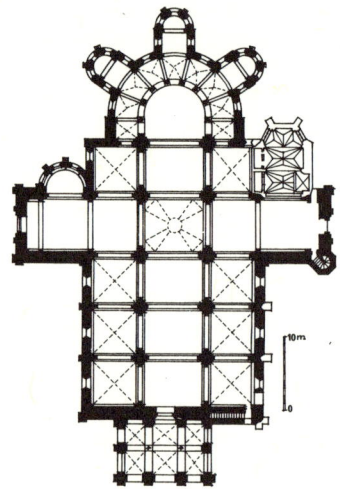

Grundriß

Blick auf Westvorbau

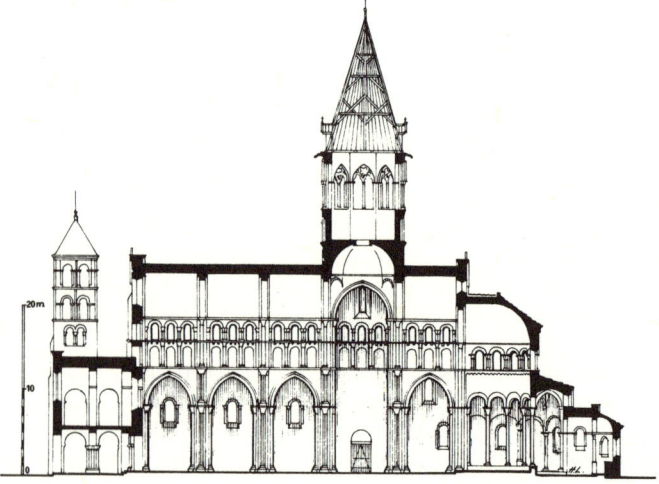

Längsschnitt

Vézelay, Sainte-Madeleine, Figurenkapitell mit Pflanzenornamentik ▷

Als Marguerite im Jahr 1864 seliggesprochen wurde, nahm der bis dahin wenig bedeutende Herz-Jesu-Kult bald einen ungeahnten Aufschwung, zumal die Kriegsniederlage Frankreichs von 1871 von den Bischöfen als Strafe Gottes hingestellt wurde. Um den Abfall vom Glauben zu sühnen, mobilisierte der Klerus das Land, über die selige Marguerite und den Herz-Jesu-Kult die Vergebung und den neuerlichen Beistand Gottes zu erlangen. Diese Hoffnung fand im Bau der Kirche in Montmartre, Sacré-Cœur de Paris ihren sichtbarsten und bekanntesten Ausdruck. Fast gleichzeitig, im Jahre 1873, wurde außerdem ein Pilgerzug nach Paray-le-Monial unternommen, an dem 30 000 Gläubige beteiligt waren. Der Pilgerzug wird seitdem alljährlich wiederholt, und nachdem Schwester Marguerite-Marie im Jahre 1920 heiliggesprochen wurde, entwickelte sich Paray-le-Monial zum Mittelpunkt vieler religiöser Feste und Gemeinschaften.

Die Pilger besuchen nicht nur die Kirche, die im Jahre 1875 in den Rang der »Basilique du Sacré-Cœur« erhoben wurde, sondern auch die »Chambre des Reliques« und die »Chapelle de la Visitation«, die in einer Nebenkapelle die sterblichen Überreste der Heiligen enthält.

Im angrenzenden Park, der alle genannten Gebäude miteinander verbindet, dem *Parc des Chapelais*, finden die großen Feierlichkeiten statt, und zwar insbesondere am zweiten Freitag nach Fronleichnam die »Pèlerinage du Sacré-Cœur« und am Sonntag, der dem 16. Oktober am nächsten liegt, die »Fête de Sainte Marguerite-Marie« (zur Erinnerung an den 17. Oktober, ihren Todestag).

In einem sogenannten »Diorama« wird versucht, die Entwicklung von Paray-le-Monial und das Leben der heiligen Marguerite-Marie bildlich darzustellen. Einlaß ist von Palmsonntag bis zum 30. Oktober, von 9.00–12.00 und von 13.30–19.00, Okt. –18.00.

Im ca. 300 m entfernt gelegenen *Musée du Hiéron* (Rue Pasteur, D 248) sind Gemälde und Objekte zum Leben Christi, der Jungfrau Maria und der Heiligen ausgestellt. Das Museum ist in erster Linie der Eucharistie gewidmet. Es besitzt darüber hinaus aber auch den äußerst sehenswerten romanischen Tympanon (12. Jh.) aus der Prioratskirche von Anzy-le-Duc. Dieses Kunstwerk wurde im Zuge der Revolution zunächst von seinem Ursprungsort entfernt, dann im Schloßpark von Arcy aufgestellt und schließlich ins Museum Hiéron gebracht.

Das Museum ist geöffnet von Mitte Mai bis Ende September, von 9.00–12.00 und 14.00–19.00 (Hauptsaison), sonst 14.00–18.00. Vom 9. bis 30. September vormittags geschlossen.

Reizvoll ist auch die Renaissance-Fassade des heutigen Rathauses, das als Stadtpalais um 1525 vom reichen Tuchmacher Jailliet erbaut wurde. Die französischen Könige wurden hier auf Medaillons verewigt.

◁ *Auxerre, Saint-Etienne, gotische Westfassade, Baubeginn: 13. Jh., Abschluß 16. Jh. (Nordturm)*

Umgebung von Paray-le-Monial

Charolles und das Charollais

Das Charollais ist eine bedeutende Agrarregion mit besonderem historischen Hintergrund. Es wurde im Jahre 1316 von der Comté de Chalon losgelöst und bildete eine eigene Grafschaft, die durch Erbfolge zunächst an das Haus Armagnac kam, aber von Philippe le Hardi zurückgekauft wurde. Nach dem Tod des letzten Burgunderherzogs fiel die Grafschaft 1493 an Habsburg und gelangte von hier im Jahre 1556 in spanischen Besitz. Im Jahre 1684 ging sie dann an die Bourbonen-Linie der Condé über und wurde endgültig Teil des französischen Königreiches im Jahre 1761.

Obwohl der ehemalige Grafensitz Charolles heute nur rd. 3800 Einwohner zählt, ist der Ort doch das eigentliche Zentrum der Region geblieben. Der Name kommt vom keltischen »Kadrigel«, das bedeutet »von Wasser umgebene Befestigung«, und bis heute wird das Städtchen mit dem spöttisch-liebevollen Namen »Venise Bourguignonne« (Venedig Burgunds) bedacht. Es wird auch tatsächlich sehr romantisch von den Wasserläufen der Arconce und Semence, Nebenflüssen der Loire, umspült.

Ruinen des herzöglichen Schlosses verstärken den romantischen Eindruck, und vom terrassenartig angelegten Jardin Public genießt man einen sehr schönen Blick auf die Stadt und ihr Umland. Erwähnenswert ist außerdem das Museum, das sich vor allem die Präsentation der Skulpturen von R. Davoine, einem Kind der Stadt (1888–1962) zur Aufgabe gestellt hat (Öffnungszeiten: Ostern–31. Oktober 10.00–12.00 und 14.00–18.00, dienstags geschlossen).

Vor allem aber ist Charolles als »Chef-Lieu d'Arrondissement« Verwaltungssitz und Marktort. Von April bis Dezember werden hier – wie auch in Paray-le-Monial und in St.-Christophe-en-Brionnais – wöchentlich Märkte abgehalten, auf denen sich alles um das weiße Charollais-Vieh dreht. Der mehrdeutige Begriff »Le Charollais« kann sowohl die Region als auch den Einwohner von Charolles bezeichnen; wesentlich häufiger aber noch ist damit das weit über Frankreichs Grenzen hinaus bekannte Vieh gemeint. Es erfreut sich wegen seiner massigen Fleischfülle sowohl bei den Züchtern als auch bei den Liebhabern eines guten Menüs, beispielsweise dem »Bœuf Bourguignon«, einer stetig wachsenden Beliebtheit.

Die Züchtung der »Race Charollaise« ist gegenüber anderen Rassen noch relativ jungen Datums, läßt sich jedoch bis in das Jahr 1773 zurückverfolgen. Seitdem gibt es schon wieder einige neue Einkreuzungen, vor allem mit braunem Vieh. Da das Charollais-Vieh ausschließlich zur Fleischproduktion bestimmt ist, kann es natürlich niemals alle anderen Rassen verdrängen, aber es hat sich bei steigenden Fleischpreisen und fallenden Milchpreisen gegenüber dem Milchvieh doch stark durchgesetzt. Es gibt weit über drei Millionen Charollais-Rinder in Frankreich. Weitere bekannte Rassen sind die rotbraunen »Pie Rouge« und die braunen »Brune des Alpes«, die »Normandes«, aber auch die »Vaches Holstein«.

Dem Marktbedürfnis entsprechend ist das Charollais-Vieh immer noch weiter im Vormarsch begriffen und drängt alle anderen Landwirtschaftszweige, innerhalb der Viehhaltungsbetriebe auch das andere Vieh, anteilmäßig zurück. Dies gilt nicht nur für die Charollais-Region, sondern auch für entferntere Weideregionen. Im Charollais hat die Durchschnittsfarm gegenwärtig 40 Charollais-Rinder, 13 Schafe und 6 Schweine zu versorgen. Die ha-Größe ist von 26 ha (1970) auf 37 ha (1980) angestiegen, für Burgund eine beträchtliche und weit über dem Durchschnitt liegende Fläche.

In der Landschaft sind denn auch neben einigen Schafen hauptsächlich weithingetupft die kurzbeinigen, aber großen weißen Rinder zu sehen, deren kuschelige Kälber besonders niedlich wirken. Die Schweine bleiben im Stall. Die Weidebewirtschaftung hat sich schon zu einem großen Teil auf künstlich gedüngte Weiden umgestellt, eine notwendige Folgeerscheinung bei insgesamt abnehmender agrarischer Nutzfläche (18% Rückgang von 1970–1980), aber steigender Vieh-Stückzahl. Die typische Heckenlandschaft Süd- und Zentralburgunds ist dabei jedoch glücklicherweise bisher durchweg erhalten geblieben.

Der Anteil der Weiden, die nie mehr umgebrochen werden, bestimmt das Landschaftsbild in zunehmendem Maße, und die Tendenz zum »Monobetrieb Viehhaltung« geht weiter. Die Bauern des Charollais setzen alles auf eine Karte, und der Kampf ist hart. Es ist nicht genug Raum für alle da, viele Bauernsöhne müssen abwandern. Schließlich bleiben nur die Alten, und am Ende fehlt ein Nachfolger. Doch darauf wiederum warten schon die Nachbarn, um zur dringend benötigten Vergrößerung des eigenen Betriebes Land hinzuzupachten oder -zukaufen...

Das Brionnais

Das südwestlich an das Charollais anschließende Brionnais ist agrarisch ähnlich strukturiert und ganz auf Viehzucht eingestellt. Die Ausgangssituation ist lediglich ein wenig ungünstiger, da die Böden nicht ganz so fruchtbar und die Betriebsgrößen etwas geringer als im Charollais sind. Dem Liebhaber romanischer Kirchen sei diese Region jedoch besonders empfohlen, da sich hier auf engstem Raume eine Vielzahl architektonischer Kleinode befindet, die schon manchen entzückt haben.

Aus der Karte der romanischen Kirchen Burgunds wird die Vielzahl der Bauten südlich von Paray-le-Monial deutlich, und es sind gewiß noch weitere zu entdecken, die hier nicht eingetragen sind. Wer die dort aufgeführten jedoch besichtigen möchte, könnte das an einem Tag auf einem Rundweg von rund 130 km schaffen. Möglich wäre z. B. eine Route im Uhrzeigersinn von Paray-le-Monial über Charolles nach St.-Germain-en-Brionnais, Bois-Ste.-Marie (dabei vorbei an den Schlössern von Drée und La Clayette), Abstecher nach Vareilles, dann St.-Laurent-en-Brionnais, Châteauneuf-sur-Sornin, Charlieu (liegt außerhalb Burgunds im Dep. Loire und wird hier nicht beschrieben, jedoch Reste ehemaliger Benediktinerabtei von großer Bedeutung und Schönheit), Iguerande, St.-Julien de Jonzy, Semur-en-Brionnais, Anzy-le-Duc, Montceau-l'Etoile.

Diese Route hat den Vorteil, daß die bekannteren »Leckerbissen« von Semur-en-Brionnais und Anzy-le-Duc am Ende stehen. Wer sich dann schon zu erschöpft glaubt, sollte die Tour lieber anders herum machen. Varenne-l'Arconce liegt genau in der Mitte des Ovals und ist über Abstecher von beiden Richtungen her erreichbar, die Kirche hat einen schönen Glockenturm und eine bedeutende Westfassade zu bieten.

Semur-en-Brionnais

Semur-en-Brionnais war seit dem 9. Jh. das Zentrum des Brionnais und Sitz der Landvögte. Unter den Burgunderherzögen wurde diese Tradition fortgesetzt, und das Brionnais bildete einen der 19 Verwaltungsbezirke (Bailliages). In der Burganlage von Semur, von der noch einige Überreste erhalten sind, wurde im Jahre 1024 der spätere Abt Hugo von Cluny als Sohn des Landvogtes geboren. Semur hat heute ca. 800 Einwohner.

Die Kirche *Saint-Hilaire* wurde zur Zeit von Cluny III erbaut und geht auf eine Stiftung des Barons Geoffroi IV., Onkel von Hugo, zurück. Der Baron, der einige Sünden wiedergutzumachen hatte, war 1088 in das Kloster von Cluny eingetreten. Die Kirche von Semur folgt in ihrem dreigeschossigen Wandaufbau und ihrer Aufteilung dem Vorbild von Cluny, wenngleich auch im verkleinerten Maße. Der gelb- bis ockerfarbene Kalkstein (jurassisch), der aus der Umgebung stammt und für die meisten Kirchen des Brionnais charakteristisch ist, verleiht der Kirche besonders bei Sonnenauf- oder -untergang einen sehr schönen, warmen Ton.

Die Skulpturen des nördlichen Seitenportals sind als sehr bemerkenswert, ja als überaus reich zu bezeichnen (Rosetten, Pflanzenornamentik, die auch in die Fläche übergreift, Palmetten, Würfel, Spiralen). Das Seitenportal wird auf etwa 1135 datiert.

Das Westportal, das wohl erst in der zweiten Hälfte des 12. Jh.s gestaltet wurde, ist demgegenüber noch üppiger angelegt und wirkt teilweise schon überladen. Der Tympanon stellt die Himmelfahrtsthematik dar; auf dem Türsturz wird im Zentrum die Geschichte des hl. Hilarius erzählt, der beim

Konzil von Seleucia (359 n. Chr.) von einem Engel auf die Bänke der Bischöfe getragen und jenen damit gleichgestellt wurde.

Von der übrigen Anlage der Cluniazenser-Priorei ist nichts erhalten, sie wurde nach den Religionskriegen durch ein schloßähnliches Anwesen im Stil Louis XIII. ersetzt. Dieses Gebäude befindet sich auf der Nordseite des Kirchplatzes und dient heute als Hospiz.

Vom rechteckigen *Donjon* der ehemaligen Burganlage hat man einen schönen Rundblick. Die Öffnungszeiten des Château Saint-Hugues sind: Anfang April–Ende Oktober 9.00–12.00 und 15.00–19.00. In der Hochsaison »Son et Lumière«, donnerstags und sonnabends um 21.15 Uhr, außer am Do. nach dem 14. Juli.

Anzy-le-Duc

Die zweite Kirche von kunsthistorisch herausragender Bedeutung im Brionnais ist die heutige Pfarrkirche von Anzy-le-Duc, einem Ort, der wie Semur durch starke Abwanderung und Überalterung geprägt ist: Semur und Anzy verloren beide in den letzten 20 Jahren über 100 Einwohner, was bei dem kleineren Anzy-le-Duc besonders ins Gewicht fällt (heute etwa 430 Ew.).

Es ist überliefert, daß der Seigneur Letbald im Jahre 876 n. Chr. – Cluny war noch nicht gegründet – sein Land der Abtei Saint-Martin in Autun vermachte. Ein Fresko im Chor der Kirche erinnert an diesen Beginn. Das Mutterkloster errichtete daraufhin in Anzy ein Priorat, dem Hugo aus Saint-Savin-sur-Gartempe (Poitou) vorstand. Nach seinem Tode (930) wurde er bald als Heiliger verehrt, und sein Grab entwickelte sich zur Pilgerstätte. Nachdem seine Reliquien auf dem Konzil von Anse (Rhône) ausgestellt worden waren, wurde die Errichtung einer angemessenen Grabstätte (1001) und einer Kirche (1025) in Anzy-le-Duc in Auftrag gegeben.

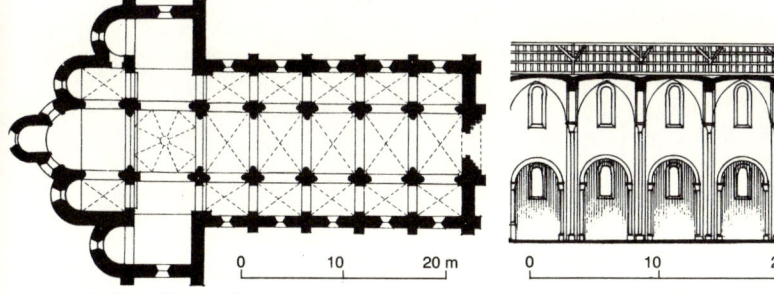

Anzy-le-Duc, Grundriß   Längsschnitt und Wandaufriß

Man begann den Kirchenbau mit dem östlichen Abschnitt, so daß Staffelchor und angedeutete Apsis (Apsidiole) wohl vor 1050 n. Chr. fertiggestellt waren. Anschließend wurde das dreischiffige Langhaus mit fünf Jochen errichtet, das im Gegensatz zu den meisten erhaltenen und auf Cluny III basierenden Kirchen statt drei nur zwei Geschosse aufweist und somit die ältere romanisch-burgundische Bauweise verkörpert. Ein zeitlicher Umbruch, der hier prinzipiell nichts mehr änderte, bleibt mit der Ablösung des Kleinquaderwerks am fortschreitenden Bau durch Großquaderwerk noch heute nachvollziehbar.

Vollendet wurde der Bau durch einen achteckigen Vierungsturm, der zum Vorbild vieler anderer romanischer Kirchen (auch in Semur) wurde. Über die Pilgerstraßen wurde dieser Typ des dreigeschossigen Turmes mit romanischem Doppelfenster unter Rundbogenblende bis nach Nordspanien verbreitet.

Die Rundbögen, welche auch in der Arkadenzone von Anzy-le-Duc architektonisches Gestaltungsprinzip sind, wurden später im Bau der Kirche Sainte-Madeleine von Vézelay übernommen. Auch in Grund- und Aufriß war Anzy ganz offensichtlich Vorbild für die romanischen Partien der Sainte-Madeleine. Die historische Verbindung zwischen beiden Kirchenanlagen beruht darauf, daß ein Neffe des Abtes Hugo von Cluny, nämlich Renaud von Semur, zum Nachfolger des 1106 ermordeten Abtes Artaud von Vézelay ernannt wurde. Anzy wiederum war baulich teilweise ein Zwilling von Charlieu, das zur selben Zeit wohl unter demselben Baumeister errichtet wurde.

Anzy-le-Duc, Blick auf
Südseite und Glockenturm

Kapitell: Kämpfer

Von besonderer Bedeutung sind in Anzy-le-Duc noch die Kapitelle und die Tympana. Die Figurenkapitelle des Langhauses stellen den wichtigsten Zyklus der burgundischen Romanik aus dem 11. Jh. dar. Von hier ging die zukünftige Tradition aus, die Kapitelle auf den Vorlagen der Stützpfeiler zu bildlichen Steinmetzarbeiten zu nutzen. Die stilistische Weiterentwicklung der Kapitelle läßt sich gut auf dem Weg von Anzy über Cluny III und Autun bis nach Saulieu verfolgen, wo die Figurenkapitelle nicht mehr wie bisher auf flächigen Pilastern, sondern auf Halbsäulenvorlagen ruhen und damit noch größere räumliche Darstellungskraft gewinnen (Saulieu: Die Flucht nach Ägypten!). Besonders lohnenswert wäre es vielleicht, sich bei der Vielzahl der Motive auf Darstellungen zu konzentrieren, die immer wieder auftreten. Da wäre beispielsweise das Motiv der vier Paradiesflüsse zu nennen, die man vergleichend betrachten könnte.

Die Paradiesflüsse sind in Anzy-le-Duc auf dem Kapitell des 5. Pfeilers der rechten Seite des Langhauses dargestellt, sie sind möglicherweise älter als das Langhaus und wurden als Teil eines ehemaligen Taufbeckens konzipiert. Das Kapitell der vier Paradiesflüsse von Cluny III stammt aus dem Chorumgang und befindet sich heute im Musée du Farinier von Cluny. In Autun findet man die Darstellung dieser Thematik im Chor von St.-Lazare (linker Eckpfeiler, Südseite).

Vor den Portalanlagen und Tympana Anzy-le-Ducs sind drei erhalten geblieben. Das schönste und besterhaltene Portal befand sich am ehemaligen Klostereingang; es wird heute im Museum von Paray-le-Monial (Musée du Hiéron) gehütet. In Anzy-le-Duc selbst sind zwei mit Skulpturen geschmückte Portalanlagen zu sehen, die jedoch teilweise verwittert und beschädigt sind.

Am Westportal (Ende des 11. Jh.s) ist die Himmelfahrt Christi dargestellt. Im Mittelpunkt des Tympanons thront Christus in der Glorie, die eine Hand zur Segensgeste erhoben, die andere das apokalyptische Buch haltend. Auf dem Türsturz sind die 12 Apostel in zwei Gruppen dargestellt, auf der inneren Archivolte apokalyptische Greise. Die Türkämpfer sind mit Atlas-Statuen versehen; die linke Figur erhält Gesellschaft von einem Musikanten in Schafsgestalt. Dieses Motiv ist typisch für das Brionnais.

Das Südportal ist weniger gelungen, aber vielleicht als Vergleich interessant. Es ist über den Pfad, der zum Turm des Priorats führt, erreichbar und befindet sich wiederum an der Außenseite der ehemaligen Klosterummauerung. Im Tympanon sind Adam und Eva in der Versuchungsszene dargestellt und als Pendant die Anbetung der Hl. Drei Könige. Auf dem Türsturz werden die Guten ins Paradies geleitet (links), während die Schlechten von einem Drachen abgeführt werden (rechts). Das Südportal ist offensichtlich jünger als das Westportal und wird der Mitte des 12. Jh.s zugerechnet. Die außerordentlich langgestreckten Körper karikieren beinahe schon eine zeitgenössische Art der Darstellung, die in den stilisierten Tympanonfiguren von Autun ihren Ausgang nahm.

Das Kloster von Anzy-le-Duc wurde in der Revolutionsfolge zum Bauernhof umgewandelt. Der Palast des Priors wurde zum adligen, der Öffentlichkeit nicht zugänglichen Landsitz. Die Kirche diente zunächst als Schnapsbrennerei und Abstellraum, wurde zu Beginn des 19. Jh.s wie Cluny als Steinbruch verkauft, konnte aber schließlich im Tausch gegen die Pfarrkirche und ihre Nebengebäude gerettet werden.

La Charité-sur-Loire

Das etwa 6500 Einwohner beherbergende Loire-Städtchen entwickelte sich aus einem Kloster, das von König Roland von Roussillon um 700 auf dem Mont Seyr angelegt worden sein soll. »Seyr« kommt möglicherweise aus dem Phönizischen und bedeutet Sonne (frz. soleil). Im Jahre 756 wird es dem Benediktiner-Orden unterstellt, jedoch im Laufe des 8. Jh.s mehrfach von Sarazeneneinfällen und ähnlichen Schicksalsschlägen getroffen.

Erst im 11. Jh. kommt es zu neuem Aufschwung, als Abt Hugo von Cluny den Auftrag zur Erneuerung des Klosters und zum Bau der teilweise heute noch erhaltenen Kirche erteilt. Auch die Anlage einer ersten Stadtmauer stammt aus dieser Zeit. Das Aufblühen der Stadt und des Klosters zog Pilgerscharen und Arme an, die ihr Reiseziel kurz mit »La Charité« bezeichneten, so daß dieser volkstümliche Ausdruck allmählich zum offiziellen Namen wurde. Nach anderer Lesart stammt die Namensgebung jedoch von Abt Hugo persönlich.

Da das befestigte Städtchen auch als Loire-Übergang eine strategisch wichtige Position besaß, wurde es häufig in kriegerische und religiöse Auseinandersetzungen verwickelt. So wurde die Stadt während des 100jährigen Krieges (Streit der Burgunder mit den Armagnacs, die Verbündete des Königshauses waren) zunächst von den Truppen Philipp des Guten eingenommen, im Dezember 1429 von Jeanne d'Arc (im Auftrag des Königs, Charles VII.) ergebnislos belagert, aber schließlich nach dem Vertrag von Arras (1435) gegen hohe Ausgleichszahlungen an Charles VII. übergeben.

Der Niedergang des Klosters begann im 16. Jh. Zunächst zerstörte ein Brand (1559) das Längsschiff und die Fassade der Prioratskirche Sainte-Croix-Notre-Dame. Während der Religionskriege kam es häufig auch zu inneren Auseinandersetzungen zwischen den einzelnen Glaubensgruppen. Insgesamt war die Stellung der Protestanten in Charité-sur-Loire sehr stark. So wurden im Jahre 1559 alle Mönche und Hunderte von katholischen Einwohnern vertrieben oder umgebracht und La Charité 1570 im Frieden von St.-Germain zu einem der vier festen Plätze der Protestanten erklärt. In der Bartholomäusnacht (1572) wurden dann wiederum auch Hugenotten hier ermordet. 1576 schließlich wurde die Stadt belagert, weil sich die Bevölkerung gegen den ihr oktroyierten calvinistischen Gouverneur auflehnte. Auch durch das Edikt von Nantes (1598), das die Glaubensfreiheit garantieren sollte und seine spätere Aufhebung durch Louis XIV. (1685) kam die Stadt nicht zur Ruhe.

Nach der Aufhebung des Edikts von Nantes wurde ab 1695 mit dem Wiederaufbau der Kirche Sainte-Croix-Notre-Dame begonnen. Dabei wurde auf den Cluniazenser Stil keine Rücksicht genommen und barocke Elemente hinzugefügt. Im Zuge der Revolution wurde 1789 die Priorei aufgehoben und ein Teil der Kirche als Eglise Notre-Dame zur Pfarrkirche bestimmt. Ab 1879 setzten denkmalsschützerische Restaurierungsarbeiten ein.

Die architektonische Entwicklung der ehemaligen Prioratskirche

Der Grundstein für die Kirche Notre-Dame wurde im Jahre 1052 gesetzt, die Weihe fand unter Papst Pascal II. im Jahre 1107 statt. Doch schon bald folgte die zunächst nach dem Vorbild von Cluny II geplante Anlage dem wesentlich aufwendigeren Stil von Cluny III unter Verwendung vorhandener Bauteile. Die Prioratskirche wies schließlich fünf Längsschiffe auf, mit 10 Jochen und einem dreistöckigen Querschiff, an das sich ein Chor mit Umgang und fünf Seitenkapellen anschloß.

Der kunsthistorisch gebräuchliche Doppelname Sainte-Croix-Notre-Dame erklärt sich daraus, daß die riesige Abteikirche im 13. Jh. funktional unterteilt wurde. Das Kloster trennte sich von den sieben ersten Jochen des nördlichen Seitenschiffes und stellte sie als Pfarrkirche Sainte-Croix der städtischen Gemeinde zur Verfügung.

Als Erinnerung daran wird der noch erhaltene, isoliert stehende, nördliche Turm der ehemaligen Westfassade »Tour Sainte-Croix« genannt. Der heutige Vorplatz der Basilique Notre-Dame namens »Place Sainte-Croix« umfaßt die ehemaligen ersten sechs Joche von Hauptschiff und südlichen Nebenschiffen. Über den nördlichen Seitenschiffen wurden Häuser errichtet, so daß der Platz hier geschlossen ist. In einigen Abschnitten, vor allem im Bereich des zweiten Jochs, ist noch der gesamte, ehemals dreigeschossige Wandaufriß des Mittelschiffs sichtbar geblieben.

Die heutige Basilika Notre-Dame ist auf die vier verbliebenen Joche verkürzt, in denen im Zuge der Restaurierungsarbeiten des 17./18. Jh.s die fünf Längsschiffreste zu drei Schiffen zusammengefaßt wurden. Unverändert erhalten haben sich demgegenüber das Querschiff und der Chor.

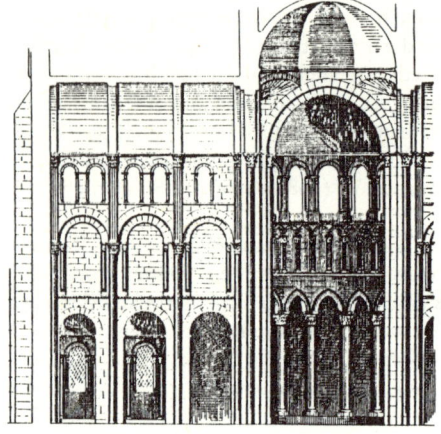

La Charité-sur-Loire, Sainte-Croix-Notre-Dame:

Aufriß Querschiff　　　　　　　　　　　　　　　　Aufriß Chor

Am ältesten sind die Arkaden- und Triforiumspartien der Querhäuser, die
durch ihre Schlichtheit auffallen und offensichtlich noch aus der ersten Bauphase des 11. Jh.s stammen. Beim Umbau im 12. Jh. wurde dann ein Obergaden aufgesetzt, der das Querschiff in der Höhe an Langhaus und Chor
anpassen sollte.

Der wesentlich stärker ausgeschmückte Chor ist in seiner Entstehung wohl
dem frühen 12. Jh. zuzuschreiben. Er gibt die hochentwickelte romanische
Baukunst zur Zeit von Cluny III wieder, wie sie von vielen Ländern, auch
von Deutschland, aufgenommen wurde. Besonders bemerkenswert ist hier,
wie schon in Anzy-le-Duc angesprochen, die Verwendung von Großquaderwerk anstelle des bisherigen Kleinquaderwerks.

Der Chorumgang wird von hohen, enggestellten Säulen begleitet, die spitzbogige Arkaden tragen. In die Spitzbogen sind Rundwulste als Schmuck
eingelegt; die Pilaster sind kanneliert. Der Wandabschnitt über den Arkaden
(Triforium) wird gegliedert durch eine Blendarkatur, die ein architektonisches Leitmotiv von La Charité darstellt. Weitere Blendarkaturen finden sich
am Vierungsturm, am Westturm und in Resten an der Langhausinnenwand.
Die Obergadenfenster des Chores sind besonders auffällig durch ihre raum-
ausfüllende Form, die noch dadurch betont wird, daß die schmalen, begleiteten Säulchen in die Fensterlaibung eingestellt zu sein scheinen und die tragenden Mauerteile optisch fast zum Verschwinden bringen. Es erscheint wie ein
Wunder, daß dieser feingegliederte Aufbau das schwer aufliegende Apsisge-

wölbe zu tragen vermag. Auch diese Baudurchführung ist etwas typisch Burgundisches.

Von außen wird der Gewölbeschub durch Strebevorlagen aufgefangen. Die Wand wird dekorativ ausgeschmückt, indem an Chor und Apsis außen ein viertes Geschoß in Form von Blendarkaturen angedeutet wird.

Weitere Schmuckformen wie Rosetten, Perlbänder und Vielpaßbögen sind ebenfalls Leitmotive von La Charité. Diese orientalisch anmutende Prachtentfaltung beruht offensichtlich auf der direkten Übernahme arabischer Motive, die sich aus dem Kontakt der Cluniazenser mit dem mozarabischen (»arabisiert-christlichen«) Spanien erklären lassen. (Die Reconquista dauerte insgesamt bis 1492. Da sie von Nord nach Süd voranschritt, waren die nördlichen Landesteile zuerst wieder rechristianisiert. Toledo, das eine besondere Rolle in den Beziehungen zur cluniazensischen Bauweise gespielt hat, wurde unter Mithilfe Clunys schon im Jahre 1085 zurückerobert.) Die Skulpturformen der Kapitelle von Notre-Dame stehen ganz in der burgundischen Tradition. Sie zeigen Tiere, ornamentales Blattwerk, Rosetten und Daniel in der Löwengrube.

Von den fünf ehemaligen Eingangsportalen sind zwei erhalten geblieben. Ihre Tympana stehen in einem ikonographischen Zusammenhang. Auf dem äußeren, am Ursprungsort befindlichen Tympanon beginnt im Türsturz die Geschichte Christi mit der Verkündigung; es folgen Heimsuchung, Christi Geburt und Verkündigung der Hirten. Auf dem inneren Tympanon, das sich nicht mehr an seinem ursprünglichen Platz befindet, wird die Erzählung fortgeführt. Die Darstellung beginnt links mit der Anbetung der Hl. Drei Könige, es folgt die Darbringung im Tempel (Simeon nimmt das Kind über dem Altar entgegen), und rechts wird die Szenerie damit abgeschlossen, daß Joseph zwei Tauben als Opfer darbringt.

Die Entstehung der Portale geht etwa auf das Jahr 1140 zurück. Die äußere Strenge der figürlichen Darstellung steht offensichtlich im Gegensatz zu anderen burgundischen Skulpturenformen, insbesondere zu den schwungvollen Plastiken des Brionnais. Da andererseits von Kunsthistorikern eine Ähnlichkeit in Aufbau und Stil zwischen den Portalen von La Charité und Chartres (Île-de-France) festgestellt wurde und das Westportal von Chartres (Portail Royal) vielleicht gleichzeitig oder etwas später fertiggestellt wurde, kommt La Charité wohl eine Schlüsselstellung in den vieldiskutierten Beziehungen zwischen Burgund und der Île-de-France zu. Es wäre mit anderen Worten durchaus möglich, daß die in Nordfrankreich früh einsetzende Gotik aus Anregungen und Übernahmen burgundischer Formen geschöpft hat. Erst in der weiteren Entwicklung der Gotik hat sich die Tendenz dann offensichtlich umgekehrt, und Burgund übernahm seinerseits die Bauformen der Île-de-France, der Champagne und Picardie unter regionaler Abwandlung.

So ist denn »La fille aineé de Cluny« (die älteste Tochter Clunys) noch immer im Gespräch, und ihre verbliebenen Reize zeugen von ihrer einstigen Schönheit. Dereinst war die Abteikirche von La Charité mit seinen gewaltigen Ausmaßen (122 m Länge, 37 m Breite, 27 m Kuppelhöhe) die zweitgrößte Kirche von ganz Frankreich, übertroffen nur von Cluny selbst. Notre-Dame konnte 5000 Gläubigen Platz bieten.

Weitere Sehenswürdigkeiten in La Charité-sur-Loire

Von den übrigen Gebäuden des Klosters, das einmal zu den reichsten Frankreichs zählte, ist wenig in seiner ursprünglichen Form erhalten geblieben. Die Klosteranlage befand sich auf der Nordseite der Kirche. Sehenswert ist noch der ehemalige Kapitelsaal und ein Treppenturm im einstigen Logis des Priors. Der schöne Treppenaufgang im Stil Louis XIV. befindet sich auf der Südseite (Haus No. 16) des großen Innenhofes (Grande Cour du Prieuré) und ist heute in Privatbesitz wie auch alle übrigen ehemaligen, heute ungenutzten Klostergebäude.

An das Haus No. 16, auf der Südseite des Platzes, grenzt das Große Refektorium (mit dem Logis des Priors) an, im Norden befinden sich die ehemaligen Pferdeställe, im Osten die Küchen und im Westen die Keller.

Den besten Überblick über die Kirche und die angrenzenden Anlagen hat man vom Square des Bénedictins, in dessen Nachbarschaft Ausgrabungen Überreste der Kirche St.-Laurent (11. Jh.) freigelegt haben.

Weiter nördlich anschließend sind erhaltene Teile der Stadtmauer, die in einen Park eingebettet sind, sehenswert. Das benachbarte Museum besitzt Fayencen, Kunstgegenstände und eine folkloristische Sammlung (Museé Municipal, nur im Juli und August 10.00–12.00 und 15.00 bis 18.00 geöffnet, außer dienstags, weitere Öffnungszeiten erfragen, Tel.: 86 70 23 28.

Im Süden wurde die ehemalige Markt- und Gerichtshalle (15. Jh.) unter Bewahrung der schönen Architektur (Gebälk, Fresken zur Stadtgeschichte) zur Festhalle umgestaltet (Rue Sainte Anne).

Das Städtchen La Charité-sur-Loire lebt heute nicht nur vom Tourismus und der Administration (Verwaltungshauptsitz des gleichnamigen Cantons), sondern auch von Industrie (Metall-, Textilindustrie) und dem Weinhandel.

Umgebung von La Charité-sur-Loire

Weinbaugebiet Pouilly-sur-Loire

Entlang der N 7, Loire-abwärts, beginnt vor den Toren La Charités das Weinbaugebiet der Loire. Von hier zieht es sich fast ohne Unterbrechungen auf rd. 450 km bis zur Flußmündung hin. Das größte zusammenhängende

Gebiet von Loire-Weinen mit Appellation Contrôlée auf burgundischem Territorium ist das von Pouilly-sur-Loire, dessen Grenzen bis wenige Kilometer vor La Charité reichen. Auch flußaufwärts findet man Weinberge zunächst bis Nevers und dann nach kurzer Unterbrechung wieder durch die ganzen Départements von Saône-et-Loire und Loire bis fast zur Quelle hin. Doch gibt es hier nirgends Weine mit Appelation Contrôlée, sondern nur VDQS- und Tafelweine.

Eigentlich bilden Pouilly und Sancerre eine Art Doppelregion. Beiderseits der Loire wird auf jurassischen Tonen vor allem die Sauvignon-Traube kultiviert, die einen erdig-würzigen, leicht rauchigen und ein wenig grünlichen, trockenen Weißwein produziert. (Manche sagen auch, er schmecke nach Feuerstein...). Doch da das Sancerrois schon zur Region Centre gehört, wollen wir uns (leicht chauvinistisch) wieder dem Pouilly zuwenden.

Der Weinberg von Pouilly ist zum erstenmal im 5. Jh. in einer Quelle bezeugt, die von dem Ort »Pauliacum super fluvium ligerim« (Pouilly oberhalb des Flusses Loire) spricht. Pauliacum soll dabei aus dem lateinischen Personennamen »Paulium« und dem gallischen Suffix »Accus« zusammengesetzt sein und »Domaine des Paulius« bedeuten.

Zu wirklicher Blüte ist der Weinbau dann unter dem Einfluß der Mönche, in erster Linie der Benediktinermönche aus La Charité und der ihnen zugeordneten Klöster und Pfarrhöfe gekommen. Eine Parzelle von etwa 4 ha Größe trägt noch heute den Namen »Loge aux Moines«.

Zur Zeit der größten Ausdehnung des Weinberges nahmen die Rebstöcke 1890 ha ein. Das war zwischen 1860 und 1870, als vor allem Tafeltrauben per Eisenbahn (vorher über den Canal de Briare et la Seine) zum direkten Verzehr nach Paris verladen wurden. Ab 1888 begannen Mehltau und schließlich die Phylloxera den Weinhandel zum Erliegen zu bringen.

Soweit bis dahin Wein gekeltert wurde, so handelte es sich um roséfarbenen Tischwein, der noch »mit Füßen getreten« wurde und weder lange Lagerung noch Transportwege vertrug.

Nach der Phylloxera-Krise und der Neuanpflanzung mit burgundischen Sprossen auf amerikanischen Wurzelstöcken setzte ein Wandel zur höheren Qualität ein. Die Flächenausdehnung wurde bis heute auf rd. 500 ha begrenzt. Pouilly griff als eine der ersten Regionen die Möglichkeiten der Qualitätssteigerungen durch die neuen Gesetzesverordnungen, die ab 1920 einsetzten, auf, erhielt 1923 einen Rechtsspruch zur Abgrenzung seines Gütewein-Anbaugebietes und 1937 die »Appellation Contrôlée«.

Die Sauvignon-Traube, die auch als »Blanc Fumé« bezeichnet wird, produziert den bekannten Pouilly-Fumé-Wein, der 12° Alkoholvolumen erreicht (und nicht mit dem Pouilly-Fuissé aus dem Mâconnais zu verwechseln ist). Im ausgereiften Zustand bildet die Sauvignon-Rebe Trauben aus, die mit

eiförmigen Früchten von der Größe eines Meiseneis (»Œuf de mésange«!)
dicht besetzt sind. Die Trauben sind mit einer grauen, wachsartigen Schicht
bedeckt, die zu dem populären Begriff »Blanc-Fumé« geführt hat.
Eine zweite Rebsorte, die jedoch kontinuierlich zugunsten der Sauvignon-
Rebe zurückgeht, ist die Chasselas-Rebe. Sie produziert einen leichten, kla-
ren Weißwein, der 10 bis 11° Alkoholvolumen erreicht. Als Primeur ist er vor
allem ein idealer Karaffenwein, der auf Flaschen gezogen keine lange Alte-
rung verträgt. Er kann je nach Jahrgang von hervorragendem, mitunter nuß-
artigem, unverwechselbarem Geschmack sein, in anderen Jahren aber sehr
enttäuschend. Der Chasselas-Wein wird auf dem Flaschenetikett als
»Pouilly-sur-Loire« bezeichnet.
Die größten und bekanntesten Weingüter in der Region Pouilly sind Château
du Nozet und das weiter nördlich gelegene Château de Tracy. Die Domaine
des »Comte à d'Estutt d'Assay« von Tracy befindet sich in Familienbesitz
seit 1395, einem Zeitpunkt, zu dem auch schon Weinbau dort betrieben
wurde.
Das Château du Nozet bei Pouilly steht jedes Jahr einmal besonders im
Mittelpunkt, wenn im Rahmen des Weinfestes (Chapitre Nivernais) der
»Apéritif d'Honneur« von der »Confrérie des Baillis« dort offeriert wird.
Ziele und Inhalte dieser Veranstaltung werden ausführlicher im Kapitel
»Märkte, Messen und Feste« beschrieben. Von Pouilly aus gibt es einen
markierten Rundweg durch das Weinbaugebiet.

Vézelay

Die Kirche Sainte-Madeleine de Vézelay ist eine »hohe Stätte der Kultur«,
einer der »Hauts lieux de Bourgogne« und steht auf der Liste der Weltkultur-
denkmäler der UNESCO. Die heutige Basilika ist einmalig in ihrer historischen Bedeutung, ihrem Nimbus, ihrer topographischen Lage, ihrer Architektur und widersetzt sich allen Vergleichen. Doch gerade wegen ihrer Berühmtheit wird sie in vielen Zusammenhängen zitiert.
Als architektonisches Meisterwerk wird die Klosterkirche von Vézelay noch
heute wegen ihrer Lichtfülle, ihrer Baumaterialien, ihrer Portale und Kapitelle gerühmt. Aufgrund ihrer Erbauung in verschiedenen Etappen dient sie
ebenso als Beispiel früher romanischer wie auch cluniazensischer und gotischer Architektur. Doch Vézelay ist mehr.
Kloster und Stadt bildeten eines der wichtigsten Zentren des Mittelalters,
zum einen als Kultstätte (Verehrung der Reliquien der Heiligen Magdalena),
zum anderen als Ausgangspunkt der Pilgerstraße nach Santiago de Compostela. Schließlich war Vézelay auch der Ort, an dem St.-Bernard im Jahre
1146 zum Zweiten Kreuzzug aufrief, und er war Sammelstelle für die Heer-

scharen Frankreichs und Englands unter Philippe Auguste und Richard Lö-
wenherz vor dem Aufbruch zum Dritten Kreuzzug (1190). Thomas Beckett,
Erzbischof von Canterbury, fand hier Zuflucht vor König Heinrich II. von
England.

Die Bedeutung des Pilgerwesens

Die Bedeutung des Pilgerwesens kann gar nicht hoch genug angesetzt wer-
den, denn die Menschenströme wurden zum auslösenden Faktor für die
Stadtentwicklung von Vézelay, die Weiterentwicklung des überregionalen
Verkehrsnetzes, des Handels, Dienstleistungsgewerbes und der gesamten
Kulturlandschaft.
Ein im hohen Mittelalter im Umlauf befindlicher Pilger-Reiseführer (in
Frankreich zwischen 1140 und 1150, wohl von dem Priester Aimericus Pi-
caudus verfaßt) schildert die vier Hauptreisewege von Frankreich nach San-
tiago de Compostela in Nordwestspanien, wo die Reliquien des hl. Jakob
verehrt wurden.
Die Ausgangspunkte der Pilgerstraßen waren Tour (Via turonensis), Vézelay
(Via lemovicensis), Le Puy (Via podensis) und St.-Gilles (Via tolosana). Be-
nannt wurden diese Pilgerwege dabei nach wichtigen Städten, die auf der
Route lagen. Von Vézelay führte der Weg nach Süden über Charité-sur-Loire
oder über Nevers, wo eine dritte Straße abzweigte, in jedem Fall aber über
Limoges, daher der Name Via lemovicensis. Nach Norden hin hatte der Weg
Anschluß an die Champagne, Lothringen und die Rheinlande.
Während die Pilger des 11. und 12. Jh.s wohl hauptsächlich aus dem Adel,
Rittertum und der höheren Geistlichkeit stammten (90%) und die per Pferd
zurückgelegten Etappen im Pilger-Führer mit 50 km veranschlagt werden,
wandelte sich die Pilgerstruktur im 12./13. Jh. zusehends. Ritterliche und
bürgerliche Gruppen mit einer zunehmenden Anzahl von mittellosen Pilgern
legten den Jakobsweg nunmehr zu Fuß zurück. Damit mußte eine viel höhere
Anzahl von Übernachtungsmöglichkeiten, Hospitälern und anderen Einrichtungen geschaffen werden. So waren, entlang von Pilgerstraßen, alte und
neue Siedlungskerne in Brückenlage, die Hospitäler besaßen, zum Aufblühen
geradezu prädestiniert. Viele kleine Ansiedlungen stiegen in jener Zeit zu
Orten mit Stadtrecht auf.
Die Vielfalt der Verdienstmöglichkeiten im tertiären Sektor geht auch aus
einer schriftlich niedergelegten Predigt hervor, die ebenfalls dem Verfasser
des Pilger-Führers zugeschrieben wird. Da ist die Rede von Beherbergungs-
betrieben, von Bankiers, Wechslern und Zöllnern, von spezialisierten Hand-
werkern (Kerzenmachern, Herstellern von Pilgeremblemen), Krämern, Ärz-
ten, Räubern, Pferdeabdeckern, Betrügern, falschen Bettlern und... »Was

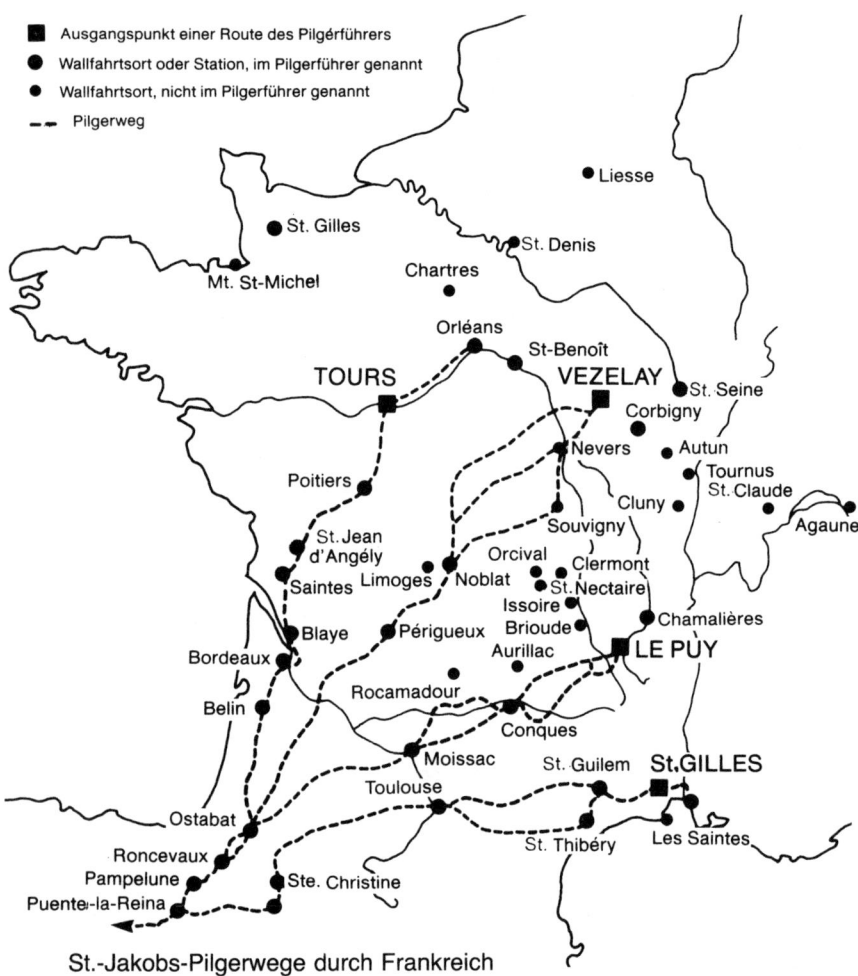

St.-Jakobs-Pilgerwege durch Frankreich

soll ich von der Dienerin sagen, die auf Geheiß der Herrin das Wasser im
Haus vergießt, damit die durstenden Pilger in der Nacht kein Wasser finden
und den Wein des Wirts kaufen? Was ist mit jener, die nachts mit Zustim-
mung des Wirtes Hafer oder Gerste aus den Futterkrippen stiehlt? Sie seien
verdammt! Ebenso treffe der Bann die Wirtsmägde, die sich aus Hurerei und
Geldgier auf teuflisches Geheiß nachts den Pilgerbetten zu nähern pflegen ...

Sie müssen nicht nur exkommuniziert, sondern von allen geplündert und durch Abschneiden der Nase öffentlich geächtet werden« (nach Irsigler 1986, S. 87). Ein Predigt-Zitat, das recht anschaulich in starken Worten die Licht- und Schattenseiten des Massentourismus von damals demonstriert. Wir hätten uns demnach Vézelay in seiner Blütezeit als eine brodelnde Pilgerstadt vorzustellen, die 10 000 Einwohner besessen haben soll, was heute unvorstellbar erscheint (rd. 600 Ew.).

Die Entwicklung des Klosters und der Klosterkirche

Die Gründung des Klosters von Vézelay geht auf den sagenumwobenen Girart de Rousillon, Vasall König Lothars, zurück, der im 9. Jh. zusammen mit seiner Gemahlin Berthe ein Benediktiner-Nonnenkloster stiftete und es am Fuße einer Hügelkette beim heutigen Saint-Pére-sous-Vézelay errichten ließ. Schon 873 wurde dieses Kloster durch einen Normannenüberfall zerstört. Girart entschloß sich daraufhin zur Gründung eines neuen Klosters, diesmal jedoch auf dem besser geschützten Hügel von Vézelay (einer Schichtstufe aus der Jura-Formation) und unter Ansiedlung von Benediktiner-Mönchen. Die Neugründung wurde im Jahre 878 von Papst Johann VIII. geweiht.

Der »Legende Aurea« zufolge hatte ein Benediktinermönch im 9. Jh., dem Wunsch Girarts folgend, die Gebeine der heiligen Maria Magdalena aus Aix-en-Provence nach Vézelay überführt. Dies blieb zunächst so gut wie unbekannt und ohne Bedeutung. Im 11. Jh. wurde das Kloster von Vézelay Cluny unterstellt.

In der Mitte des 11. Jh.s wird die Tatsache, daß sich die Reliquien der hl. Magdalena in Vézelay befinden, plötzlich bekannt. Ob sich hier wirklich Wunder an ihrem Grabe vollzogen hatten oder ob die Mönche den Besitz der Reliquien nur bekanntgaben, um einen Teil der Pilgerscharen, die seit dem 10. Jh. das Grab des hl. Lazarus in Autun verehrten, nach Vézelay zu lenken, ist schwer zu klären. Jedenfalls verstärkte sich um 1050 der Kult um den hl. Lazarus, der der Legende nach mit seinen Schwestern Martha, Maria-Magdalena und Maria auf dem Wege von Palästina in Saintes-Maries-de-la-Mer gelandet sein soll. Die Verehrung für die Reliquien der Maria-Magdalena wuchs nun in gleichem Maße und bald über den Lazarus-Kult hinaus, zumal Maria-Magdalena doch als Idealbild der »reuigen Sünderin« dem menschlichen Hoffen auf Vergebung der Sünden viel näher kam als andere Heilige. Die karolingische Kirche von Vézelay wurde daraufhin bald zu klein, und unter Abt Artaud wurde ein Neubau ab 1096 vorgenommen. Doch Artaud hatte viele Widersacher. Er hatte in vielen Dingen eine von Cluny relativ losgelöste Position eingenommen, was ihm nicht nur den Unwillen der Äbte des Mutterklosters eintrug, sondern er hatte auch politische Feinde, wie den

Grafen von Nevers, der sich das reiche Kloster einverleiben wollte, und den
Bischof von Autun, in dessen Diözese Vézelay lag. Da die Stadt Vézelay
inzwischen auch als Marktort eine große Bedeutung und mehrere Tausend
Einwohner hatte, glaubte er, auch aus ihren Abgaben den Neubau mitfinan-
zieren zu können. Man verschwor sich gegen ihn, und im Jahre 1106 wurde
Abt Artaud ermordet.

Die Kirche blieb unvollendet. Am Vorabend des großen Pilgertreffens vom
22. Juli – noch heute wichtiges Wallfahrtsdatum – bricht im Jahre 1120 ein
Brand in der unvollendeten Kirche aus und tötet über 1000 Pilger.

Unter Abt Renaud von Semur, einem Großneffen des Abtes Hugo von
Cluny, wird 1120 mit dem Neubau der Kirche Sainte-Madeleine begonnen.
Dabei lehnt sich der von Westen her voranschreitende zweigeschossige Bau
im Aufriß an die Kirche von Anzy-le-Duc an, die Renaud und Hugo aus
ihrer Heimat, dem Brionnais, besonders vertraut war. Das dreischiffige
Langhaus der Sainte-Madeleine wird 1140 fertiggestellt. Es hat eine Längserstreckung von 62 m und besteht aus 10 Gewölbejochen, die im Osten mit der
noch aus Artauds Zeit erhaltenen Chorpartie verbunden wurden.

Eine aus drei weiteren Jochen bestehende Vorkirche wurde in den Jahren
1140–1150 errichtet. Sie hat wohl nicht nur die sonst übliche Funktion des
Aufenthalts für Büßer gehabt, die am Gottesdienst nicht direkt teilnehmen
durften, sondern auch als Sammlungs-, evtl. sogar Übernachtungsort für
Pilgerscharen gedient.

Anstelle des alten romanischen Chores wurde nach einem Brand in der
Krypta im Jahre 1185 mit dem Bau eines neuen gotischen Chores begonnen,
der um 1215 abgeschlossen wurde. Mitte des 13. Jh.s erhielt die Westfassade
als weiteres gotisches Element ein großes lanzettförmiges Fenster.

Kaum war die riesige Pilgerkirche im wesentlichen fertiggestellt, kamen Ge-
rüchte auf, die Reliquien von Vézelay seien unecht. Wiederum scheinen
machtpolitische Ränke eine Rolle zu spielen: Die Grafen der Provence lassen
in einer Grotte bei St.-Maximin-la-Ste.-Baume, in welcher Maria-Magdalena
der Legende nach eine Zeitlang gelebt hatte, die echten Gebeine suchen und
finden sie dort auch.

Der mit Cluny konkurrierende Dominikanerorden nimmt sich der Sache an
und organisiert fortan die Pilgerzüge in die Provence. Damit erleidet seit dem
ausgehenden 13. Jh. nicht nur Cluny, bisher Organisator der bedeutendsten
Pilgerzüge durch halb Europa, einen empfindlichen Schlag, vielmehr bedeutet diese Neuentwicklung praktisch auch das Ende von Vézelay.

Der Niedergang und die Religionskriege führen im Jahre 1538 zu einer Umwandlung des Klosters in ein Kollegiatsstift. Durch diese Säkularisierung
entgeht Vézelay auch den verheerenden Folgen der Revolution. Nur einige
Skulpturen an der Westfassade werden zerschlagen, im übrigen bleibt die

Kirche jedoch unversehrt als Pfarrkirche der Stadt erhalten. Da die Gemeinde jedoch viel zu klein geworden ist, um die Kirche zu unterhalten, verfällt der Bau langsam aber sicher.

Die Rettung von Sainte-Madeleine ist dem Schriftsteller Prosper Mérimée (1803–1870) zu verdanken, der nicht nur Theaterstücke, Romane und Novellen (»Matteo Falcone«*) mit tragischem, unheimlichem oder märchenhaftem Inhalt schrieb, sondern ab 1834 als Inspektor der historischen Bauwerke in staatliche Dienste trat. Mérimée ist auch die Rettung vieler weiterer, historisch wertvoller Bauten (z. B. der Abteikirche von Charité-sur-Loire) zu verdanken.

Ab 1840 begann Viollet-le-Duc (1814–1879) mit den Restaurationsarbeiten, die noch einige Umgestaltungen, insbesondere in der Chorpartie, mit sich brachten. Auch die Wiederherstellung der Fassade geht in dieser Form auf den Pariser Architekten und Schriftsteller (»Dictionnaire du Mobilier«) zurück, der unter anderem auch Notre-Dame de Paris, das Schloß Pierrefonds und die mittelalterliche Stadt Carcassonne wiederhergestellt hat. Die Arbeiten an der Kirche von Vézelay wurden 1859 beendet. Im benachbarten Saint-Pére-sous-Vézelay war er ebenfalls tätig.

Im Jahre 1920 wurde die Pfarrkirche Sainte-Madeleine zur Basilika ernannt. Die Pilgerfahrten kamen langsam wieder in Schwung. Heute sind es Franziskanermönche, die die Wallfahrten organisieren.

Architektur und Skulptur der Basilika Sainte-Madeleine

Wie aus dem entwicklungsgeschichtlichen Abriß hervorgeht, vollzog sich der Bau von Sainte-Madeleine in mehreren Phasen, die sich deutlich in Grund- und Aufriß ausprägen. Besonders auffällig ist der Knick im Übergang zwischen Langhaus und Chorpartie am – nur in Andeutung ausgeführten – Querschiff. An das südliche Querschiff schlossen Kapitelsaal und Kreuzgang an, die Ende des 12. Jh.s, vor dem Neubau des gotischen Chores, vollendet wurden. Da der Anbau der Klostergebäude nicht rechtwinklig erfolgt war, mußte später baulich zwischen Chor und Langhaus vermittelt werden.

Im Aufriß fällt zunächst einmal die Asymmetrie der Türme ins Auge. Der rechte Turm über dem Narthex, Tour St.-Michel genannt, überragt sein linkes Pendant zunächst noch um ein romanisches Doppelfenster, um sich dann im gotischen Stil des 13. Jh.s weit nach oben zu schwingen. Bis 1819 war dieser Turm zusätzlich noch durch einen 15 m hohen hölzernen Turmhelm

---

* In Matteo Falcone kommt es zum Vater-Sohn-Konflikt, weil der Sohn einen Banditen an die Polizei verrät, der im Elternhaus Zuflucht gefunden hat. Weil der Sohn das heilige korsische Gastrecht damit verletzt, stirbt er durch die Hand des Vaters.

bekrönt, der dann durch ein Unwetter zerstört wurde. Der geplante Ausbau des zweiten linken Turmes wurde nie durchgeführt.

Der dritte, weithin sichtbare Turm erhebt sich über dem südlichen Quer-schiff. Er wird Tour St.-Antoine genannt und hat eine Höhe von 30 m. Seine rundbogigen, roma-nischen Fensteröffnungen stam-men aus einer früheren Periode des 13. Jh.s als der Turmaufbau von St.-Michel. Die zwei Stock-werke des Tour St.-Antoine wur-den ursprünglich von einem we-sentlich höheren, gemauerten Turm bekrönt. Das Pendant auf dem Nordteil des Querschiffes blieb auch hier unausgeführt.

Der spitzbogige Giebel über dem Narthex-Hauptportal stammt ebenfalls aus dem 13. Jh. Er zeigt unten die Pfeilerfiguren von Jo-hannes, Philippus, Johannes dem Täufer, Petrus, Paulus und Bene-dikt, oben unter Baldachinen Christus, Maria, Magdalena und zwei Engel.

Von dem ursprünglichen Tür-schmuck der drei Eingangspor-tale zur Vorkirche ist so gut wie nichts erhalten geblieben. Bei den Nebenportalen hat der Restaura-tor ganz auf eine Wiederherstel-lung des Bildschmucks verzich-tet. Beim Hauptportal ist ledig-lich die Ornamentik der äußeren Archivolte als historisch zu be-zeichnen. Der gesamte Tymp-anon wurde von Viollet-le-Duc neu geschaffen. Die Darstellung zeigt Christus in der Glorie und als Weltenrichter (wie in Autun). Der Tympanon muß wohl als

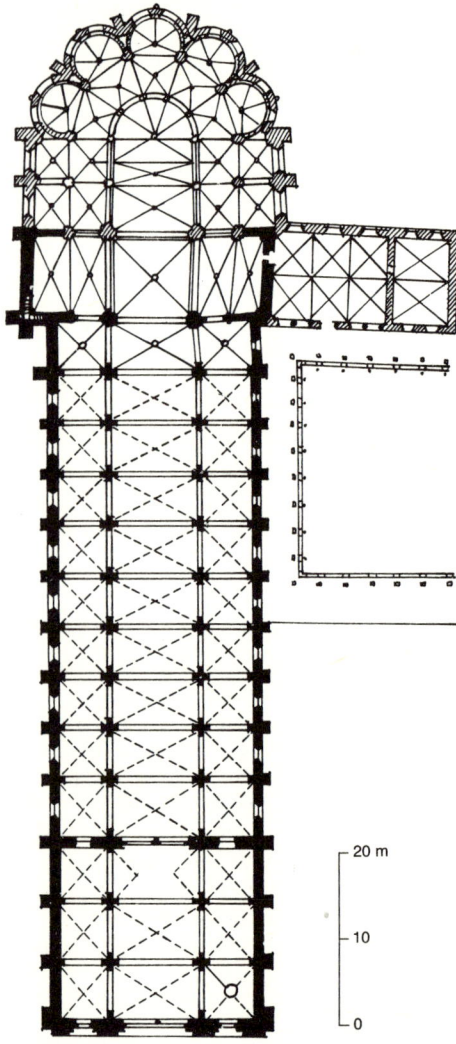

Vézelay, Basilika Sainte-Madeleine, Grundriß

Meisterwerk der Rekonstruktion angesehen werden und beweist großes Einfühlungsvermögen in die romanische Bildhauerkunst. Die Überreste des Originals, das in der Revolution zerschlagen wurde, ließ Viollet außen an der Südseite des Langhauses anbringen.

Man betritt die Kirche normalerweise über einen Seiteneingang der Vorhalle und muß sich erst einmal an die Dunkelheit gewöhnen. Die Form des geschlossenen Narthex soll in Burgund in der Kirche von Vézelay zum letztenmal zur Anwendung gekommen sein. Im folgenden wurde die Vorkirche dann als offene Vorhalle gestaltet. Die Kirchen von Saint-Père-sous-Vézelay und Saint-Philibert de Dijon sind gut erhaltene Beispiele hierfür.

Vom Ostteil der Vorhalle führen als Pendant zu den drei Portalen an der Außenfassade drei Eingangsportale weiter in das Langschiff. Alle sind bildhauerisch gestaltet; von besonderer Anziehungskraft ist jedoch das gewaltige zentrale Hauptportal, dessen Skulpturen auf eine Entstehung zwischen 1125 und 1130 datiert werden. Im Tympanon des Hauptportals ist Christus in der Glorie, auf dem Thron sitzend, dargestellt, umgeben von den Aposteln, denen er über Strahlen den Heiligen Geist vermittelt. Das spiralenartig ziselierte, faltenreiche Christusgewand zeugt von der künstlerischen Kraft und Eigenständigkeit des unbekannten Meisters. In den nach außen hin folgenden acht im Halbkreis angelegten Kassetten und im Türsturz sind die Völker personifiziert, denen

Vézelay, Basilika Sainte-Madeleine
Westportal im Innern des Portalvorbaus

Tympanon:
Aussendung der Apostel

Archivolte: Medaillons am Schlußstein

Archivolte: Monat April

die Apostel das Evangelium bringen sollen. Da man über diese Völker im Mittelalter wenig wußte oder sie aus fernen Überlieferungen als bedrohlich empfand, wurden sie teilweise als Fabelwesen (Menschen mit Tierköpfen) ausgestaltet.

Die an die Radialkassetten anschließende Archivolte ist mit 29 Medaillons geschmückt, die abwechselnd die Monatsarbeiten und die Tierkreiszeichen verkörpern, wohl als Ausdruck eines universalen Missionsauftrages. Auch am Schlußstein der Archivolte sind interessante Medaillons angebracht. Sie stellen artistisch im Kreis verbogene Menschen, Tiere und Fabelwesen dar.

An dem zentralen Trumeaupfeiler lehnt Johannes der Täufer mit einer Patene (Schale für die Hostie), auf der das Christussymbol, Gottes Lamm, in Umrissen noch zu erahnen ist.

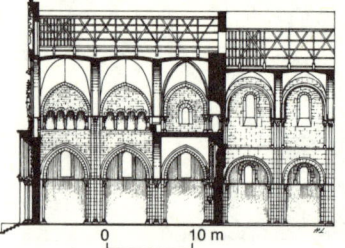

Längsschnitt durch Vorhalle und zwei Joche im Schiff

Auf den beiden anderen Tympana sind die Taten Christi (Nordportal) und die Jugend Christi (Südportal) dargestellt.

Im Aufriß folgt die Vorkirche mit ihren spitzbogigen Arkaden, den darüber befindlichen Emporen (in den ersten beiden Jochen) und der Tribüne (im dritten Joch) sowie den Kreuzrippengewölben augenscheinlich dem Vorbild Clunys.

Der Wandaufriß des etwas älteren Langhauses zeigt demgegenüber eine rundbogige Arkadenzone mit jeweils einem Obergadenfenster per Joch. Die Ausführung ist schlicht, Blendtriforium oder Empore fehlen, und das gesamte Kirchenschiff ist etwas niedriger gehalten als die Vorkirche.

Der Aufriß und das breite Mittelschiff (Breite 10 m, Höhe 18,5 m) entfernen Vézelay weit von den überhöhten Bauten Clunys und Autuns (30 bzw. 23 m hoch). Vézelays Licht- und Farbenspiel ist einmalig schön. Die Halle des Kirchenschiffes läßt die unterschiedlichen Baumaterialien und die Skulpturen besonders gut erkennen.

Die Gurtbögen, die sich bei Betreten der Kirche optisch wie zu einer einzigen gewölbten Tonne zusammenfügen, sind in braunen und gelblichen Tönen gehalten. Die Arkaden sind aus rosafarbenen und weißen Steinen gemauert. Dieser Farbwechsel wurde möglicherweise aus St.-Philibert de Tournus oder direkt aus spanisch-arabischen Vorlagen übernommen.

Die Deckenkonstruktion besteht aus Kreuzgratgewölben wie in Anzy-le-Duc. Diese Bauart (im Gegensatz zum cluniazensischen Tonnengewölbe) und der nur zweigeschossige Wandaufriß lassen Kunsthistoriker von einer zweiten »burgundischen Gruppe« sprechen. Zu ihr gehören in der Chronologie der Entstehung Anzy-le-Duc, Vézelay und die Kirche St.-Lazare d'Avallon, die sich wiederum an Vézelay anlehnt sowie einige weitere Folgebauten.

Schmucksulpturen sind in Vézelay vor allem in Form von Friesen, Bändern und Kapitellen zu finden. Pflanzenornamentik und bildliche Darstellungen zieren die Kapitelle der Halbsäulen, die den kreuzförmigen Pfeilern im Mittelschiff vorgestellt sind. Da sie die rundbogigen Arkaden zwischen Haupt- und Seitenschiffen aufnehmen, befinden sie sich für den Betrachter in einer noch annehmbaren Höhe. Die Kapitelle der halbrunden Vorlagen an den Pfeilern im Mittelschiff, die die Gewölbe-Gurtbogen unterfangen, entziehen sich demgegenüber wegen ihrer Höhe einer eingehenderen Betrachtung. Nach Autun zählen die Kapitelle von Vézelay zu den herausragenden Meisterwerken romanischer Skulptur.

Je mehr man sich dem Chor nähert, desto heller wird die Beleuchtung. Diese programmatische Hinführung aus dem Dunkel des Narthex zum hellen Licht des Chores wird durch die Vielzahl hoher frühgotischer Fenster und durch den weißen Baustein besonders akzentuiert. Im Aufriß folgt der Chor nicht mehr der zweigeschossigen Bauweise von Narthex und Langschiff, sondern schließt sich dem aus Cluny bekannten dreigeschossigen Aufbau aus Arkaden-, Triforiums- und Obergadenzone an.

Auf der rechten Seite des Querschiffes befindet sich der Eingang zur Krypta. Sie wurde zusammen mit dem Chor im 12./13. Jh. neu gebaut und zeigt keine architektonischen Merkmale ihres karolingischen Vorgängers mehr. Die Krypta war seit dem Mittelalter das eigentliche Ziel der Pilger nach

Vézelay, die gekommen waren, um die Reliquien der hl. Magdalena zu verehren.

Der Kapitelsaal, der sich an den Südflügel des Querschiffs anschließt, wurde von Viollet-le-Duc restauriert und zu einer Kapelle umgestaltet. Im darüberliegenden Dormitorium wurde ein Museumssaal eingerichtet, der Originalkapitelle aus der Basilika (die von Viollet durch Repliken ersetzt wurden) und andere Stücke beherbergt. Dazu wechselnde Künstler-Ausstellungen. Öffnungszeiten: 1. Juli bis 15. September 10.00–12.30 und 15.00–19.00, montags geschlossen.

Eine Besteigung des Narthex-Turmes St.-Michel ist bei schönem Wetter sehr empfehlenswert (200 Stufen). Öffnungszeiten: Juli und August von 10.00–12.00 und 14.30–17.30. Sonntags und feiertags am Vormittag geschlossen. Sonst Ausblick von der »Terrasse du Château« hinter der Basilika (Orientierungstafel).

Im Städtchen selbst kann man auf der »Promenade des Fossés« den mittelalterlichen Wallanlagen folgen. Die Mauern, die von sieben Rundtürmen bewacht wurden, sind noch auf etwa zwei km Länge erhalten und geben einen guten Eindruck von der ehemaligen Größe und Bedeutung der Stadt, ebenso das einstige Haupttor La Porte Neuve. Es wurde im 14.–16. Jh. erbaut und war mit dem Stadtwappen, Schild und Waffen, geschmückt. Eine neuere Steintafel im Inneren des Torbogens, auf der eine Jakobsmuschel abgebildet ist, weist auf die Pilgerfahrten nach St.-Jacques de Compostelle hin.

Von der Ruine der Porte Sainte-Croix führt ein Weg zur Chapelle de Sainte-Croix. Hier, unter freiem Himmel, rief Saint-Bernard 1146 zum Zweiten Kreuzzug auf.

In der malerischen Altstadt befindet sich eine ganze Anzahl sehenswerter Profanbauten, insbesondere aus der Periode des Barock (Maison du Pontot 1732, Collège 1777).

Fontenay

Vorgeschichte und Entwicklung des Klosters

Die Macht- und Prunkentfaltung Clunys rief nicht nur politische, sondern auch geistige Gegner auf den Plan. Eine Folge davon war der Aufstieg des Zisterzienser-Ordens, der zu den Ursprüngen des christlichen Glaubens zurückkehren und dies auch in der Schlichtheit der Architektur zum Ausdruck bringen wollte (vgl. Kap. Cluny und Cîteaux).

Die geographische Heimat des Zisterzienser-Ordens liegt in Cîteaux, doch seine geistigen Wurzeln lassen sich über die Person des Abtes Robert bis nach Tonnerre verfolgen. Im Jahre 1075 verließ Abt Robert mit einigen Mönchen sein Kloster Saint-Michel in Tonnerre und ging nach Molesmes, das völlig abgeschieden in einem kleinen waldumsäumten Tal lag. (Die Ruinen des Klosters, 25 km nordwestlich von Châtillon-sur-Seine, sind von März–Oktober von 14.00–19.00 zu besichtigen.) Doch Meinungsverschiedenheiten in der Führung des Klosters, das offiziell Cluny unterstellt war, führten dazu, daß Robert im Jahre 1098 mit 21 Gleichgesinnten Molesmes verließ und in der Saône-Ebene das neue Kloster Cîteaux gründete.

Als der junge Adlige Bernard de Clairvaux aus dem nahegelegenen Fontaine-lès-Dijon mit dreißig Freunden in den Klosterverband eintritt (1113), wird es in Cîteaux zu eng, und es müssen Tochterklöster gegründet werden. So entstehen nacheinander (1113–1115) La Ferté im Grosne-Tal (12 km südlich von Chalon-sur-Saône, dort ist noch ein Abteigebäude im Stil Louis XIII. erhalten), Pontigny bei Auxerre (Abteikirche, erhalten), Clairvaux (heute Gefängnis) und Morimond (wenige Ruinenreste) im Bistum Langres.

Bernard wird 1115 Abt von Clairvaux und beginnt von hier aus schon im gleichen Jahre mit dem Aufbau weiterer Filiationen. Zunächst wird das Kloster Trois-Fontaines bei St.-Dizier (Champagne) gegründet und 1118 dann das Kloster von Fontenay. Dieses wird, in Analogie zur »ältesten Tochter Clunys, Charité-sur-Loire«, auch als »die zweitälteste Tochter St.-Bernards« bezeichnet.

Im Gesamtplan der Anlage Fontenays läßt sich noch heute der Idealplan eines Zisterzienser-Klosters ablesen, der hier seine erste Vollendung fand, und anschließend von St.-Bernard zum verbindlichen Konzept aller Zisterzienser-Klöster gemacht wurde. Die Abweichungen von dem 1133 schriftlich niedergelegten Idealplan sind gering.

Der Bau wurde unter finanzieller Mithilfe des hierher emigrierten Bischofs von Norwich, Evrard von Arundel, vorangetrieben und die Kirche von Fontenay im Jahre 1147 geweiht. Die darauffolgende Blütezeit des Klosters dauerte bis in das 16. Jh., dann setzte der Niedergang ein, der in der Ordensauflösung während der Revolution seinen Abschluß fand.

Die Gebäude wurden verkauft und glücklicherweise diesmal nicht als Steinbruch, sondern teilweise als Papierfabrik genutzt. Die Bedeutung dieser Fabrikationsstätte wuchs besonders ab 1820, als sie in die Hände der Familie Montgolfier überging. Schon die Gebrüder Montgolfier, im 18. Jh. Erfinder der Heißluftballonfahrt, waren von Hause aus Direktoren einer bedeutenden Papierfabrik.

Die Fabrik wurde später an die Familie Aynard verkauft, die sich im Jahre 1906 dazu entschloß, die Fabrikationsstätte stillzulegen, neu hinzugefügte Teile abzureißen und die alte Klosteranlage, soweit möglich, zu restaurieren. Die Anlage befindet sich noch heute in Privatbesitz, steht jedoch unter Denkmalschutz und auf der UNESCO-Liste der Weltkulturdenkmäler.

Die Gebäude

Die Grundrißanordnung zeigt im Norden des Gebäudekomplexes die Kirche, südlich daran anschließend den Kreuzgang. Diese Himmelsorientierung geht auf alte Tradition der Benediktinermönche zurück und wurde, wo irgend möglich, angewendet.

Auch die Cluniazenser-Klöster hatten diese Anordnung. Weiter wurde auf das Vorhandensein eines Flußlaufes oder Baches in der Nähe des Refektoriums Wert gelegt (Entsorgung der Latrinen etc.). Diese Lagebeziehungen ließen sich jedoch nicht immer verwirklichen.

Die Kirche von Fontenay ist eine der ältesten erhaltenen Zisterzienser-Kirchen überhaupt. Sie zeigt den typisch quadratisch-rechteckigen Aufbau der Zisterzienser-Kirchen mit einem langgestreckten, dreischiffigen Langhaus (hier aus acht Jochen bestehend), einem kurzgehaltenen Querhaus und einer angefügten rechteckigen Apsis. Die Gesamtlänge beträgt 66 m, die Breite des Querschiffes 30 m, das ergibt ein Verhältnis von 2 : 1 unter Abzug der Apsis. Der ehemals vorgebaute, offene Narthex ist nicht mehr vorhanden. Er hatte nur die Ausdehnung eines Joches und war für Gäste und Laien bestimmt. Pilger kamen nicht hierher.

Es fällt auf, daß die Kirche turmlos ist. Fremde sollten nicht durch weithin sichtbare Türme angelockt werden. Die Westfassade ist mit einem Rundbogenportal und im Giebel mit einer doppelten Fensterreihe (zusammen sieben

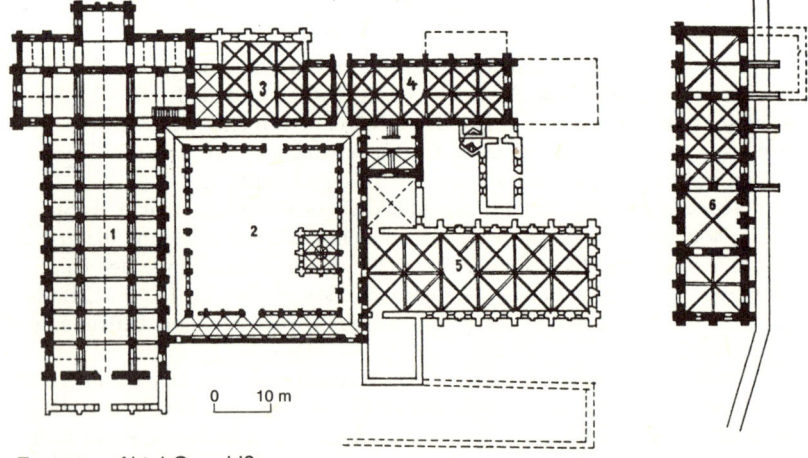

Fontenay, Abtei-Grundriß

1. Kirche, 2. Kreuzgang, 3. Kapitelsaal, 4. Arbeitsraum, 5. Refektorium, 6. Schmiede

Fenster!) versehen und insgesamt sehr schlicht gehalten, denn die Kirche wurde fast nie von hier betreten. Die Mönche kamen in den Ostteil des Gotteshauses über eine Seitentür im Schnittpunkt zwischen Langhaus, Querhaus und Kreuzgang, die Konversen in den Westteil über einen Seiteneingang im Winkel zwischen erstem Joch und westlicher Außenmauer des Kreuzganges. Die Fratres,

Fontenay, Kirche: Westfassade

die den Kreuzgang nicht betreten durften und aus ihrem Wohntrakt (6) über einen direkten Verbindungsweg (die sog. Konversengasse) in die Kirche gelangten, waren auch hier durch einen Lettner von den Patres getrennt. Der Lettner halbierte die Kirche genau im vierten Joch.

Das Innere ist genauso schmucklos wie das Äußere, die Steinmetzarbeiten sind jedoch mit größter Präzision ausgeführt. Der Aufriß wirkt im Grunde eingeschossig, wenngleich das Mittelschiff auch doppelt so hoch ist wie die Seitenschiffe. Über den Spitzbogen-Arkaden des Mittelschiffes beginnt schon bald die Wölbung der spitzen Längstonne, die eine durchgehende Längserstreckung von gut 50 m hat. Die Seitenschiffe sind demgegenüber durch jeweils acht separate Quertonnen gedeckt. Diese fanden zum erstenmal bei St.-Philibert in Tournus Verwendung. Die Bauproportionen sind insgesamt außerordentlich harmonisch.

Im Chor sind Teile des ursprünglichen Fußbodenbelages aus glasierten Ziegeln erhalten, und hier befindet sich auch die Grabplatte des Stifters der Kirche, Bischof Evrard von Arundel. Die große gotische Madonnenfigur (Notre Dame de Fontenay) stammt aus dem späten 13. Jh.

Vom südlichen Querhaus führt eine Treppe in das Dormitorium, das im Ober-

Fontenay, Kirche: isometrischer Schnitt im Langhaus

geschoß durchgehend über eine Länge von 56 m angelegt war. Hier schliefen die Mönche bei voller Bekleidung auf Strohsäcken, durch niedrige Wände voneinander getrennt. Darunter befanden sich Kapitelsaal (3) und Arbeitsraum der Mönche (4), an den sich der Wärmeraum anschloß (5).

Das eigentliche Zentrum der Klosteranlage bildet der Kreuzgang (2), der alle Hauptgebäude miteinander verband und gleichzeitig als Wandelgang für die Meditation der Mönche mitbestimmt war. Die herrliche romanische Anlage besteht aus einem Quadrat, dessen Seiten jeweils in acht Abschnitte untergliedert sind. Jeder Abschnitt besteht aus einem Doppelbogen, der sowohl auf der Innen- als auch auf der dem Hof zugewanden Seite von einem Überfangbogen zusammengefaßt wird. Die Rundbögen ruhen jeweils auf Doppelsäulen, deren Kapitelle ornamentale Verzierungen tragen. Die Arkadengänge öffnen sich auf drei Seiten zum Betreten der Rasenfläche, so daß unterschiedlich lange Kreuzgangabschnitte mit zwei, drei und vier aufeinanderfolgenden Doppelbögen entstehen, die durch Portale voneinander getrennt sind. Diese Zahlen, die sich zu sieben und zwölf in verschiedenster Weise ergänzen lassen, können auch symbolisch gedeutet werden und mögen die Mönche zu Gedankengängen und Meditationen aller Art inspiriert haben.

Südlich an den Kreuzgang schloß das Refektorium der Mönche (6) an. Es wurde schon 1745 unter dem damaligen Kommendatur-Abt abgerissen und durch ein geräumiges Palais ersetzt. Im Gegensatz zu bisheriger Tradition lag die Längsseite des Refektoriums nicht parallel zu Kreuzgang und jenseits liegendem Kirchenschiff, sondern es wurde bei den Zisterziensern rechtwinklig dazu angeordnet. Sicherlich erhielt das Refektorium auf diese Weise von allen Seiten mehr Tageslicht. Bussmann (1982) ist jedoch der Meinung, daß dies hauptsächlich geschah, um den Raum für eine Küche (7) zwischen den Refektorien der Mönche und den Konversen (8) zu bewahren. Über Durchreichen konnten beide Säle von derselben Küche aus bedient werden. In der Fastenzeit und im Winterhalbjahr gab es jeweils nur eine Mahlzeit am Tage; von Ostern bis zum 14. September sowohl eine Mittags- wie eine Abendmahlzeit. Gefrühstückt wurde niemals. Vielleicht läßt sich aus dieser Tradition die geringe Bedeutung erklären, die die meisten Franzosen noch heute dem Frühstück beimessen.

Auf der anderen Seite des Mönchsrefektoriums lag der Wärmeraum (5), der noch erhalten ist. Er war der einzige heizbare Aufenthaltsort für die Mönche. Seine relativ geringen Ausmaße deuten darauf hin, daß an ein längeres Verweilen der Mönche nicht gedacht war. Sie durften sich nur kurz ihre klammen Finger anwärmen, damit sie wieder besser ihren Schreibarbeiten nachgehen konnten oder nach Aufenthalt im Freien ihre nassen Kleider trocknen. Auch Maßnahmen der Körperpflege, wie das Haareschneiden, wurden hier vorgenommen.

Alle Räume und Gebäude, die für die Mönche reserviert waren, gruppierten sich um den Kreuzgang herum und wurden nur von hier aus betreten. Die Anlage war, ganz im Geiste der neuen Regel der Zisterzienser, wesentlich stärker zentralisiert als die mehr geöffente Form von Cluny, die viele Funktionen vom zentralen Kreuzgang weg an die Peripherie gelegt hatte. Abseits hingegen lagen die Wirtschaftsgebäude, die im Idealplan Bernards überhaupt nicht verzeichnet waren. Diese Tatsache scheint erstaunlich, da gerade die Zisterzienserklöster Ausgangspunkte der mittelalterlichen Wirtschaftsentwicklung waren. Unter ihrer Leitung nahmen nicht nur die Urbarmachung von Ländereien, sowie Land-und Forstwirtschaft einen großen Aufschwung, sondern auch Handwerk und frühe Industrie wurden von ihnen vorangetrieben. Ahnte St.-Bernard den Konflikt voraus, der sich auch bei dem Zisterzienserorden wieder daraus ergab, daß die selbstauferlegte Armut und Askese in zunehmendem Gegensatz zu dem wachsenden Reichtum und der damit verbundenen Machtposition des Ordens geriet?

Die Schmiede (9) der Abtei von Fontenay ist ein gutes Beispiel für den hohen technischen Entwicklungsstand der Zisterzienser-Wirtschaft. Sie nutzte die Wasserkraft des »Idealplan-Flüßchens« für Hämmer und Blasebälge. Das enorme Bauwerk hat eine Länge von 53 m und eine Breite von 13,5 m, die obere Etage wurde als Speicher genutzt. Obwohl es als Wirtschaftsgebäude selbstverständlich noch weniger Schmuck als die übrige Klosteranlage aufweist, ist es doch in seinen Proportionen, seiner sorgfältigen Steinmetzarbeit und seinen verschiedenartig gewölbten Räumen eines der schönsten Gebäude der gesamten Anlage.

Westlich schließt sich an die Schmiede ein künstlich angelegter Teich an, der der Fischzucht dient. Die Zisterziensermönche waren Meister in der Anlage häufig ganzer Gruppen von Fischteichen, die vielerorts noch heute die Landschaft prägen und von wirtschaftlichem Interesse sind. Der Fisch spielte in den Ernährungsvorschriften eine wichtige Rolle. Auch westlich der Klosteranlage ist eine solche Fischteichgruppe erhalten.

Die Besichtigung der Klosteranlage ist im allgemeinen nur mit Führungen möglich. Führungen beginnen vormittags zur vollen Stunde, in der Hauptsaison nachmitags auch alle halbe Stunde. Die Öffnungszeiten sind: 9.00–12.00 und 14.00–18.30 vom 1. Juli bis 15. September, sonst wie vor, aber 14.30–18.30, Tel.: 80 92 15 00.

Pontigny

Das Kloster

Das Zisterzienserkloster von Pontigny ist die »zweitälteste Tochter von Cîteaux«. Die Filiation wurde noch vor Fontenay 1114 im Serein-Tal, ca. 20 km nordöstlich von Auxerre, gegründet (Pontigny I). Die Klosterkirche wurde jedoch schon ab ca. 1140 eneuert (Pontigny II) und ab 1185 an Stelle des romanisch-rechteckigen Chores ein gotischer Chor mit Umgang und Kapellenkranz (Pontigny III) errichtet.

Vom eigentlichen Kloster, das nach der Revolution bis 1840 als Steinbruch diente, ist wenig erhalten geblieben; die ehemalige Abteikirche hingegen konnte in der Funktion einer Gemeindepfarrkirche die Revolutionsfolgen überstehen.

Pontigny war, ebenso wie Fontenay und andere Klöster, häufiger Zufluchtsort politisch Verfolgter. So fanden hier die englischen Erzbischöfe Thomas Becket (1164–1166), Etienne Langton (1208–1213) und Edmond Rich (gest. 1240) Zuflucht. Das Grab des später heiliggesprochenen Edmond ist noch heute Ziel von Pilgerwallfahrten. Auch Königin Alix (oder Adèle de Champagne), dritte Gattin von Louis VII., fand hier ihre letzte Ruhe (1206). Sie war die Mutter des 1180 zum König gekrönten Philippe Auguste (gest. 1223). Gegen Mitte des 19. Jh.s kaufte der Erzbischof von Sens die Überreste des Klosters und überließ sie einer von Père Muard (Prior der Abbaye-de-la-Pierre-qui-Vire, im Morvan) gegründeten Mission (»Pères missionaires des Campagnes«). Dieser ist die Restaurierung der Kirche und der Überreste des Klosters zu verdanken.

Zu Beginn des 20. Jh.s wurden die Klostergebäude erneut verkauft und von dem Philosophen Paul Desjardins (1859–1940) erworben. Er orgnaisierte hier Aufenthalte und Dichterlesungen großer Geister der Epoche, die unter dem Begriff »les Décades« in die Literaturgeschichte eingegangen sind. Über die »Allée des Charmilles« kann man im Geiste noch heute Thomas Mann, André Gide, T. S. Elliot und François Mauriac in Gespräche vertieft promenieren sehen.

1954 wurde in Pontigny die »Mission de France« von Papst Pius XII. etabliert.

Die ehemalige Klosterkirche

Die imposante Kirche von Pontigny (II) wurde von Thibault, Graf der Champagne, im gotischen Übergangsstil (»style gothique de transition«) erbaut. Sie hat eine Länge von 108 m (117 m mit Vorhalle) und eine Breite von

Pontigny, Blick auf die Südseite von Langhaus und Querschiff

52 m im Querschiff. Damit erreicht sie fast die Ausmaße von Notre-Dame de Paris.

Der Anblick des zweigeschossigen, klar gegliederten, langgestreckten Baus ist aus einiger Entfernung von Süden her über die Felder besonders schön. Die Architektur ist kühl und schlicht, die sieben Joche des Langhauses haben nur je ein schmuckloses, lanzettförmiges Fenster in Unter- und Obergeschoß. Nur die Querhäuser tragen als Zierde ein Rosettenfenster im Obergeschoß. Das Dach des Langhauses setzt sich in einer durchgehenden Linie von der Westfassade bis hin zum Chor fort. Die Querhäuser sind niedriger gehalten, um diese Geradlinigkeit noch zu betonen.

Der Schub von Dach- und Deckenkonstruktion wird an der Außenfassade des Langhauses durch Stützpfeiler aufgefangen, die teils noch den Charakter einer einfachen Stützmauer haben, überwiegend jedoch schon als gotische Pfeiler, die sich von Absatz zu Absatz nach oben verjüngen, ausgebildet sind. Die Chorpartie zeigt demgegenüber als jüngster Bauabschnitt der Abteikirche (Anfang 13. Jh.) schon die typisch gotische Kombination von weit ausladenden Strebebögen und Strebepfeilern.

Der Grundriß läßt den ehemals rechteckigen, harmonisch geschnittenen, dreischiffigen Aufbau der Zisterzienserkirchen noch erkennen. Die außerordentlich groß dimensionierte Neuanlage des Chores verändert allerdings den ursprünglichen Gesamteindruck und das optische Verhältnis von Lang- zu Querhaus. Die Anlage der Radialkapellen folgte dem Vorbild von Clairvaux (III), das diesen Umbau auch schon vorgenommen hatte, um der stiegenden Anzahl von Mönchen entsprechend mehr Raum für Altäre und Meßfeiern zu schaffen.

Die Gewölbeform des Chores von Pontigny ist architektonisch von besonde-

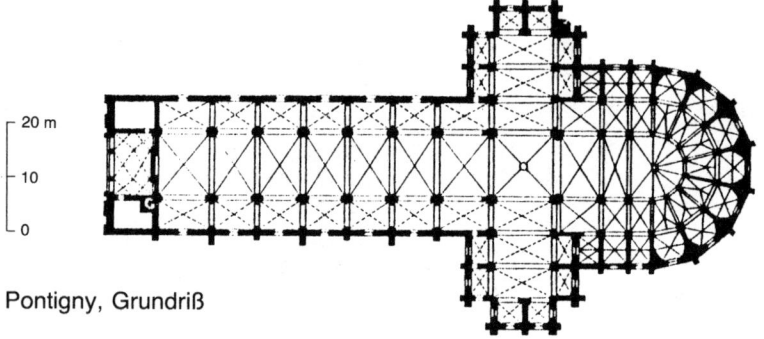

Pontigny, Grundriß

rer Bedeutung, da hier zum erstenmal ein Kreuzrippengewölbe über Spitzbogen verwendet wurde. Diese typische Bauform der Gotik, bei der zwei diagonal sich kreuzende Bögen die Gewölbelast tragen, ist von Pontigny aus als
Merkmal der burgundischen Zisterzienser-Architektur über ganz Europa
verbreitet worden.
Vom Chor aus scheint die architektonische Neuerung dann auch auf das
Langhaus von Pontigny übertragen worden zu sein, das anfangs mit einem
Gratgewölbe ausgestattet war. In den Querhausjochen ist diese vorausge-
hende Form noch erhalten geblieben. Eine Ausschmückung des Kircheninneren war ursprünglich nicht vorhanden. Die wunderbaren Schnitzwerke der
Holzschranke im 6. Joch des Mittelschiffes und des Chorgestühls stammen
aus dem 17. Jh. Die schmiedeeisernen Gitter im Querhaus werden ins 17.,
diejenigen des Hochchores ins ausgehende 18. Jh. datiert. Der Sargschrein
des hl. Edmond ist ebenfalls eine Arbeit des 18. Jh.s.

Die Gotik

Das historische Umfeld für die Entwicklung der gotischen Kunst

»Der Tod des hl. Bernhard von Clairvaux markiert einen der Wendepunkte
in der Geschichte des Abendlandes. Denn mit dem Jahr 1153, in dem dieser
eifrige Verteidiger des Feudalsystems stirbt, beginnt das Ende einer ganzen
Epoche. Auf dem Gebiet der Kunst hatte Bernhard eine Rückkehr zur
Schmucklosigkeit der Kirchenbauten gefordert. Die nach ihm folgende Ge-
neration ist aber von einem ganz neuen Phänomen geprägt, das heute als die

›städtische Revolution des 12. Jahrhunderts‹ bezeichnet wird. Zum einen schwächt diese Entwicklung die Macht der Feudalherrschaft, zum anderen nimmt die Architektur, wie die Kunst allgemein, einen Formenreichtum an, wie ihn das Abendland zuvor nie gekannt hat. Die Zeit, in der die großen Kathedralen errichtet werden, sieht auch die rasche Entwicklung der Städte. Der Einwohnerzuwachs – so steigt etwa die Bevölkerung des französischen Königreiches zwischen 1150 und 1300 auf das Doppelte an – ist beträchtlich und vollzieht sich hauptsächlich in den Städten. Diese verstehen es, ein gut funktionierendes militärisches Verteidigungssystem aufzubauen, so daß Waren und Geld sicher zirkulieren können. Ist anfangs die Gründung der städtischen Siedlung aus rein wirtschaftlichen Gründen erfolgt, so konstituiert sich die Stadt bald als juristische und territoriale Einheit. Herrscher, Geistlichkeit und Bürgertum, finden sich in einer Struktur, die ein gemeinsames Zusammenleben erleichtert.

Die gotische Kunst ist jedoch nicht nur ein städtisches Phänomen, sondern auch zugleich der Ausdruck einer Epoche, in der sich indviduelles Denken und Urteilen durchsetzt. Man kann sogar sagen, daß die gotische Kunst eine im wesentlichen intellektuelle Kunst ist. Das ›Universum‹ einer Kathedrale ist zunächst das Ergebnis einer intellektuellen, gigantischen, totalitären Konstruktion, die außerhalb des menschlichen Fassungsvermögens zu stehen scheint. Doch ist diese Konstruktion sehr feingliedrig organisiert und überaus reich in ihren spirituellen und dogmatischen Einzelheiten.

Die größten und berühmtesten gotischen Kathedralen entstehen seit der Herrschaft von Philipp August (1179–1223), und die Bautätigkeit wird in den meisten Fällen kurz nach der Regierungszeit Ludwigs IX. (1226–1270) unterbrochen. Unter diesen beiden Monarchen festigt sich das französische Königreich und erlebt unter dem hl. Ludwig als Vorbild des christlichen Abendlandes sogar einen Höhepunkt. Die Entwicklung der gotischen Kunst muß demnach auch mit der Herrschaft der Capetinger in Verbindung gebracht werden. Unter Philipp August breitet sich die Gotik in der Normandie aus, und Ludwig IX. führt sie südlich der Loire als Stilrichtung ein.

Wenn das 13. Jahrhundert als monumental zu bezeichnen ist, so muß das 14. Jahrhundert als eher malerisch angesehen werden. Dieser Wandel beruht hauptsächlich auf zwei Faktoren. Zum einen bewirken wirtschaftliche Veränderungen, daß sich die Bauunternehmungen – bis auf wenige Ausnahmen – nicht mehr rentieren. Zum anderen verfestigt sich im 14. Jahrhundert das individuelle Bewußtsein; Handwerker und Händler kontrollieren den Markt in den Städten und befreien sich Schritt für Schritt von der Kontrolle der Geistlichkeit. Aber das Große Abendländische Schisma (1378–1417), die Pestepidemien (1348–1350) und die Hungersnot (1315–1317) bringen sowohl ökonomische Rückschläge als auch eine tiefe geistige Krise mit sich. Das

gemalte oder geschmizte Bild soll dem Gläubigen Hilfe bieten, ihn weniger
beherrschen als innerlich berühren. Neu ist, daß sich die Monarchen und ihre
Angehörigen porträtieren lassen. Ihr künstlerischer Geschmack wird feiner,
und die Künstler begeben sich in ihre privaten Dienste. So tritt neben dem
geistlichen Mäzen immer häufiger der private Auftraggeber auf.« (Auszüge
aus dem Handbuch der Formen- und Stilkunde, Mittelalter, 1982,
S. 379–380).

Die architektonischen Merkmale der Gotik

Der Ursprung der Gotik kann weder zeitlich noch regional genau festgelegt
werden, da typische Stilelemente wie Rippenbögen seit der Antike bekannt
waren. Die eigentliche Entwicklung des gotischen Baustils ist jedoch Frankreich zuzuschreiben, und für gewöhnlich bezeichnet man die Kathedrale von
Chartres, die nach einem Brand ab 1194 wiederaufgebaut wurde, als ersten in
rein gotischen Formen errichteten Bau.
Der Rippenbogen tritt auch in den arabischen Bauten von Cordoba und
Toledo auf, doch entspricht die Form des Bogens noch nicht der Gotik. Die
typisch gotische Spitzbogenform wird wohl zuerst von einem normannischen
Architekten in Durham im Jahre 1093 angewendet. Ob es eine direkte Verbindung zwischen spanisch-maurischer und normannischer Bautradition gegeben hat, ist noch nicht hinreichend geklärt.
»Daß der Rippenbogen vor dem 13. Jahrhundert kaum als das für den gotischen Bau charakteristische Element gilt, geht daraus hervor, daß es kein
Wort gab, das ihn bezeichnete. Im 12. Jahrhundert ist dieser Rippenbogen
also nur eine unter vielen Bogenformen. Erst um 1235 benützt Villard de
Honnecourt zum ersten Mal den Begriff ›ogive‹ (Rippenbogen, Diagonalbo-
gen), und zu Beginn des folgenden Jahrhunderts erwähnen die Textstellen die
›croix d'augives‹ (Kreuzrippen). Die Einführung dieser genauen Terminolo-
gie entspricht offenbar dem häufigen Gebrauch einer Architekturform, deren
gattungsspezifische Bezeichnung ›Bogen‹ nicht mehr die neue Funktion wiederzugeben vermag.
Aber selbst wenn in Durham – wie es scheint zum ersten Mal – der Rippenbogen mit dem Spitzbogengewölbe kombiniert wird, so erfindet man erst
zwei Generationen später den Strebebogen – zu einer Zeit, als der Spitzbogen
am Innen- und Außenbau voll ausgebildet ist.« (Handbuch, S. 381).
Ein weiteres entscheidendes Stilmerkmal der Gotik ist die zunehmende bauliche Durchbrechung und optische Auflösung der Wandkonstruktion mittels
bunter Glasfensterfassaden und umlaufender Triforienzonen.

Vorstufen zum Triforium gab es auch schon in romanischen Bauten der Normandie und besonders der Bourgogne, doch handelte es sich dabei bisher meist nur um eine optisch täuschende Wandverzierung. In der Gotik wird daraus in der Regel ein »tief schattiges Horizontalband« (Adam, Baukunst des Mittelalters 2., S. 71), das mit echter Räumlichkeit, nämlich einem Laufgang, hinterlegt wird. Dieser Raum ist zwar begehbar, erfüllt jedoch keinen wirklichen Zweck, sondern dient wiederum nur der Auflockerung. Doch dies geschieht eben mit typisch gotischen Stilmitteln.

Einige weitere charakteristische Elemente der gotischen Bau- und Schmuckformen sind nachfolgend abgebildet. Die Entwicklung der frühen Gotik des 12./13. Jh.s hin zur strahlenden Gotik des 13./14. Jh.s und zur überaus reichverzierten flamboyanten Gotik des 14./15. Jh.s läßt sich an dem unterschiedlichen Formenschatz des Maßwerks besonders gut ablesen.

Der Begriff Gotik

Die Baumeister und Künstler des Mittelalters haben den Begriff Gotik gar nicht gekannt. Erst die italienischen Historiker der Reniassance-Zeit haben diese in ihren Augen dunkle und barbarische Stilepoche nach den durch eigenständige Kunst wenig hervorgetretenen Goten mit »gotisch« bezeichnet. Dieser negativ gemeinte Begriff gibt im Grunde eher Auskunft über ihre Schöpfer, die die Wiedergeburt (Renaissance) der Antike zum Ideal erhoben und der französisch-gotischen Baukunst ziemlich verständnislos gegenübergestanden hatten, als daß sie den gotischen Baustil in irgendeiner Weise treffend kennzeichnet (im Gegensatz etwa zur »Romanik«). Erst im 18. Jh. wurde der Wert der gotischen Architektur langsam erkannt, und besonders im 19. Jh. verliert sich dann die negative Bedeutung. Im Englischen bedeutet allerdings noch heute der Literaturbegriff »Gothic Novel« so viel wie »Schauermärchen«.

De Sède (1986) nimmt den Begriff Gotik sogar zum Anlaß, direkte Verbindungen zwischen den Goten und Bau-, sowie Schmuckformen der gotischen Kathedralen zu sehen. So seien die ältesten gotischen Kathedralen nicht etwa in Salisbury (Grundsteinlegung 1070) oder Chartres (1150) zu finden, sondern vielmehr in der schwedischen Provinz Gotland. Hier, in der Kathedrale von Lund, die schon im Jahre 1002 begonnen wurde, sind gotische Runen verarbeitet, die auf den vorchristlichen, heidnischen Glauben der Goten hinweisen. Unter anderem taucht dort die Rune »Odal» auf, die dem Gott Wotan (Odin) geweiht ist. Dieselbe Rune tritt nach Interpretation de Sèdes auch auf dem Buchdeckel des »schönen Gottes« in der Kathedrale von Reims wieder in Erscheinung.

Einigkeit besteht wohl darin, daß viele Schmuckformen, Symbole und Riten während der gotischen Stilepoche im christlichen Zusammenhang unerklärbar sind und wahrscheinlich auf heidnische Vorzeit zurückweisen.

Auch die Kathedrale von Sens, die von vielen Kunsthistorikern als das erste große Beispiel burgundischer Gotik gesehen wird, kann als Bezugspunkt für gotische Baukunst und heidnische Formen – in diesem Fall Messen – dienen. Letzere müssen allerdings nicht unbedingt von den Goten übernommnen sein! Doch darüber später mehr.

Das reiche Bistum von Sens gehörte historisch gesehen nie zu Burgund, sondern zum Kernland der französischen Krone, doch betrachten wir Burgund ja in den gegenwärtigen Grenzen und wollen uns deswegen dem für die Gotik wichtigen »Baustein« von Sens noch etwas ausführlicher zuwenden.

Bauelemente der Gotik

Wandaufbau und Gewölbekonstruktion:

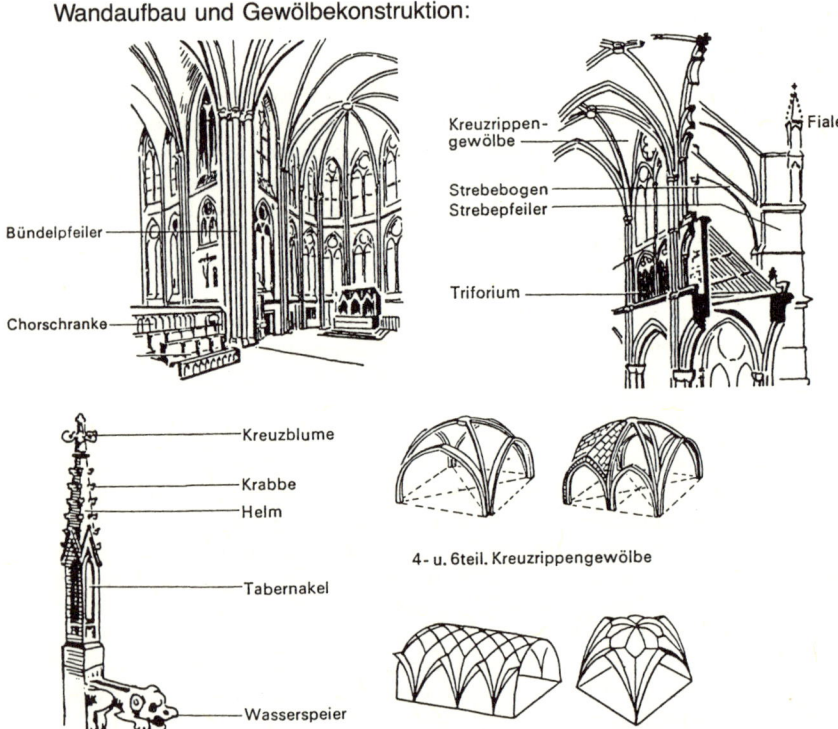

Kreuzrippengewölbe

Fiale

Strebebogen
Strebepfeiler

Bündelpfeiler

Triforium

Chorschranke

Kreuzblume

Krabbe

Helm

Tabernakel

Wasserspeier

Fiale

4- u. 6teil. Kreuzrippengewölbe

Netz- u. Sterngewölbe

Kapitelltypen:

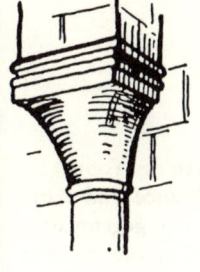   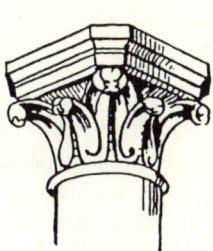

Kelchkapitell   Tellerkapitell   Blattkapitell   Knospenkapitell

Maßwerkformen:

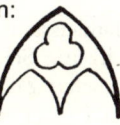 

a   b

c   d

e   f

Maßwerkformen. a, b um
1200; c, d 13./14. Jh.;
e, f 15. Jh.

Paßfenster:

Dreipaß

Vierblatt

Dreischneuß

Die bedeutendsten gotischen Kirchen Burgunds und ihre Städte

Sens

Die Entwicklung der Stadt

Sens liegt nur eine Autostunde von Paris entfernt an den Ufern der Yonne. Es ist noch heute wirtschaftlich viel stärker mit der Île-de-France und Paris verbunden als mit Burgund und seiner Hauptstadt Dijon. Die gegenwärtig ca. 27 000 Einwohner zählende Stadt wurde während der napoleonischen Vewaltungsreform aus dem Bereich der Champagne dem Dep. Yonne zugeordnet, das wiederum später in seiner Gesamtheit der Region Bourgogne zugeschlagen wurde. Von seiner historisch bedeutenden Stellung ist heute nur der Sitz einer Sous-Préfecture geblieben.

Sens ist zwar eine selbständige Industrie- und Handelsstadt (Textil-, Holz- und metallverarbeitende Industrie), jedoch gleichzeitig Schlafstadt für die Pariser Agglomeration. Damit ein weiteres räumliches Zusammenwachsen zwischen dem nördlichen Dep. Yonne und dem Pariser Raum möglichst unterbleibt, wurde Nordburgund (Achse Sens-Auxerre) im Zuge der nationalen industriellen Dezentralisierungsmaßnahmen (d. h. Aussiedlung von Pariser Industriebetrieben in die Provinz, oder durch Prämien geförderte Neugründung von Betrieben in der Provinz) von der Industrie-Förderung ausgeschlossen.

Der Name der Sadt Sens und der umgebenden Region des Senonais ist abgeleitet von einem der bedeutendsten keltischen Stämme, den Senonen. Ein Teil von ihnen fiel im Jahre 390 v. Chr. in Italien ein und eroberte Rom (387/86). Die in Gallien seßhaften Senonen hatten Agedincum, das heutige Sens, zu ihrer Hauptstadt gemacht, die wiederum von den Römern (um 53 n. Chr.) erobert und zu einer wichtigen Provinzhauptstadt ausgebaut wurde. Der Grundriß des alten, befestigten Römerkastells ist in dem fast rechteckigen Verlauf des Boulevards, der die Altstadt umgibt, noch ablesbar.

Im Jahre 1055 wurde Sens unter Henri I. der französischen Krone unterstellt und erhielt 1146 zum ersten- und 1189 wegen Streitigkeiten zum zweitenmal das Stadtrecht verliehen. Sens war seit Anfang an der geistliche Mittelpunkt des französischen Kernlandes. Der Erzbischof von Sens hatte das Privileg zur Köngissalbung, zur Einberufung der französischen Bischofssynoden und war der Mittler zwischen König und Papst. Sens waren sieben Bistümer unterstellt, nämlich Chartres, Auxerre, Meaux, Paris, Orléans, Nevers und Troyes, deren Anfangsbuchstaben zum Sigel Campont zusammengezogen wurden.

Der hundertjährige Krieg beendete die Blütezeit von Sens, doch erst mit dem Aufstieg von Paris in den Rang eines Erzbistums (1622) und der Abtretung der Rechte des erzbischöflichen Primats über Gallien und Germanien an Paris endete der Wohlstand des Erzbistums Sens endgültig.

Die Kathedrale Saint-Etienne

Der Bau der großen gotischen Kathedrale Saint-Etienne, die eine Länge von 114 m, bei einer Breite von 15 m und einer Höhe von 25 m aufzuweisen hat, wird auf dem Hintergrund der einstigen Metropolfunktion von Sens besser verständlich.

Der Erzbischof Henri Sanglier beschloß um 1130 den Neubau einer Kathedrale, die der vierte Nachfolgebau einer Bischofskirche in Sens werden sollte. Auch in Saint-Denis bei Paris befand sich eine neue Kathedrale im Aufbau, die offensichtlich zum Vorbild für eine ganze Reihe weiterer Bauten, so auch von Sens, wurde. Der Chor von Saint-Denis konnte 1144 geweiht werden, derjenige von St.-Etienne de Sens 1164. Das Langhaus wurde dann zwischen 1175 und 1180 fertiggestellt, die Westfassade um 1230 vollendet. Die Obergadenfenster wurden im 13. Jh. nach einem Brand vergrößert und mit Maßwerk ausgeschmückt. Das Querschiff wurde erst 1490 in Auftrag gegeben. Seine Fassaden wurden um 1520 fertig, sie sind perfekte Beispiele des gotischen Flamboyants. Der südliche Fassadenturm – sein nördliches Pendant wurde nie gebaut – erhielt 1537 noch einen Türmchen-Aufsatz im frühen Renaissance-Stil.

Als nach der Revolution, die vor allem die Portale schändete, eine Restauration vorgenommen wurde, riß man auch die gotischen Kapellen in den Seitenschiffen ab. Sie wurden durch neo-romanische Arkaden-Bauten ersetzt. Von den Portalfiguren ließen die Revolutionäre nur den hl. Stephanus (St.-Etienne) am Mittelpfeiler überleben.

Die Schatzkammer der Kathedrale (ins Museum ausgelagert) ist eine der reichsten von ganz Frankreich. Sie beherbergte Stoffe, Elfenbein- und Goldschmiedearbeiten sowie liturgische Gegenstände von teilweise hohem Alter (5. Jh.). Die grundsätzliche kunsthistorische Bedeutung der Kathedrale von Sens liegt darin, daß sie beispielhaft für die frühe Gotik ist, und die Verflechtungen zwischen neuen statischen Prinzipien und daraus folgenden Neuerungen für den Grundriß, besonders aber für den Aufriß der Kathedralen sich in ihr besonders gut ablesen lassen.

»Ob die Kathedrale von Sens an Saint-Denis anknüpft oder als selbständige Leistung derselben Stilstufe in derselben Kunstlandschaft danebensteht, ist nicht mehr sicher zu entscheiden, da von der Abteikirche in Saint-Denis zu wenig erhalten ist aus dieser Zeit. Doch es erscheint sehr wahrscheinlich, daß der Bau des Mannes (der Erzbischof Sanglier, der Verf.), der neben dem

König Frankreichs die entscheidende Rolle spielte, auch diese Anlage be-
fruchtet hat. Sicher ist hier ein Kirchenbau erhalten, der – die späteren Veränderungen abgezogen – doch eine klare Vorstellung gibt von der frühesten
Stufe der Gotik in der Île-de-France.
Wie in Saint-Denis, sind schon im Grundriß starke Tendenzen zur Vereinheitlichung des Raumes zu verspüren. Ein Querschiff war ursprünglich überhaupt nicht vorhanden, an seiner Stelle saßen einfache Kapellen, so daß die
Längsrichtung des Baus nicht unterbrochen wurde. Die Seitenschiffe wurden
als Umgang um das Chorhaupt herumgeführt, auf einen Kapellenkranz
wurde verzichtet. Nur im Scheitel des Chores schiebt sich eine Kapelle aus
dem geschlossenen halbrunden Umriß der Ostanlage heraus. (Ihre heutige
Form ist spätere Erneuerung).« (Adam, 2, S. 62).
»Die Hochschiffwände werden gegliedert durch massige Dienstbündel, die
stark in das Schiff hinaustreten. Sie wechseln ab mit Doppelsäulen, auf deren
Deckplatten jeweils ein dünner Runddienst zum Gewölbeansatz hochführt.
Zwischen den Stützen spannen sich die Spitzbogen der Arkaden, die reich
profiliert sind. Über den Arkaden läuft das tief schattende horizontale Band
der Empore. In jedem Jochabschnitt durchbrechen je zwei gekoppelte Öffnungen die Mauer, jeweils wieder übergriffen und zusammengefaßt durch
eine Spitzbogenblende. Die ursprünglich kleineren Obergadenfenster be-
leuchten die sechsteiligen Rippengewölbe des Mittelschiffes.
Die Seitenschiffe zeigen vierteilige Gewölbe. Es entfallen je zwei Joche in
beiden Seitenschiffen auf ein querrechteckiges Joch im Mittelschiff. Aus die-

Sens, Kathedrale Saint-Etienne:
zum ersten Mal ausschließlich Kreuzrippengewölbe

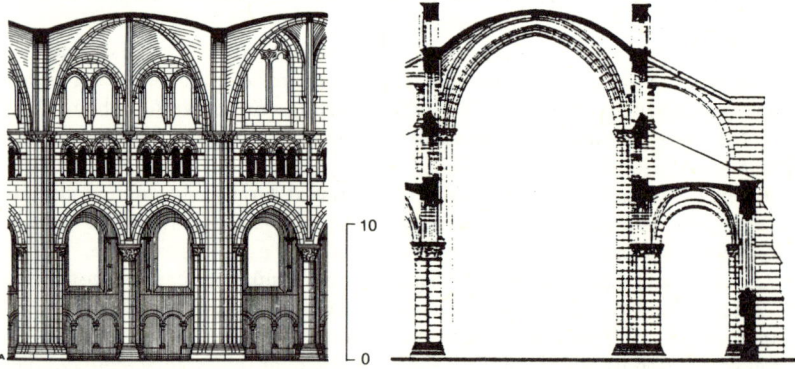

Wandaufriß im Schiff   Querschnitt durch das Schiff

ser Anordnung der Joche und der Gewölbe erklärt sich die Anlage des Stützenwechsels. Die starken Dienste, die an den vier Ecken der Mittelschiffjoche als kraftvolle Vertikalbahnen an den Mittelschiffwänden hochziehen, unterfangen Gurtbögen, Diagonalrippen und Schildbogendienste, und zwar für jedes Gewölbeglied ein gesonderter Dienst. Das ganze System ist sehr präzise durchdacht, jede Einzelform drückt die ihr zukommende Funktion deutlich aus. So sind die verschiedenen Dienste verschieden stark ausgebildet. Der stärkste Dienst unterfängt den breiten, profilierten Gurtbogen, der schwächste den Schildbogen.

Auch die Richtung der Gewölbeglieder wird schon in den Stützen ausgedrückt. So sind Sockel und Kapitelle der Dienste für die Diagonalrippen diagonal gestellt im Gegensatz zu den Kapitellen der Gurtbogen und Querrippen. Der ganze Bau wird durchstrukturiert von körperhaften Einzelgliedern. Die Unterschiede zwischen tragenden und lastenden Bauteilen treten augenfällig in Erscheinung, bis in die Ausbildung der kleinsten Einzelformen. Die Basen der Wandglieder, die auf hohen, eckigen Sockeln aufruhen, wirken zusammengepreßt unter der Last der Dienste. Die in der ganzen romanischen Baukunst angewandte Form der attischen Basis wird nun verlassen, die Tellerbasis bereitet sich hier schon vor, indem die für die attische Basis kanonische Kehle sehr klein wird, die Wulste sich einander nähern und breit, nicht mehr mit rundem Querschnitt ausgeführt werden.

Die Konsequenz der Durchgestaltung des Raummantels, bei dem auch die kleinsten Einzelformen sich sinnvoll unterordnen, ist gotisch. Die wesentlichen Gliederungsmittel, die die Kathedrale von Sens schaffen, waren der Baukunst des 11. und frühen 12. Jh.s schon bekannt. Die starke vertikale Gliederung der Wand, das sechsteilige Rippengewölbe, Emporen: alles das hat es vorher in der Normandie schon gegeben. Aber die Frühgotik bringt diese Elemente in einen neuen Zusammenhang, die konstruktiven Möglichkeiten, die in den Wandvorlagen und dem Rippengewölbe liegen, werden nun ausgeschöpft.

In Sens – und so muß es auch in Saint-Denis gewesen sein – schaffen die steil aufschießenden Bündel der Dienste und die darüber aufsteigenden Rippen, die auch die Verbindung der beiden sich gegenüberliegenden Mittelschiffwände erreichen, das Gerüst des Bauwerks. Zwischen den Vertikalbahnen spannen sich die weitgehend durchbrochenen Wände. Während in der romanischen Baukunst die Gliederung sich auf der Wand entwickelte, das heißt die Wand der Träger der Gliederung war, ist das Verhältnis nun gerade umgekehrt. Die Gliederung hat sich verselbständigt, ist zum entscheidenden Faktor eines Bauwerks geworden. Sie liegt nicht mehr auf der Wand auf, sondern die Wand hat fast den Charakter füllender Teile angenommen. Sie ist ihrer tektonischen Bedeutung nach nicht mehr so wichtig und kann dementspre-

chend in viel stärkerem Maße aufgelockert werden als in der früheren Architektur.
Der gerüsthafte Aufbau und damit verbunden die Entschwerung der Wände
ist einer der wichtigsten neuen Gedanken der frühen Gotik, die in der Baukunst der Folgezeit zu den erstaunlichsten Lösungen führen. Eine Fülle
neuer Möglichkeiten wird ersonnen, die die Mauern auflockern können, um
den Innenraum zu durchlichten. Zu immer kühneren Konstruktionen entwickelt sich der Gliederbau, der sich zu schwereloser Steilheit erhebt. In der
ausschließlichen Verwendung von Großquaderwerk liegt eine der wesentlichen Voraussetzungen für diese Entwicklung.» (Adam, 2, S. 62–64).
Nach dieser eher nüchternen, aber konzentrierten Herausarbeitung der gotischen Stilelemente und ihrer Verarbeitung in der Kathedrale von Sens wollen
wir noch einmal auf den oben angesprochenen Zusammenhang von Gotik,
Goten und heidnischen Bräuchen zurückkommen.

Eselsmesse und Fest der Verrückten

De Sède zeigt an der Figur des musizierenden Esels, die sowohl an romanischen Kirchen wie auch an gotischen Kathedralen vorkommt (z. B. Bourges
und Chartres), daß es sich hier um die Figur des Heimdall, des weißen Asen
aus der Edda handele, der mit seiner Trompete den Wechsel der Weltzyklen
ankündet. Ase bedeutet in der Sprache des Languedoc nun auch noch Esel
(lat. asinus), und so habe zumindest jeder Eingeweihte die Doppeldeutigkeit
der Darstellung (Esel als christliches Symboltier und heidnische Gottheit)
verstanden.
In der nachfolgenden Beschreibung einer »Eselsmesse« scheinen die gotisch-
heidnischen Übernahmen noch klarer zu werden. Zur Zeit der Wintersson-
nenwende wurde in allen Kathedralen, auch in Sens, eine Eselsmesse zele-
briert. Das Ritual dieser Messe verlangte, daß ein Esel in die Kathedrale
geführt wurde, wo man ihm zu Ehren eine Messe sang. Der Ablauf dieser
Zeremonie wurde von Pierre de Corbeil, Erzbischof von Sens in den Jahren
1194–1212, niedergeschrieben.
Der Esel war mit einem prunkvollen, goldenen Mantel bekleidet, dessen
Schleppe von den vier bedeutendsten Mitgliedern des Kapitels getragen
wurde. Nachdem er seinen Platz im Chorgestühl eingenommen hatte, wurde
mit dem Absingen eines lateinischen Kirchenliedes begonnen. Der Inhalt
lautete in deutscher Übersetzung etwa:

»Aus dem Orient ist uns ein Esel erschienen,
schön und sehr mächtig.
Er hat alle Rehkälber,
Hirsche und Rehböcke besiegt.

Danach stimmte die Gemeinde ein französisches Lied an, das folgende Zeilen hatte:

Hez, Sire, Asne, car chantez,	He, Herr Esel, los, gesungen,
Belle bouche rechignez,	Macht kein mürrisches Maul.
Vous aurez du foin assez	Ihr werdet genug Heu bekommen,
Et de l'avoine à planter.	Und Hafer pflanzen wir für euch auch an.

Nach der Introduktion, dem Kyrie und dem Credo schrien die Gläubigen für den Esel die Antwort: ›Hi han!‹ (was etwa unserem ›ia ia‹ entspricht). Nach der Verlesung einer Bibelstelle pries der Priester ›diese Macht des Esels, der die Kirche das Gold des Landes Saba verdankt‹.
Danach sang man erneut:

C'est un beau jour, le plus beau des beaux jours;
C'est une belle fête, c'est la fête des fêtes;
C'est un noble jour, le plus noble des nobles jours,
Le diadème rutilant des jours.
Deo gratias! Ite missa est. Hi han!

Es ist ein schöner Tag, der schönste der schönen Tage;
Es ist ein schönes Fest, es ist das Fest der Feste;
Es ist ein edler Tag, der edelste der edlen Tage,
Das glänzende Diadem aller Tage.
Deo gratias! Ite missa est. Hi han!

Und zum letzten Mal antworteten die Gläubigen: Hi han! Hi han! Hi han!

Moderne katholische Exegeten haben es nicht verwinden können, daß es eine derartige Zeremonie gegeben hat, und mit allen erdenklichen intellektuellen Drehungen und Windungen haben sie versucht, dafür eine Erklärung zu finden. Vergeblich, denn ihnen fehlten die Verbindungsglieder, um dieses Rätsel zu lösen. Der Domherr Lambin schloß seine Untersuchungen mit den Worten: ›Wir müssen unsere Unkenntnis der wahren Bedeutung dieser Eselsmesse bekennen‹.
Die Eselsmesse wurde durch eine genauso seltsame Zeremonie abgeschlossen: durch das ›Fest der Verrückten‹, das aus vielen ausgefallenen Späßen und groben Zweideutigkeiten bestand.
Woher stammten diese ›Feste der Verrückten‹?
Sie scheinen tatsächlich auf jene merkwürdigen Zeremonien zurückzugehen, die besonders in Chartres veranstaltet wurden und die Rouillard, ein Historiker des 17. Jahrhunderts und Verfasser der Parthénie, beschreibt. Ganz offensichtlich enthielten sie Erinnerungen an Bräuche zu Ehren Odins.

Dies war die Zeremonie von Chartres: Im Monat der Goten (15. Februar bis 15. März) feierten der Bischof, die Domherren und die Nonnen von Saint-Fort ein Bankett, in dessen Verlauf sehr viel starkes Bier getrunken wurde, das ›bugelâtre‹ hieß. Dazu gab es ›corneau‹, ein Haferbrot. Sowohl vom Bier wie vom Brot hieß es, daß sie außerordentliche Kräfte schenkten.

Bemerkenswert ist, daß beide Worte aus dem Skandinavischen kommen: Bugelâtre = Bygglaudr (Gerstenschaum) und corneau = corn-ôll (Haferkeim).

Wenn alle Gäste ordentlich betrunken waren, stiegen die Nonnen von Saint-Fort auf einen Wagen und kutschierten übers Land, um die Saat zu segnen, gefolgt von einer Prozession von Gläubigen. Der Bischof und die Domherren gingen wild tanzend dem Wagen voraus und machten tausend Späße. Zu diesem Anlaß erhielt der Bischof den Titel ›praesul‹, ein lateinisches Wort, was soviel heißt wie ›der, der voraustanzt!‹. Oder er wurde ›api‹ genannt, was auf alt-skandinavisch ›Der Verrückte‹ bedeutet.

Die Zeremonie endete mit der Rückkehr in die Kathedrale, auf deren Altar die Nonnen von Saint-Fort Kuhmilch segneten und dabei den ›Tanz der Hauben‹ aufführten, in dessen Verlauf sie hauchdünne Taschentücher in die Luft warfen.

Von diesen alten Fruchtbarkeitsbräuchen findet sich später viel in dem burlesken Gehabe des ›Festes der Verrückten‹ wieder. So wurde aus dem alten Abt der ›corneaux‹ der Abt der ›Cornards‹ (der ›Gehörnten‹, der Verf.).

Aber für die meisten war der ursprüngliche Sinn der Zeremonie verlorengegangen; nur die Eingeweihten verstanden noch die Hintergründe der Wortspiele.

Nur wenigen war noch klar, daß die Esels-Messe und das Fest der Verrückten die Apotheose, die Verehrung des Argot war, der ›art goth‹, der gotischen Kunst.« (De Séde, 1986, Auszüge aus den Seiten 289–293).

Daß es allerdings zwischen dem Argot, der französischen Umgangssprache, und der gotischen Kunst eine so direkte Verbindung geben soll, konnte ernsthaft auch niemandem klar sein, denn sie besteht nur aus dem – zugegeben hübschen – Spiel des Wortgleichklanges! »Argot» ist sprachgeschichtlich gesehen aber eine andere Schreibweise für »Ergot«, und das ist eindeutig vom lateinischen »ergo« abgeleitet, na »also«!

Wenn man einmal absieht von dieser überraschenden Schlußwendung in De Sèdes Betrachtung, die ebensowenig wie alles Vorhergehende beweist, daß Eselsdarstellungen und -messen gerade auf die Goten zurückzuführen sind, so hat seine Schilderung doch ihren Wert! Denn sie gibt einen guten Einblick in die mystisch-verborgenen, »finsteren« Kapitel jener Epoche, die die Ansichten der Renaissance-Menschen in gewisser Weise bestätigen. Gerade auch die Skulptur der Gotik, häufig fratzenhafte, komische Wesen, versetzen den

Betrachter noch heute in Erschrecken und Erstaunen. Man denke dabei insbesondere an die »tierischen« Wasserspeier gotischer Kirchen, (Notre-Dame
de Dijon) und gotischer Kathedralen, womit wir zu unserem Ausgangspunkt
zurückgekehrt wären.

Weitere Sehenswürdigkeiten in Sens

An der Südseite der Kathedrale von Sens befindet sich der *Palais Synodal*. Er
stammt aus dem 13.–17. Jh. und trägt ein sehr schönes Dach mit glasierten
Ziegeln. Der Palast wurde von Viollet-le-Duc restauriert. Ursprünglich wur-
den hier die bischöflichen Synoden abgehalten, aber gleichzeitig war der
Palast Sitz der Rechtsprechung und Gefängnis in einem (»Officialité«).
Die *Musées de Sens* vereinigen im Palais Synodal und den angrenzenden
Gebäuden des Bischofssitzes die ehemals auf mehrere Gebäude verteilten
Sammlungen der Stadt. Dazu gehören der »Trésor de la Cathédrale«, eine
vor- und frühgeschichtliche Ausstellung (die von der Steinzeit in die galloromanische Periode führt), historische Baufragmente aus der städtischen Pro-
fanarchitektur (Porte Dauphine) und der Kathedrale (Lettner), sowie Gemälde verschiedener Schulen vom 15.–19. Jh.
Die Öffnungszeiten sind: 1. Juni–30. September, 10.00–12.00 und 14.00–
18.00, übrige Jahreszeit wie vor, aber Mo., Do., Fr. nur nachmittags; dienstags geschlossen, Tel.: 86 64 15 27.
Von dem typisch schachbrettförmigen Grundriß der Römerstadt Sens sind
die Grundzüge gewahrt geblieben. Besonders deutlich wird dies im recht-
winkligen Schnitt der beiden zu den ehemaligen Toren führenden Hauptach-
sen der Grande Rue und Rue de la République. Im Südteil der ehemaligen
Stadtmauer (Bd. du 14 Juillet) ist ein Stück der römischen Verteidigungsanlage erhalten bzw. restauriert worden. Für die Fundamente wurden die Ori-
ginalsteine wiederverwendet. Im Mittelalter wurde die Stadt neu befestigt
und die Wehrmauer mit 26 Türmen, neuen Toren und Durchschlüpfen (Po-
ternen) ausgestattet. Die über den römischen Quadern befindliche Wand gibt
noch einen gewissen Eindruck vom Festungsbau des 13. Jh.s.
Interessant sind des weiteren einige Bürgerhäuser aus dem 16. Jh. in der Rue
Jean Cousin, insbesondere *La Maison d'Abraham* (Eckpfeiler mit »Wurzel
Jesse«) und die benachbarte *Maison du Pilier*. Hinter der Markthalle (Rue du
Plat) befindet sich die *Maison de la Pointe*«, erbaut vom Kardinal Louis de
Bourbon als »Hostellerie à l'Image de St.-Etienne«, ebenfalls aus dem 16. Jh.

Umgebung von Sens

In einer Entfernung von jeweils ca. 15–20 km sind im Westen der Stadt die
Ortschaft Chéroy, im Nordosten das Schloß Fleurigny und im Süden die
Planstadt Villeneuve-sur-Yonne zu erreichen.

Chéroy ist ein kleiner hübscher Ort, der durch die Landwirtschaft des Gâtinais geprägt wird. Hier ist eine Zehntscheune aus dem 13. Jh., in der die
Natural-Abgaben der Bauern gelagert wurden, erhalten geblieben; ein für
wirtschaftliche Profanbauten bemerkenswertes Alter.
In 6 km Enfernung kann man anschließend noch das kaum bekannte Château
de Vallery besuchen (13./14. Jh., erneuert im 17. Jh.).
Das *Château de Fleurigny* liegt auf einer künstlichen Terrasse, von Wasser-
gräben umgeben, dicht an der nördlichen Grenze des heutigen Burgund. Das
Wehrschloß wurde im 14. Jh. gegründet, bald wieder zerstört und im 15. Jh.
neu errichtet (beendet 1511). Es beeindruckt durch seine zylindrischen
Türme und schönen Dachfenster. Die Fassade zum ehemals geschlossenen
Innenhof, der sich seit dem Abriß von Gebäudeteilen im 19. Jh. weit zum
Park hin öffnet, zeigt Renaissance-Charakter. Die Arkaden-Galerie fügt sich
harmonisch in den Bauplan ein.
Der Gardesaal besitzt einen großen, skulptierten Kamin, und der Gemäldesa-
lon beherbergt einige feine Holzmalereien des 17. Jh.s. Die interessante Aus-
gestaltung der Renaissance-Kapelle (1539) wird Jean Cousin zugeschrieben.
Cousin, in der Nähe von Sens geboren, lebte von etwa 1490–1561. Er war
Glasmaler, Maler, Graveur und Schriftsteller zugleich. Seine »Eva Prima
Pandora« wurde für würdig befunden, im Louvre ausgestellt zu werden.
Öffnungszeiten: Anfang April–Ende September an Wochenenden und
Feiertagen von 14.30–17.30. Für Gruppen ganzjährig nach Vereinbarung.
Marquise de Castellane-Esparron, Fleurigny, 89260 Thorigny, Tel.:
86 97 65 38.

Villeneuve-sur-Yonne ist ein kleines Städtchen von ca. 5000 Einwohnern, das
heute gut als Etappenstation geeignet ist. »Neustadt-an-der-Yonne« ist eine
typische, befestigte Residenzstadt des Mittelalters, die von Louis VII. im
Jahre 1163 gegründet wurde. Sie hieß zunächst Villefranche-le-Roi und war
bis ins einzelne durchgeplant.
Der streitbare Louis VII. (König von Frankreich von 1137–1180), der drei-
mal verheiratet war und auch am Zweiten Kreuzzug teilgenommen hatte, ließ
die neue Stadt nach einem Muster befestigen, das Sens nicht ganz unähnlich
war. Der Grundriß hatte ein mehr oder minder regelmäßiges Schachbrett-
schema, die Westseite des Quadrats war an die Yonne angelehnt. Diese Art
der Befestigung war typisch mittelalterlich und hatte sich seit der Römerzeit
kaum fortentwickelt. Das strategisch günstigere Vor-und Rückspringen von
Befestigungsanlagen, von deren Bastionen aus man den Feind auch noch
unter Beschuß nehmen konnte, wenn er schon bis an den Fuß der Stadtmauer
vorgedrungen war, blieb in seiner höchsten Vollendung erst dem 17. Jh.
unter Vauban vorbehalten.

Ein Teil der Befestigungsanlage von Villeneuve ist noch erhalten. Das Nordtor, die Porte de Sens (oder de Champagne) ist ein besonders schönes Beispiel der mittelalterlichen Wehrarchitektur, sie stammt aus dem 13. Jh. Die südliche Porte de Joigny (oder de Bourgogne) wurde im 16. Jh. umgestaltet. Der östlich gelegene zylindrische Donjon »Tour Louis le Gros« war Bestandteil des Königsschlosses und gehört zur ältesten Bausubstanz der Stadt (12. Jh.).

Der massive Flucht- und Wehrturm hat einen mittleren Durchmesser von rd. 15 m. Seine Mauern sind 3,90 m dick. Seine ursprüngliche Höhe soll einmal ganz genau 27,26 m betragen haben, heute mißt er immerhin noch 21,55 m. Im Jahre 1793, also während der Revolution, wurde auch dieser Donjon als Steinbruch benutzt!

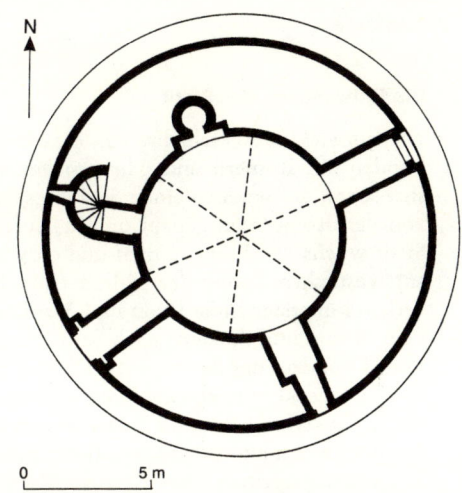

Villeneuve-sur-Yonne, Donjon: Grundriß

Die Grundsteinlegung für die Kirche Notre-Dame wurde von Papst Alexander III. parallel zur Stadtgründung im Jahre 1163 vorgenommen. Ihre ältesten erhaltenen Partien sind im Chor zu finden (13. Jh.), die Fertigstellung der prächtigen Renaissance-Fassade erfolgte erst im 16. Jh. Im Baustil haben hier Burgund und Champagne gleichermaßen Eingang gefunden.

Der Kirche schräg gegenüber befindet sich »La Maison des Sept Têtes«, eine ehemalige Poststation aus dem 18. Jh.

Viellenneuve-sur-Yonne ist einer der zahlreichen burgundischen Wasser-Stützpunkte, in denen man Touristen-Boote mieten kann. Flußabwärts erreicht man über die Yonne nach ca. 30 km die Seine, flußaufwärts gelangt man nach ca. 20 km bei Laroche-Migennes zu den Einmündungen des Canal de Bourgogne und des Canal du Nivernais.

Auxerre

Die Entwicklung der Stadt

Die Entwicklungsgeschichte von Auxerre ist wie diejenige von Sens eng verbunden mit Römern und Christentum. Am linken Ufer der Yonne hatten
sich schon die Senonen einen Siedlungsplatz namens Autricum errichtet, der
von den Römern ausgebaut und in Autessiodurum umbenannt wurde. Die
Stadt wuchs den Hügel hinauf und entwickelte sich zu einer Etappenstation
am westlichen Zweig der Militär- und Handelsstraße Via Agrippina. (Sie
verband in erster Linie Lyon und Mainz, Abzweigungen führten im Westen
über Autun und Auxerre nach Sens, im Osten nach Besançon).
Vom Grundriß der Römerzeit ist wenig erhalten. Mit einiger Phantasie läßt
sich im Stadtkern noch eine Rechteckstruktur ausmachen. Eine spätere Befestigung aus Mittelalter und Neuzeit hat den Charakter eines Fünfecks gehabt,
der sich in den äußeren Ringstraßen, besonders den Boulevards, noch deutlich widerspiegelt.
Die innere, später durch das Fünfeck zusammengefaßte Stadt ist aus mehreren Zellen zusammengewachsen, deren älteste die galloromanische Anlage im
Zentrum war. Eine zweite Keimzelle bildete sich mit der Anlage des Klosters
St.-Germain heraus, das von der Merowinger-Königin Clothilde schon im
6. Jh. an der Stelle eines Oratoriums errichtet worden war. In dem Oratorium fand der Heilige Germain im Jahre 448 seine letzte Ruhestätte. Zu
Zeiten Karls des Kahlen (Charles le Chauve) war die Schule von St.-Germain
in ganz Europa berühmt. Hier wurde z. B. Saint-Odon, einer der Begründer
Clunys, ausgebildet.
Auxerre ist ein typisches Beispiel dafür, daß Klöster und weitere von ihnen
abhängige oder unabhängige Priorate und Kirchen im frühen Mittelalter nicht
innerhalb der Stadtanlage entstanden, sondern im »Suburbium«, also vor den
Toren der Stadt. Für Auxerre ist bezeugt, daß hier schon zu Beginn des
7. Jh.s acht Kirchen existierten, von denen sich nur zwei innerhalb der Stadt,
sechs im Suburbium befanden. Eine wurde »Monasterium« genannt, dabei
muß es sich wohl um die Klosterkirche gehandelt haben, die übrigen wurden
in dem entsprechenden Dokument allesamt mit »Basiliques« bezeichnet (Hall
1978, S. 66). Die Konzentration von Sakralbauten um frühchristliche Be-
gräbnisstätten herum ist kennzeichnend für die städtebauliche Periode des
frühen Mittelalters in ganz Gallien. Doch fiel der Kontrast zwischen befestigter galloromanischer Stadtanlage und christlichem Suburbium bei Städten wie
Auxerre besonders ins Auge und gab »un aspect assez singulier de pluralité«
(Hall).
Mehrfach gebrandschatzt von allen möglichen Völkerschaften, konnte die

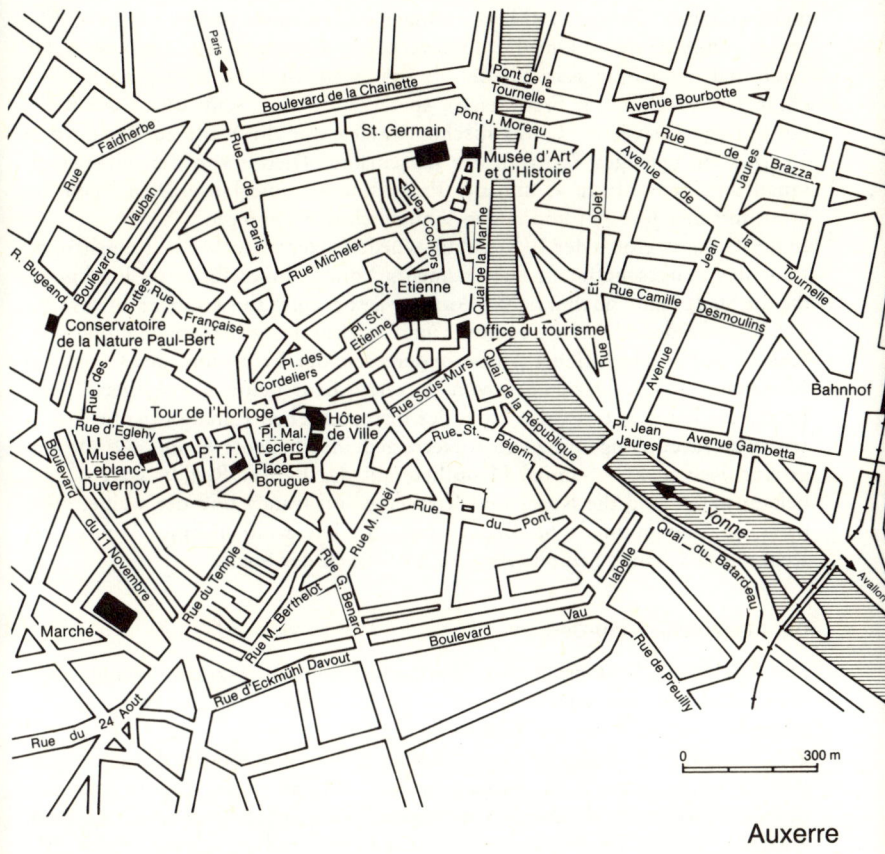

Auxerre

Stadt sich zwischen dem 7. und 12. Jh. kaum weiterentwickeln, erlebte
dann jedoch unter den Grafen von Nevers einen neuen Aufschwung. Im
12./13. Jh. wurde die Stadt neu befestigt und erhielt das Stadtrecht verliehen.

Im 13. Jh. begann der (fünfte) Neubau der Kathedrale von Auxerre und der
Neubau weiterer Kirchen wie St.-Pierre-en-Vallée und St.-Eusèbe. Ihre goti-
schen Türme, z. T. erst im 16./17. Jh. vollendet, bestimmen noch heute das
Stadtbild und machen Auxerre zu einer der typischsten »gotischen Städte«
Burgunds und ganz Frankreichs.

Kirchen und Stadt hatten allerdings seit dem Mittelalter noch einige Stürme

zu überstehen. Zunächst führte häufiger Zugehörigkeitswechsel der Grafschaft von Auxerre zu Unruhe (1370 verkaufte Graf Jean III. von Nevers die
Grafschaft an König Karl V., der sie später an Burgund abtrat; nach 1477
dann der Anschluß an Frankreich), später wurde die Stadt durch die Religionskriege verwüstet. Unter Bischof Caylus war die Stadt zu Beginn des
18. Jh.s ein geistiges Zentrum des Jansenismus (Lehre von der wirksamen
Gnade, »Grâce efficace«, und der Prädestination; die Jansenisten lagen im
Streit mit den Jesuiten und zogen schließlich den kürzeren).
In der Gebietsreform der 1. Republik wurde Auxerre zur Verwaltungshaupt-
stadt des neugeschaffenen Departements Yonne eingesetzt, eine Funktion,
die die Stadt heute noch innehat. Auxerre ist bei einer Einwohnerzahl von rd.
41 000 außerdem Industriestandort und traditioneller Ausgangspunkt von
Kanal- und Flußschiffahrt, insbesondere seit der Eröffnung des Canal du
Nivernais (1842). Der Hafen von Auxerre dient heute überwiegend dem
Freizeitverkehr, ja er ist das Herz des burgundischen Kanaltourismus!
In der direkten Umgebung von Auxerre gedeihen beliebte Weine, die vor der
großen Reblauskrise einmal Hauptlieferant der Pariser Region waren. Am
bekanntesten sind die Rose- und Rotweine von Irancy und der weiße, sehr
trockene Sauvignon de St.-Bris (V.D.Q.S.) Die weltberühmte Weißwein-
Region des Chablis beginnt etwa 10 km östlich der Stadt.

Die Abteikirche Saint-Germain

Die Kirche von St.-Germain ist zwar architektonisch insgesamt weniger bedeutend als die Kathedrale, sie soll dennoch wegen ihrer älteren karolingischen Krypta an erster Stelle genannt werden.
Die ehemalige Abteikirche steht auf dem Grund und Boden des noch von
Bischof Germain im 5. Jh. selbst gegründeten Oratoriums. Ein Neubau des
6. Jh.s wurde im 9. Jh. durch Krypten und ein Kirchenschiff erweitert, dem
wiederum im 12. Jh. ein romanischer Glockenturm hinzugefügt wurde. Ab
1277 wurde mit dem Neubau einer gotischen Kirche begonnen unter Beibe-
haltung und Renovierung der Krypten. Der Ostteil konnte schließlich um
1369 beendet werden. Er ist im Stil der strahlenden Gotik gehalten (style
rayonnant).
Durch Abriß- und Restaurationsarbeiten im beginnenden 19. Jh. wurden die
westlichsten drei Joche der Kirche entfernt und der romanische Kirchturm
»Tour Saint-Jean« auf diese Weise freigestellt. Die neugotische Fassade der
verkürzten Kirche wurde im Jahre 1817 vollendet.
Der historisch bedeutendste Teil der ehemaligen Abteikirche ist ihre zwei-
stöckige Krypta. Die obere Etage ist wie eine eigenständige, dreischiffige
Kirche errichet, an deren Ostseite sich eine zehneckige Kapelle (Chapelle St.-

Maxime) befindet. Die äl-
testen Partien gehen auf
karolingischen Ursprung
(9. Jh.) zurück, romani-
sche und gotische Gewöl-
beformen lassen sich vom
Zentrum des Langschiffes
nach außen hin verfolgen
(Tonnengewölbe im Mit-
telschiff). Die Kirchen-
schiffe werden durch niedrige galloromanische, ka-
pitellgeschmückte Säulen

Steinigung des St.-Germain. Wandmalerei, Auxerre
Kirche Saint-Germain, Mitte 9. Jh.

und Architrave aus Eichenholz voneinander getrennt.

In einem Umlaufkorridor wurden im Jahre 1927 bei Restaurierungsarbeiten
Fresken entdeckt, die nunmehr zu den ältesten Frankreichs zählen. Die in
Ocker- und Rottönen gehaltenen Wandmalereien werden auf etwa 850
n. Chr. datiert und stellen Szenen aus dem Leben des St.-Etienne dar, sowie
zwei Bischöfe aus Auxerre und die Anbetung der Drei Weisen.

In anderen Fresken sind vier weitere Bischöfe verkörpert, die in der Krypta
beigesetzt wurden.

Eine Steinplatte mit eingemeißeltem Christusmonogramm stammt noch aus
dem Oratorium des 5. Jh.s. Sie deckte ursprünglich das Grab des St.-Ger-
main und wurde später als Altarplatte verwendet.

Die fünf Meter tief eingelassene Grabstätte des hl. St.-Germain wird von
einem Gewölbe überdacht, das mit strahlenden Sonnen, Symbolen der Ewig-
keit, geschmückt ist. Sie erinnern an Mosaiken aus Ravenna, Sitz des Kaisers
und Todesort des Germain, Bischof von Auxerre (445 n. Chr.). Der Kaiser
ließ den Leichnam wenig später unter großen Feierlichkeiten nach Auxerre
überführen, wo er zunächst in einem Oratorium, das Germain selbst errichtet hatte, zur Ruhe gebettet wurde.

Unter der karolingischen Rotunde befindet sich eine weitere Krypta mit der
Kapelle Saint-Clement, die wohl vor allem statische Funktion besitzt und die
darüber befindliche Rotunde stützt, auf deren Grundriß der gotische Kirch-
bau errichtet wurde. Durch die Hanglage erhalten beide Kapellen auf der
Ostseite Tageslicht.

Von der übrigen Anlage der ehemaligen Benediktinerabtei ist wenig erhalten
geblieben bzw. sind die erhaltenen Gebäude jüngeren Datums. In den Ge-
wölben des Kellers (Cellier), die noch aus dem 14. Jh. stammen, sind zeitweilig Ausstellungen untergebracht.

Die Besichtigung der Kirche St. Germain ist im allgemeinen ganzjährig mög-

lich von 9.00–12.00 und von 14.00–18.00. Die Krypta ist nur mit Führung
zugänglich, die etwa ½ Stunde dauert. Die letzte Führung beginnt um 11.30
bzw. 17.30, vom 1. Juli bis 15. Oktober jedoch 18.30 (außer dienstags und
an besonderen Feiertagen).
Auskünfte: Conservateur des Musées d'Auxerre, Place du Coche-d'Eau,
89000 Auxerre, Tel.: 86 51 09 74.

Die Kathedrale Saint-Etienne

Die Kathedrale steht an dem Platz, an dem Bischof Amâtre, Vorgänger von
Germain, im 4. Jh. ein Oratorium errichtet hatte. Drei andere kirchliche
Bauten gruppierten sich im Laufe der Zeit um die kontinuierlich vergrößerte
Bischofskirche herum, bis das ganze Ensemble im 9. Jh. zerstört wurde.
Auch die danach, ebenfalls aus Holz, wiedererrichteten zwei weiteren Vor-
gänger der heutigen Kathedrale wurden im 10. bzw. 11. Jh. durch Feuers-
brünste vernichtet.
Der vierte Neubau wurde in Stein ausgeführt und konnte im Jahre 1057
geweiht werden. Von diesem romanischen Bauwerk stammt die heute noch
erhaltene Krypta, deren Pfeiler lediglich im Zuge des fünften Neubaus verstärkt wurden. Die Apsis erhielt gegenüber der vormals runden Form nun
eine eckige Gestalt.
Die fünfte und gegenwärtig noch erhaltene Kathedrale wurde um 1215 von
Bischof Guillaume de Seignelay unter rein architektonischen Überlegungen
in Auftrag gegeben. Inspiriert durch die Bauten der nahen Île-de-France
sollte auch die Diözese von Auxerre ihre gotische Kathedrale bekommen.
Doch die Bauarbeiten zogen sich hin. Das Kirchenschiff konnte erst im
15. Jh. eingewölbt und die Flamboyant-Fassade ebenfalls überwiegend im
15. Jh. abgeschlossen werden. Am nördlichen Fassaden-Turm wurde noch
bis zum 16. Jh. gearbeitet, der südliche Turm nie gebaut.
Dennoch erscheinen die Fassade, das Kirchenschiff und der Chor mit seinen
prächtigen Glasfenstern jeweils für sich genommen als eine Einheit und bis
ins letzte durchgestaltet. Kunsthistoriker sprechen bei Fassade und Kirchenschiff sogar von einem »akademischen« Aufbau, der gewissen architektonischen Schulzwängen folgt und daher in seiner Beschränkung auf eine Palette
stets wiederholter Stilelemente (Blendnischen an der Fassade, Betonung der
Vertikalen im Kirchenschiff) eine neue Art der Monotonie erzeugt. Dennoch
ist gerade dem Kirchenschiff eine gelungene, schlichte Eleganz nicht abzu-
sprechen.
Die großen Vorbilder von Reims und Chartres wurden auch für die Kathedrale von Auxerre nachgewiesen. Typisch burgundisch bleibt jedoch die relativ niedrig gehaltene Arkadenzone sowie der zweischalige Wandaufbau.

Laufgänge im Triforium führen zwischen den Diensten und der äußeren Wandschale um das gesamte Kirchenschiff und den Chor herum.

Der Chor der Kathedrale wurde offensichtlich im frühen 13. Jh. fertiggestellt, denn Bischof Henri de Villeneuve wurde hier schon im Jahre 1234 bestattet. Zwischen der doppelschaligen Bauweise des Chors und dem gleichartigen Wandaufbau in der Eglise Notre-Dame de Dijon sind Parallelen gesehen worden, die zu der Vermutung führten, daß bei beiden Bauten derselbe Baumeister am Werk gewesen sein könnte.

Die Leichtigkeit der frühen gotischen Architektur wird in der Chorpartie der Kathedrale besonders deutlich. Der Wandaufbau wirkt durchsichtig und wohlproportioniert. Die in der späteren Gotik starke Überhöhung, insbesondere der Arkaden und der Obergadenzone ist hier noch nicht eingetreten. Triforiumszone und obere Lichtfenster sind gleichberechtigt, die Proportionen des Wandaufbaus stehen im Verhältnis 2 : 1 : 1.

Im Querschnitt wird deutlich, daß die Dienste, die schmalen Säulen und Rippen, die vom Kircheninneren her gesehen meisterlich vorgeben, die Last des Gewölbeschubes zu tragen, von außen natürlich aufs tatkräftigste durch die Erfindung des Systems von Strebebögen und Strebepfeilern unterstützt werden.

Am meisten haben die herrlichen Glasfenster des Chores, die überwiegend noch auf das frühe 13. Jh. zurückgehen, zum Ruhme der Kathedrale St.-Etienne beigetragen. Es handelt sich um einen der umfangreichsten Bildzyklen Frankreichs, die aus dieser Frühzeit der Gotik erhalten geblieben sind.

Auch die reich skulptierten Portale (Westportale 13./14. Jh., Südportal 14. Jh., Nordportal 15. Jh.) und die romanische Krypta (mit Fresko: Christus auf dem Pferde), sowie der Kirchenschatz und eine Besteigung des Nordturmes bilden Höhepunkte beim Besuch der Kathedrale von Auxerre. Öffnungszeiten: Täglich von 9.00–12.00 und 14.00–18.00 außer Sonntagvormittag und an besonderen Feiertagen. (Auskünfte bei Monsieur l'Abbé Lechien, Presbytère de la Cathédrale, 4, Rue de Caylus, 89000 Auxerre, Tel.: 86 52 31 68).

Weitere Sehenswürdigkeiten in Auxerre

Tour de l'Horloge

Das Torhaus, im Flamboyant-Stil des 15. Jh.s erbaut und im 19. Jh. restauriert, steht an der Stelle eines Stadttores der ehemaligen galloromanischen Befestigungsanlage. Nach dieser »Porte Gaillarde« wird auch der Turm bisweilen als »Tour Guillarde« oder als »Tour de l'Horloge« bezeichnet. Er wurde zur Erinnerung an die städtischen Privilegien, die Auxerre von den

Burgunderherzögen verliehen worden waren, errichtet. Die Uhr, die aus dem
17. Jh. stammt, besitzt zwei verschiedene Zifferblätter. Auf dem einen werden die Stunden angezeigt, auf dem anderen der astronomische Lauf von
Sonne und Mond.
Die Uhr spielt eine Rolle im Sittenroman-Werk des in Sacy (Yonne) geborenen Restif de la Bretonne (1734–1806, »Le Paysan perverti«). Restif hatte
einige Jahre seiner frühen beruflichen Laufbahn zu Füßen des Turmes in einer
Druckereiwerkstatt verbracht. Seine Werke nahmen in ihren realistischen
und derb-sinnlichen Partien Balzac und Zola vorweg.
Der Uhrturm charakterisiert den eigentlichen Mittelpunkt der Stadt mit Fußgängerzone, Rathaus und verschiedenen benachbarten Plätzen. Rue de
l'Horloge (No. 6), Place de l'Hôtel de Ville (Nos. 16, 17, 18) oder Rue sous-
Murs (No. 6) weisen – als Beispiele herausgegriffen – schöne alte Profanbe-
bauung auf. (Rue »Sous-Murs« kennzeichnet einen weiteren Verlauf der galloromanischen Befestigung).

Musée Leblanc-Duvernoy

Das städtische Museum ist in einem Stadtpalais des 18. Jh.s untergebracht. Es
enthält Bauvais-Tapisserien, Fayencen, historisches Mobiliar und Kunstgegenstände.
Öffnungszeiten: 1. Mai–31. Oktober von 10.30–12.00 und 14.00–18.00,
15. November–30. April von 10.30–12.00 und 14.00–17.30. Dienstags, an
Feiertagen und in der Zeit vom 1.–15. November geschlossen. 9, Rue
d'Eglény, Tel.: 86 51 09 74.

Musée d'Art et d'Histoire

In der »Maison du Coche«, einem schönen Gebäude aus dem 16. Jh., ist das
Museum für Kunst und Geschichte zu finden. Es beherbergt Exponate zur
Archäologie und zur Kunst sowie wechselnde Ausstellungen.
Öffnungszeiten: Täglich (außer dienstags und an besonderen Feiertagen) von
14.00–19.00. 3, Place du Coche d'Eau / Quai de la Marine. Tel.: 86 51 09 74.

Conservatoire de la Nature Paul-Bert

Dieses Museum ist der »Histoire Naturelle« gewidmet mit besonderem
Schwerpunkt auf Fossilien und Archäologie (Funde aus der Steinzeit-Grotte
von Arcy-sur-Cure).
Öffnungszeiten: Montag–Freitag von 8.00–12.00 und von 14.00–18.00,
Samstag und Sonntag nur nachmittags. 5, Boulevard Vauban, Tel.:
86 51 51 64.

Weitere Orte in Burgund mit bedeutenden gotischen Kirchen

Zum Abschluß des Kapitels zur gotischen Baukunst soll noch kurz auf einige weitere herausragende gotische Kirchen hingewiesen werden, die sich alle in Nordburgund befinden, während im Süden Burgunds die romanischen Bauten dominieren.

Auxonne

In Auxonne (ca. 8000 Einwohner), einem Gemüsebau-Städtchen (»Zone maraîchère d'Auxonne«) in wichtiger Übergangslage an der Saône (N 5), befindet sich die gotische Kirche Notre-Dame aus dem 13. Jh. mit interessanten Skulpturen aus dem 15./16.. Jh., die teilweise in der Nachfolgetradition des herzöglichen Bildhauers Claus Sluter stehen. Bei der Vorkirche soll es sich um den letzten in Burgund erbauten gotischen Narthex handeln.

Im ehemaligen Schloß ist ein Bonaparte-Museum untergebracht, zur Erinnerung an den jungen Napoleon, der in Auxonne Leutnant war. Das Waffenarsenal ist vom Festungsbaumeister Vauban errichtet worden. (Öffnungszeiten des Museums: Anfang Mai–Mitte Oktober von 14.30–16.30, außer donnerstags, in der Hochsaison jedoch auch donnerstags).

Clamecy

Clamecy (ca. 6000 Einwohner) liegt am Zusammenfluß von Yonne und Beuvron (der den Canal du Nivernais speist) in einer geschützten Spornlage. Das Städtchen lebte früher vom Waldreichtum, der Holzflößerei (aus dem Morvan in Richtung Paris) und der Holzkohleproduktion.

Von 1225 bis zur Revolution war Clamecy Sitz von insgesamt 25 Bischöfen aus Bethlehem. Die Ursache ist im Testament des Grafen Guillaume IV. von Nevers zu suchen, der auf einem Kreuzzug in Palästina im Jahre 1168 verstarb. Für seine Bitte, dort im Todesfall beerdigt zu werden, überließ er im Gegenzug den Bischöfen von Bethlehem sein »Hôpital de Pantenor« in Clamecy als Refugium. Nach dem Zusammenbruch des christlich-lateinischen Palästinas zogen sich die Bischöfe tatsächlich hierher zurück. Die Eglise Notre-Dame-de-Bethléem (Baujahr 1927) erinnert an diese Vergangenheit.

Das herausragende gotische Bauwerk von Clamecy ist die Kollegiatskirche St.-Martin im Zentrum des Städtchens. Als typisches Beispiel der burgundischen Gotik wurde sie im 13. Jh. in Anlehnung an die Kathedrale von Auxerre mit doppelschaligem Wandaufbau errichtet. Der Westturm und die -Fassade wurden erst im 15. Jh. fertig und sind im Flamboyant-Stil reich

dekoriert. Der Turm ähnelt eher der Kathedrale von Nevers als der von
Auxerre. Das Portal zeigt Szenen aus dem Leben des St.-Martin.
Clamecy ist überdies Heimatstadt des Dichters Romain Rolland (1866–1944),
der 1916 mit dem Nobelpreis ausgezeichnet wurde. Der Vorkämpfer
deutsch-französischer Verständigung (Roman: »Jean-Christophe«) lebte zuletzt in Vézelay und wurde dort begraben.
Das Museum von Clamecy, im ehemaligen Palais des »Duc de Bellegarde«
untergebracht (Rue Bourgeoise), beherbergt Gemälde und Fayencen (aus
Nevers und Rouen) sowie Gegenstände verschiedener Bruderschaften (confréries) und Erinnerungsstücke an Romain Rolland. Außerdem ist ein Saal
der ehemaligen Holzflößerei gewidmet.
Öffnungszeiten: 1. Juli–30. September von 10.00–12.00 und 15.00–18.00,
dienstags geschlossen. »Musée Municipal Hôtel de Bellegarde – Musée Romain Rolland«, Tel.: 86 27 17 99.

Saint-Seine-l'Abbaye

Die kleine Ansiedlung (ca. 350 Einwohner) unweit der Seine-Quelle hat eine
schöne Kirche aufzuweisen, die ursprünglich zu einem im 6. Jh. von St.-
Seine gegründeten Benediktinerkloster gehörte. Die Abteikirche stammt aus
dem frühen 13. Jh. und ist noch durch den Übergang von der Romanik zur
Gotik geprägt (Style de Transition).
Die ehemalige Abteikirche ist nur zweigeschossig und hat breite, nicht sehr
hohe Joche aufzuweisen, Charakteristika, die sie mit der frühgotischen Kirche des Dörfchens Montréal (Yonne) gemeinsam hat. Saint-Seine hat demgegenüber aber schon den spätestens seit Auxerre bekannten Laufgang oberhalb
der Arkadenzone aufzuweisen.
Bemerkenswert sind weiterhin die Rosette aus dem 13. Jh. im (plattgeschlos-
senen) Chor und die frühgotischen Knospenkapitelle in Chor und Langhaus.
An der spätgotischen Fassade des 15. Jh.s wurde der südliche Turm nicht
fertiggestellt.
Die ehemals sehr reiche Abtei erhielt im 14. Jh. vom französischen König das
Recht zugesprochen, sich eine eigene Befestigungsanlage zu errichten. Ein
kleiner Turm, der einen Durchgang besitzt, ist aus jener Zeit erhalten geblieben.

Saint-Thibault

Der kleine Ort im Auxois zählt keine 200 Einwohner, doch er hat mit seinen
Überresten einer Prioratskirche aus dem 13. Jh. einen bemerkenswerten Beitrag zur burgundischen Gotik zu leisten. Die Kirche wurde vom Burgunder-

herzog Robert II. und seiner Gemahlin Agnes (Tochter von Saint-Louis) gestiftet, um die Reliquien des 1247 verstorbenen St.-Thibault aufzunehmen. Im 17. Jh. stürzten Lang- und Querhaus der Kirche ein, so daß nur das nördliche Seitenportal, eine Kapelle und der Chor erhalten blieben. Zu Beginn des 18. Jh.s wurde dann ein schlichtes neues Langhaus errichtet.

Einen besonders interessanten und eleganten Aufbau zeigt der Chor, der im Gegensatz zu den übrigen gotischen Sakralbauten Burgunds sogar eine viergeschossige Wandaufteilung besitzt. Über der ebenerdigen Zone von Blendarkaden erheben sich die unteren Lichtfenster, deren Bögen schon von flamboyantem Maßwerk bekrönt zu sein scheinen und damit eigentlich der Zeit voraus sind. Es folgt dann die Triforiumszone mit Laufgang und darüber ein sehr hoher Obergaden. Die Dienste gehen in einem Zug ohne Unterbrechung über die gesamte Raumhöhe von 27 m.

Auch die geschnitzten Reliefs des Altars, die das Leben des St.-Thibault wiedergeben, stellen eine seltene Kostbarkeit aus dem 14. Jh. dar. Die Holzstatue der Jungfrau mit dem Kinde, das mit einem Vogel spielt, stammt ebenfalls aus dieser Periode.

Das schöne erhaltene Nordportal wurde im 14. und 15. Jh. skulptiert, es war ursprünglich von einer Vorhalle umgeben. Im Tympanon ist die Krönung Marias dargestellt.

Weitere bedeutende gotische Sakralbauten befinden sich in Semur-en-Auxois (11.–16. Jh.), Treigny (Yonne, wegen der Größe des dortigen Kirchenbaus im Flamboyant-Stil des 15.–16. Jh.s auch »Cathédrale de la Puisaye« genannt) und Saint-Père-sous-Vézelay (vgl. Kap. Vézelay und Kap. Archäologie, Thermen). Die Kathedralen bzw. Kirchen von Dijon und Nevers werden in den entsprechenden Kapiteln behandelt.

Die Burgen des Mittelalters

Zeiten der Unsicherheit, der Invasionen, Fehden und Kriege bildeten stets die Ursache für die Entwicklung befestigter Häuser, Burgen und Städte. Waren selbst die römischen Niederlassungen zunächst einmal unbefestigt, so mußten sie sich in der Zeit der Barbaren-Invasionen und Völkerwanderungen mit wehrhaften Gräben und Wällen umgeben. In der gefestigten Herrschaftszeit der Merowinger und Karolinger hingegen waren Burgen im allgemeinen überflüssig. Die Notwendigkeit zu neuen Schutz- und Wehrbauten entstand mit dem Zusammenbruch des Karolingerreiches und der Invasion der Normannen, Ungarn und Mauren im 9. Jh.

Die Feudalherren konnten nunmehr ihre Herrschafts- und Besitzansprüche nur mit Waffengewalt verteidigen oder mehren, und so entstand seit dem 10. Jh. aus der Zunft der freien, besoldeten Krieger die ganz auf den Kampf spezialisierte Ritterschaft. Je unentbehrlicher die Rittersleute wurden, desto konzilianter zeigten sich die höherstehenden adligen Dienstherren und entlohnten häufig mit der Belehnung oder Abtretung eines Stückes Land. Im 12. Jh. sind alle Lehnsherren, egal ob König, Herzog, Graf, Bischof oder Abt, mehr oder minder von der tatkräftigen Unterstützung ihrer Gefolgsleute abhängig. Letztere bilden einen sozial hochstehenden, mächtigen Stand und bekommen die Erlaubnis, sich eigene Burgen zu bauen. Gegen Ende des 12. Jh.s sind die Ritter praktisch dem Adelsstande gleichzusetzen.

Die Burg wird nicht nur Wohn- und Verteidigungsanlage, sondern auch Repräsentationsobjekt und Zeichen der Macht. Je stärker und höher der Donjon (Wehrturm, Bergfried), desto größer sind offensichtlich Ansehen und Einfluß des Besitzers. Man kann folgende bauliche Entwicklung feststellen: Typisch für alle Burgen aus der Zeitspanne des 11.–15. Jh.s ist die Hügel- oder Spornlage. Wo die natürlichen Voraussetzungen hierfür fehlen, wird ein künstlicher Erdhügel, die »Motte«, aufgeworfen, auf der anschließend eines oder mehrere Gebäude errichtet werden, zumindest aber der »Donjon«.

Der Erdhügel wird von einem Graben umgeben. Schätzungen besagen, daß eine »Durchschnittsmotte« von 30 m Durchmesser und 12–15 m Höhe sowie einer Grabenbreite von 4 m und einer Tiefe von 3 m in etwa 20 Tagen zu errichten ist. Dafür braucht man 100 Leute, die acht Stunden am Tag arbeiten.

Die ältesten Burganlagen stammen in Burgund aus dem 10. Jh. (Brancion). Der Donjon war zu diesem Zeitpunkt Verteidigungsturm und Wohnhaus zugleich. Er war daher auch meist von quadratisch-rechteckigem Grundriß und aus Holz oder Stein, während die Motte nach außen hin durch eine Palisade aus Holz befestigt war (a).

Im 12. Jh. wird das Holz zunehmend knapper, und man geht dazu über, Steinensembles zu bauen, die sich um den Hauptwehrturm herumgruppieren. Die nunmehr aus Stein errichtete Befestigungsmauer wird mit dem Ensemble verbunden und erhält an der Oberkante das typische, gezähnte Aussehen (b) der Burgzinnen.

Schon gegen Ende des 12. Jh.s werden die Formen der Burgen komplexer, und der Donjon wird nicht mehr zum täglichen Aufenthalt benutzt. Die runde Form wird als die strategisch günstigste allgemein angewendet, mitunter wird ganz auf ihn verzichtet. Unter König Philipp-August, dem »Eroberer« (Le Conquérant), König von 1180–1223, wird der Charakter der Burg schon in Richtung eines zentral verwalteten kleinen Gemeinwesens oder einer Garnison abgeändert. Nur noch der König und die mächtigsten Landes-

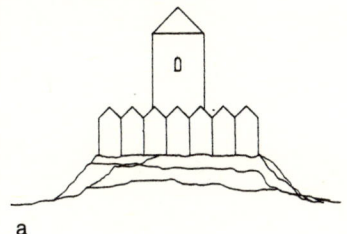 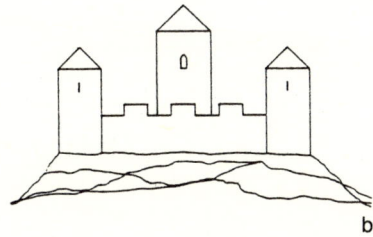

a   b

herren können mit den gestiegenen Anforderungen an Wehr- und Wohn-
funktion mithalten.

Die Burg erhält nun Schloßcharakter durch eine Vielzahl von Räumen und
Türmen, die gut 20 m Höhe erreichen können. Sie werden durch Mauern,
den sogenannten »Courtinen« von meist 8–10 m Höhe miteinander verbunden.

Jeder Turm stellt eine Festung im Kleinen dar, ist mit Kamin und Zisterne
versehen, so daß er auch einzeln verteidigt werden kann. Die Wohngemächer
der Burg werden, ebenso wie die Wirtschaftsgebäude, um einen zentralen
Innenhof gesammelt, wohingegen sie anfänglich dezentral angelegt waren.
Dementsprechend wird auch der Gesamtgrundriß der Anlagen zunehmend
regelmäßiger gestaltet. Das Haupteingangstor wird noch einmal mit einer
Befestigungsanlage, zu der die charakteristischen zwei Seitentürme gehören,
versehen.

Im Laufe des 13. und 14. Jh.s werden die Burganlagen immer kompakter.
Die Courtinen werden jetzt bis auf das obere Niveau der Turmschächte
hochgezogen und erreichen Höhen von 30 oder 40 m (c). Das System der
Einzelverteidigung von Türmen wird damit aufgegeben, und die Mannschaft
kann sich über Laufgänge jeweils schnell zu den Brennpunkten des Gesche-
hens begeben. Die Laufgänge werden nach außen hin durch »Mâchicoulis«
(Pechnasen) sichtbar. Das Vorkragen und Zurückspringen der Mauersteine
ließ Zwischenräume frei, die zum Herabschütten von heißem Pech oder
Felsbrocken gedacht waren. Spätere Schloßbauten übernahmen diese Mâchicoulis nur noch als Zierfriese ohne die teuflischen Öffnungen. Der Begriff ist
aus den Wörtern »mâcher«, zermalmen, und »coulis«, Guß (auch Kraft-
brühe!), zusammengesetzt.

Mit der Erfindung des Schießpulvers ändert sich die Wehrarchitektur im
14. Jh. vollkommen. Während man zunächst noch versucht, Kanonen, die
anfangs mit Stein-, später mit Metallkugeln gefüttert werden, von oben her
zur Verteidigung einzusetzen und terrassenartige Plattformen schafft, muß
man bald erkennen, daß die hohen Mauern dem Feind viel zu viel Angriffsflä-
che bieten. Es setzt nun eine gegenläufige Bewegung ein, und man legt so viel

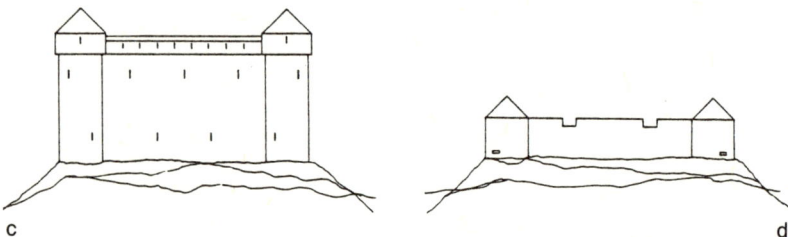

c   d

Mauerwerk wie möglich unter die Erde. Türme und Zinnen werden mit
Schießscharten versehen, der Aufriß bleibt für alle Zukunft niedrig (d).
Gegen Ende des 15. Jh.s, als das Herzogtum Burgund zusammenbricht und
der König von Frankreich seine zentrale Machtposition immer weiter festigt,
ist auch das Ende der wehrhaften Burgen gekommen. Verteidigungsanlagen
stehen allein dem König zu, Burgen und Schlösser dürfen nur noch zu Wohn-
zwecken benutzt werden. Viele verfallen, werden zerstört oder zu entfestigten
Schlössern umgebaut. Das Zeitalter der dekorativen Renaissance-Schlösser
mit ihren liebens- und lebenswerten Wasser- und Gartenanlagen naht.
Es gibt in Burgund zahlreiche Überreste von Burgen des Mittelalters, doch
relativ wenig gut erhaltene Gesamtanlagen aus jener Zeit. Ein schönes Beispiel einer Burganlage mit rechteckigem Donjon und zugehörigem, in die
erweiterte Befestigungsanlage einbezogenen Marktflecken ist Brancion (Kap.
Tournus-Umgebung).
Einen besonders dickwandigen, zylindrischen Donjon aus der Ära der plan-
mäßigen Befestigungen unter Philippe-Auguste kann man in Villeneuve-sur-
Yonne besichtigen (Kap. Sens-Umgebung).
Ein exzellentes Beispiel für ein Wehrschloß mit hochgezogener Courtine,
Mâchicoulis und doppeltürmig bewehrtem Eingang (Typ c) bietet das Château Chevenon (Dep. Nièvre). Es stammt aus dem ausgehenden 14. Jh.
In einer nachfolgenden Aufstellung sind sämtliche Ortsnamen Burgunds, an
denen Ruinen oder Bauten von befestigten Herrenhäusern (maison-forte, im
folgenden Hausburg genannt), Burgen oder Wehranlagen zu finden sind, in
alphabetischer Reihenfolge (innerhalb des jeweiligen Departements) aufgeführt. Die Angaben wurden in veränderter Form dem »Atlas des Châteaux
Forts en France« entnommen. Sie erheben keinen Anspruch auf Vollständig-
keit und sind auch untereinander nicht vergleichbar. Vielmehr sind sie als
eine Art Inventar für denjenigen gedacht, der vertiefte Studien auf diesem
Gebiet treiben möchte oder einfach Vergnügen an der oft abenteuerlichen
Suche nach den Relikten jener Zeit findet.

Verzeichnis der Befestigungsanlagen in Burgund

Dep. Côte-d'Or

Aiserey, Cant. Genlis: Donjon aus dem 12. Jh. (?)

Arnay-le-Duc*: an der Apsis einer Kirche »Tour de la Motte« ein großer
    zylindrischer Donjon mit Mâchicoulis und seitlichem polygonalem Trep-
    penturm; 15. Jh.

Arnay-sous-Vitteaux, Cant. Vitteaux: quadratischer Turm und Ruinenreste

Asnières-Montagne, Cant. Laignes: Ruinen von Rochefort, Wehrmauer mit
    Flankentürmen, erwähnt 1205, zerstört durch den Herzog Jean sans Peur
    1411, wiederaufgebaut in der 2. Hälfte des 15. Jh.s und umgebaut im
    16. Jh.

Aubigny-la-Ronce, Cant. Nolay: Ruinen

Autricourt, Cant. Montigny-sur-Aube: Hausburg aus dem 15. Jh., umge-
    baut im Stile der Renaissance und im 18. Jh.

Auvillars-sur-Saône, Cant. Seurre: neben der Kirche Hausburg von 1409,
    beschädigt 1636, restauriert und teilweise rekonstruiert 1650 und im
    19. Jh.

Auxey-le-Grand, Cant. Beaune: Reste eines alten Schlosses, mit vier Ecktür-
    men, zerstört 1593

Auxonne: Reste eines Schlosses, flankiert von 5 großen Türmen aus dem
    15. und 16. Jh., umgebaut durch Vauban, erbaut vom Herzog Jean 1414,
    modifiziert durch Louis XII. und Francois I.

Beaune: an der Ausfallstraße bei dem Bahnhof zwei große runde Türme aus
    dem 15. Jh., Reste eines Schlosses, das von Henri IV. zerstört wurde

Beire-le-Châtel, Cant. Mirebeau: Hausburg, wiedererrichtet im 17. Jh., mit
    einem großen rechteckigen Donjon aus dem 14. Jh. (?), erwähnt 1336

Bèze, Cant. Mirebeau: Reste eines Schlosses der Äbte, Logis aus dem 14. Jh.

Bligny-sur-Ouche: hoher Donjon eines 1478 zerstörten Schlosses

Blaisy-Haut, Cant. Sombernon: Wehranlage von 1105, flankiert von runden
    Türmen, Eingang durch einen Torturm, wiederhergestellt im 14. und
    15. Jh.

Boncourt-le-Bois, Cant. Nuits-Saint-Georges: ca. 1 km westlich von La Ber-
    chère, rechteckige Wehranlage aus dem 15. Jh. mit runden Türmen an den
    Ecken, umgebaut im 17. und 18. Jh.

Brazey-en-Morvan, Cant. Liernais: Hausburg, erwähnt 1315

Brémur-et-Vaurois, Cant. Châtillon-sur-Seine: auf einem Felsvorsprung, der

---

* Wenn kein Canton angegeben ist, handelt es sich um den Hauptort des gleichnami-
    gen Cantons.

das Seine-Tal überragt, oberhalb eines Herrenhauses aus dem 16. Jh., die Reste eines Schlosses der Herzöge von Burgund; Turmfundamente, Wehrmauer, Kapelle, 14. Jh., erwähnt 1337

Challanges: »Tour des Chartreux«, Hausburg mit zugemauerten Zinnen, erwähnt im 13. Jh.

Champrenault, Cant. Vitteaux: Donjon, »haut logis« mit einem Türmchen. Hausburg, erwähnt 1247, Lehen der Abtei von Saint-Seine

Châteauneuf, Cant. Pouilly-en-Auxois: auf einem Kalkplateau eine polygonale Wehrmauer mit Teilen aus dem 13. und 14. Jh., flankiert von runden Türmen, Höhe 20 m. Die Unterkünfte stammen aus dem 15. Jh. und sind um einen Innenhof gebaut. An der besonders angreifbaren Seite befindet sich ein freier Platz, »la basse-cour«, der von zwei zylindrischen Türmen beherrscht wird. Vor dem Tor befindet sich noch eine Kapelle. Den Mittelpunkt der Anlage bildet ein großer quadratischer Donjon aus der zweiten Hälfte des 12. Jh.s. Die Herrscher von Châteauneuf reichen zurück bis 1176. 1453 wurde das Schloß durch den Herzog von Burgund konfisziert und an Philippe Pot gegeben (s. La Rochepot). Er unternahm umfangreiche Veränderungen

Châtillon-sur-Seine: hinter der Kirche Reste eines Schlößchens der Herzöge von Burgund, gebaut im 12. Jh., zerstört 1598; Ruinen des Donjon und Turmes »Gissey« aus dem 14. Jh., wiederaufgebaut, Platz heute teilweise durch den Friedhof eingenommen

Chaudeney-le-Château, Cant. Bligny-sur-Ouche: quadratischer Donjon, oktogonaler Turm und Reste eines Schlosses mit rechteckigem Grundriß, erwähnt 1229, umgebaut im 17. Jh.

Chazel-l'Echo, Cant. Précy-sous-Thil: Reste eines Schlosses mit rechteckigem Grundriß, flankiert von runden Türmen, mit Vorhof, erwähnt 1379

Chazeuil, Cant. Selongey: Donjon mit einer Höhe von 30 m, 14. Jh.

Cheuge, Cant. Mirebeau: Ruinen einer alten Hausburg, die 1387 erwähnt wird

Clomont, Cant. Arnay-le-Duc: 1. Motte Buxillon, erwähnt 1265; 2. im Osten Hausburg von Rousset; rechteckiger Grundriß mit quadratischen Ecktürmen; erbaut Anfang des 15. Jh.s, umgebaut im 17. u. 19. Jh.; 3. Donjon mit unregelmäßigem Grundriß, 14. Jh.

Commarin, Cant. Pouilly-en-Auxois: zwei runde Türme (Beginn 15. Jh.?), begrenzten eine rechteckige Wehrmauer mit einem Wassergraben; grundlegend umgebaut 1622 und 1705

Conforgien, Cant. Liernais: Donjon mit Mâchicoulis: »Tour du Prêche«, 14. Jh.

Corabœuf, Cant. Nolay: Donjon neben Logis aus dem 16. Jh.

Corcelles-les-Arts, Cant. Beaune: 1. bewohnbarer Donjon mit einem Treppentürmchen; umgeben von rechteckiger Wehrmauer mit runden Türmen; Torturm mit Zugbrücke; erwähnt 1450, restauriert. 2. Gräben der Hausburg »de Masse«

Courcelles-lès-Semur, Cant. Semur-en-Auxois: Wasserschloß, mit rechteckigem Grundriß und quadratischen Türmchen an den Ecken und in der Fassadenmitte, erwähnt 1259

Courtivron, Cant. Is-sur-Tille: neben einem Haus aus dem 18. Jh. ein rechteckiger Donjon von 1387

Culêtre, Cant. Arnay-le-Duc: Reste eines Schlosses mit rechteckigem Grundriß, flankiert von runden Türmen an den Ecken, nur zwei sind erhalten

Darcey, Cant. Venarey-les-Laumes: neben einem Logis von 1773 zwei große Türme einer ehemaligen Hausburg, erwähnt 1410

Dijon: Donjon am »Palais des Ducs«, zwischen 1364 und 1454, auf Überresten aus dem 13. Jh.

Dracy-les-Vitteaux, Cant. Vitteaux: Hausburg mit rechteckigem Grundriß, ehemals flankiert von runden Türmen (nur von zweien gibt es Überreste), erwähnt 1461

Drée, Cant. Sombernon: Hausburg mit rechteckigem Grundriß, erwähnt 1461

Duesme, Cant. Aignay-le-Duc: Ruinen einer Befestigung der Herzöge von Burgund, 13. Jh. (?)

Eguilly, Cant. Pouilly-en-Auxois: Hausburg mit rechteckigem Grundriß und zwei runden Türmen sowie zwei eckigen Türmchen an jeder Schmalseite; Eingang durch einen Torturm, der zerstört ist, mit Zugbrücke, erwähnt 1447

Epoisses, Cant. Semur-en-Auxois: rechtwinkliges Logis, anschließend drei große eckige Türme (es waren 6 vor der Revolution) und ein oktagonaler, 14. Jh.; umgebaut im 16. Jh.

Flée, Cant. Semur-en-Auxois: Hausburg, erwähnt 1417

Gamay, Cant. Nolay: alte Hausburg, erwähnt 1372, Teile aus dem 14. und 15. Jh., restauriert Ende des 19. Jh.s

Gevrey-Chambertin: Logis aus dem 15. Jh., neben einem quadratischen Donjon (13. Jh.?), Reste einer rechteckigen Wehrmauer zur Abtei von Cluny gehörige, gebaut vom Abt Yves de Poiset und seinem Neffen Yves de Chasan zwischen 1257 und 1289, zerstört im 16. Jh.

Gilly-lès-Cîteaux, Cant. Nuits-Saint-Georges: 14. und 17. Jh.; am 12. Oktober 1367 erteilte der Bischof von Autun dem Abt von Cîteaux die Erlaubnis, das Schloß von Gilly zu befestigen und einen Mannschaftsführer einzusetzen; die Herzöge von Burgund billigten die Maßnahme nachträglich

Gissey-le-Vieil, Cant. Vitteaux: Hausburg mit rechteckigem Grundriß und Ecktürmen, erwähnt 1467, Nachfolger einer seit 1170 erwähnten Burg

Grancey-le-Château: Reste aus dem 14. und 16. Jh.

Grésigny-Sainte-Reine, Cant. Montbard: Hausburg mit quadratischem Grundriß, erwähnt 1365

Grignon, Cant. Venarey: neben einer Kirche mittelalterliche Reste weiterverwendet für eine Konstruktion des 16. Jh.s, verändert Ende des 19. Jh.s, und Anfang des 20. Jh.s. Das hohe Türmchen wurde aus dem Abrißmaterial des Donjon errichtet

Jours-en-Vaux, Cant. Nolay: polygonale Umwallung aus der Mitte des 13. Jh.s, Kapelle und Logis aus dem 14.–15. und 17. Jh., erwähnt 1239

Lacour-d'Arcenay, Cant. Précy-sous-Thil: Hausburg der Fürsten von Arcenay; rechtwinkliger Grundriß, mit zwei runden Ecktürmen

Lamargelle, Cant. Saint-Seine-l'Abbaye: Reste eines Donjon und der Kapelle des alten Schlosses »Margelle« der Äbte von Saint-Seine, 14. Jh.

Lantenay, Cant. Dijon: Reste eines Schlosses der Herzöge von Burgund, erwähnt im 14. Jh.

Longecourt-en-Plaine, Cant. Genlis: Küche aus dem 13. Jh. und Partien aus dem 15. und 16. Jh., durch Neubau überformt; Hausburg, erwähnt 1298 als Besitz der Herzöge von Burgund

Maisey-le-Duc, Cant. Châtillon-sur-Seine: Ruinen eines herzöglichen Schlosses aus dem 13. und 14. Jh.

Mâlain, Cant. Sombernon: auf einem Berg Ruinen eines Schlosses, erwähnt 1230

Manlay, Cant. Liernais: Donjon aus dem 14. Jh., umgewandelt in einen Kirchturm

Marigny-le-Cahouet, Cant. Venarey: rechteckiger Grundriß mit quadratischen Ecktürmen, die diagonal zur Hauptachse stehen, erbaut im 13. Jh. (Überreste eines Turmes), umgebaut im 15. und 17. Jh. (nach 1605) und vollständig renoviert im Stil des 19. Jh.s

Marigny-sur-Ouche, Cant. Sombernon: Ruinen aus dem 15. und 16. Jh.

Meix, Cant. Grancey-le-Château: Reste einer Hausburg mit rechteckigem Grundriß und runden Türmen an den Ecken; Eingang durch einen Torturm mit Zugbrücke, erbaut durch die Herren von Saulx im 15. Jh. und stark verändert in der Mitte des 17. Jh.s

Menessaire, Cant. Liernais: Hausburg mit quadratischem Grundriß und runden Türmen an den Ecken, aus dem 15. Jh.

Mimeure, Cant. Arnay-le-Duc: Reste einer Hausburg mit polygonalem Grundriß, erwähnt 1461, Teile aus dem 15. und 16. Jh.

Molinot, Cant. Nolay: Turm aus dem 14. Jh. und Reste einer Hausburg

Mont-Saint-Jean, Cant. Pouilly-en-Auxois: rechteckige Anlage mit vier run-

Semur-en-Auxois am Armançon, stärkste Festung der Burgunderherzöge ▷

den Türmen an den Ecken, und Reste einer äußeren Verteidigungsmauer. Die Festung wird im 10. Jh. erwähnt; wiederaufgebaut im 13. und 14. Jh. und umgebaut im 15. Jh.

Montbard: auf einer Anhöhe im Park Buffon Reste eines Schlosses der Herzöge von Burgund und der »Tour de l'Aubespin«, Donjon vom Anfang des 14. Jh.s, Höhe 40 m; erste Erwähnung 1065

Montfort, Cant. Montbard: Reste einer hohen Courtine, flankiert von drei oktagonalen Türmen und Reste von Logis und Kapelle, erwähnt 1070, neuerrichtet im 14. Jh., umgebaut 1626 und zerstört während der Revolution

Montigny-sur-Armançon, Cant. Semur-en-Auxois: Hausburg, flankiert von vier quadratischen Türmen, erwähnt 1310

Mussy-la-Fosse, Cant. Venarey: Hausburg mit polygonalem Grundriß, erwähnt 1444

Nesle-et-Massout, Cant. Laignes: quadratischer Turm, Reste von einem der vier Ecktürme, erwähnt 1310

Posanges, Cant. Vitteaux: im Tal der Brenne eine quadratische Wehranlage mit runden Türmen an den Ecken und einem Wassergraben. Zugang über eine feste Brücke, ehemals eine Zugbrücke (getrennt in Fußgänger und Fuhrwerke) mit Torturm, erbaut Anfang 1440 und 1445 durch Guillaume Dubois, »Maître d'Hôtel« von Philippe le Bon auf dem Platz einer Hausburg, erwähnt 1299

Pouillenay, Cant. Venarey: im Tal der Brenne Wehranlage, flankiert durch vier runde Türme an den Ecken, wiederhergestellt Anfang 1470 und 1550

Quemigny-sur-Seine, Cant. Aignay-le-Duc: quadratischer Donjon (14. Jh.?) und zwei runde Türme, wiederbenutzt für den Bau eines Wohnhauses Ende des 17. Jh.s

Roche-en-Brenil, Cant. Saulieu: Hausburg mit rechteckigem Grundriß und Türmen an den Ecken, erwähnt 1230, rekonstruiert im 14. und 15. Jh., stark umgebaut 1576

Rochefort-sur-Brevon, Cant. Aignay-le-Duc: Ruinen einer großen Wehranlage mit runden Türmen, erwähnt 1311

Rochepot, Cant. Nolay: vgl. Kap. Beaune-Umgebung

Rosières, Cant. Fontaine-Française: großer rechteckiger Donjon (13,5 × 21 m) mit zwei Wohnetagen, und Mâchicoulis (Höhe 19 m). Er besaß Runderker an den Ecken, von denen nur einer erhalten ist; von den

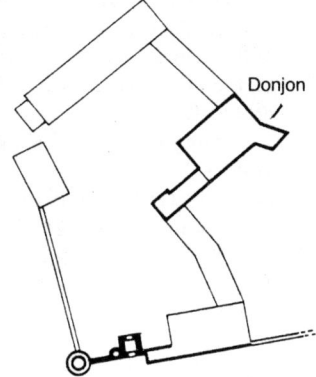

Donjon

Rosières

runden Flankentürmen an der Courtine ist ebenfalls nur einer erhalten; Zugang durch einen Torturm, der im 16. Jh. umgebaut wurde. Von den Herren von Saint-Seine erbaut 1474; der Donjon wurde unter Ludwig XIII. restauriert, der einen Treppenturm anfügen ließ

Rougemont, Cant. Montbard: romanischer Donjon; »Géraldus de Turri« erwähnt 1090–1096; ein Donjon wird erwähnt zwischen 1076 und 1100

Saffres, Cant. Vitteaux: Anlage aus dem 14., 16. und 17. Jh.

Saint-Apollinaire, Cant. Dijon: Anlage aus dem 14.–17. Jh.

Saint-Seine-sur-Vingeanne, Cant. Fontaine-Française: Motte des gräflichen Schlosses von Saint-Seine-les-Halles, erwähnt 1256

Salives, Cant. Grancey-le-Château: bei der Kirche Relikt eines großen Donjon. Die Mauern sind 2,80 m breit, aus Bruchsteinen. Ausmaße: 16,30 × 22,60 m, 22 m Höhe, dreigeschossig. Anlage der Burgunderherzöge aus dem 13. Jh.

Salmaise, Cant. Venarey: auf einem Kalkfelsen Ruinen eines alten Dorfes und eines herzöglichen Schlosses, erwähnt im 10. Jh. (?), neuerrichtet nach 1332

Santenay, Cant. Nolay: quadratischer Donjon und Hausburg, neuerrichtet 1763

Saulon-la-Chapelle, Cant. Gevrey-Chambertin: Hausburg von Layer-le-Franc, quadratischer Turm mit drei Etagen, erwähnt 1366

Saulon-la-Rue, Cant. Gevrey-Chambertin: Hausburg auf Motte, erwähnt 1372

Savigny-lès-Beaune, Cant. Beaune: rechteckiger Grundriß, flankiert von runden Türmen an den Ecken; gegründet 1340 von Jean de Frolois, umgebaut 1672

Savigny-sous-Mâlain, Cant. Sombernon: Hausburg auf Motte, erwähnt 1372

Semur-en-Auxois: in einer Flußschlinge des Armançon, an der engsten Stelle auf einem Felsen vier runde Türme, bis zu 44 m hoch. Es sind die Ecktürme einer rechteckigen Befestigungsanlage der Herzöge von Burgund, erbaut Ende 13. Jh., erneuert Mitte 14. Jh. Im Zusammenhang damit Erweiterung der Zitadelle auf dem Felssporn (im Westen) unter Errichtung von 18 Bastionen. Semur wurde zur stärksten Festung Burgunds und hatte den Ruf der Uneinnehmbarkeit.
Der »bourg«, die eigentliche Wohnsiedlung, entwickelte sich im Osten, außerhalb der Befestigungsanlage, um die Kirche Notre-Dame (geweiht im 11. Jh., erneuert im 13. und 14. Jh.)

Sincey-lès-Rouvray, Cant. Saulieu: »ferme de la Motte«, großzügiger Komplex einer Hausburg

Soussey, Cant. Vitteaux: quadratischer Donjon, erwähnt 1249

Talmay: vgl. Kap. Saône-Ebene und Bresse

Thénissey, Cant. Venarey: Reste einer Hausburg mit rechteckigem Grundriß, erwähnt im 15. Jh., in der Nähe eines Wohnhauses von 1718

Thil-en-Auxois, Cant. Précy-sous-Thil: große Wehrmauer, stark zerfallen,
aus dem 12. und 13. Jh., Schloß erwähnt 1016; mit Stiftskirche, gegründet
1341

Thoisy-la-Berchère, Cant. Saulieu: Logis aus dem 15./16. Jh., flankiert von
einem großen runden Turm und einem polygonalen Treppenhaus; stark
restauriert ab 1844, erwähnt 1172, wiederaufgebaut in der zweiten Hälfte
des 15. Jh.s durch Jean Rolin (Sohn des Kanzlers Nicolas Rolin), Bischof
von Autun

Touillon, Cant. Montbard: quadratischer Turm, Reste eines Schlosses, erwähnt 1116

Turcey, Cant. Saint-Seine-l'Abbaye: Hausburg, rechteckige Wehrmauer,
flankiert von runden Türmen, Eingang durch einen Torturm mit einer
Zugbrücke

Vianges, Cant. Liernais: Hausburg mit rechteckigem Grundriß mit doppelter
Verteidigungsanlage, erwähnt 1305

Vieux-Château, Cant. Semur-en-Auxois: Reste eines gräflichen Schlosses aus
dem 15. Jh.

Villaines-en-Duesmois, Cant. Baigneux-les-Juifs: Ruinen aus dem 13., 14.
und 15. Jh. eines gräflichen Schlosses, flankiert von vier runden Türmen

Villargoix, Cant. Saulieu: Reste einer Hausburg mit rechteckigem Grundriß

Villeferry, Cant. Vitteaux: Wehrmauer, flankiert von zwei eckigen und zwei
runden Türmen aus dem 15. Jh.

Villeneuve-les-Essey, Cant. Pouilly-en-Auxois: Hausburg mit pentagonalem
Grundriß und runden Türmen, erwähnt 1278

Villers-la-Faye, Cant. Nuits-Saint-Georges: Reste aus dem 15. Jh., 1295
wird ein altes Schloß zerstört, und seine Baumaterialien werden für den
Bau eines neuen an einem anderen Ort verwendet

Villiers-en-Morvan, Cant. Liernais: Anlage aus dem 14. und 16. Jh.

Vitteaux: Reste eines herzöglichen Schlosses, flankiert von runden Türmen
und Burgkapelle aus dem 14. Jh.

Voudenay, Cant. Arnay-le-Duc: Turm, als Überrest von ehemals vier Ecktürmen, erwähnt im 15. Jh.

Dep. Nièvre

Arthel, Cant. Prémery: 1. Schloß von Apremont, 15. und 18. Jh., 2. Schloß
»de la Motte«, 14. Jh.

Asnois, Cant. Tannay: Anlage aus dem 15. und 16. Jh.

Aunay-en-Bazois, Cant. Châtillon-en-Bazois: Ruinen von Broin, 15. Jh.,
    erwähnt erstmals 1293

Bazoches, Cant. Lormes: Schloß auf einer nordöstlichen Erhebung mit tra-
    pezförmigem Grundriß, flankiert von runden Türmen mit Mâchicoulis;
    Torturm mit (ehemaliger) Zugbrücke. Im 17. Jh. im Besitz der Familie
    Vauban. V. ließ die hohen, »klassischen« Fenster einsetzen (vgl. Kap. Auf
    den Spuren Vaubans)

Beaumont-la-Ferrière, Cant. La Charité-sur-Loire: zwei mittelalterliche
    Türme bei einem modernen Schloß

Bessay, Cant. Cornes: Herrenhaus, erbaut 1498 durch Pierre Bonnay, Kam-
    merherr des Herzogs von Bourbon

Billy-sur-Oisy, Cant. Clamecy: auf einem Hügel auf dem rechten Ufer des
    Oisy Ruinen des Schlosses Murat (oder Musard), 13. Jh., gebaut 1215
    durch Hervé de Donzy

Bitry, Cant. Saint-Amand-en-Puisye: Reste einer Hausburg aus dem 14./
    16. Jh., erwähnt 1385

Bulcy, Cant. Pouilly-sur-Loire: Anlage aus dem 13. und 15. Jh.

Burmont, Cant. Fours: Ruinen in 225 m Höhe

(La) Bussiére, Cant. Luzy: Herrenhaus aus dem 15. Jh., erwähnt 1463

Cervon, Cant. Corbigny: Herrenhaus von Chaume, 15. Jh.

(Le) Chailloux, Cant. Saint-Benin-d'Azy: Anlage aus dem 15. Jh.

Champallement, Cant. Brinon-sur-Beuvron: Turm und Wehrmauer eines
    Schlosses des 15. Jh.s, das Schloß der Herren von Allemand, erstmals
    erwähnt 1060

Champlemy, Cant. Prémery: Anlage aus dem 14., 15. und 16. Jh.

Champlevois, Cant. Fours: Ruinen aus dem 14. und 16. Jh.; (Motte), er-
    wähnt 1355

Champvert, Cant. Decize: alte Hausburg von Riegeot, erwähnt 1266, erneu-
    ert im 15. Jh.

(La) Charité-sur-Loire: Reste eines Äbte-Logis aus dem 12. und 13. Jh.

Châteauneuf-Val-de-Bargis, Cant. Donzy: Ruine eines Donjon des 12. Jh.s

Châtillon-en-Bazois: Turm am Ufer des Aron aus dem 13. (?) Jh., nahe dem
    Schloß, das im 15.–17. Jh. restauriert wurde

Chevenon, Cant. Nevers: viergeschossige Burg mit hoher Courtine und
    Mâchicoulis. Auf einer der langen Seiten sind die Ecken flankiert von
    großen runden Türmen mit Schießscharten an der Basis. In der Mitte der
    Fassade zwei halbrunde Türmchen. Man findet dieses System der Pfeiler
    auch in Passy-les-Tours, Prémery. Auf der gegenüberliegenden langen
    Seite sind die Ecken mit viereckigen Türmen bestückt. In der Mitte der
    Fassade ist ein vorspringender, viereckiger höher herausragender Turm.
    Ende des 14. Jh.s, verändert im 16. Jh. und restauriert im 19. Jh.

Cigogne, Cant. Saint-Benin-d'Azy: Turm aus dem 15. Jh.

Corbelin, Cant. Varzy: Herrenhaus aus dem 15./16. Jh. mit vier großen Türmen aus dem 13. Jh., romanische Kapelle; erwähnt 1174

Diennes-Aubigny, Cant. Saint-Benin-d'Azy: zwei Türme aus dem 15. Jh.

Dompierre-sur-Nièvre, Cant. Prémery: Hausburg aus dem 14. Jh., umgebaut im 16. Jh., erwähnt 1354

Dornes: Schloßreste aus dem 13. Jh. (Fundamente von Türmen), Umbauten im 15. und 16. Jh.

Druy-Parigny, Cant. La Machine: Anlage aus dem 14. und 15. Jh.; Motte von Monaton

Epiry, Cant. Corbigny: auf einer Anhöhe über dem Tal der Yonne hoher rechteckiger Turm aus dem 15. Jh., einbezogen in ein Schloß aus dem 17. Jh.

Fleury-la-Tour, Cant. Châtillon-en-Bazois: Donjon aus dem 14. Jh.

Frasnay-Reugny, Cant. Saint-Benin-d'Azy: im Südosten Ruinen und zwei Türme aus dem 13. Jh.

Gerigny: Anlage aus dem 15. Jh.

Gimouille, Cant. Nevers: Herrenhaus von Marais, rechteckige Wehrmauer umgeben von einem großen Wassergraben

Giry, Cant. Prémery: Herrenhaus aus dem 15./16. Jh.

Giverdy, Cant. Saint-Saulge: Herrenhaus aus dem 15. Jh.

Guérigny: Herrenhaus von Villemenant, 15.–16. Jh., stark verändert

Isenay, Cant. Moulins-Engilbert: 1. Hausburg von Montchanin, erwähnt 1362, 2. 1 km südwestl. Hausburg von Tremblay, Logis aus dem 15. Jh.

Langeron, Cant. Saint-Pierre-le-Moûtier: Donjon aus dem 15. Jh., nach dem Plan eines Kleeblattes mit vier Blättern

Lantilly, Cant. Corbigny: Anlage am Ufer des Anguison, Teile aus dem 14. Jh., erwähnt 1356

Lanty, Cant. Luzy: Anlage aus dem 15. Jh.

Luzy: zylindrischer Donjon

(Le) Magny, Cant. Pouilly-sur-Loire: Herrenhaus aus dem 15. Jh., erwähnt erstmals 1374

Marcilly, Cant. Corbigny: Schloß, erwähnt Anfang 1266, umgebaut im 15. Jh. durch Jean Boudault, Stallmeister der Herzöge von Burgund und Gouverneur von Château-Chinon, große rechteckige Wehranlage, flankiert von runden Türmen, im 17. Jh. mit hohen klassischen Fenstern versehen

Maux, Cant. Moulins-Engilbert: Chandiou oder Champdioux, erwähnt 1286, erneuert Ende des 14., Anfang des 15. Jh.s, umgebaut im 17. Jh.

Meauce, Cant. Nevers: 2 km westlich von Saincaize, auf dem rechten Ufer des Allier kreisförmige Wehranlage aus dem 13. Jh. (?) mit Gebäuden,

die um einen polygonalen Hof angeordnet sind. Umgebaut im 15. Jh.,
Treppenturm aus dem 17. Jh.

Montenoison, Cant. Prémery: auf der Kuppe eines Hügels von 417 m Höhe
Ruinen aus dem 13. Jh., erwähnt erstmals 1097

Montigny-en-Morvan: Cant. Château-Chinon: Anlage aus dem 15./16. Jh.

(La) Motte-Farchat, Cant. Decize: Anlage der Herren von Ferrechat am Ufer
der Loire, 15., 16. und 17. Jh.

(La) Motte-Josserand, Cant. Donzy: rechteckige Wehranlage mit vier Türmen mit Schießscharten. Eingangstor mit Zugbrücke, das Tor wird von
einem Turm mit Zinnen überragt; erwähnt 1288; Schloß erneuert im
14. Jh., (1359 besetzt durch Arnaud de Cervoles, genannt Archiprêtre,
Kapitän der Grandes Compagnies), restauriert im 15. Jh. (im ersten Drittel
des Jh.s diente es als Schlupfwinkel des »Capitaine de routiers« Perrinet
Gressart, Gegner der Jeanne d'Arc)

Moulins-Engilbert: 1. auf einem Hügel, oberhalb der Kirche Reste eines
Schlosses des Grafen von Nevers, umgewandelt in einen öffentlichen Garten; 13. und 14. Jh.; 2. Motte »du Plessis« oder »Motte Pavillon«, erwähnt
im 18. Jh.

Mouron, Cant. Corbigny: Herrenhäuser von Coulon und Thaveneau,
15. Jh.

Murlin, Cant. La Charité-sur-Loire: Herrenhaus von Montifaut, 15. Jh.

Nevers: »Palais des ducs de Nevers«, erbaut 1475, vollständig umgebaut im
16. Jh., begonnen von Graf Jean de Clamecy, ehemals umgeben von einer
hohen Mauer, die Anfang des 17. Jh.s abgerissen wurde

Cant. Tannay: Ruinen von Bouchet, 14. Jh., erwähnt bereits 1310

Passy-les-Tours, Cant. La Charité-sur-Loire: Ruine einer Hausburg; rechteckiges Logis mit zwei Etagen und Parterre. An einer Ecke viereckiger
Turm mit kleinen Türmchen über Erkern (unterstützt von Pfeilern, wie in
Chevenon). Auf der anderen Seite ein runder Turm, die Mitte der Fassade
hat einen viereckigen Treppenturm; erbaut Ende des 14. Jh.s durch Jean de
Chevenon, verändert im 14. und 15. Jh. Wie La Motte Josserand, besetzt
von Perrinet Gressart

Prémery: Schloß der Bischöfe von Nevers, 14., 16. und 17. Jh., quadratischer Torturm mit rundem Seitenturm und Türmchen über Erker, gestützt
von Pfeiler (wie in Chevenon und Passy-les-Tours)

Prye, Cant. Saint-Benin-d'Azy: auf dem Platz eines Schlosses aus dem
13. Jh. ein Donjon und drei Flügel T-förmig angeordnet; Teile aus dem
15. und 16. Jh., modifiziert im 17. Jh., verändert durch die »Restaurierung«
am Ende des 19. Jh.s

Remilly, Cant. Luzy: 1. Herrenhaus von Bost, 15. Jh., erwähnt 1434,
2. ehem. Herrenhaus de la Boue, 14. Jh., erwähnt 1357

Rosemont oder Rozemont, Cant. Saint-Pierre-le-Môtier: große polygonale Wehrmauer mit einer Dicke von 2 m, flankiert von 7 abgedachten Türmen (ehemals neun) mit Schießscharten, Kragsteinen, erwähnt seit 1210, zur Farm umgestaltet

Rouy, Cant. Saint-Saulge: Ruinen von La Boube, erwähnt 1294

Saint-Antoine, Cant. Nevers: ehem. Komturei, 12., 13. und 14. Jh.

Saint-Benin-d'Azy: Ruinen und Donjon aus dem 13. oder 14. Jh.

Saint-Eloi, Cant. Nevers: Anlage von La Baratte, Teile aus dem 15. Jh.

Saint-Gratien-Savigny, Cant. Fours: Herrenhaus von Chaumigny, Teile aus dem 14. Jh.

Saint-Parize-le-Châtel, Cant. Saint-Pierre-le-Môtier: La Chassaigne, Reste aus dem 13. und 15. Jh. neben einem Logis von 1865

Saint-Pereuse, Cant. Château-Chinon: 1. Ruinen von Clou, 2. Turm von Solières, erwähnt 1294

Saint-Verain, Cant. Saint-Amand-en-Puisaye: 1. große Ruine aus dem 12./13. Jh., 2. Herrensitz aus dem 13. und 15. Jh., umgewandelt in ein Pfarrhaus

Sauzay, Cant. Varzy: Schloß aus dem 14. Jh., teilweise Ruine; zur Farm umgewandelt

Saxi-Bourdon, Cant. Saint-Saulge: 1. Anlage von Fourcherenne, erwähnt 1394, 2. Trougny, 15. und 18. Jh.

Suilly-la-Tour, Cant. Pouilly-sur-Loire: 1. Ruinen von Chailloy, erwähnt 1256; 2. Granges, erwähnt 1351

Toury-Lurcy, Cant. Dornes: 1. Donjon aus dem 13. Jh., oberhalb des Abron, 2. Motten von Epoisses, Chambrin und Toufailles

Urzy, Cant. Guérigny: am Ufer der Nièvre »Les Bordes«, rechteckige Wehranlage, flankiert an den Ecken von zylindrischen Türmen mit Mâchicoulis; Eingang durch einen Torturm mit Zugbrücke. Vor dem mittelalterlichen Tor hat man ein sehr monumentales, klassisches Tor aufgebaut. Erwähnt 1249, restauriert 1486 und umgebaut in verschiedenen Epochen

Vandenesse, Cant. Moulins-Engilbert: polygonale Wehranlage, davon Reste von vier Türmen (ehemals sieben), zerstört 1440 durch burgundische Banden, wiederaufgebaut 1475, modifiziert im 17. Jh.

Vauban, Cant. Lormes: Hausburg, erneuert im 15. Jh.; bei Champignolles

Verneuil, Cant. Decize: Anlage aus dem 13., 15., 16. und 17. Jh.

Vieille-Montagne, Cant. Moulins-Engilbert: auf einem Berg von 556 m Höhe Ruinen und Reste eines Donjon, erwähnt 1251, zerstört 1533

Vielmanay, Cant. Pouilly-sur-Loire: im Westen Herrenhaus von Vieux-Moulin, daneben ein großer runder Turm, Hauptflügel flankiert von einem Türmchen mit polygonalem Treppenaufbau, 13., 14. und 16. Jh.

Villars, Cant. Saint-Pierre-le-Môtier: Anlage aus dem 14. Jh.

Villemoison, Cant. Cosne-Cours-sur-Loire: Reste einer Komturei, erwähnt
1180; 12. und 16. Jh.

Villemolin, Cant. Corbigny: Anlage aus dem 15. Jh.

Dep. Saône-et-Loire

Amanzé, Cant. La Clayette: Burgreste, teilweise 15. Jh.

Autun: 1. Rue des Bancs Nr. 3 ehemal. Hausburg mit Mâchicoulis, in der
sich nun das »Musée Rolin« befindet. Erbaut im 15. Jh. durch Nicolas
Rolin, Kanzler der Burgunderherzöge. 2. »Tour Saint Leger« Donjon aus
dem 12. Jh. im Südosten des Bischofssitzes (18. Jh.) mit Resten eines mittelalterlichen Palais der Herzöge von Burgund, restauriert 1483, Place du
Cardinal Perraud. 3. »Tour de Marchaux« oder »de l'Horloge« aus dem
15. Jh., in Verbindung mit Resten des ehemaligen »Hôtel de Cluny«, Pe-
tite-Rue Marchaux

Ballore, Cant. La Guiche: zylindrischer Donjon, bekrönt mit Mâchicoulis,
Wohnhaus

Beaubery, Cant. Saint-Bonnet-de-Joux: 1. Ruinen von Cornes-d'Artus;
2. Corcheval, Viereck mit Seitentürmen, Mitte des 15. Jh.s zerstört, restauriert und dann wieder zerstört Ende des 16. Jh.s

Berzé-le-Châtel, Cant. Cluny: vgl. Mâcon-Umgebung

Berzé-la-Ville, Cant. Mâcon: Reste des »Château des Moines de Cluny« mit
romanischer Wehrkapelle (vgl. Kap. Mâcon-Umgebung)

Bissy-sur-Fley, Cant. Buxy: Hausburg des 15. Jh.s

Bonnay, Cant. Saint-Gengoux-le-National: Reste von d'Aynard, 0,5 km
südwestlich Besanceuil, erwähnt 1466

(La) Boulaye. Cant. Mesvres: Turm von La Roche-Bazor, 15. Jh.

Bourgneuf, Cant. Givry: Ruinen von Montaigu

Bourgvilain, Cant. Tramayes: 13. und 15. Jh.

Boyer, Cant. Sennecey-le-Grand: 13. und 15. Jh.

Bragny-en-Charollais, Cant. Palinges: Donjon und Ruinen aus dem 12. und
15. Jh.

Brancion, Cant. Tournus: vgl. Kap. Tournus-Umgebung

Bresse-sur-Grosne, Cant. Sennecey-le-Grand: Logis aus dem 15. u. 16. Jh.
neben einem Donjon des 12. Jh.s

Champsigny, Cant. Epinac: befestigtes Tor mit Mâchicoulis, flankiert von
einem quadratischen Turm, 15. Jh.

Changy, Cant. Charolles: 2 km nordöstlich, Donjon von Montessus aus dem
14. Jh., versehen mit kleinen Türmchen an den oberen Ecken. Angebaut
daran ein rechteckiges Logis, etwas entfernt ein großer zylindrischer Tau-
benschlag

(La) Chapelle-aux-Mans, Cant. Gueugnon: Anlage 2 km nordöstlich am Ufer eines Sees, Lucenier, 13. und 17. Jh.

Charmoy, Cant. Montcenis: quadratischer Donjon, genannt »Tour du Bost«, Höhe 43 m. Im 12. Jh. hatte er nur 2 Etagen (eine oder zwei weitere Etagen schienen mit Erde bedeckt gewesen zu sein), dann erhöht im 14. Jh.

Charnay-lès-Mâcon, Cant. Mâcon: auf einem Berg, der das Tal der Petite-Grosne überragt, Saint-Leger: Türme aus dem 14./15. Jh., Gebäude angebaut im 17. Jh.

Charolles: zwei runde Türme, Reste eines Schlosses der Grafen von Charollais, 14. Jh.

Chasselas, Cant. La Chapelle-de-Guinchay: Reste einer Hausburg neben einem Logis

Chassy, Cant. Gueugnon: Anlage aus dem 15.–16. Jh.

Château, Cant. Cluny: Donjon umgewandelt in einen Kirchturm

Chissey-en-Movan, Cant. Lucenay-l'Evêque: Donjon und Schloß, teilweise aus dem 12. Jh.

Ciry-le-Noble, Cant. Toulon-sur-Arroux: Le Sauvement: um 1607 erbaute Jean Gontier eine Hausburg neben »altem Turm«

(La) Clayette: bedeutende Reste einer Hausburg mit einem Wassergraben, erbaut um 1380; Neubau im 18. Jh., rekonstruiert und Veränderung im neugotischen Stil, Wasserschloß

Cluny: Schloß der Äbte und großer rechteckiger Donjon aus dem 14. und 15. Jh.

Collonge-en-Charollais, Cant. La Guiche: quadratischer Donjon von Montvoisin

Cortevaix, Cant. Saint-Gengoux-le-National: 1. auf einem Felsen Reste eines Schlosses der Herzöge von Burgund; 2. Reste in Pommier, 15. Jh.

Couches-les-Mines: quadratischer Donjon mit Mâchicoulis, Reste aus dem 15. Jh., restauriert und teilweise rekonstruiert im 19. Jh.

Cruzille, Cant. Lugny: runder Turm mit Kragsteinen und Logis, 15. Jh.

Cuisery: zylindrischer Donjon, der das Flußtal überragt, an der Kirche

Cussy-en-Morvan, Cant. Lucenay-l'Evêque: Ruinen von Marcy, 14. Jh.

Dracy-Saint-Loup, Cant. Autun: Hausburg von 1454, umgewandelt in eine Farm

Durtal: quadratischer Donjon mit Mâchicoulis, 2 km südöstl. v. Montpont

Ecuisses, Cant. Montchanin: La Motte-Marcilly erwähnt 1288, umgewandelt in eine Farm

Epinac: rechteckiger Donjon, an den eine nachträglich mit Fenstern versehene Courtine anschließt. Am anderen Ende hoher Torturm mit Mâchicoulis und Zugbrücke; zwei andere Türme überragten diese Wehranlage, die den Hof umschloß. Als Gegenbefestigung sind erhalten die »braies«, flankiert von halbrunden Türmen, die sich zum Abgrund hin öffnen; in die Verteidigungsanlage mit einbezogen eine Terrasse für Kanonen. Die Festung hieß »Montoy«. Im 15. Jh. restauriert vom Kanzler Rolin, dann von Ludwig XI.

Epiry, Cant. Couches: Reste einer rechteckigen Wehranlage, flankiert von Türmen an den Ecken, 15. Jh. ausgebessert und rekonstruiert 1717, 3 km südöstl. v. St.-Emiland

Etang-sur-Arroux, Cant. Saint-Léger-sous-Beuvray: Ruinen von La Perrière

Etrigny, Cant. Sennecey-le-Grand: 1. 1 km südlich Balleure, stark restaurierte Anlage, 14.–15. Jh., 2. Saugerée, ehemalige Hausburg auf Motte, erwähnt 1380

Germolles, Cant. Givry: Reste eines Schlosses, erbaut durch Marguerite de Flandres, Gattin von Philippe le Hardi. Die Arbeiten begannen ca. 1383 und dauerten bis 1396, sie kosteten 435 000 Goldfranken

Gourdon, Cant. Mont-Saint-Vincent: Les Puits, Anlage aus dem 15. Jh.

(La) Grande-Verrière, Cant. Saint-Léger-sous-Beuvray: 3 km nordwestlich Ruinen von Roches-de-Glennes, 4 km südöstlich Donjon von Vauthiau, 15. Jh.

Grury, Cant. Issy-l'Evêque: 1. Ruinen von Folin. 2. 2 km nordöstlich Montperroux, runder Turm mit anschließendem Logis aus dem 16. Jh.

Hurigny, Cant. Mâcon: Salornay, Reste einer Hausburg, die 1471 von den Truppen des Königs zerstört wurde, wiederaufgebaut Ende des 15. Jh.s und umgebaut in verschiedenen Epochen

Laives, Cant. Sennecey-le-Grand: 1 km Ostnordost in Sermaizey Reste aus dem 15. Jh.

Laizé, Cant. Mâcon: Donjon (Höhe 25 m) der Mönche von Cluny.

Laizy, Cant. Mesvres: südlich am linken Ufer des Arroux Ruinen von Chazeux, Mitte des 15. Jh.s

Lessard-en-Bresse, Cant. Saint-Germain-du-Plain: 15. Jh., Anlage aus Ziegeln

Lournand, Cant. Cluny: Ruinen von Lourdon, erwähnt Anfang des 11. Jh.s, zur Abtei von Cluny gehörig

Marcilly-la-Gueurce, Cant. Charolles: 1 km westlich Terze, runder Turm und Burgsaal aus dem 14. Jh., weiterverwendet in einem Anwesen aus dem 16. und 18. Jh.

Martigny-le-Comte, Cant. Palinges: zwei Türme aus dem 14. und 15. Jh., Reste eines Schlosses, stark verändert 1868

Matour: Thiard, 13., 16. und 18. Jh.

Mazille, Cant. Cluny: altes Schloß der Mönche von Cluny aus dem 15. Jh.

Melay, Cant. Marcigny: Maulevrier, Anlage aus dem 15. und 18. Jh.

Messey-sur-Grosne, Cant. Buxy: Anlage aus Ziegeln auf Motte, erwähnt 1480

Mesvres: Hausburg aus dem 15.–16. Jh., alte Priorei?

Montagny-lès-Buxy, Cant. Buxy: Anlage aus dem 15. Jh.

Montbellet, Cant. Lugny: Reste bei Buffières, um 1500

Montcenis: 1. auf einem Felsen, der das Dorf überragt, Ruinen eines Schlosses der Herzöge von Burgund; 2. 5 km westlich der Donjon von Bost über einem Tal gelegen, 14.–15. Jh.

Montcony, Cant. Beaurepaire-en-Bresse: rechteckiger Herrensitz, flankiert an der langen Seite von zwei hohen Türmen, mit Mâchicoulis; umschließt einen viereckigen Hof, dessen Ecken zwei zylindrische niedrige Türme haben. Das Anwesen wurde im 15. Jh. erbaut, im 16. Jh. während der Religionskriege zerstört und hat gegen 1870 »die Beleidigung durch einen ›Architekten‹ erdulden müssen«

Monthelon, Cant. Autun: rechteckiger Herrensitz aus dem 15. Jh., flankiert von zwei runden Türmen; Galerie im ersten Stock aus dem 16. Jh.

Montillet: 3 km nordwestl. v. Tramayes Anlage aus dem 14.–15. Jh.

Morlet, Cant. Epinac: quadratischer Donjon (um 1420?) an einem Gebäude, das 1584 erneuert wurde

Ozenay, Cant. Tournus: Schloß, 16. Jh. mit Resten aus dem 13. Jh., während der Religionskriege zerstört, im 17. Jh. vergrößert und verändert

Palinges: zylindrischer Donjon

Poisson, Cant. Paray-le-Monial: Anlage von Moulin-l'Arcons, 15. Jh.

Rully, Cant. Chagny: quadratische Festung mit drei runden Türmen an den Ecken; an vierter Ecke großer quadratischer Donjon mit kleinerem Turmanbau. Die Anlage hat einen durchgehenden Wehrgang mit Mâchicoulis und eine Terrasse für Kanonen; 14. Jh., verändert im 15. Jh.; Ende des 17. Jh.s Mauer mit Fenstern durchbrochen

Saint-André-le-Désert, Cant. Cluny: Donjon, Logis und Châtelet von Gros-Chigy, erwähnt erstmals 903

Saint-Aubin-sur-Loire, Cant. Bourbon-Lancy: Anlage aus dem 15./16. Jh.

Saint-Gengoux-le-National: Turm eines Schlosses der Herzöge von Burgund (neben dem Pfarrhaus)

Saint-Germain-lès-Buxy, Cant. Buxy: Anlage aus dem 15. Jh.

Saint-Germain-du-Plain: zylindrischer Donjon aus Ziegeln, mit Mâchicoulis, erwähnt 1283

Saint-Huruge, Cant. Saint-Gengoux-le-National: Reste einer Wehranlage mit rechteckigem Grundriß, flankiert von drei runden Türmen und einem quadratischen Donjon an den Ecken. Zwei Ecken sind zerstört, so daß nur noch zwei auseinanderliegende Teile der Anlage erhalten sind, teilweise zerstört während der Revolution

Saint-Martin-de-Commune, Cant. Couches: Anlage von Digoine 1359, verändert im 15., 16. u. 19. Jh.

Saint-Martin-de-Lixy, Cant. Chauffailles: Anlage aus dem 15. u. 17. Jh.

Saint-Martin-sous-Montaigu, Cant Givry: Montaigu bei Touches, auf einer Anhöhe Ruinen eines romanischen Donjon, verändert im 14. Jh.

Saint-Pierre-de-Varennes, Cant. Couches: Brandon, polygonale Wehranlage. Eingang durch einen Torturm mit Zugbrücke. Befestigung der Herzöge von Burgund; Teile aus dem 14. u. 15. Jh., umgebaut im 17. und 18. Jh.

Saint-Point, Cant. Tramayes: zwei runde Türme mit restaurierter Courtine und Glockenturm, Reste aus dem Mittelalter in einen Wohntrakt aus dem 19. Jh. einbezogen; Lamartine veranlaßte 1825 die Zinnen abzuklopfen und die grauen Steine, die die ganze Anlage zu düster gestalteten, zu modernisieren; 1852–1855 von ihm dann im romanisch-gotischen Stil verändert (vgl. Kap. Mâcon-Umgebung)

Saint-Rémy, Cant. Chalon-sur-Saône: Taizé, Hausburg auf Motte, erwähnt 1287

Saint-Sernin-du-Bois, Cant. Le Creusot: großer rechteckiger Donjon bei einer Kirche, an einem künstlichen See; 12. Jh.?

Sainte-Croix, Cant. Montpont-en-Bresse; Reste neben einem Logis aus dem 18. Jh.

Salornay-sur-Guye, Cant. Cluny: Anlage aus dem 15. Jh.

Sancé, Cant. Mâcon: Le Parc, zylindrischer Donjon und Logis erwähnt im 14. Jh.

Semur-en-Brionnais: großer quadratischer romanischer Donjon und zwei runde Türme, Reste einer Wehrmauer. Von hier stammt Hugues, Abt von Cluny seit 1049

Sennecey-le-Grand: 2 km südwestlich Ruffey romanischer Turm und Reste, die für den Bau eines Schlosses verwendet wurden, stark verändert, z. T. geschleift Anfang des 19. Jh.s

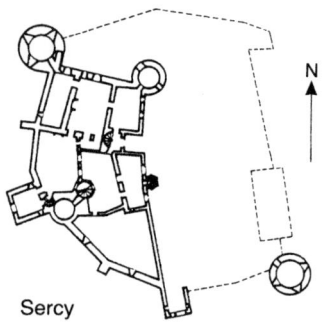

Sercy

Sercy, Cant. Buxy: im Tal der Grosne Schloß von Sercy, sehr komplexer Grundplan, in den mehrere Epochen eingeflossen sind. Eine hohe Wehrmauer umschließt ein unregelmäßiges Viereck mit Türmen an den Ekken. Die Unterkünfte gruppieren sich um einen kleinen Innenhof. Eine noch größere Wehrmauer umrahmt diese Anlage. Man betritt den höher gelegenen Teil durch einen Torturm, der 15 m hoch ist, geschmückt mit einem großen Mâchicoulis-Bogen. Im Hof schönes Fachwerkgebäude aus der 2. Hälfte

des 15. Jh.s; im Osten Gebäude, teilweise aus dem 12., im Norden aus
dem 13. Jh. Die Herren von Sercy werden 1067 erwähnt, aber der Haupt-
teil der vorhandenen Gebäude stammt aus dem 15. Jh. Es ist das Werk von
Guillaume de Sercy, 1. Stallmeister des Herzogs von Burgund und Verwalter von Chalon. Zerstört während der Revolution und wiederhergestellt von 1811–1815

Sigy-le-Châtel, Cant. Saint-Gengoux-le-National: Ruinen

Sully, Cant. Epinac: Ruine des »Tour de Grome«, Reste einer Burganlage der
Bischöfe von Autun, im Süden am Forstweg »Val Saint-Benoit« gelegen

Tagnière, Cant. Mesvres: im Süden, Trélague, quadratischer Donjon, flankiert von zwei runden, diagonal gestellten Türmchen, und Logis aus dem
15. Jh.

Tournus: Logis der Äbte, Ende des 15. Jh.s

Verzé, Cant. Mâcon: Escole, Turm aus dem 14. Jh. (vor 1374) neben einem
Logis aus dem 18. Jh.

Vinzelles, Cant. Mâcon: Layé, quadratischer Turm aus dem 13. Jh., einge-
fügt in ein Gebäude aus dem 17. Jh.

Vire, Cant. Lugny: Anlage aus dem 15. Jh.

Volesvres, Cant. Arnay-le-Monial: Cypierre, Motte und quadratischer Donjon aus dem 15. Jh. mit einer Wendeltreppe aus dem 16. Jh.

Dep. Yonne

Bagneaux, Cant. Villeneuve-l'Archevêque: Hausburg von Maulyn-le-Repos
aus dem 14. Jh., umgewandelt in einen landwirtschaftlichen Betrieb

Bierry-les-Belles-Fontaines, Cant. Guillon: Hausburg, urkundlich erwähnt
1345, mit quadratischen Ecktürmen

Bléneau: Teile eines Turmes aus dem 14. und 15. Jh., der 1328 von den
Grafen von Courtenay gebaut, 1359 von den Engländern belagert und
1557 von den Hugenotten zerstört wurde; wiederhergestellt im 19. Jh. und
restauriert 1950

Champcevrais, Cant. Bléneau: Motte und Hausburg von Prix aus dem
15. Jh.

(La) Chapelle-sur-Oreuse, Cant. Sergines: Ruinen

Chastellux, Cant. Quarré-les-Tombes: auf einem Granitvorsprung über dem
Fluß Cure eine große alte dreieckige Burg, die von acht Türmen flankiert
wird; im nördlichen Winkel der Turm »d'Amboise«, ausgestattet für Artil-
lerie, vom Ende des 16. Jh.s. Der Turm »Saint-Jean« ist der älteste Kern
der Anlage und ist vom 11./12. Jh., wenn auch die Gesamtkonzeption des
Schlosses aus dem 13. Jh. stammt. Sie wurde im 15., 16. und 17. Jh. oft
umgestaltet, verlor ihre einheitliche Gestaltung jedoch erst im 19. Jh.

durch zeitgemäße Restaurationsarbeiten. Das Château der Grafen vom
Morvan ist 1126 erstmals urkundlich erwähnt

Châtel-Censoir, Cant. Vézelay: Auf einer markanten Erhebung über dem
Ausson Ruinen eines großen Turmes und einer Wehrmauer aus dem
11. Jh., in der Diözese der Bischöfe von Auxerre (Lehen)

Châtel-Gérard, Cant. Noyers: Schloß, flankiert von vier großen Türmen,
von denen drei achteckig sind, aus dem 14. Jh., und einem runden Turm
vom Ende des 16. Jh.s, errichtet durch die Herzöge von Burgund während
der Invasion der Engländer 1359

Chevillon, Cant. Charny: großzügige Anlage aus dem 15.–16. Jh., flankiert
von großen runden Türmen und einem Wassergraben; umgebaut im 17.
und 19. Jh.

Chigy, Cant. Villeneuve-l'Archevêque: Ruinen von »la Motte«

Cisery, Cant. Guillon: Hausburg, erwähnt 1445

Coulanges-sur-Yonne: Turm aus dem 13. Jh.

Cussy-les-Forges, Cant. Cuillon: Hausburg von Presles, erwähnt im 15. Jh.

Diges, Cant. Toucy: Ruinen aus dem 12. Jh.

Domecy-sur-Cure, Cant. Vézelay: Hausburg, flankiert von 5 runden Türmen, aus dem 15. Jh.

Druyes-les-Belles-Fontaines, Cant. Courson-les-Carrières: große quadratische Wehrmauer mit einer Seitenlänge von 53 m, die von runden Türmen

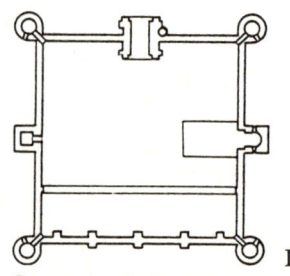

an den Ecken und quadratischen in der Mitte
der östlichen, westlichen und nördlichen Mauer
flankiert wird, der nördliche Turm überwachte
den Toreingang; die Courtine aus Bruchsteinen
war 1,75 m dick und 15 m hoch; im ältesten
Teil befindet sich ein großer Saal mit Rundbogenfenstern, erbaut in der zweiten Hälfte des
12. Jh.s von den Herzögen von Auxerre; umgebaut im 13. und 15. Jh.

Druyes-les-Belles-Fontaines

Faulin, Cant. Vézelay: im Tal der Yonne Herrensitz mit großem Turm an einer Ecke und einem
quadratischen Türmchen in der Mitte der Fas-
sade. Die Anlage ist umgeben von einer quadratischen Mauer mit runden
Türmen an den Ecken. Zutritt durch einen Torturm mit Zugbrücke

Fleurigny: vgl. Kap. Sens-Umgebung

(L')Isle-sur-Serein: auf einer Insel des Serein Ruinen aus dem 15. Jh.

Junay, Cant. Tonnerre: 15. und 17. Jh.

Leugny, Cant. Toucy: Ruinen von »La Borde«

Mailly-le-Château, Cant. Coulanges-sur-Yonne: Ruinen eines Schlosses der
Grafen von Auxerre aus dem 12. Jh., Teile aus dem 15. Jh.

Mailly-la-Ville, Cant. Vermenton: Ruinen von Tonneau

Malicorne, Cant. Charny: Ruinen von Plessis

Marsangy, Cant. Sens: 1. Hausburg aus dem 13. und 16. Jh., 2. Komturei von Roussemeau, 15. Jh. (erwähnt 1150)

(Le)Meix, Cant. Quarré-les-Tombes: Hausburg von 1402, zerstört auf Anordnung von Charles VII. 1433

Merry-sur-Yonne, Cant. Coulanges-sur-Yonne: Ruinen von »La Tour«, 13. Jh.

Mézilles: 1. Anlage »Le Fort«, 15., 16., 18. Jh., 2. Reste bei Gamaches

Montigny, Cant. Ligny-le-Châtel: Hausburg von Resle

Montréal, Cant. Guillon: Hausburg von Cherisy, erwähnt 1382, Teile aus dem 15. und 16. Jh., umgewandelt in einen landwirtschaftlichen Betrieb

Moulins-sur-Oanne, Cant. Toucy: Reste der Hausburg von Allins

Nailly, Cant. Sens: Anlage aus dem 15. und 18. Jh.

Noyers: Reste aus dem 13. und 15. Jh.

Nuits, Cant. Ancy-le-Franc: Château-Morin, 15. Jh.

Pancy, Cant. L'Isle-sur-Serein: Hausburg, flankiert von runden Türmen, erwähnt 1461

Parly, Cant. Toucy: Arthé, altes Schloß der Bischöfe von Auxerre

Pierre-Perthuis, Cant. Vézelay: auf einem Felsmassiv über dem Tal der Cure Ruinen aus dem 12. Jh. (erwähnt 1189), teilweise einbezogen in das heutige Dorf

Pisy, Cant. Guillon: Hausburg von 1325 mit quadratischem Grundriß, umgebaut 1480, heute landwirtschaftlicher Betrieb

Ragny, Cant. Guillon: Reste einer quadratischen Wehranlage mit runden Türmen an den Ecken und einem eckigen Donjon, Grundmauern aus dem 13. Jh., vollständig umgebaut im 17. Jh.

Ratilly, Cant. Saint-Sauveur-en-Puisaye: Reste einer quadratischen Wehranlage mit runden Türmen an den Ecken; Eingang durch einen Torturm, der zwischen zwei halbkreisförmigen Türmen steht; gebaut im 13. Jh., umgebaut 1500 und im 17. und 19. Jh.

Rochefort, Cant. L'Isle-sur-Serein: 15.–16. Jh.

Saint-Fargeau: fünfeckige Anlage aus Ziegeln mit großen runden Türmen an drei Ecken, der im Südwesten mißt 24 m im Durchmesser, die im Osten 14 m. Der im Nordwesten gelegene Turm »Jacques-Coeur« hat eine ovale Form mit 30 m an der dicksten und 14 m an der dünnsten Stelle. In der westlichen Ecke befindet sich das Eingangsschlößchen, das aus einem Zwillingsturm mit je 14 m Durchmesser gebildet wird, in dem sich auch der Mechanismus der Zugbrücke befindet. Die Höhe der Türme beträgt 17,80 m (bis zu den Laternenspitzen 36,50 m). Die großen Fensteröffnungen in den Türmen und Courtinen, die Innenhof-Fassaden und die Turm-

bekrönungen wurden von dem Architekten Le Vau zwischen 1654 und
1657 für die »Grande-Mademoiselle« durchgeführt (vgl. Kap. Schlösser –
Ancy-le-Franc).

Saint-Germain-des-Champs, Cant. Quarré-les-Tombes: Hausburg von Railly
aus dem 15. Jh.

Saint-Sauveur: bei einem Schloß aus dem 17. Jh. romanischer Donjon, genannt »Tour Sarrazine«, erbaut durch die Grafen von Auxerre. Die Anlage
ist ein ungleichmäßiges Viereck mit abgerundeten Ecken (16 × 14 m Seitenlänge). Die Mauern haben einen regelmäßigen kleinen Mauerverband
aus eisenhaltigem Sandstein, sind 2,50 m dick und 25 m hoch. Er ist aufgeteilt in drei Ebenen, lediglich die oberste ist aufgelockert durch zwölf enge
Fensteröffnungen mit Rundbögen.

Sainte-Magnance, Cant. Guillon: rechteckige Anlage mit zwei runden Türmen an den Ecken in der Diagonalen. Die beiden anderen Ecken sind mit
Runderkern versehen. Ein zusätzlicher alleinstehender Turm verteidigt
den Toreingang.

Die Anlage stammt aus dem 14. und 15. Jh. und ging aus dem »Manoir
Jacquot« hervor.

Santigny, Cant. Guillon: Hausburg, 15. und 16. Jh., erwähnt 1444

(Le)Saulce: im Tal der Yonne ehemalige Komturei des Templerordens, gegründet im 12. Jh.; erstmals erwähnt als »Salix«, 1296; Vereinigung mit
dem Orden Saint-Jean-de-Jérusalem im 14. Jh.

Soucy, Cant. Sens: Donjon, umgebaut zum Kirchturm

Tharot, Cant. Avallon: Hausburg aus dem 14. Jh.

Thizy, Cant. Guillon: Hausburg mit rechteckigem Grundriß, Teile aus dem
13., 15. und 16. Jh., umgebaut 1869

Vallery, Cant. Chéroy: Teile aus dem 13. und 14. Jh., umgebaut im 17. Jh.

Vassy, Cant. Guillon: Hausburg mit rechteckigem Grundriß

Vault-le-Lugny, Cant. Avallon: Donjon von 1335, mit Kragsteinen, bei einem Herrenhaus vom Ende des 16. oder Anfang 17. Jh.

Vermenton: zylindrischer Donjon aus dem 14. Jh.

Villefranche, Cant. Charny: Saint-Phal, aus dem 13. und 15. Jh.

Villeneuve-sur-Yonne: Vgl. Kap. Sens-Umgebung

Die Schlösser der Renaissance und Klassik

Die genaue Anzahl aller Burgen und Schlösser Burgunds ist schwer in Erfahrung zu bringen. Die Angaben schwanken zwischen 400 und 700. Dabei
spielen natürlich auch Erhaltungszustand, Größe und Funktion des betref-

Blanzy, stillgelegte Zeche Puits Saint-Claude, Bergbaumuseum ▷

fenden Bauwerks eine Rolle, das die einen zu den Schlössern zählen, die anderen nicht.

Auch ist der Übergang zwischen Burg und Schloß, insbesondere durch immerwährende Umbauten, teilweise sehr fließend. Im Französischen wird dies auch verbal durch die fast gleichlautenden Bezeichnungen für Burg »Château Fort« und Schloß »Château« begünstigt. Im allgemeinen läßt sich jedoch festhalten, daß Burgen vereinzelt seit der Karolingerzeit (in Ausnahmefällen noch früher), in zunehmender Häufung aber seit dem 12. Jh. auftreten und zum Ausdruck des Rittertums geworden sind. Auf- und Grundriß werden durch die wehrhafte Funktion der Anlage geprägt, auf Komfort konnte keine Rücksicht genommen werden: die Burgen waren zugig (keine Glasfenster), kalt (Kamine) und dunkel. Abends erleuchteten Fackeln die Räume eher spärlich und verbreiteten Licht und Ruß in gleichem Maße. Die Ritter waren meistens »ausgezogen«, und die daheimgebliebenen Damen stickten ohne Unterlaß, soweit der eher unromantische Durchschnittsalltag. (Kein Wunder, daß die von Burg zu Burg ziehenden Fahrensleute und Minnesänger freudig begrüßt wurden und ihre epischen Gesänge gar nicht lang genug sein konnten, das Rolandslied hat »nur« 4002 Verse, das Chanson von Girart de Roussillon gar 10 000.)

Je intensiver Handel und Kommunikation sich ausdehnten, Kunst- und Modeströmungen mehr Beachtung fanden und die Zeiten friedlicher wurden, desto schneller ging auch die Umgestaltung der Burg zum Schloß vor sich. So sind die wichtigsten Merkmale eines Schlosses vor allem in gehobenem Komfort und Repräsentationsanspruch zu sehen. Vergoldete Holzdecken und Wände genügten beiden Forderungen gleichzeitig, denn sie strahlen nicht nur Luxus, sondern auch Wärme und Kerzenlichtreflexe aus! (Aber sie bildeten natürlich die Ausnahme.)

Unter dem Einfluß der italienischen Renaissance entstanden im höfisch-galanten Frankreich eine Reihe von Schlössern sowie bedeutende Stadtpaläste (Dijon) und in geringerem Maße auch Sakralbauten dieses Baustils. Allseits bekannt ist die überwältigende Konzentration von Schlössern an der Loire und ihren Nebenflüssen. Doch auch Burgund hat eine Anzahl prächtiger Bauwerke aus Renaissance und Klassik aufzuweisen. Vielleicht sind sie weniger berühmt geworden, weil sie verstreuter liegen und weil sie einen etwas »seriöseren« Charakter haben. Im Gegensatz zu den »Lustschlössern« der Loire, die Jagd-, Sommer- und Gesellschaftsresidenzen der Könige waren, sind die meisten burgundischen Schlösser nämlich fester Wohnsitz einer bedeutenden Familie aus der jeweiligen Umgebung gewesen. Ausnahmen bestätigen die Regel, wie das Beispiel des prunkvollen Schlosses Cormatin zeigt, das nur Sommerresidenz war.

Fast allen Schlössern gemeinsam ist die Tatsache, daß sie durch berühmte

◁ *Einst technische Meisterleistung, heute Freizeitparadies: Canal de Bourgogne, Tunnel von Pouilly-en-Auxois*

oder zumindest fähige Architekten und Künstler streng nach Plan (der allerdings während des Baus nach der jeweiligen Modeströmung abgeändert werden konnte) angelegt wurden. Wenige Schlösser sind daher auch aus einem Guß, vielmehr sind Ensembles aus Renaissance, Klassik, Neogotik und anderen historisierenden Neubauformen an der Tagesordnung.

Die Verteidigungsfunktion spielte zunächst keine oder nur eine untergeordnete Rolle, doch wurden schon im 16. Jh., oft noch während der Erbauung eines Schlosses, die Wehranlagen verstärkt, zu denen breite und tiefe Wassergräben, Zugbrücken etc. gehörten. Die Wirren der Religionskriege (1562–1598) unter Charles IX., Henri III. und Henri IV. nötigten auch den Adel, sich auf Seiten der Katholiken, der »Liga« oder die Seite der Protestanten zu stellen. Oft gingen schwere Risse und Konflikte durch ein und dieselbe Familie, deren Mitglieder sich befehdeten. Überdies zogen »marodierende Banden« kreuz und quer durchs Land.

Im 17. und 18. Jh., als die Konflikte der Kriegsführung sich mehr nach außen verlagerten, verfielen die Wehranlagen, und die Gräben wurden vielfach zugeschüttet oder als Tierzwinger benutzt (Sully). Während der französischen Revolution haben manche Schloßherren die Entfestigung bedauert, andere die Befestigung noch rechtzeitig wiederhergestellt. In einigen Fällen wurden erst im Zuge moderner Restaurierungsarbeiten die ehemaligen Wassergräben ausgebaggert und erneut unter Wasser gesetzt.

Aus der schillernden Palette der burgundischen Schlösser sollen hier einige der bedeutendsten herausgegriffen werden, nämlich in der chronologischen Reihenfolge ihrer Erbauung Ancy-le-Franc, Tanlay, Sully und Cormatin. Während die ersten zwei der Renaissance zugerechnet werden, liegt das Schwergewicht der anderen beiden ihrem äußeren Erscheinungsbild nach eher in der Periode der Klassik. Eine eindeutige Zuordnung ist jedoch weder machbar noch sinnvoll, da Aufriß und Innenausstattung häufig genausoweit im Stil auseinanderklaffen wie Haupt- und Seitenflügel eines Schlosses. Außerdem wurde das heutige Schloß meistens auf dem Platz einer älteren, mittelalterlichen Anlage errichtet und bezieht mitunter Türme o. ä. des Altbaus in den Neubau ein. (Neben den obengenannten werden weitere burgundische Schlösser im Zusammenhang mit Routenvorschlägen in der Umgebung größerer Städte, in den Städten selbst sowie unter den Kapiteln Saône-Ebene, Morvan behandelt.)

Ancy-le-Franc

Ancy-le-Franc ist ein Kantonshauptort mit ca. 1000 Einwohnern, etwa 20 km südwestlich von Tonnerre (Yonne), am Fluß Armançon und am Canal de Bourgogne gelegen. Ein Steinbruch am Ostrand der Ortschaft gibt Einblick in die jurassischen Kalke der Region und die Originalfarbe des Baumaterials, das auch das Schloß von Ancy-le-Franc einmal gehabt haben muß. Das Schloß wurde im Jahre 1546 vom königlichen »Großmeister der Gewässer und Forsten«, Antoine III. de Clermont-Tonnerre und seiner Gattin Anne-Françoise de Poitiers, Schwester der Diane de Poitiers, in Auftrag gegeben. Mit der Planung wurde Sebastiano Serlio, ein italienischer Architekt, beauftragt, den Francois I. an den Hof geholt hatte. Er war maßgeblich am Bau des Schlosses von Fontainebleau beteiligt.

Sein Entwurf eines vierflügeligen Schlosses, das sich um einen zentralen Innenhof anordnet, hatte modellhaften Charakter für eine Reihe weiterer Schlösser der »klassischen« Renaissance, darunter Sully.

Der strenge Aufbau der Anlage mit seinen vier äußerlich fast identischen,

Ancy-le-Franc

Aufriß und Querschnitt:
Die Hoffronten sind durch zweigeschossige Pilasteranordnungen in rhythmischem Wechsel zwischen großen und kleinen Intervallen gegliedert.

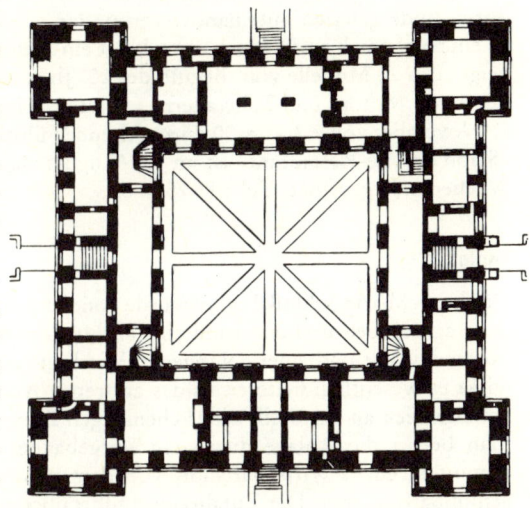

Grundriß:
Regelmäßiges Viereck mit quadratischen Ecktürmen

zweigeschossigen Flügeln und den jeweils dreigeschossigen Ecktürmen ist bis heute unverändert erhalten geblieben. Die Zuschüttung der ehemals durch den Armançon gespeisten Wassergräben stellt jedoch eine bedauerliche Veränderung des Originalzustandes dar. Sie erfolgte im 19. Jh. durch den Marquis von Louvois, dessen Vorfahre, ein erfolgreicher Minister, das Schloß im

Jahre 1684 erworben hatte. In den Jahren 1845 bis 1980 war es dann erneut im Besitz der Familie Clermont-Tonnerre.

Heute befindet sich das Schloß Ancy-le-Franc in den Händen der Familie Guyot, die auch Eigentümer des Château de St.-Fargeau sind, ein Renaissanceschloß mit wuchtigen, laternenbekrönten Rundtürmen im gleichnamigen Hauptort der Landschaft Puisaye, Yonne. (Das schiefergedeckte und aus roten Ziegeln gemauerte, festungsähnliche Schloß wurde vor allem berühmt durch das Exil der Mademoiselle de Montpensier, Cousine von Louis XIV. Durch ihre Zuneigung zur »Fronde« wurde die »Grande Mademoiselle« dem König mißliebig und nach St.-Fargeau beordert.)

Das Innere des Schlosses von Ancy-le-Franc steht mit seiner reichen Dekoration durch berühmte Künstler aus der »Schule von Fontainebleau« (Manierismus) und dem schönen Meublement – mit vielen Stücken aus der Originalausstattung des 16. Jhs. bis hin zum 19. Jh. – in starkem Kontrast zum eher unscheinbaren Äußeren der Anlage. Die verschiedenen Salons und Säle sind durch Bildergalerien miteinander verbunden.

In einem ehemaligen Wirtschaftstrakt ist ein Automuseum untergebracht. Es zeigt etwa 20 Modelle vom Beginn des 20. Jh.s, außerdem historische Exemplare von Motor- und Fahrrädern. Öffnungszeiten: Täglich vom 1. April – 1. November von 9.30–18.00 durchgehend (Führungsdauer ca. 50 Min.). Ein »Salon de Thé-Restaurant« ist im Juli/August täglich, in der übrigen Zeit am Wochenende geöffnet. Tel.: 86 75 14 63.

Tanlay

Das benachbarte Schloß Tanlay wurde von der Familie Coligny gegen 1555 in Auftrag gegeben und erst rund ein Jahrhundert später vollendet. Mit seiner Formenvielfalt und einer gelungenen Mischung aus Renaissance und Klassik wirkt es wesentlich heiterer als das gestrenge Ancy-le-Franc. Schloß Tanlay befindet sich an der Stelle einer ehemaligen Burg.

Man betritt die Anlage durch ein Vorgebäude, »Le Petit Château«, und kommt in einen Wirtschaftshof, von dem man weiter in den eigentlichen Schloßpark gelangt. Der Zufahrtsweg führt über eine Brücke, die breite Wassergräben überquert. Sie wird von zwei querreliefierten Obelisken flankiert und ist von einem Pavillon in Form eines Triumphbogens mit Spitzdach überbaut. Diese Gebäude sowie der rechte Schloßflügel und einige Türme stammen noch aus der ersten Bauphase.

Die dem Schloßhof zugewandte Hauptfassade des Corps de Logis, der Ausbau der rundkuppeligen, laternenbekrönten Türme und der geschwungenen Schieferdächer ist der späteren Ausbauphase zu verdanken. Sie beginnt 1642, als das Schloß an Michel Particelli d'Hémery, den Oberintendanten der königlichen Finanzen, verkauft wird. Er zieht den Architekten Le Muet hinzu, nach dessen Plänen der Bau vollendet wird.

Nachdem Tanlay zwischenzeitlich unter Louis XIV. in die Hände des Staatssekretärs Louis Phélypau de la Vrillière gelangt war, kaufte es im Jahre 1704 Jean Thevenin, Gouverneur von Saint-Denis. Das Schloß ist noch heute im Besitz der Familie Thevenin.

Im Inneren sind Schmiedearbeiten, Holzschnitzereien, Skulpturen, Medaillons, Gemälde, Tapisserien und Möbel aus dem 16. und 17. Jh. zu besichtigen.

Besonders erwähnenswert ist ein Turmzimmer in der obersten Etage, das den Hugenotten unter der Führung der Familie Coligny und des Prinzen von Condé während der Religionskriege als Treffpunkt gedient haben soll. Irreführenderweise haftet gerade diesem Turm die Bezeichnung der katholischen Gegenpartei an, indem er auch »Tour de la Ligue« genannt wird.

Die Fresken in der Turmkuppel stammen aus der Schule von Fontainebleau, sie stellen markante Persönlichkeiten sowohl von der Seite der Protestanten als auch der Katholiken dar.

Dies wäre prinzipiell auch nicht weiter verwunderlich, da selbst unter den Katholiken Freunde der Protestanten waren. Anders hätte 1598 das Edikt von Nantes, das die Ausübung der Glaubensfreiheit garantieren sollte, nie durchgesetzt werden können. Auch Henri IV., in dessen Regierungszeit (1589–1610) das Edikt fällt (und der zunächst, 1562, als Henri III. auf den Thron des Königreichs Navarra kam), war ursprünglich Protestant. Sofort nach seiner Heirat mit Marguerite de France, Tochter des französischen Henri II., 1572, kam es in der Bartholomäusnacht zum Massaker an den Protestanten. Henri wurde unter dem Eindruck der Ereignisse zum Übertritt zum Katholizismus gezwungen; ebenso der Prince de Condé. Beide verfolgten jedoch mehr oder minder indirekt die Anerkennung des Protestantismus weiter. (König Henri III. von Navarra stammte aus dem Haus Bourbon und nahm den Titel Henri IV. an als er im Jahre 1589 Nachfolger des französischen Henri III. – aus dem Haus Valois – wurde.)

Die allegorischen Darstellungen in der Turmkuppel zeigen, umgeben von antiken Göttern mit Gesichtszügen aus der zeitgenössisch-königlichen Epoche, einen Januskopf, der wohl die generelle Haltung des Königshauses symbolisieren sollte. Zum Zeitpunkt, als die Decken im Schloß Tanlay mit Fresken verziert wurden, regierte mehr oder minder offen Catherine de Médicis, Mutter der drei nacheinanderfolgenden Könige François II., Charles IX., Henri III. (Periode von 1559–1589). Sie versuchte zwar äußerlich, die Balance zwischen Katholiken und Protestanten zu wahren, hatte aber mit einiger Sicherheit die Hauptschuld an den Ereignissen der Bartholomäusnacht. Das offene Gesicht des Janus von Tanlay blickt jedenfalls auf die Katholiken,

während das bärtige, eher undurchschaubare sich den Protestanten zuwendet
(unter ihnen Schloßherr François de Coligny, als Neptun dargestellt).
Öffnungszeiten: Von Palmsonntag bis 1. November einschließlich von
9.15–11.30 (letzte Führung, Dauer ca. 45 Min.) und von 14.15–17.15 (letzte
Führung). Tel.: 86 75 70 61.

Sully

15 km nordöstlich von Autun, im Tal der Drée, liegt das mächtige Wasserschloß Sully an der Stelle einer älteren Burg. Es ist im Gegensatz zu den
vorgenannten Schlössern nicht von innen zu besichtigen, aber sein eindrucksvolles äußeres Erscheinungsbild, das auch einen Teil seiner bewegten Geschichte widerspiegelt, lohnt dennoch den Weg.
Man betritt das Anwesen durch eine Toreinfahrt, über der die schmiedeeisernen Initialen MM angebracht sind. Sie weisen auf die Herzöge von Magenta
aus dem Hause Mac Mahon hin, in dessen Familie der Besitz heute liegt.
Langgestreckte Wirtschaftsgebäude begleiten in einiger Entfernung den
Hauptzufahrtsweg, der von urnenartig gestutzten Büschen gesäumt wird.
Die nach Westen gerichtete Empfangsfassade des vierflügeligen Baues wird
seitlich durch übereckgestellte, quadratische Türme flankiert. In den Türmen
sind Elemente aus dem mittelalterlichen Vorläufer des 1573 begonnenen
Neubaus erhalten. Die Ausgestaltung der Fassade begann Ende des 16. Jh.s
und wurde im 17. Jh. vollendet. Das strenge Vorbild von Ancy-le-Franc, das
zunächst auch auf Sully gewirkt hatte, wurde schon mit der Drehung der
Ecktürme abgewandelt und später immer mehr verlassen.
Das aus rundbehauenen (bossierten) Kalksteinen gemauerte Untergeschoß
des Schlosses ist unverziert, während der erste Stock, das sogenannte Piano
Nobile (vornehme Etage) mit Ornamenten geschmückt ist und sieben hoch-
rechteckige, kleingefächerte Fenster aufzuweisen hat. Die Fensteröffnungen
sind von Pilastern umrahmt, zwischen die noch Blendnischen im Stile der
Renaissance gesetzt sind. Lukarnen (Dacherker) und der Dreiecksgiebel über
dem Portal, der das Wappen des ehemaligen Besitzers Pierre Morey enthielt,
wurden erst im 18. Jh. hinzugefügt. Die Nachfolger setzten später ins Zentrum des Wappenschildes eine Uhr.
An das Haus Morey erinnern aber noch die beiden Putten, die das Wappen
halten. Sie haben Mohrenköpfe mit wulstigen Lippen: Das französische
»Maure«, das ähnlich wie Morey klingt, bedeutet Mohr (oder Maure). Nicht
ohne Sinn für Humor, die Familie, denn sie stammt natürlich nicht aus fernen
Landen, sondern aus Morey, einem kleinen Dorf aus der Umgebung von
Lucenay-l'Evêque!
Die lustigen Steinmetzarbeiten, die in Form von Kugeln, Obelisken und

Schmuckstücken die Mauer vor dem Wassergraben bevölkern, stellen Teile aus der Krone eines Marquis dar (steht dem Grafen im Rang voran). Sie befanden sich ursprünglich auf dem Rasen vor der Kapelle und wurden gegen 1890 auf der Mauer arrangiert, als auch die Wassergräben zu neuem Leben erweckt wurden. Die Gräben hatten bis dahin für lange Zeit trocken gelegen und als Tierzwinger gedient.

Die Südfassade wurde mehrfach umgestaltet und gegen 1830 von der Familie Mac Mahon im Stil der Neogotik restauriert. Da dies überhaupt nicht zur Westfassade paßte, wurde sie um 1900 von Marthe de Vogüé, Gattin des Marquis Charles-Marie de Mac Mahon, einer überzeugten Royalistin und flammenden Rednerin, in den jetzigen Zustand einer klassischen Renaissance rückversetzt. Die Fassade wird weniger durch Zierrat als durch die beiden Runderker und den zentralen quadratischen Turm geprägt, in dem sich die Schloßkapelle befindet (bekrönt mit spitzem Glockenturm und Kreuz).

Die Ostfassade ist klassizistisch gehalten, jedoch unauffällig (22 Fenster). Ein anderes, großartiges Bild bietet demgegenüber die Nordfassade, die im 18. Jh. unter der Familie Morey ebenfalls im klassizistischen Stil erneuert wurde. Die Außenfassade des Schloßflügels wurde bis zur äußeren Kante der diagonal stehenden Ecktürme vorgezogen, so daß Platz für insgesamt 38 Fenster entstand. Eine breite Freitreppe schafft Zugang zu einer großen Terrasse mit Balustraden und einem kleinen Bootsanleger.

In der zeitgenössischen Darstellung ist die Geschichte von Sully streckenweise gleichzusetzen mit der Geschichte der Jagd. Schon zu Zeiten der ersten Burg von Sully, die im 13. Jh. mit dem Ritter Gauthier ins Licht der Geschichte rückt, gibt es Streitigkeiten um die Jagdrechte, und zwar insbesondere mit den Mönchen von Val Saint-Benoit. Noch heute meinen manche Einwohner aus dem Dorf Sully und aus der Umgebung, die Mönche nachts jagen zu hören, nachdem sie ihre Gräber verlassen haben. Besonders ein Mönch, dessen weltliches Verlangen noch »glühender« als das der übrigen Brüder war, wurde dazu verdammt, bis zum jüngsten Gericht in jeder freien Minute zu jagen...

Im 19. Jh. gehörte zum illustren Freundeskreis des ebenfalls jagdbegeisterten Marquis Charles-Marie de Mac Mahon auch der Marquis de Foudras, Verfasser von »Gentilshommes chasseurs«. Er beschreibt darin nicht nur mit spitzer Feder die Jagdkünste des Gastgebers, sondern gibt auch zum Besten, daß es für ihn einfach das Höchste (le summum) an Galanterie darstellt, wenn ein edler Jäger am Tage der Hochzeit sang- und klanglos zur Jagd aufbricht und erst am nächsten Morgen wiederkehrt.

Die Errettung vor den zerstörerischen Folgen der Revolution, zumindest der Konfiszierung aller Güter, ist der Legende nach Charlotte le Belin zu verdanken, wenngleich auch unfreiwillig.

Madame le Belin war zunächst mit Jean-Baptiste aus der Familie Morey,
sodann in zweiter Ehe mit Jean-Baptiste de Mac Mahon, einem irischen Arzt,
den sie in Autun als Freund der Familie Morey kennengelernt hatte, verheiratet. Beide wurden zu Stammeltern des jetzigen Hauses Mac Mahon.
Charlotte also starb als hochbetagte Marquise, in den unruhigen Zeiten der
Revolution, am 14. Juli 1798. Da ihr zu Lebzeiten äußerster Respekt gezollt
wurde und die Erben annahmen, daß niemand wagen würde, den Besitz
unter den Augen der alten Dame anzutasten, wurde ihr Tod geheimgehalten.
Sie wurde in eine alkoholgefüllte Wanne gelegt und jedesmal ins Bett gebracht, wenn es zu beweisen galt, daß sie noch am Leben war. Die List
gelang, die Zeiten beruhigten sich allmählich wieder und der »Marquise
d'Eguilly de Vianges et de Sully« wurde endlich ein christliches Begräbnis zu-
teil.
Die bekannteste Persönlichkeit in der langen Geschichte der vier Familien,
die das Schloß besaßen, ist wohl der Marschall Maurice de Mac Mahon, der
hier im Jahre 1808 geboren wurde. Er zeichnete sich in den Krimkriegen
durch die Einnahme der Malakoff-Festung bei Sebastopol und in Italien
durch den Sieg bei Magenta aus, der ihm den Titel des Duc de Magenta
einbrachte. Obwohl Monarchist, akzeptierte er die Wahl zum Präsidenten
der Dritten Französischen Republik (als zweiter Staatspräsident nach Thiers,
von 1873–1879).
Da die Erbfolge zunächst an seinen älteren Bruder, den Marquis Charles-
Marie und dessen Familie ging, hat der Präsident nicht im Schloß gelebt.
Durch Aussterben der Linie seines älteren Bruders sind jedoch jetzt seine
direkten Nachfolger, die auch den Herzogstitel geerbt haben, Besitzer und
Bewohner des Schlosses.
Eine Besichtigung des Schloßinnenhofes oder der Räume ist nicht möglich.
Die Parkanlagen, die das Schloß umgeben und heute überwiegend aus Rasen-
flächen bestehen, sind jedoch für Besucher geöffnet, vom Wochenende des
Palmsonntag bis zum 15. Oktober, täglich von 8.00–18.00.

Markante Ereignisse aus der Geschichte des Schlosses und Genealogie der
Häuser Sully, Saulx, Morey und Mac Mahon

Gauthier de Sully und seine Familie

Die unterstrichenen Namen sind die der Besitzer des Gutes

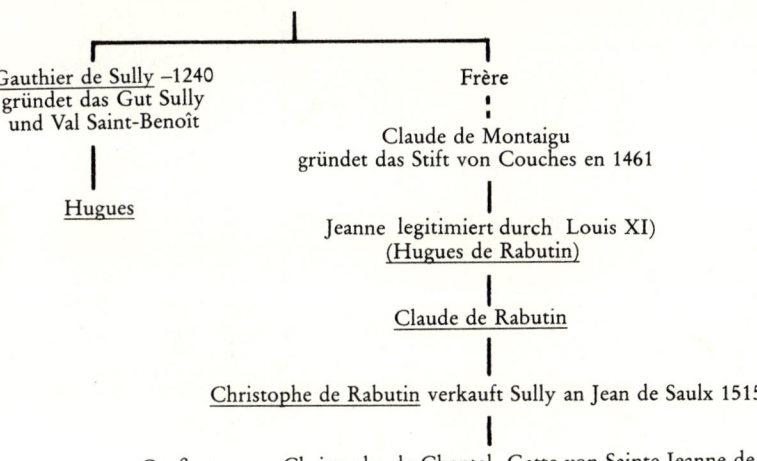

Gauthier de Sully –1240
gründet das Gut Sully
und Val Saint-Benoît

Hugues

Frère

Claude de Montaigu
gründet das Stift von Couches en 1461

Jeanne legitimiert durch Louis XI)
(Hugues de Rabutin)

Claude de Rabutin

Christophe de Rabutin verkauft Sully an Jean de Saulx 1515

Großvater von Christophe de Chantal, Gatte von Sainte Jeanne de Chantal.
Urgroßvater von Bussy-Rabutin und Ahnherr Madame de Sevignés

Jean de Saulx und seine Nachkommen

Die unterstrichenen Namen sind die Besitzer des Gutes bzw. Schlosses

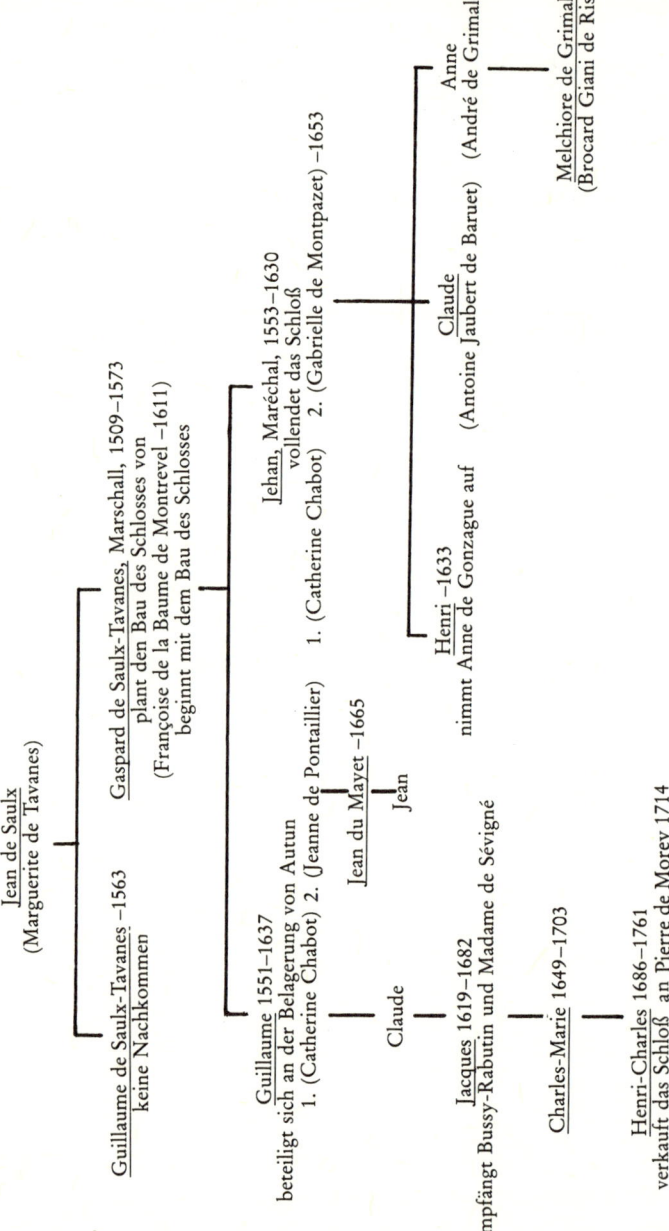

Jean de Saulx
(Marguerite de Tavanes)

Guillaume de Saulx-Tavanes –1563
keine Nachkommen

Gaspard de Saulx-Tavanes, Marschall, 1509–1573
plant den Bau des Schlosses von
(Françoise de la Baume de Montrevel –1611)
beginnt mit dem Bau des Schlosses

Jehan, Maréchal, 1553–1630
vollendet das Schloß
1. (Catherine Chabot)   2. (Gabrielle de Montpazet) –1653

Anne
(André de Grimaldi)

Melchiore de Grimaldi
(Brocard Giani de Rispe)

Claude
(Antoine Jaubert de Baruet)

Henri –1633
nimmt Anne de Gonzague auf

Guillaume 1551–1637
beteiligt sich an der Belagerung von Autun
1. (Catherine Chabot) 2. (Jeanne de Pontaillier)

Jean du Mayet –1665

Jean

Claude

Jacques 1619–1682
empfängt Bussy-Rabutin und Madame de Sévigné

Charles-Marie 1649–1703

Henri-Charles 1686–1761
verkauft das Schloß   an Pierre de Morey 1714

Ahnentafel der Familie Morey

Die unterstrichenen Namen sind die der Besitzer des Schlosses

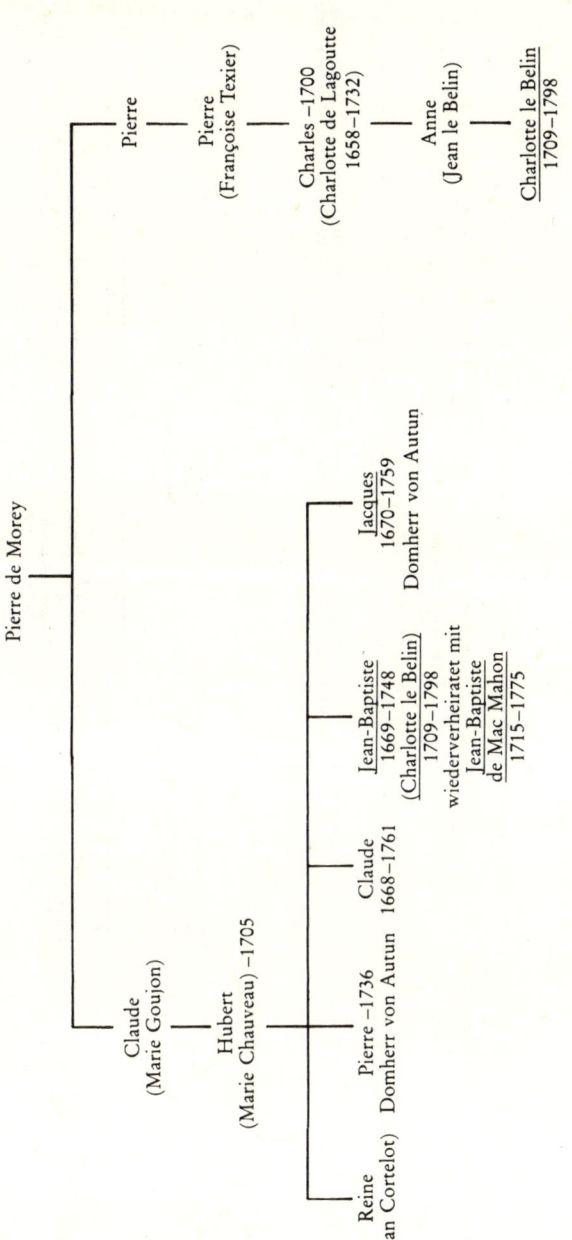

Ahnentafel der Familie de Mac Mahon

Die unterstrichenen Namen sind die der Besitzer des Schlosses

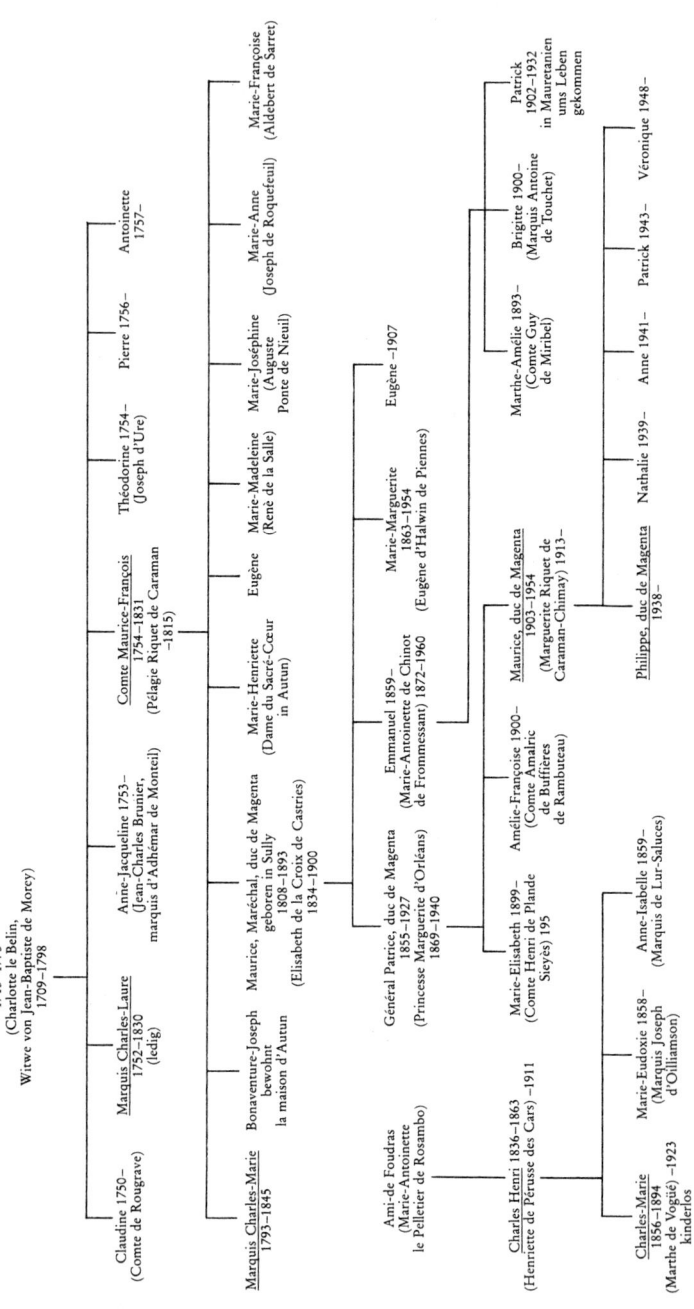

Quelle: D. Grivot, Le Château de Sully, Lyon o. J.

Cormatin

Die Ortschaft Cormatin liegt ca. 13 km nördlich von Cluny im Tal der Grosne. Sie zählt etwa 600 Einwohner und hat ein sehr sehenswertes Schloß aufzuweisen, das jahrelangem Verfall preisgegeben war, aber seit kurzem von den neuen Besitzern und mit Unterstützung des Departements Saône-et-Loire restauriert wird. Die umfangreichen Arbeiten, die auch die vollständige Wiederherstellung der Wasserflächen und der Gartenanlagen vorsehen, sollen bis 1992 abgeschlossen sein.

Zu Beginn des 17. Jh.s (ca. 1605–1615) ließ Antoine du Blé, Baron von Huxelles und Gouverneur von Chalon-sur-Saône, ein neues Schloß an der Stelle einer Burg aus dem 13. Jh. errichten. Man war inzwischen von der Errichtung vierflügeliger Anlagen zu einer dreiflügeligen Bauweise übergegangen, und so öffnete sich auch Schloß Cormatin, hufeisenförmig um einen Hof gelegen, nach Osten hin. Wenn heute nur noch Nord- und Westflügel erhalten sind, so liegt das daran, daß der Südflügel im Jahre 1815 zusammengebrochen ist. Dies ist auf eine Ungeschicklichkeit der Bauleute zurückzuführen, die den Flügel zu einer Weberei umbauen sollten. (Schönheit und Ansprüche der Tochter des Schloßbesitzers hatten die Notwendigkeit zum Auftun neuer Geldquellen mit sich gebracht.)

Dennoch ist Cormatin mit seinen breiten, ab 1987 restaurierten Wassergräben (20–24 m) und seinen architektonisch gewagten, runden Außentürmchen ein sehr schönes Beispiel des französischen Baustils im Übergang von der Renaissance zur Klassik unter Henri IV. Das Schloß wurde wahrscheinlich nach Plänen des königlichen Architekten Jacques II. du Cerceau errichtet und nach dessen Tod (1614) von seinem Schüler Jacques Gentilhâtre vollendet.

Der warme gelblich-roséfarbene Kalkstein wird als besonderes Gestaltungsmittel eingesetzt und bestimmt den bossierten Unterbau und die Außenkanten der Schloßflügel. Ecktürme sind nicht mehr vorhanden, sondern die äußeren »Pavillons« des Nordflügels befinden sich in einer Flucht mit der übrigen Fassade und sind mit ihr durch doppelte Steinbänder, die die Etagen voneinander abgrenzen, verbunden. Nur die quergestellten beiden Dachfirste der Pavillons lassen noch ahnen, daß Schlösser und Burgen an dieser Stelle früher vorspringende, losgelöste Türme besaßen. Hier sind sie voll in das Corps de Logis integriert.

Der Baustil von Cormatin verkörpert eine selbständige französische Richtung, die als »Rustique français« bezeichnet werden könnte. Anleihen aus der klassischen Antike sind dennoch auch hier vorhanden und kommen vor allem in den Eingangsportalen zum Ausdruck, die von dorischen und ionischen Säulenkapitellen umrahmt werden.

Die offene Ostseite wurde bald nach Bauende aus Sicherheitsgründen mit einer Mauer abgeschlossen. Doch wurde sie schon gegen Ende des 17. Jh.s wieder abgerissen, weil sie die Sicht versperrte und den Innenhof unnötig aufheizte. Cormatin war nämlich im Gegensatz zu den oben dargestellten Schlössern als Sommerresidenz konzipiert. Der Wohnflügel befindet sich daher auch auf der Nordseite. Es gehörte zum guten Ton, den edlen, blassen Damen und Herren stets Schatten und erfrischende Kühle, keinesfalls aber pralle Sonne zu bieten!

Die Innenausstattung des Schlosses ist von phantastischem Glanz, »tout d'or et de lapis-lazuli« wie eine Fachzeitschrift schrieb. Auch das anspruchsvolle, ganz auf Repräsentation ausgerichtete Treppenhaus des Nordflügels ist erwähnenswert. Es durchzieht das Gebäude vom Keller bis zum Boden (23 m Höhe) und bezieht seine Farbwirkung aus dem unterschiedlichen Material verschiedener Steine aus der Umgebung. Dieses Schaustück hatte funktional gar keine Bedeutung und wurde daher auch von Gästen nie benutzt, es stammt aus der Zeit um 1610.

In den Jahren 1625 bis 1628 ließ der Sohn des Erbauers, Jacques du Blé, inzwischen Marquis d'Huxelles geworden und mit Claude Phelypeaux verheiratet, die Innenausstattung des Schlosses nach dem Geschmack der Zeit verschönen. Er ließ dazu Maler, Vergolder und Bildhauer aus Paris kommen, die herrliche Decken, Gemälde und Raumausstattungen schufen, jedoch leider keine Namen hinterließen. Das Ensemble ist höchstwahrscheinlich das am besten erhaltene Zeugnis der dekorativen Kunst aus der Epoche Louis XIII.

Antichambre und Chambre der Marquise sind mit allegorischen Darstellungen und Landschaftsmalereien sowie dekorativen Ornamenten ringsum bedeckt. Die Balkendecken des Hauptzimmers der Marquise sind noch immer mit den Originalfarben aus leuchtendem Gold und Lapislazuli ausgeschmückt. Die sündhaft teuren Investitionen haben sich gelohnt, denn das Blau des importierten feingemahlenen Halbedelsteins hat seine Leuchtkraft ohne Restauration bis heute bewahrt. Andere blaue Farben haben demgegenüber ihren Originalton längst eingebüßt.

Über dem Kamin hängt ein Ölgemälde aus der zweiten Schule von Fontainebleau, das Venus und Vulkan darstellt, Allegorie einer feurigen Liebesverbindung, die durch die Schönheit der Frau angefacht wird. Das geräumige Zimmer der Marquise war Empfangs-, Wohn-, Schlaf- und Eßzimmer zugleich. Eßtisch und Stühle wurden, wie zu jener Zeit allgemein üblich, nur zu den Mahlzeiten herein- und herausgetragen.

Diese »Chambre« bietet ein authentisches Zeugnis für die Epoche der von Molière verspotteten »Preziösen«. Besonders berühmt wurde »La Chambre Bleue« der Marquise de Rambouillet; sie versammelte in ihrem blauen Zimmer in der Glanzzeit (etwa 1625–1650) die bekanntesten Literaten Frankreichs (Corneille, Bossuet etc.). Viele weitere »Salons Littéraires« wurden in Paris nach diesem Muster gegründet. Auch die Marquise von Huxelles, die im Kreis der Preziösen verkehrte, wollte dem Vorbild der Chambre Bleue in nichts nachstehen. Vielleicht hat sie es sogar übertroffen.

Ursprünglich waren die Salons nicht nur Treffpunkt von Schöngeistern, sondern ganz allgemein der Mittelpunkt der erlesenen Gesellschaft, die sich als Hüter der alten höfischen Tradition verstand. Hierzu gehörte ein gerütteltes Maß an städtisch-kultivierter Lebensart, wie etwa die Kunst der wohlgesetzten Ausdrucksweise und des galanten Umgangs in der Beziehung zwischen den Geschlechtern. Die rein sinnliche Liebe war kein Symbol des verfeinerten Lebensgefühls.

Erst allmählich begann das Wort »précieux« (kostbar) einen negativen Beigeschmack zu bekommen. Die angeblichen Hüter der Tradition überzogen ihre Einschätzung der Werte und der vornehmen Ausdrucksweise, ein Spiegel war kein »miroir« mehr, sondern ein »conseiller des grâces« (ein Ratgeber der Anmut), der Besen wurde zum »instrument de la propreté« (Werkzeug der Reinheit). Das Preziösentum wurde zur Karikatur seiner selbst.

Unter den Zimmern des Marquis' besticht vor allem der völlig vergoldete Meditations-Salon, genannt »Cabinet de Sainte-Cécile«. Es ist auf das sparsamste möbliert und nur mit einem sehr kleinen Schreibtisch ausgestattet. Der Goldton des Lichts und die allegorischen Gemälde, die zur Gerechtigkeit, Einsicht und Mäßigung führen sollen, geben diesem ungestörten Refugium des Hausherrn ein einzigartiges Ambiente.

Die Zeit der Revolution überstand Cormatin nicht mit einer konservierten Leiche wie Sully, sondern mit einem anderen Trick. Nachdem nämlich Revolutionäre aus dem nahegelegenen Mâcon durch die Lande gezogen waren, schon die Schlösser Sénozan, Berzé und St.-Point geplündert hatten und nun in Cormatin auftauchten, ließ der Besitzer, Pierre Dezoteux, der als Soldat im Unabhängigkeitskrieg der USA seine Erfahrungen gesammelt hatte, alle verfügbaren Lebensmittelvorräte vor das Schloß bringen. Es half. Die vollgefutterten und weinseligen Gesellen konnten von der inzwischen angerückten Bürgermiliz aus Tournus vertrieben werden.

Nina de Pierreclos, die schöne Tochter des Besitzers (und indirekte Auslöserin des Südflügel-Einsturzes) ließ die alten Traditionen besonders intensiv aufleben. Der in der Umgebung wohnende Dichter Lamartine (in Mâcon geboren) war hier besonders häufig zu Gast. Er beließ es nicht bei dichterischen Lobpreisungen der reizvollen Nina, sondern hatte auch einen gemeinsamen Sohn mit ihr, Léon de Pierreclos, der im Jahre 1813 in Cormatin geboren wurde.

Die herrliche alte Allee am Ufer der Grosne im Westen des Schlosses trägt

daher nicht ohne Grund Lamartines Namen. Der schnurgerade Weg führte ehedem auf die mittelalterliche Schloßanlage zu. Als diese abgerissen wurde, behielt man die Zufahrtstraße zunächst als Transportweg für das Baumaterial des neuen Schlosses bei und benutzte ihn später als Promenade.
Auch unter dem späteren Eigentümer Henri de Lacretelle (ab 1843) blieb Lamartine dem Schlosse treu. Er schrieb hier Teile seiner Werke und politischen Programme.
Im Jahre 1888 wurde in Cormatin Jacques de Lacretelle, ein Schriftsteller psychologischer Romane geboren.
Die Bedeutung des Schlosses als Musentempel wuchs noch mehr, als Raoul Gunsbourg, Direktor der Oper von Monte Carlo, den Besitz im Jahre 1898 übernahm. Üppige und theatralische Dekorationen, teilweise im neobyzantinischen oder neogotischen Stil, sind aus dieser Zeit im Westflügel erhalten. Vor ihrem Hintergrund scheinen die berühmten und in Cormatin immer wieder gern gesehenen Gäste wie Caruso, Schaljapin, die Komponisten Saint-Saëns, Massenet oder Cécile Sorel zu neuem Leben zu erwachen.
Mit dem ersten Weltkrieg begann der Niedergang, doch erst zwischen 1975 und 1980 wurde das Schloß völlig aufgegeben, bis sich neue Besitzer fanden.
Öffnungszeiten: Karfreitag bis Sonntag nach Ostern, im Mai und Juni nur samstags, sonn- und feiertags, vom 1. Juli bis 1. November täglich von 10.00–12.00 und 14.30–18.30 (18.00 ab Oktober). Besondere Vereinbarungen außerhalb dieser Zeiten möglich. Tel.: 85 50 16 55.

Industriearchäologie und Industrietourismus

Zur Neige gehende Bodenschätze, technische Neuerungen und wirtschaftliche Umbrüche gehören zu den Hauptursachen der Stillegung von Bergwerken, Hochöfen, Industriebetrieben und Verkehrswegen. Die Industriearchäologie beschäftigt sich mit der Erfassung der Relikte, mit ihrer Erklärung und Einordnung auf dem historischen Hintergrund ihrer Entstehung. So manche Ruine kann noch heute wichtige Aussagen darüber machen, welche Technik früher angewendet wurde, wie sie die Landschaft veränderte und warum Siedlungen plötzlich enorm anwuchsen oder vom Erdboden verschwanden.
Nicht alle von der Industriearchäologie untersuchten Objekte müssen wirklich ausgegraben werden, zumal, wenn die Stillegung erst vor relativ kurzer Zeit erfolgte. Doch genügt schon ein Zeitraum von 30–50 Jahren, um Ruinen völlig zuwachsen zu lassen. Um nach einem solchen Zeitraum z. B. Hochofenfundamente sorgfältig wieder freizulegen, wie es in einem mit Millionen-

aufwand zum Industrie-Park umgestalteten Hüttengelände in Le Creusot (Plaine des Riaux) der Fall ist, müssen auch archäologische Methoden angewandt werden.

Der neue Forschungszweig entwickelte sich seit Mitte der fünfziger Jahre des 20. Jh.s in England (Industrial Archaeology) und hat inzwischen in alle Länder und Sprachen Eingang gefunden. (Eine grundlegende Veröffentlichung in französischer Sprache: L'Archéologie industrielle en France, Maurice Dumas, Paris 1980.)

Natürlich gab es schon immer viele Freunde historisch-technischer Entwicklungen, und auch Wissenschaftler, die die Technikgeschichte erforschten. Aber der neue Begriff Industriearchäologie steht vor allem für das gewandelte Bewußtsein, nicht nur Kirchen, Feudalbauten und schönen Häusern das gesamte Interesse zu schenken. Auch Technik, Wirtschaft und Alltagskultur vergangener Zeiten sind es wert, dokumentiert und kennengelernt zu werden, denn sie sind es ja, die das normale Leben bestimmen und bestimmten. (Wo das sozial-kulturelle Leben und Wohnen in der Industriesiedlung im Vordergrund der Betrachtung steht, wird auch der Begriff »Industriekultur« verwendet.)

Denkmalschutz und kulturelle Einrichtungen aller Industrieländer haben diese Wende inzwischen mitvollzogen, wenngleich noch vieles im Anfangsstadium und auf die Eigeninitiative lokaler Gruppen angewiesen ist. Besonders bemerkenswert in Frankreich ist die Einrichtung der »Ecomusées«, die sich auch staatlicher Unterstützung erfreuen und in Burgund ebenfalls drei verschiedene Teilregionen unterschiedlicher Wirtschaftstradition betreuen.

Ein weiterer junger Verband in Burgund, der sich die Förderung des Industrietourismus zum Ziel gesetzt hat, ist die »Association Régionale pour la Promotion de l'Action culturelle, scientifique et technique«. Sie kümmert sich insbesondere um die aufgelassenen Kohlezechen Südburgunds, die zum Museum umgewandelt wurden (Blanzy, La Machine) und die alten Eisenhütten der Region, die ganz unterschiedliche Erhaltungsgrade und Relikte aufzuweisen haben (Guérigny 18. Jh., Fourchambault 19. Jh.).

Für die Hochöfen und Schmieden der Côte-d'Or (Fontenay 12. Jh., Marcenay mit abgeplattetem Pyramiden-Hochofen und Kohlenhalle von 1742, Ampilly-le-Sec mit umbautem Hochofen von 1829, Sainte-Colombe-sur-Seine mit ehemals einem der ältesten »englischen« Hochöfen von 1822–23 und heute noch erhaltenem Stausee und U-förmiger Arbeitersiedlung, sowie La Grande Forge de Buffon aus dem 18. Jh. bei Montbard) soll ein eigenes Entwicklungskonzept geschaffen werden. Diese Anlagen sollen an einem Museumspfad unter der Regie des »Musée de la Sidérurgie en Bourgogne du Nord« zusammengeschlossen werden. (Weitere Auskünfte am jeweiligen Ort oder über das Office de la Culture, 8, rue du Collège, 21200 Beaune.)

Le Creusot – Das Ecomusée und seine »Antennen«

Die Entwicklung der beiden benachbarten Industriestädte Le Creusot und Montceau-les-Mines ging Hand in Hand, sie bilden heute eine »Communauté Urbaine«. Beide sind exzellente Beispiele geplanter Industriestädte des 19. Jh.s, in hundertprozentiger Regie einer einzigen Unternehmer-Dynastie, hier »Les Schneider«, dort »Les Chagot«.

Zunächst wurde beim Weiler »Crozot«, in dessen Umgebung Erzlagerstätten seit langem bekannt waren (Mazenay, Change, Antully), im Auftrag von Louis XVI. ein Hochofenwerk »à l'anglaise« errichtet (1782). Dann zog die Glasfabrikation der Königin, »La Cristallerie de la Reine Marie-Antoinette« von Sèvres nach Creusot (1787), beide Unternehmen waren finanziell miteinander verbunden.

Die Glashütte stellte bemerkenswert schöne Kristalle her, bis sie im Jahre 1833 zunächst an den Unternehmer Baccarat verkauft wurde. Im Jahre 1836 stand sie wieder zum Verkauf, ebenso wie die Eisenhütte, »La Fonderie Royale«, die zwischenzeitlich von den Engländern Manby und Wilson geführt worden war. Mit dem Ankauf beider Unternehmen durch die Gebrüder Adolphe und Eugène Schneider, die aus Elsaß-Lothringen stammten, begann die eigentliche Entwicklung der Stadt.

Die Familie Schneider stellte fortan Bürgermeister und Abgeordnete, plante und errichtete neue Wohnviertel, Schulen, Krankenhäuser und erweiterte die Eisenhütte nach modernsten Gesichtspunkten. So wurde zunächst aus England die neue Methode der Puddelöfen übernommen, die der Eisenschmelze einen hohen Anteil von Kohlenstoff entzieht und das spröde Gußeisen damit zum Schmiedeeisen umwandelt, eine Vorstufe zur Stahlproduktion.

Im Jahre 1838 wurde die erste französische Lokomotive in Le Creusot gebaut. Ein Eisenbahn-Atelier, das wenig später (1850) für diesen Produktionszweig errichtet wurde, ist erhalten und steht unter Denkmalschutz (Plaine des Riaux). Es kann – Lokomotiven inklusive – besichtigt werden (an das Ecomusée wenden).

Der berühmte Dampfschmiedehammer von Creusot stammt aus dem Jahre 1876. Mit seinem durch Dampfdruck hochgepreßten und dann aus einer Höhe von fünf Metern heruntersausenden Hammer, der eine Kraft von 100 Tonnen auf drei Quadratmeter wirken ließ, war er für zwei Jahre der mächtigste der Welt. Erst 1930 wurde der »Marteau Pilon« außer Betrieb gesetzt. Im Jahre 1969 wurde er am Stadteingang, Carrefour de Torcy, wieder aufgestellt, wo er wie ein kleiner Eiffelturm (21 m Höhe) des nachts angestrahlt wird und die große Vergangenheit symbolisiert. 1981 wurde der Dampfschmiedehammer von der »American Society of Mechanical Engineers« als internationales Industrie-Denkmal ausgezeichnet.

Die »Cristallerie de la Reine« wurde von den Schneiders nicht wieder in Betrieb genommen. Vielmehr ließen sie die repräsentative dreiflügelige Anlage umbauen und nahmen darin ihre Residenz, die fortan »Château de la Verrerie« genannt wurde. Nach Norden hin konnte zunächst die Eisen- und Stahlhütte in der Plaine des Riaux überblickt werden – später lagen die einzelnen Betriebszweige des immer komplexer werdenden Unternehmens über die ganze Stadt verstreut –, im Süden der Residenz wurde ein großer Park errichtet. Park und Château de la Verrerie wurden seit 1970, als die Familie Schneider Le Creusot verließ, der Öffentlichkeit zugänglich gemacht. Im Château wurde die Zentrale des regionalen Ecomuseums eingerichtet, mit Ausstellungsräumen und einer der Öffentlichkeit zugänglichen Bibliothek. Den Höhepunkt des Museums bildet sicherlich das idealisierte Modell der ehemaligen Hütte, in der Dutzende von Männchen, Hämmern und Maschinen nach Einwurf einer Münze in Bewegung geraten.

Die beiden kegelförmigen Gebilde im Innenhof links und rechts des Eingangs sind als ehemalige Glasschmelzöfen noch gut erkennbar. Im oberen Bereich wurden Dachwohnungen mit den entsprechenden Gauben eingebaut, für die unteren Partien ersann die Schneider-Dynastie eine raffiniertere Nutzung. Im linken Kegel wurde 1905 ein intimes Barock-Theater eröffnet, das viele berühmte Schauspieler und ebensolche Gäste gesehen haben soll, denn Creusot war derzeit ein wichtiges Zentrum der Rüstungs- und Investitionsgüterindustrie. So gab sich hier die Prominenz aus Politik und Wirtschaft zu Vertragsabschlüssen die Klinke in die Hand und wollte gleichzeitig gut unterhalten werden. Im rechten Kegel befand sich die Familienkapelle.

Das Ecomusée ist täglich geöffnet von 9.00–12.00 und 14.00–18.00. (Ecomusée de la Communauté Le Creusot – Montceau-les-Mines, Château de la Verrerie, B.P. 53, 71202 Le Creusot CEDEX, Tel.: 85 55 01 11).

Das Museum hat mehrere Außenstellen, die »Antennes« genannt werden, und die jeweils einem speziellen Thema aus Wirtschaft, Verkehr und soziokulturellem Bereich gewidmet sind. Keine Außenstelle gleicht infolgedessen der anderen, zumal es auch überall wechselnde Ausstellungen gibt und Gerätschaften an die privaten Entleiher zurückgegeben werden können.

Der – möglicherweise etwas hochgesteckten – Definition entsprechend, soll ein Ecomusée Folgendes sein:

- Ein Instrument, das von Obrigkeit und Bevölkerung gleichermaßen gehandhabt wird
- ein Spiegel des Lebens vergangener Generationen bis zur Gegenwart
- Ausdruck des Zusammenspiels von Mensch und Natur
- ein Mittel zur Information und zur Kritik an der Entwicklung von Mensch und Wirtschaft über die Zeit hinweg

- eine Analyse der Bevor- und Benachteiligung von Räumen
- ein Laboratorium
- ein Konservatorium
- eine Schule
(Georges-Henri Rivière, Conseiller Permanent de l'ICOM, 1980).

Die Antennen befinden sich in:

Montceau-les-Mines

In der Kohlestadt, in der sich etwa zeitgleich mit der Entwicklung von Le Creusot unter dem Familien-Imperium der Chagot eine geplante Stadtentwicklung vollzog, steht die Schule im Mittelpunkt der Betrachtung. Original ausgestattete Klassenräume der Chagot-Ära geben einen Einblick in die Entwicklung seit 1880 über 1925, 1950 bis 1970.
Öffnungszeiten: Täglich von 15.00–18.00 in der Saison bis Ende Oktober; dann nur So. nachmittags 15.00–19.00 oder auf Anfrage. Mo. geschlossen.
Montceau-les-Mines, Ecole du Centre, 37 Rue Jean Jaurès, Tel.: 85 57 13 41 oder 85 57 27 63.

Blanzy

In der stillgelegten Zeche Puits Saint-Claude wird eine Ausstellung »La Mine et les Hommes« gezeigt. Gerätschaften, begehbare Galerien und der Ausbau des Schachtes für den Tourismus sollen die Attraktivität noch steigern.
Öffnungszeiten: Täglich von 14.00–18.00, Sa. und So. von 15.00–19.00. Mo. geschlossen, Rue du Bois Clair, Blanzy.

Ciry-le-Noble

Im ehemaligen Foto-Atelier von Francis Grandjean (1886–1979) befindet sich eine Ausstellung mit Fotos zum Alltagsleben auf dem Dorfe, »Le Photographe au Village«.
Öffnungszeiten: Wie Montceau-les-Mines, 14, rue Philippe Martin, Ciry-le-Noble.

Perrecy-les-Forges

Im linken Turmaufgang entdeckt man auf einem Dachboden der Kirche von Perrecy, die dem Kunstfreund vor allem wegen des romanischen Tympanons ans Herz gelegt wird, eine kleine Ausstellung zur Wirtschaftsgeschichte der Umgebung. Bei der Darstellung der Schmiedeanlage, die dem alten Ort erst im 19. Jh. den Zusatz »Les Forges« verschaffte, vermißt man leider die Kennzeichnung der noch erhaltenen Bauteile. Aber es gibt noch Überreste der »Forges«, die schon im Jahre 1634 von den Mönchen aus Perrecy gegründet wurde. Es handelt sich dabei um eine gut erhaltene »Caserne«, also eine Arbeiterunterkunft (Chaussée de l'Etang), und benachbart das ehemalige Schmiedegelände (Impasse de la Forge).

Öffnungszeiten des Museums in der Kirche: wie Montceau-les-Mines.

Ecuisses

In Ecuisses, das am Canal du Centre nordöstlich von Le Creusot gelegen ist, wurde bei Schleuse 9 (»9e Ecluse«) ein Kanalhäuschen als Informationsstelle für alle Dinge, die den Canal betreffen, eingerichtet.

Die Schleuse 9 bietet insofern einen besonderen Leckerbissen für die Freunde der Industriearchäologie, als sie im Jahre 1880 außer Betrieb gesetzt wurde, völlig verschüttet war, nun aber ausgegraben und restauriert wurde. Der Grund für die Aufgabe von Schleuse 9 war seinerzeit die Verbreiterung des gesamten zentral- und südfranzösischen Kanalnetzes auf den sogenannten »Gabarit Freycinet« (280 t). Die Kanäle sollten an die Maße der nordfranzösischen Kanäle angepaßt werden. Gleichzeitig wurde auch die Schleusenzahl verringert, so daß die alte Schleuse 9 sich heute neben der neuen Schleuse 6 befindet.

Öffnungszeiten des ehemaligen Schleusenwärterhäuschens »La Maison du Canal« wie Montceau-les-Mines. 9e Ecluse, Levée du Canal, Ecuisses.

Technische Denkmäler und Zeugnisse der Industriearchäologie
(überwiegend von außen zu besichtigen)

Dep. Côte-d'Or

Ampilly-le-Sec:	Hochofen von 1829
Arnay-le-Duc:	Dachziegelfabrik aus dem 19. Jahrhundert
Buffon:	Die große Schmiede (Grande Forge) von Buffon, 1768 von dem Naturalisten Buffon erbaut

Chamesson:	Ort, der sich durch die Eisenverarbeitung und Steinverarbeitung entwickelt hat (alte Drahtstiftfabrik)
Chenôve:	Zwei vollständig erhaltene Weinpressen (1238) 1. Hebelarm 9 m, Gegengewicht aus Stein, 16 Tonnen schwer; 2. Hebelarm 7 m, Gegengewicht aus Stein, 10 Tonnen schwer. Stillgelegt 1927; (Gruppen 1 Woche vorher anmelden)
Clos-Vougeot:	Im Schloß gibt es 4 monumentale Weinpressen aus dem 13. Jahrhundert
Crugey:	Zementfabrik, noch in Betrieb
Fontenay:	Gebäude der Schmiede (im Zisterzienserkloster), 12./13. Jahrhundert
Mâlain:	Zementfabrik aus dem 19. Jahrhundert, gegenüber dem Bahnhof
Marcenay:	Hochofen von 1742
Moulin-Echarnant:	Windmühle
Nolay:	Dachziegelfabrik mit gegenüberliegender Tongrube
Oucherotte:	25,35 m hoher Schornstein einer alten Mühle und Ölmühle von 1900
Pont-d'Ouche:	Viadukt über die Autobahn A7 (20. Jh.)
Prissey:	Mühle (Moulin de la Chaume) Alte Senffabrik, später Mehlmühle, Fischzucht in Betrieb. Ein unvollständiger Mechanismus einer Mühle beim Campingplatz
Recey-sur-Ource:	Alter Hochofen, zur Holzkohlegewinnung gehörig (Gelände Ets. Bordet Fréres, s. Betriebsbesichtigungen)
Ste.-Colombe-sur-Seine:	Industriearbeitersiedlung, gegründet 1820 von Marschall Marmont
Semur-en-Auxois:	Kirchenfenster aus dem 15. Jh. in der Kirche Notre-Dame, auf denen die Tuchherstellung beschrieben wird
Thoisy-la-Berchère:	Ziegelei aus dem 19. Jh.
Val-Suzon:	Hochofen und Arbeiterwohnungen, zum Teil Ruine, von 1836. Bemerkenswerte Architektur
Velars-sur-Ouche:	Ruine eines Kalkofens mit quadratischem Schornstein (oberhalb der Eisenbahnstation). Viadukt. Eisen des Châtillonnais: Große Verbreitung von

Schmieden im 18. Jh. durch die Zisterziensermönche. Das Holz des Waldes wurde als Brennstoff, Eisenoolith als Erz verwendet. Es gab 1946 noch 17 Eisenhütten. Der letzte Tagebau wurde 1920 in Gigny stillgelegt

Dep. Nièvre

Arzembouy:	Industrieansiedlung (1870–80?)
Champ-Robert:	Steinbruch für weißen Marmor, der bereits bei den Römern bekannt war
Clamecy:	Schleuse (Verengung) zum Wasserstauen. Wehr zur Weichenstellung für den Wassertransport von Holzstämmen (Holzdrift)
Corvoi-l'Orgueilleuse:	Papierfabrik aus dem 18. Jh.
Crux-la-Ville:	Künstlicher See »Aron«, der einen Wasserlauf der Holzdrift (18. Jh.) speist und das Einzugsgebiet mit dem der Seine verbindet (Fußwanderung 1,5 km)
Gimouille:	Kanal auf Viadukt
Guérigny:	Alte Schmieden aus dem 17.–19. Jh. Produziert wurden überwiegend Anker und Ketten für die Königliche Marine, und unter dem Second Empire Platten für die Panzerung der Harnische
La Machine:	Minenplatz Glénons. Minenarbeitersiedlung aus dem 19./20. Jh.
Les Settons:	Damm zum Wasserstauen aus der Zeit des Second Empire
Montreuillon:	Aquädukt von 1845, 170 m lang, 83 m hoch, 13 Bögen
Mouron-sur-Yonne:	Weinpresse aus dem 18. Jh.
Prémery:	Dachziegelfabrik, Ziegelei
Raveau:	Wichtiges Eisenindustriezentrum des 19. Jh.
Sainte-Hélène:	Alte Feilenfabrik (Feilenhauerei) des 19. Jahrhunderts
Saint-Pierre-le-Moutier:	Zwei schöne Windmühlen

Dep. Saône-et-Loire

Aluze:	Windmühle
Autun:	Halden in Kegelform, Reste der Ölschiefergewinnung und -verarbeitung (bis Mitte des 20. Jh.)
Blanzy:	Kalkbrennofen. Reste einer typischen Industrie des 19. Jahrhunderts am Canal du Centre

Branges:	Mühlengerinne und Wassermühle
Chalon-sur-Saône:	Kohlekraftwerk der E.D.F.
Chassy:	Dachziegelfabrik aus dem 19. Jh.
Le Creusot:	Dampfhammer, 1876 gebaut, seit 1969 nicht mehr in Betrieb; aufgestellt am Eingang der Stadt, 100 t.
	La Combe des mineurs: Bergarbeitersiedlung, 1826 gebaut worden und restauriert.
	Cité de la Villedieu: Arbeitersiedlung, die als Modellsiedlung geplant, gebaut und 1865 eröffnet wurde
Digoin:	Kanalviadukt, gebaut im 19. Jh., Überführung des Canal du Centre über die Loire in den Loire-Seitenkanal (nach NW) und den Canal Roanne-Digoin (nach S)
Dompierre-les-Ormes:	Botanischer Garten, auf 1100 qm exotische Bäume (Arborétum de Pezanin)
Ecuisses:	Kanalhäuschen. Informationsstelle über den Canal du Centre in einem alten Schleusenhaus (Teil des Ecomusée von Le Creusot)
	Cité Perrusson: Häuser aus dem Ende des 19. Jh. entlang der Eisenbahnlinie, die mit schmuckvollen Kacheln der Keramikfabrik Perrusson gedeckt sind
Epinac:	Grube Hottinguer. Gemauerter Schachtturm mit Nebengebäuden als Zeugnisse einer Bergbautätigkeit aus dem 18. Jh., die 1966 aufgegeben wurden.
Germagny:	In Pont Baudras: Zwei Dachziegelfabriken aus dem 19. Jh.
Givry:	Windmühle
Jambles:	Windmühle
Lugny:	Sonnenuhr
Montceau-les-Mines:	Canal du Centre. Entlang des Kanals alte Hafenanlagen, Hebebrücke, Zentrale der Minengesellschaft, Kraftwerk, Grube Darcy.
	Découvertes: Größter Tagebau in Frankreich, noch in Betrieb
Montchanin:	Alte Fabrikationsstätte burgundischer (farbiger, glasierter) Dachziegel; von der bedeutenden Fabrik aus dem 19. Jh. besteht nur noch das Eingangsportal. Im Bahnhofsviertel gibt es einige mit schönen Kacheln geschmückte Häuser
Morey:	Windmühle

Mussy-sous-Dun:	Viadukt, 56 m lang, 60 m hoch, eines der längsten Frankreichs
La Petite-Verrière:	Fischzucht an einer alten Mühle
Romanèche-Thorins:	Windmühle
Saint-Clément-sur-Guye:	Windmühle
Saint-Emiland:	»Industriefarm« aus dem 19. Jh.
Saint-Gengoux-de-Scisse:	Weinpresse (in einem Keller)
Vire:	Weinpresse (in einem Bauernhof)

Dep. Yonne

Angely:	Weiler Chouard et Marzy, aufgelassene Zementfabrik aus dem 19. Jh.
Avallon:	Am Fuß der Stadt alte Fabrikationsstätten: Mühle, Gerberei, Papierfabrik, Sägewerk
Brienon-sur-Armançon:	Zuckerfabrik des 19./20. Jahrhunderts
Chablis:	Festungswerk von Petit Pontigny. Alte hölzerne Weinpresse mit Schlagmechanismus (Pochwerk) im Festsaal (Salle des Fêtes)
Chigny:	Pumpenanlage von 1875, die Wasser über das Tal der Vanne hebt und nach Paris leitet
Etaules:	Weiler Vassy mit Zementfabrik, die 1832 gegründet wurde
Mézilles:	Alte Cidrefabrik, dann Ölmühle 1880, in der Töpferei; alter Kalkofen neben der Werkstatt
Noé:	Weinpresse an Ort und Stelle aus Felsen gemeißelt
Noyers:	Mustergut, ehemalige Fayencenfabrik (1818), Außenbesichtigung. Grundriß, Gebäudeanordnung und Bauausführung bemerkenswert.
Pierre-Perthuis:	Spitz gewölbte Brücke des 18. Jh. über die Cure sowie Viadukt mit einem Bogen, von 1874, Spannweite 20 m, Höhe 33 m
Pont-sur-Vanne:	Aquädukt für die Versorgung von Paris
Rogny-les-Sept-Ecluses:	Schleusentreppe am Canal de Briare, Konstruktion von 1605–62. Außer Funktion seit 1887. Höhenunterschied der sieben Schleusen 34 m (vgl. Kap. Wasserwege)
Saint-More:	Straßentunnel der Strecke Paris-Lyon, gegraben 1847

Saint-Père-sous-Vézelay:salzhaltige Quelle mit natürlicher Kohlensäure und
Radioaktivität. Das Wasser ist bereits im 1. Jh.
v. Chr. in Thermen genutzt worden (vgl. Kap. Die
römische Badekultur)

Villeneuve-l'Arche-
vêque: Mühle aus dem 16. Jh., die heute Hotel und Restaurant ist. Räderwerk als gutes Beispiel der Me-
chanik von damals

Betriebsbesichtigungen

(meist mit Führung):
Die Besichtigung sollte nach Voranmeldung und in kleinen Gruppen erfolgen. Die in Klammern gesetzten Angaben bedeuten:
Mo., Di., Mi., Do., Fr. = Wochentage, an denen Besichtigung möglich ist
10 Tage, 1 Monat   = erwünschte Voranmeldefrist
15 Pers.   = maximale Personenanzahl
FK   = Führung mit Kommentar
oK   = Besichtigungsmöglichkeit ohne Kommentar
Name des Unternehmens, Adresse

Dep. Côte-d'Or

Beaune: Elektronische Bauelemente für Radio, Fernsehen,
Fernmeldewesen (Mo.–Fr., 14 Tage, 15 Pers., FK,
L.C.C-COFELEC, 74, Route de Savigny)
Brazey-en-Plaine: Mälzerei (Mo.–Fr., 14 Tage, 20 Pers., FK, Malterie
CHEVALIER MARTIN)
Nuits-Saint-Georges: Likörfabrik (Crème de Cassis) (Mo.–Fr., 1 Woche,
30 Pers., FK, VÉDRENNE CASSIS)
Recey-sur-Ource: Sägefabrik, Holzkohleherstellung (Mo.–Fr., 14
Tage, 15 Pers., FK, Ets. BORDET FRÈRES,
Froidvent, Leuglay)
Thil-la-Ville: Dachziegelfabrik (Di., Mi., Do. nachmittag, 1 Wo-
che, 15–20 Pers., oK, Tuilerie de Thil-la-Ville)

Dep. Nièvre:

Clamecy: Kesselschmiede; es werden auch Bauteile für Atom-
kraftwerke hergestellt. (Mo.–Fr., 10 Tage, 10 Pers.,
FK, Chaudronnerie C.I.C.O. Route de Pressures)
Epiry: Steinbruchbetrieb (Mo.–Fr., 1 Woche, 60 Pers.,
FK, Société PORPHYRES de MONTAUTÉ)

Luzy:	Steinbruchbetrieb (Mo.–Fr., 14 Tage, 10 Pers., oK, Ets. FLÉTY, Moulin Neuf)
Moux:	Baumschule des Morvan (Mo.–Fr., 2 Tage, 15–20 Pers., FK, Pépinière du Morvan)
Nevers:	Metallveredelung, Verchromen, Vernickeln, Verkupfern, Verzinken (Mo.–Fr., 1 Woche, 5 Pers., FK, Sté. CHOPIN et CUE, 18 Rue Charles Roy)

Dep. Saône-et-Loire

Chalon-sur-Saône:	Glaswolle zu Isolierzwecken und Flachglasherstellung (Mo.–Fr., 1 Monat, 12 Pers., oK, ISOVER-ST.-GOBAIN, 19 Rue Paul Sabatier, B.P. 54).
	- Herstellung von Filmmaterial (Mo.–Fr., 2 Monate, bis zu drei Gruppen à 15 Pers., FK, KODAK-PATHÉ, Zone Industrielle)
Mâcon:	Streichholzfabrik (Mo.–Fr., 1 Monat, 50 Pers., FK, Usine d'Allumettes, Chemin des Moulins)
Saint-Germain-du-Bois:	Sägefabrik, Möbelfabrik (Mo.–Fr., 14 Tage, 10 Pers., oK, TRUCHOT J. S.A.R.L., Allée de la Balmes)

Dep. Yonne:

Auxerre:	Verlag, Tageszeitung, Illustrierte (Mo., Di., Mi. 21.30–0.30, 14 Tage, 15 Pers., FK, YONNE RÉPUBLICAINE, 8–12 Rue Jean Moulin)
Bassou:	Feinkostfabrik, Cornichons, Schnecken (Mo.–Fr., 14 Tage, 25 Pers., FK, BILLOT S.A., 118 Grande Rue)
Cravant:	Töpferei, Kunstkeramik (Mo–Fr außer August, 1 Woche, 20 Pers., FK, LES POTIERS d'ACCOLAY, 2 Rue de la Poterie)
Pontigny:	Feinkeramikfabrik, Kacheln, Ziegel, Tonartikel (Di., Mi., Do., 1 Woche, 15 Pers., FK, Tuilerie de Pontigny, A. Léonard, 29 Route d'Auxerre)
Toucy:	Elektronische Bauteile (Mi., Do., 1 Woche, 15 Pers., oK, Ets. BOULORE, Route de Fontaine)

Die Angaben wurden überwiegend der Dokumentation »La Bourgogne, Patrimoine Scientifique, Industriel et Technique« entnommen. Weitere Angaben hinsichtlich Betriebs- und Atelierbesichtigungen (Kunsthandwerk) erteilt das Office de la Culture, 8, rue du Collège, 21200 Beaune.

Adressen

– Association »Côte-d'Or Tourisme«
Hôtel du Département
B.P. 1601,
21035 Dijon Cedex
Tel. 80 73 81 81

– Association »Saône-et-Loire
Tourisme«
389, avenue de Lattre de Tassigny
71000 Mâcon
Tel. 85 39 47 47

– Association »Nièvre Tourisme«
Préfecture de la Nièvre
58019 Nevers Cedex
Tel. 86 57 80 90

– Association »Yonne et Tourisme«
Comité départemental du tourisme de
l'Yonne
1–2, quai de la République
89000 Auxerre
Tel. 86 52 26 27 – Telex: 351 860 F

Sport und Freizeit

Angeln

– Fédération de Pêche de la Côte-d'Or
9, rue Auguste-Comte
21000 Dijon
Tel. 80 30 85 00

– Fédération de Pêche de la Saône-et-
Loire
344, Résidence du Parc, bd. Henri-
Dunant
71000 Mâcon
Tel. 85 38 28 52

– Fédération de la Pêche de la Nièvre
Bâtiment 2 »Les Pâtis«
rue du Commerce
58000 Nevers
Tel. 86 61 18 98

– Fédération de Pêche de l'Yonne
9 bis, avenue Marceau
89000 Auxerre

Flüge/Ballonfahrten

– La Bombard Society
Chateau de Laborde, Meursanges
21200 Beaune
Tel. 80 22 51 61
bietet Ballonfahrten, mit drei- bis
sechstägigem Aufenthalt in Burgund
(Stichwort: Séjour »Montgolfière«)

– Centre Aérostatique de Bourgogne
M. Pierre Bonnet
Résidence du Lac – Les Hêtres
21200 Beaune
Tel. 80 22 62 25

– Aéroclub de Bourgogne
71100 Chalon-sur-Saône
Tel. 85 46 08 48

Fahrradvermietung

AUXERRE

– Les Cyclotouristes Auxerrois
17, rue Pierre-Reckel
89000 Auxerre
Tel. 86 52 34 82 oder 86 46 89 89
(poste 17)

BEAUNE

– Cycles Bouillot
18, faubourg Saint-Nicolas
21200 Beaune
Tel. 80 22 36 37

– S.N.C.F.
21200 Beaune
Tel. 80 22 13 13
80 22 14 99

CHATILLON-sur-SEINE

– Locaby-Châtillon
C/o Syndicat d'Initiative
Place Marmont – BP 78
21400 Châtillon-sur-Seine

DIJON

– Bicy-Club de France
Ligue régionale de Bourgogne,

8, rue du Tillor
21000 Dijon

– Bicy-Club
  Cycles Pouilly
  3, rue de Tivoli et 3, rue Sisley
  21000 Dijon
  Tel. 80 66 61 75

MARIGNY-le-CAHOUET

– Bourgogne Navigation
  rue du Placin
  21150 Marigny-le-Cahouet
  Tel. 80 97 22 41

MONTBARD

– S.N.C.F. Région de Dijon
  Gare de Montbard
  21500 Montbard
  Tel. 80 92 06 77
       80 92 02 91
  Tx S.N.C.F. 528 129

NEVERS

– Belair
  5800 Nevers
  31 bis, rue de la Préfecture
  Tel. 86 61 24 45

SANTENAY

– Syndicat d'initiative
  Avenue des Sources
  Tel. HS 80 20 63 15
       NS 80 20 61 00

LES SETTONS

– Restaurant La Margelle
  58230 Montsauche
  Tel. 86 84 54 55

Nichtmotorisierter Wassersport

– Au Fil de l'Eau
  Association pour la promotion de la
  randonnée fluviale non motorisée
  7, allée des Ormeaux
  92160 Antony
  Tel. 1 42 37 39 69

oder

– Les Tilleuls
  Merry-sur-Yonne
  89660 Châtel-Censoir
  Tel. 86 42 50 52

Wandern

– Comité National des Sentiers de
  Grande Randonnée
  8, av. Marceau
  75008 Paris

– Comité de Développement du Sud-
  Morvan
  58360 St.-Honoré-les-Bains
  Tel. 86 30 74 87

– Parc Naturel Régional
  St.-Brisson
  58230 Montsauche
  Tel. 86 78 70 16

– Club Alpin Français
  5, rue de Strasbourg
  71100 Chalon-sur-Saône
  Tel. 85 48 91 21 und

– Club Alpin Français
  7, rue des Cordiers
  71000 Mâcon

Reiten

– A.R.T.E. Bourgogne-Morvan
  (Auskunft)
  9, Grande-Rue
  89120 Charny
  Tel. 86 63 67 25

– La Barotte (centre équestre)
  BP 1676
  21403 Châtillon-sur-Seine Cedex
  Tel. 80 91 87 55

– La Calèche
  Monsieur Jean-François Favier
  Ferme du Château de Cussigny –
  Corgoloin
  21700 Nuits-Saint-Georges
  Tel. 80 62 97 23

– Club des Vacances Vertes – Le Sacriba
21580 Salives
Tel. 80 75 62 28

Unterwegs mit Pferdewagen
und Kutsche
– Les Cavaliers de la nature
Marcy
58210 Varzy
Tel. 86 29 40 19
– La Calèche Cussigny
21700 Corgoloin
Tel. 80 62 97 23

Mit Planwagen
– Bourgogne Buissonnière
BP 1
21820 Labergement-lès-Seurre
Tel. 80 21 10 58

Wein

Folgende »Comités Interprofessionnels
des Vins« stellen Unterlagen zum Thema
Wein zur Verfügung:

– Comité Interprofessionel de la Côte-
d'Or et de l'Yonne
rue Henri Dunant,
21200 Beaune
Tel. 80 22 21 35
– Comité Interprofessionnel des Vins de
Bourgogne et du Mâconnais
389, avenue de Lattre de Tassigny
71000 Mâcon
Tel. 85 38 20 15
– Cave coopérative de Pouilly-sur-Loire
58150 Pouilly-sur-Loire
Tel. 86 39 10 99

– Union Interprofessionnelle des Vins
du Beaujolais
2100 bd. Vermorel
69400 Villefranche-sur-Saône

Folgende Einrichtungen oder Personen
organisieren Weinproben, Seminare und
Festveranstaltungen im besonderen Rahmen:
– La Cour aux Vins
3, rue Jeannin
2100 Dijon
Tel. 80 67 85 14

organisiert in einem schönen Anwesen
des 14. Jh. besondere Veranstaltungen
zur Weinkunde inklusive Weinprobe mit
Kommentar.

– Ähnliche Veranstaltungen (12–20 Personen), die sich in der Dauer ganz nach
den Wünschen der Teilnehmer richten
(von einer Stunde über die Abendver-
anstaltung bis zum Wochenend-Semi-
nar) bietet L'Ambassade du Vin zusammen mit:

Paul et Catherine Cadiau
23, rue des Tonneliers
21200 Beaune
Tel. 80 22 80 43 oder 80 21 53 72

– Château du Clos de Vougeot
(ab 150 Personen)
Réceptions
21640 Vougeot
Tel. 80 62 86 09 (August geschlossen)

– Für festliche Veranstaltungen oder
kommentierte Weinproben im besonderen Rahmen bietet die Comtesse de
Loisy ihr Anwesen an:

Comtesse de Loisy
29, rue du Tribourg
21700 Nuits-Saint-Georges
Tel. 80 61 02 72

- Allgemeine Information bei:
Madame de Monjour
Association des Vieilles Maisons
Françaises
Ogny-Brétigny
21490 Ruffey-lès-Echirey
Tel. 80 31 73 28

- Monsieur de Virieu
Délégué Régional de la Demeure
Historique
La Route des Ducs de Bourgogne
Château de Lantilly
21140 Semur-en-Auxois
Tel. 80 97 11 57

Weinproben im größeren, kommerziellen Rahmen finden bei folgenden Veranstaltungen statt:
- Weinversteigerung in Beaune (Vente aux Enchères des Vins des Hospices de Beaune). 3. Sonntag im November. Alle Keller der Stadt sind zur Weinprobe (gegen ein unterschiedliches, meist geringes Entgelt) geöffnet.
- Schlemmermesse in Dijon (La Foire Gastronomique de Dijon).
Findet alljährlich in den ersten 14 Tagen des November in den Messehallen (Palais des Expositions) statt.
- Weinprobiermesse in Nuits-St.-Georges (Exposition-Dégustation). Das Syndicat Viticole de Nuits-St.-Georges richtet im Frühjahr (1. Sonntag im April, aber Rückfrage!) in den »Halles« von Nuits eine Probiermesse mit den Weinen der Côte de Nuits, der Côte de Beaune und den Hautes-Côtes de Nuits et de Beaune aus.
Permanente Weinprobier-Ausstellungen für die Weine der jeweiligen Region gibt es in eigens dafür hergerichteten »Maisons du Vin« in verschiedenen Städten und Dörfern Burgunds. Besonders empfehlenswert der hübsche Pavillon in Chalon-sur-Saône, der im Untergeschoß die Probierstube, im Obergeschoß ein Restaurant beherbergt.
- Maison des Vins, prom. Ste.-Marie, 71100 Chalon-sur-Saône, Tel. 85 41 64 00
- Maison Mâconnaise des Vins, im Norden Mâcons an der N 6 gelegen, wo diese das Saône-Ufer erreicht (av. de Lattre de Tassigny). Tel.: 85 38 36 70
- Maison de Dégustation du Moulin-à-Vent. – Weine des Beaujolais. Romanèche – Thorins. Tel. 85 35 51 03 (Januar und mittwochs geschlossen).
Um privaten Rückfragen vorzubeugen: bei seinen Reisen nach Burgund bezieht der Autor seinen Wein von einem langjährig bekannten Familienbetrieb in Mellecey (10 km westlich von Chalon-s.S.), der neben Bourgogne-Lagen auch Anteile im Mercurey besitzt. Auch der »Crémant de Bourgogne« wird hier hergestellt. Es handelt sich um die »Domaine Mellenotte-Drillien«, Mellecey (71640 Givry) Tel. 85 45 10 98 oder 85 45 15 16.

Archäologie (lokale Gruppen)

BREVES

- Association culturelle du
  Mont-Beuvrois
  Mairie de Brèves
  58530 Dornecy

CHAMPALLEMENT

- Les Amis de Compierre
  21, rue des Perrières
  58000 Nevers
  Tel. 86 57 31 98

CHATEAU-CHINON

- G.R.A. du Haut-Morvan
  M. Pequinot
  La Pirotte
  58430 Arleuf
  Tel. 86 85 06 04

CORVOL l'ORGUEILLEUX

- Les Amis du Vieux Corvol
  M. Jarreau
  Mairie de Corvol
  58460 Corvol

COSNE-sur-LOIRE

- G.R.A. Condate
  M. Bouthier
  20–22, rue Richier
  75009 Paris
  Tel. 12 46 70 17

DECIZE

- G.R.A. du Sud Nivernais
  Docteur Pages
  11, place Hanoteau

58300 Decize
Tel. 86 25 09 38

ENTRAINS-sur-NOHAIN

- G.R.A. d'Entrains
  M. Meissonnier
  8, bd. du Massacre
  44800 Saint-Herblain
  Tel. 40 30 84 95

LUZY

- G.R.A. Nivernais
  Hôtel de Ville
  58170 Luzy
  Monsieur Arnoux
  Tel. 86 30 05 89

VARZY

- G.R.A. Proto-historique
  Haut-Nivernais
  Mairie
  58210 Varzy
  Comité départemental R. A. Nivernais
  Monsieur Bouthier
  Tel. 12 64 70 17

Archäologische Grabungen

- Direction des Antiquités de Bourgogne
  39, rue Vannerie
  21000 Dijon

Paläontologie- und Kunstpark

- Cardo-Land
  Chamoux
  89660 Chatel-Censoir
  Tel. 86 33 28 33
  (Saurier-Skulpturen des Künstlers
  Cardo, Fossilien etc.)

Industrietourismus

- Association communautaire de developpement
  du Tourisme industriel
  Schloß La Verrerie, BP 148
  71204 Le Creusot Cedex
  Tel. 85 80 40 90

Der Verein schlägt fünf eintägige Touren vor (für Gruppen)
- Le Creusot: Stadt – Fabriken (20 km), Dienstag – Freitag
- Montceau-les-Mines: Kohlen – Tour (40 km), Montag–Freitag
- Montceau-les-Mines/Le Creusot: Bergwerk und Hüttenwerk (60 km), Dienstag–Freitag
- Ecuisses/Montchanin/Le Creusot: Kanal und Industrie (50 km), Dienstag–Freitag
- Montceau-les-Mines/Perrecy-les-Forges/Mont-Saint-Vincent/Genouilly: Bergbau, Wein und Stein (100 km), Montag–Freitag

Museumsbahnen

- Association du petit train de la Côte-d'Or de Velars-sur-Ouche
  Monsieur Hubert Gaugue
  rue d'Echirey – Bellefond
  21490 Ruffey-lès-Echirey
  Tel. 80 23 83 75 et 80 33 69 29
- Association du Rail de la Vallée de l'Ouche
  Gare de
  21360 Bligny-sur-Ouche
  Réservations (après-midi):
  Tel. 80 20 16 16
  Gare: Tel. 80 20 17 92
- Chemin de fer touristique Issois
  M. Baussant, Yves
  4, rue des Messageries
  21120 Marcilly-sur-Tille
  Tel. 80 95 28 75
  M. Baussant, Gabriel
  1, rue de la Liberté
  21120 Is-sur-Tille
  Tel. 80 95 40 03
- Chemin de Fer de la Vallée de l'Ouche
  21360 Bligny-sur-Ouche
  Réservations:
  4, rue Pasumot
  21200 Beaune
  Tel. 80 22 86 35

Unterkunft

Ländliche Unterkünfte (Gîtes Rureaux)

- Relais des Gîtes Rureaux de France de Côte-d'Or
  Chambre d'Agriculture
  42, rue de Mulhouse
  21000 Dijon
  Tel. 80 66 81 25
- Relais des Gîtes Rureaux
  Nièvre Tourisme
  Hôtel du Département
  58019 Nevers
  Tel. 86 59 14 22
- Relais des Gîtes Rureaux
  Chambre d'Agriculture
  71010 Mâcon Cedex
  Tel. 85 38 64 90
- Relais des Gîtes Rureaux
  Chambre d'Agriculture
  14 bis, rue Guynemer
  B.P. 37
  89000 Auxerre
  Tel. 86 46 47 42

Ferienhäuser

- Fédération des M.F.V.
  28, place Saint-Georges
  75442 Paris Cedex 09
  Tel. 1 48 78 84 25
- Villages Vacances Familles de Semur-en-Auxois
  Flée
  21140 Semur-en-Auxois
  Tel. 80 97 12 99

Liegeplätze und Vermietung von Kanalbooten

Allgemeine Informationen und Boots-reservierung für ganz Burgund:

AUXERRE

– Bourgogne Voies Navigables
  Maison du Tourisme
  Centrale de Réservation Bourgogne
  1–2, quai de la République
  89000 Auxerre
  Tel. 86 52 18 99 Telex:
  VONAVIB 351 860 F

Canal de Bourgogne:
BRIENON-sur-ARMANÇON

– Ulysse Croisières
  Quai rive droite
  Port de Brienon
  89210 Brienon-sur-Armançon
  Tel. 86 56 05 66

DIJON

– Duc de Bourgogne
  Port de Plaisance
  Quai Nicolas-Rolin
  21000 Dijon
  Tel. 80 41 51 99

MONTBARD (BASE)

– Canal Plaisance
  La Marina
  Rue Carnot
  21500 Montbard
  Tel. 80 92 16 42
  54, rue de Robinson
  91100 Corbeil-Essonnes
  Tel. 60 89 12 13

PONT d'OUCHE

– Croisière Pont-d'Ouche
  Le Port
  21360 Pont-d'Ouche
  Tel. 80 33 04 94

POUILLY-en-AUXOIS

– Burgundy Line
  9, Bellenot
  21320 Pouilly-en-Auxois
  Tel. 80 90 83 10

SAINT-FLORENTIN

– Navig-France
  172, boulevard Berthier
  75017 Paris
  Tel. 1 46 22 10 86 oder 1 46 22 11 09

TONNERRE

– Les Croisières de Tonnerre
  Rue de la Bonneterie
  89700 Tonnerre
  Tel. 86 55 05 75

VENAREY-lès-LAUMES

– Marigny-Le-Cahouet – Base
  Navigation
  Rue du Placin
  21150 Les Laumes
  Tel. 20 96 35 83

Canal de Briare:
ROGNY-les-SEPT-ECLUSES

– Navigation et Tourisme du Centre
  Port de la Lancière
  89220 Rogny-les-Sept-Écluses
  Tel. 86 74 52 02 oder 38 96 03 08

Canal Lateral à la Loire:
DIGOIN

– Les Canalous
  »Le Grand Mardiaugues« Vigny
  71160 Digoin
  Kontakt: M. Carignant,
  Tel. 85 81 09 03, Apparat 114
  (Bürozeiten)

MARSEILLE-lès-AUBIGNY

– Blue Line Loire
  BP 21
  11400 Castelnaudary
  Tel. 68 23 17 51

NEVERS

– Caravanauti
  Varennes-Vauzelles 58640
  Tel. 86 57 20 30

POUILLY-sur-LOIRE (LOIRE)

– Les Amis de la Loire
  Centre médico-social
  58150 Pouilly
  Tel. 86 39 14 33

Canal du Nivernais:

BAYE

– Hobby-Voyage
  8, rue de Milan
  75009 Paris
  Tel. 15 26 60 80

CERCY-la-TOUR

– Croisières du Morvan
  Chemin de Halage
  58340 Cercy-la-Tour
  Tel. 86 50 56 12

CHATILLON-BAYE

– Hôtel du Département
  58019 Nevers
  Tel. 86 57 80 25

CHATILLON-en-BAZOIS

– C.C.N.B.
  Beauregard
  58110 Chatillon-en-Bazois
  Tel. 86 84 00 88
– Flot Home
  BP 151
  34300 Agde
  Tel. 67 94 94 20

DECIZE

– Champvert-Plaisance
  port de la Copine, BP 37
  58300 Decize
  Tel. 86 25 00 35

– Camping Nautique
  4, rue Morambeau
  71670 Le Breuil
  Tel. 85 55 21 10 oder 55 26 16

PAZY

– Navitour – Ecluse 24
  La Chaise Pazy
  58800 Corbigny
  Tel. 86 20 21 25

Saône:

CHALON -sur-SAONE

– Croizur
  24, avenue Jean Giono
  91100 St.-Germain-les-Corbeil
  Tel. 60 75 22 04

SAINT-JEAN-de-LOSNE (BASE)

– Au fil de l'Eau
  5, rue Foyer
  21910 Saulon-la-Chapelle
  Tel. 80 39 82 89 et bureau: 80 52 24 22
– Saint-Usage
  21170 Saint-Jean-de-Losne
  Tel. 80 29 11 06
– Saône Line (Blue Line Bourgogne)
  Saint-Usage
  21170 Saint-Jean-de-Losne
  Tel. 80 29 12 86

VERDUN-sur-de-DOUBS

– Nautic Voyage
  place de la Liberté
  71350 Verdun-sur-le-Doubs
  Tel. 85 91 52 07

Yonne:

AUXERRE

– Connoisseur Cruisers
  30, rue des Champoulains
  89000 Auxerre
  Tel. 86 51 75 55

– Pro Aqua
 Port de Plaisance
 Quai Saint-Martin
 89000 Auxerre
 Tel. 86 46 96 77

JOIGNY

– Locaboat Plaisance
 Quai du Port-au-Bois
 89300 Joigny
 Tel. 86 62 06 14

VERMENTON

– Burgundy Cruisers
 8, route nationale 6
 Accolay
 89460 Cravant
 Tel. 86 53 54 55

VINCELLES

– Vincelles Nautique
 Quai de l'Yonne
 Vincelles
 89290 Champs-sur-Yonne
 Tel. 86 42 34 61

Bootsfahrten (keine Selbstfahrer)

– Bateau Saône
 Industrie- und Handelskammer
 Mâcon-Charolles-Tournus
 BP 531
 71010 Mâcon Cedex
 Tel. 85 38 48 61, Telex 800 831

Saint-Jean-de-Losne

– Les Croisières Françaises
 Mme. P. Gérard
 La Gare-d'Eau
 21170 Saint-Jean-de-Losne
 Tel. 80 29 18 80

Hotelschiff-Kreuzfahrten

von Dijon

– Duc de Bourgogne
 Madame Benoit
 Port de Plaisance
 Quai Nicolas Rolin
 21000 Dijon
 Tel. 80 41 51 99
 Réservations: Au Fil de l'Eau –
 Galerie Saint-François
 1002 Lausanne – Suisse
 Tel. 021 20 88 33 – Telex 25 687

– Quiztour
 19, rue d'Athènes
 75009 Paris
 Tel. 48 74 75 30 – Telex 642 248

Von Dijon und Montbard

– Vedettes de Bourgogne
 Port du Canal
 21000 Dijon
 Tel. 80 64 61 17

Von Montbard:

– Carportas Sarl
 Villeneuve-sous-Charigny
 21140 Semur-en-Auxois
 Tel. 80 97 21 27

Naturpark Morvan:

– La Maison du Parc Regional du
 Morvan
 Saint-Brisson
 58230 Montsauche
 Tel. 86 78 70 16

– Office de la base départementale de
 plein air
 Lac des Settons – Les Branlasses
 58230 Montsauche
 Tel. 86 84 51 98

– Maison de la Nature
 BP
 21054 Dijon
 Tel. 80 30 78 52

Gesundheit / Thermalbäder

– Etablissement Thermal
  Place d'Aligre
  71140 Bourbon-Lancy
  Tel. 85 89 18 84
  (Kursaison vom 15. April bis
  15. Oktober)

– Etablissement Thermal
  BP 8
  58360 Saint-Honoré-les-Bains
  Tel. 86 30 73 27
  (Kursaison von März bis September)

– Etablissement Thermal
  21590 Santenay
  Tel. 80 20 61 00 oder 80 20 62 32 oder
  80 20 62 11
  (Dauer der Kursaison erfragen)

Literatur

Adam, E.: Baukunst des Mittelalters 1. (Ullstein Kunstgeschichte Bd. IX) Frankfurt/M./Berlin 1963.

Adam, E.: Baukunst des Mittelalters 2. (Ullstein Kunstgeschichte Bd. X). Frankfurt/M./Berlin 1963.

Armand-Calliat, L.: Petite histoire de Chalon-sur-Saône. Saône-et-Loire 1973.

L'Atlas des Châteaux forts en France. Strasbourg 1977.

Barry, I.: Archäologie. (Lebendiges Wissen). München 1981.

Boehm, L.: Geschichte Burgunds. Politik, Staatsbildungen, Kultur. Stuttgart, Berlin, Köln, Mainz 1979, 2. Aufl. (Urban-Taschenbücher Bd. 134).

Bourgogne-Morvan. Guide de Tourisme (Michelin). Paris 1980. 16. Aufl.

Braunfels, W.: Abendländische Klosterbaukunst. DuMont Kunstgeschichte. Deutung. Dokumente. Köln 1969.

Brödner, E.: Die römischen Thermen und das antike Badewesen. Darmstadt 1983.

Brunet, R.: Bourgogne, Franche-Comté. Paris 1983.

Bussmann, K.: Burgund. Kunst, Geschichte, Landschaft. (DuMont Kunst-Reiseführer). Köln 1982, 5. Aufl.

Conant, K. J.: Carolingian and romanesque architecture 800–1200. Harmondsworth 1966.

Dehio, G./Bezold, G. von: Die kirchlichen Bauten des Abendlandes. Bd. 2 u. 4. Stuttgart 1888.

Delpierre de Bayac, J.: Karl der Große. Leben und Zeit. Herrsching 1986.

Dimensions Economiques de la Bourgogne, Revue mensuelle. Hrsg. Institut National de la Statistique et des Etudes Economiques (I.N.S.E.E.), Direction Régionale de Dijon.
(hier: alle Jahrgänge von 1971 [erstes Erscheinungsjahr] bis 1974. Dazu Jahresstatistiken: No. Spécial [Bilan de l'Année und Annuaire Statistique]).

Dimensions économiques de la Bourgogne et les »Cahiers« de 1981 (Catalogue des articles et rubriques publiés dans la revue). Hrsg.: Observatoire Economique de la Bourgogne. Dijon 1982.

François, P.: Guide. Ecomusée de la communauté Le Creusot/Montceau-les-Mines. (Itinéraires Industriels). Le Creusot 1982.

Frankreich. Fischer-Hachette-Reiseführer. Frankfurt/M. 1986.

Hall, T.: Mittelalterliche Stadtgrundrisse. Versuch einer Übersicht der Entwicklung in Deutschland und Frankreich. (Kungl. Vitterhets Historie och Antikvitets Akademien. Antikvariskt arkiv 66). Stockholm 1978.

Hallinger, K.: Gorze-Kluny. Studien zu den monastischen Lebensformen und Gegensätzen im Hochmittelalter. Graz 1971.

Handbuch der Formen- und Stilkunde. Mittelalter. Stuttgart, Berlin, Köln, Mainz 1982.

Hatt, J.-J.: Kelten und Gallo-Romanen. (Die großen Kulturen der Welt. Archaeologia Mundi.). Genf 1970.

Hilpisch, S.: Geschichte des Benediktinischen Mönchstums. Freiburg 1929.

Irsigler, F.: Die Bedeutung von Pilgerwegen für die mittelalterliche Siedlungsentwicklung. In: Siedlungsforschung. Archäologie-Geschichte-Geographie. Bd. 4, S. 81–102. Bonn 1986.

Jeanton, G.: Meubles et Ensembles Bourguignons. Paris o. J.

Johnson, H.: Der große Weinatlas. Die Weine und Spirituosen der Welt. Bern 1980, 13. Aufl.

Koch, W.: Kleine Stilkunde der Baukunst. Gütersloh 1968.

Koepf, H.: Baukunst in fünf Jahrtausenden. Stuttgart, Berlin, Köln, Mainz 1985, 9. Aufl.

Kühn, A.: Vauban und die französische Raumordnung im 17. Jahrhundert. In: Forschungs- und Sitzungsberichte der Akademie für Raumforschung und Landesplanung, Band XXI, Historische Raumforschung 4: Raumordnung in Renaissance und Merkantilismus, S. 31–48. Hannover 1963.

Kühn, H.: Das Erwachen der Menschheit. Frankfurt/M., Hamburg 1954.

Michel, G.: Histoire de Vauban. Paris 1879.

Nagel, F. N.: Burgund (Bourgogne). Struktur und Interdependenzen einer französischen Wirtschaftsregion (Région de Programme). (Mitteilungen der Geographischen Gesellschaft in Hamburg Band 65). Hamburg 1976.

Niel, F.: Dolmens et Menhirs. Paris 1972.

Pörtner, R.: Von Burgunderholm nach Burgund. In: Burgund (Merian, 10/XVII), Hamburg 1964, S. 98–103.

Richter, G.: Romanisches Burgund. Zur Geschichte des christlichen Abendlandes. 2. Aufl. Stuttgart 1967.

Richter, H. (Hrsg.): Cluny. Beiträge zur Gestalt und Wirkung der cluniazensischen Reform (Wege der Forschung Band CCXL). Darmstadt 1975.

Rostaing, C.: Les Noms de Lieux. Paris 1974.

Sackur, E.: Die Cluniazenser in ihrer kirchlichen und allgemeingeschichtlichen Wirksamkeit bis zur Mitte des 11. Jahrhunderts. 2 Bde. Halle 1892–1894.

de Sède, G.: Das Geheimnis der Goten. Von den Runen zu den Kathedralen. Herrsching 1986.

Site et Plans de L'Agglomération de Dijon (Des origines à nos jours). Hrsg.: Académie de Dijon, Centre Régional de Documentation Pédagogique. Dijon o. J.

Tableaux de L'Economie Bourguignonne (TEB): Hrsg.: Observatoire Economique de la Bourgogne. Dijon 1986.

Register

(Halbfette Zahlen bezeichnen die Hauptverweise, kursive die Fotos)

Die Befestigungsanlagen oder deren Relikte sind nur auszugsweise im Register enthalten. Es wird daher auf das ausführliche und erläuternde Verzeichnis (Seiten 325–346) verwiesen.

Die im Adressen-Anhang genannten Ortschaften wurden nicht in das Register aufgenommen.

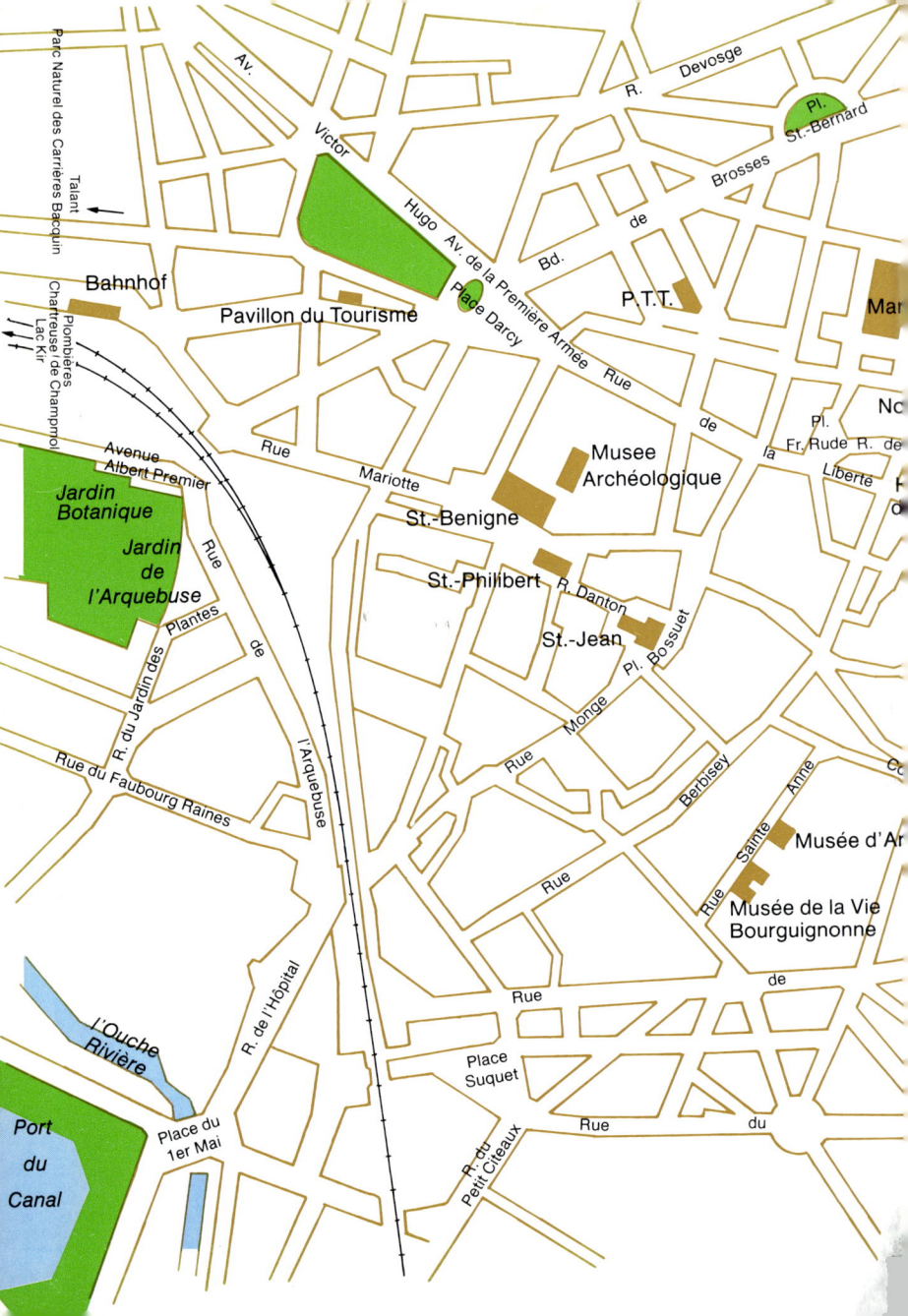